HERVÉ RYSSEN

LA MAFIA JUDÍA
Los depredadores internacionales

Hervé Ryssen

Hervé Ryssen (Francia) es historiador y un investigador exhaustivo del mundo intelectual judío. Es autor de doce libros y varios videos documentales acerca de la cuestión judía. En el 2005 publicó *Las Esperanzas planetarias*, libro en el que demuestra los orígenes religiosos del proyecto mundialista. *Psicoanálisis del judaísmo*, publicado en el 2006, muestra como el judaísmo intelectual presenta todos los síntomas de la patología histérica. No existe ninguna "elección divina", sino la manifestación de un trastorno que tiene su origen en la práctica del incesto. Freud había estudiado pacientemente esta cuestión a partir de lo que constataba en su propia comunidad.

En Francia reside una de las mayores comunidades judía de la diáspora con una vida cultural e intelectual muy intensa. Hervé Ryssen ha podido desarrollar su extensa obra en base a numerosas fuentes históricas y contemporáneas, tanto internacionales como francesas.

LA MAFIA JUDÍA,
Los depredadores internacionales

La Mafia juive : Les Grands Prédateurs internationaux,
Levallois-Perret, éd. Baskerville, 2006

Traducido por Alejo Domínguez Rellán

Publicado por
Omnia Veritas Limited

www.omnia-veritas.com

© Omnia Veritas Limited – Hervé Ryssen – 2022

Reservados todos los derechos. No se permite la reproducción total o parcial de esta obra, sin autorización previa y por escrito de los titulares del *copyright*. La infracción de dichos derechos puede constituir un delito contra la propiedad intelectual.

PRIMERA PARTE **13**

  DEL YIDDISHLAND A BROOKLYN..13

    1. Los gánsteres estadounidenses..*13*

      Yiddish Connection 15

      Torá Nostra – El Sindicato del crimen... 22

      Murder incorporated 30

      El canto del canario.. 37

      Bugsy Siegel en Hollywood 41

      Combatir el fascismo, apoyar Israel 46

      Las andanzas de Meyer Lansky 49

      La mafia invisible.. 55

    2. Rusia bajo el yugo de los oligarcas *63*

      El pillaje de Rusia 63

      La democracia mafiosa 77

      No hay nada como una buena guerra 84

      La caída de los oligarcas 89

      La mafia invisible II 96

    3. La "mafia rusa" asalta el mundo *101*

      En la costa de Azur 101

      De Berlín a Marbella 105

      La Organizatsiya en EEUU 107

      M&S International – Amberes, Vilnius, Bangkok, Bogotá 113

      Predadores internacionales y mundo sin fronteras 119

      La búsqueda de respetabilidad 131

      La mafia en Israel 142

SEGUNDA PARTE **151**

  NEGOCIOS SIN FRONTERAS 151

    1. Las armas, la droga y el diamante..*151*

      La industria del diamante 151

      Milicias paramilitares en Colombia 159

      Hachís, cocaína, heroína 165

      El tráfico de éxtasis: 100% Kasher 174

      Los diamantistas y el lavado del dinero sucio 180

      Una larga tradición 187

      Desintoxicación y despenalización 191

    2. La mafia del porno *197*

      La liberación sexual 197

      Los promotores del cine porno 201

      El porno en todos los hogares 207

      Los pioneros de la pornografía 211

      Sex shops y prostitución: la Sefarade Connection 214

    3. La trata de Blancas *223*

      Esclavas sexuales en Israel 223

      Chipre y el tráfico de inmigrantes 236

      La edad de oro de la trata de Blancas 239

      El juicio de Lemberg 251

      Eros center en la Alemania vencida 255
      Una larga tradición 259
      La dialéctica de los intelectuales judíos 262
   4. La trata de los Negros..**268**
      La trata atlántica I: Los Portugueses... 268
      La trata atlántica II: en Estados Unidos 275
      En Martinica y en Guadalupe 278
      El Debate.. 280
   5. Los esclavos cristianos **285**
      Hacia América 285
      La esclavitud en el Mediterráneo 286
      En la Edad Media y en la Antigüedad 289
   6. El tráfico de órganos..**295**
      Los cuerpos de los Palestinos 296
      La carne fresca de Moldavia 302
      De Brasil hasta África del Sur 304
      Los proveedores chinos 307
      De Ucrania a Azerbaiyán 308
      El tráfico sigue en Israel 308
      La casa amarilla de Kosovo 310
      La inversión acusatoria 316
      La cirugía estética 320
      Tráfico de órganos y moral judía 325

TERCERA PARTE **327**

  ESTAFADORES Y TRAFICANTES 327
   1. Las grandes estafas **327**
      Claude Lipsky, "el estafador del siglo" 327
      Jacques Crozemarie y el escándalo del ARC 332
      El caso del Sentier 336
      Caballos de carreras y mecánicos... 344
      El fraude del IVA.. 346
      Estafar la comunidad 347
      Samuel Flatto-Sharon 349
      En Inglaterra y en Estados Unidos 353
      Bajo la III República francesa (1870-1940) 356
   2. Los Traficantes..**367**
      Monsieur Michel y Monsieur Joseph 367
      Chanchullos y compañía 370
      La fiebre del oro 373
      El pillaje de los países vencidos 379
   3. El antisemitismo **384**
      El antisemitismo a través de los tiempos 384
      La singularidad judía 394

EPÍLOGO **401**

OTROS TÍTULOS **409**

Traducido por Alejo Domínguez Rellán

Cuando se evoca la mafia, pensamos primero en Sicilia y en el mundo que la rodea. Efectivamente, todo el mundo ha oído hablar de la mafia siciliana: es la más mediática, la que más vemos retratada en la gran pantalla y en las series de televisión. A principios de los años 1990, después del derrumbe de la Unión Soviética, se nos hablaba regularmente de la "mafia rusa", luego de la "mafia chechena" y de la "mafia albanesa". La "mafia judía", esa, no existe; los medios occidentales no hablan de ella; nunca. Es, sin embargo, y sin lugar a duda, la más poderosa del mundo. El hecho es que el fenómeno es generalmente desconocido, por la sencilla razón de que dentro de las llamadas sociedades "democráticas", los medios están ampliamente en manos de personas que no tienen interés en que se divulgue demasiado.

Jacques Attali, que fue asesor del presidente François Mitterrand antes de servir al muy liberal Nicolas Sarkozy, es una eminencia intelectual reconocida así por los medios de comunicación franceses que escribió en uno de sus libros: "Entre los 3 millones de judíos estadounidenses posteriores a la Gran Guerra, surgen algunos centenares de criminales aislados... Según *The Jewish Almanach*, "no es exagerado decir que su influencia en el crimen organizado de los Estados Unidos en las décadas de 1920 y 1930 iguala, y hasta supera, la de los italianos"."

Pero el fenómeno, como vamos a ver, no se limita solamente al periodo de entreguerras. En los años 1990, todavía eran los judíos asquenazíes, originarios del antiguo Yiddishland de Rusia y de Polonia, los que estaban en el candelero. Attali añadía: "Pero, entre ellos, como siempre, las cosas no se hacen a medias: ya que son criminales, más vale ser los primeros[1]."

---

[1] Jacques Attali, *Los judíos, el mundo y el dinero*, Fondo de cultura económica, 2005, Buenos Aires, p. 410

PRIMERA PARTE

DEL YIDDISHLAND A BROOKLYN

Antes de la Segunda Guerra mundial, la gran mayoría de los judíos vivía en Europa central y en el oeste de Rusia. Dos millones de ellos habían emigrado a América a finales del siglo XIX. Una segunda oleada importante de emigración llegaría en los años 1970. Los judíos soviéticos, apoyados por los gobiernos occidentales, desistían entonces de la Unión Soviética que sin embargo ellos habían contribuido a construir cincuenta años antes. Tras la caída del comunismo en 1991, asistimos entonces a una nueva salida masiva de judíos rusos. Cada vez que ocurrían esas oleadas de inmigración, la criminalidad arreciaba en el mundo occidental.

1. Los gánsteres estadounidenses

Los judíos, a través de los medios de comunicación, se presentan invariablemente como las víctimas de la historia. La idea del judío siempre perseguido sin ningún motivo es tan vieja como el propio judaísmo. Así pues, es casi un axioma considerar que los judíos son incapaces de hacer el mal. Por lo tanto, un judío que fuese a la vez un gánster y un asesino puede parecer a priori sorprendente.

Joseph Roth, un famoso escritor judío austríaco de entreguerras escribía por ejemplo sobre la delincuencia de los judíos orientales: "Casi no hay un solo atracador. Y ningún asesino o ladrón que asesine[2]." Pero la realidad es sin embargo bastante diferente cuando uno se informa un poco más.

El célebre escritor Elie Wiesel, un "superviviente de los campos de la

---

[2] Joseph Roth, *Judíos errantes*, Acantilado 164, Barcelona, 2008, p. 83

muerte", tuvo la oportunidad de hacer algunas investigaciones sobre los gánsteres que sembraban el terror en las ciudades norteamericanas. Esto escribía en sus memorias: "Estoy preparando una investigación sobre los bajos fondos de Estados Unidos, la Mafia, y muy particularmente sobre los sicarios de Murder Incorporated. Hurgando en los archivos de varios periódicos y bibliotecas municipales, he descubierto con estupefacción nombres judíos. Así es, en los años veinte y treinta, los asesinos profesionales judíos ofrecían sus servicios a esa sociedad criminal. Aceptaban asesinar hombres y mujeres que no les habían hecho nada y que ni tan siquiera conocían. Se dice que alguno de ellos se vanagloriaba de ser judío practicante, llevaba la kipá durante su "trabajo" y respectaba escrupulosamente el descanso del Sabbat."

Elie Wiesel continuaba así: "Confieso que mi investigación me dejó en estado de shock, escandalizado, asqueado. ¿Cómo se puede concebir que un Judío pueda convertirse en sicario o simplemente en un asesino? Quizá tenga una visión demasiado idealizada del Judío, pero el hecho es que en Europa del Este se podía reprochar de todo a mi pueblo excepto de estar involucrado en asesinatos. En mi tierra, decíamos: hay algunas cosas que un Judío - sea quien sea y venga de donde venga- nunca hará. Se dejará matar, pero no matará. Eso, incluso nuestros enemigos tuvieron que reconocerlo. Claro que no hablo aquí de los "asesinatos rituales" de los que los cristianos fanáticos nos han a menudo acusado a lo largo de los siglos. Hablo de crímenes reales. Se podía reprochar a los Judíos mentiras, engaños, fraude, contrabando, robo, perjurio- pero no de ser unos asesinos...Así pues, hay que admitir lo impensable: como en todas las cosas, nos estamos convirtiendo en un pueblo como los demás, ni mejor, ni peor, con sus Justos y sus impíos, un pueblo capaz de violencia, de odio y vileza tanto como de bondad, sacrificio y grandeza[3]."

Sin embargo, no hacía falta esperar el fenómeno de los gánsteres estadounidenses de los años treinta para darse cuenta de ciertas disposiciones seculares del pueblo judío. En Rusia, por ejemplo, la revolución bolchevique de 1917 había dado paso a una "liberación" durante la cual, como ya hemos visto en nuestros anteriores libros, muchísimos judíos habían tenido un papel absolutamente espantoso, tanto como doctrinarios o como funcionarios y verdugos[4].

En un libro publicado en 1998, titulado *Yiddish Connection*, el estadounidense Rich Cohen notaba él también la diferencia entre la

---

[3] Elie Wiesel, *Mémoires, tome I*, Le Seuil, 1994, p. 364, 365
[4] Sobre el papel de los judíos en el comunismo léanse los capítulos al respecto en *Las Esperanzas planetarianas* y en *El Fanatismo judío*.

imagen mediática del judío perseguido y una realidad más prosaica: "Casi nadie ha oído hablar de los gánsteres judíos, escribía. Incluso se pone en duda su existencia. La propia noción de gánster judío va en contra de los estereotipos básicos que se aplican a los judíos...Físicamente, los Judíos son criaturas de oficina, incapaces de inspirar miedo." Así las cosas, "¿cómo se puede creer en la existencia de gánsteres judíos, capaces de violencia?"

Parece ser que después de la Segunda Guerra mundial, los judíos habían borrado voluntariamente de su memoria ese episodio. Es lo que nos explicaba Rich Cohen: "Hoy en día, después de menos de dos generaciones, incluso los Judíos encuentran la idea inconcebible. Conservan delante de sí esa imagen del Holocausto: jamás olvidar. Jamás olvidar el tiempo en que fuimos unas víctimas. Han apartado de sí la imagen del gánster -olvidado. Olvidado el tiempo en que éramos unos bestias. Cuando hablo de mi libro a Judíos ya mayores, cambian de tema. Se ponen pálidos. A veces se enfadan. Cuando hablé del libro a uno de mis amigos, éste se molestó. Me avisó que sería un texto inspirado por el odio de sí mismo, un libro que daría una mala impresión de los Judíos." Y Rich Cohen confesaba a su vez: "No me molestaría que los Judíos dieran de vez en cuando mala impresión. Quisiera que nuestra libertad tuviera algo de esa brutalidad[5]."

Yiddish Connection

Durante los dos últimos decenios del siglo XIX, casi dos millones de judíos habían salido de Europa central y del imperio ruso para instalarse en Estados Unidos. Tras su llegada al territorio norteamericano, algunos de ellos continuaron manifiestamente con lo que tenían costumbre de practicar en Chisináu y en Odesa. Al final del siglo XIX, escribía Rich Cohen, "no era raro, descubrir, en una callejuela oscura, un hombre mayor, un inmigrante, el cráneo aplastado, los bolsillos vaciados y volteados, como una forma de mensaje para los ladrones de cadáveres: ahorren su tiempo, ya no hay nada que sacar de éste." Los delincuentes peleaban con armas de fuego contra bandas rivales, pero a veces también en auténticas batallas campales contra regimientos de policías. "Aquella era la época del Lejano Oeste de Nueva York, cuando los gánsteres más importantes no eran en realidad más que pequeños maleantes callejeros."

Bandas de carteristas causaban estragos en toda la ciudad,

---

[5] Rich Cohen, *Yiddish Connection*, 1998, Denoël, 2000, Folio, p. 222

organizados por *"fagins"*- del nombre del horrible personaje de la novela de Charles Dickens, *Oliver Twist*: en Londres, el Fagin del relato es un receptador que recluta una banda de jóvenes chicos a los que enseña el arte y la manera de robar las carteras y los relojes de los transeúntes. Amontona su oro y sus objetos de valor en un cofre escondido debajo del piso de su tugurio, y sus ojos brillan cuando contempla sus bienes mal adquiridos[6]. El historiador Albert Fried citaba algunos de esos *"fagins"* instalados en Nueva York: Harry Joblinsky, por ejemplo, que supervisaba el trabajo de una quincena de jóvenes carteristas, o bien Abe Greenthal, que comandaba el Sheeny Gang. También estaba la corpulenta Fredrika Mandelbaum. A principios de siglo, escribía Albert Fried, los criminales judíos "salían regularmente en primera plana de los diarios."

Zelig Lefkowitz, que en un principio, en su juventud, había sido un ladrón y un carterista, se había convertido al cabo de un tiempo en un *"fagin"*, esto es en el jefe de una banda de ladrones. Lefkowitz trabajaba por cuenta propia. Sus prestaciones tenían una tarifa: diez dólares para acuchillar una mejía, veinticinco dólares para una bala en la pierna, cincuenta dólares para colocar una bomba, y hasta cien dólares para un asesinato. Fue matado en 1912 por un miembro de una banda rival[7].

Pero las bandas organizadas se dedicaban a otras actividades, probablemente más lucrativas. A principio de los años 1890, en Nueva York, tuvo lugar una serie de incendios. Esos incendios eran en realidad de origen criminal. Después de un tiempo, la policía lograba arrestar a los pirómanos responsables y dieciocho de ellos acabaron en prisión, algunos a perpetuidad. Su jefe se llamaba Isaac Zucker. Él ordenaba los incendios que permitían a los propietarios cobrar la prima del seguro[8].

Los gánsteres sacaban ganancias del juego, de la prostitución, de los atracos y robos con allanamiento y hasta de los asesinatos comanditados. En abril de 1911, 400 tendederos judíos habían denunciado numerosos robos y decidían declarar ante el tribunal en contra de la presencia de las bandas en su barrio.

El primero en conseguir una cierta notoriedad fue un tal Monk Eastman. Zelig Lefkowitz se había unido a él al final de los años 1890 y se había convertido en uno de sus tenientes. Monk eastman se llamaba

---

[6] *Oliver Twist*, 1837. En 1948, el director David Lean dio una fisionomía característica al judío Fagin. Cincuenta años más tarde, en la película de Roman Polanski, no quedaba nada de la judeidad del personaje.
[7] Albert Fried, *The Rise and fall of jewish Gangster in America*, 1980, Columbia University Press, 1993, p. 31
[8] Albert Fried, *The Rise and fall of jewish Gangster in America*, 1980, Columbia University Press, 1993, p. 25, 26

originalmente Edward Osterman. Rich Cohen trazaba un retrato interesante del personaje: "Monk era monstruoso, de una monstruosidad que ya no se suele ver- propia del siglo XIX...Su rostro picado mostraba las marcas de la viruela...tenía las orejas como hojas de repollo, la nariz chata reducida a su mínima expresión, la boca sombría, en forma de muesca...Para quien lo viera aparecer repentinamente en una calle de los bajos fondos, debía encarnar la muerte en persona[9]."

Los delincuentes también tenían sus negocios con los hombres del Partido Demócrata de Nueva York en el poder en la ciudad desde los años 1850, y para quienes rellenaban las urnas durante las elecciones o para echarles una mano para influenciar una decisión. Como contrapartida, los políticos utilizaban sus contactos en la judicatura para reducir los efectos de las detenciones.

Esos delincuentes también servían a veces de tropas de choque de la patronal. En 1897, cuando los obreros del textil se pusieron en huelga por primera vez, "los dueños de las fábricas- Judíos alemanes de los barrios ricos, precisaba Rich Cohen- expusieron sus preocupaciones a los jefes de las bandas judías, y uno de los jefes contrató a Monk Eastman para forzar los huelguistas a volver al trabajo. En definitiva, unos Judíos habían ido a buscar la ayuda de sus correligionarios[10]."

En el cambio de siglo, la banda de Monk Eastman contaba en torno a unos 75 miembros y se rifaba el territorio del *Lower East Side*, en el sur de Manhattan, con otro grupo mayoritariamente compuesto de italianos llamado el *Five Points Gang* y dirigido por Paolo Antonio Vaccarelli, un antiguo boxeador siciliano. La lucha entre Monk Eastman y el *Five Points Gang* culminó en 1903 con una verdadera batalla campal en plena calle que la policía a duras penas pudo contener. Cien disparos de armas de fuego habían dejado un balance de tres muertos y siete heridos[11].

El reinado de esas bandas decayó a lo largo de los años 1910 después de varias detenciones, como la del propio Monk Eastman. Monk Eastman fue condenado a diez años de prisión por la muerte de un detective en 1904. Después de haber cumplido la mayor parte de su pena, fue reclutado como soldado y enviado a combatir en el frente europeo en 1917. A su regreso, volvió al *Lower East Side*, pero fue abatido de cinco disparos delante de un café en 1920. Cosas del oficio.

---

[9] Rich Cohen, *Yiddish Connection*, 1998, Denoël, 2000, Folio, p. 61, 66, 67
[10] Rich Cohen, *Yiddish Connection*, 1998, Denoël, 2000, Folio, p. 135
[11] Albert Fried, *The Rise and fall of jewish Gangster in America*, 1980, Columbia University Press, 1993, p. 27

Monk Eastman había apadrinado la carrera de Arnold Rothstein, el cual se convirtió en el primer gran padrino del gansterismo, el primer jefe del crimen en Nueva York. Contrariamente a la mayoría de los gánsteres, Arnold Rothstein no era originario de los bajos fondos. Era el hijo de un millonario. Su padre Abraham era un inmigrante judío de Besarabia que poseía un emporio textil y una hilandería. "Abraham tenía uno de esos rostros sombrío y atormentado que tienen algunos judíos", escribía Rich Cohen. Arnold presentó un día a su padre la que sería su esposa. Pero ésta no era judía. Esto representa normalmente para los judíos piadosos un grave problema, pues el matrimonio exógamo es considerado como una verdadera catástrofe para la comunidad. Todavía hoy en día, cuando un miembro de una familia ortodoxa se casa con un Gentil, la familia practica el rito de *Shivá*, reservado normalmente a los fallecimientos. Hacer el *Shivá* significa declarar que se considera a la persona como muerta en todos los sentidos. Rich Cohen escribía: "El hombre mayor sacudió la cabeza y declaró: "Bien, espero que seáis felices". Después de la boda, cuando hubo declarado la muerte de su hijo, cuando cubrió los espejos y leído el *Kadish*[12], ese momento significó un gran paso hacia delante para el crimen en EE.UU. Correspondía a la liberación de Arnold. Para Rothstein, aquello fue la ruptura decisiva."

Arnold Rothstein había empezado su carrera siendo adolescente como apostador y jugador profesional a los dados, a las cartas y al billar, bajo el amparo de Monk Eastman. Con veinte años, se había convertido en corredor de apuestas para las carreras de caballos, los partidos de béisbol, los combates de boxeo y las elecciones políticas. En 1909, había adquirido su propia casa de apuestas en la villa termal de Saratoga, en el Estado de Nueva York, ciudad conocida por recibir grandes inversiones de la mafia. Poco tiempo después, la ciudad se convertiría en su dominio; todas las autoridades locales habían sido corrompidas. En el mundo del juego, su reputación había atravesado los Estados Unidos. Amañaba los combates de boxeo y de béisbol. La leyenda le atribuía el amaño de la final del campeonato de béisbol de 1919, pero la justicia lo había finalmente exculpado del caso.

No dirigía personalmente ninguna banda, pero se había convertido en la eminencia gris del hampa, su organizador. Solucionaba los conflictos, la financiaba con dinero, mano de obra y protección, y cuando las cosas se ponían feas, cubría los gastos de las fianzas y de los abogados. En Nueva York, que ya era en 1920 la mayor ciudad judía del mundo, Arnold Rothstein había construido un imperio del juego. Abrió un

---

[12] *Kadish*: principal rezo judío que también se reza en los duelos.

lujoso casino en el centro de la ciudad donde se juntaban regularmente muchas grandes fortunas neoyorquinas y personalidades como Joseph Seagram, el barón "canadiense" del whisky (más tarde su empresa fusionaría con la de Samuel Bronfman, cuyo hijo dirigiría el Congreso judío mundial), o bien Harry "Sinclair", el magnate del petróleo.

Rothstein estaba también implicado en el tráfico de droga (opio y cocaína) y en la cría de caballos. Con la prohibición del alcohol que empezó en enero de 1919, concentró sus esfuerzos en adueñarse de ese tráfico clandestino. Waxey Gordon gestionaba todo el tráfico de alcohol de Rothstein en la costa Este. Importaba grandes cantidades de whisky a través de la frontera canadiense y compraba numerosas tabernas, destilerías y bares clandestinos. Gordon había nacido en una familia de inmigrantes judíos polacos del *Lower East Side*, en Nueva York. Su verdadero nombre era Irving Wexler. Había sido carterista antes de casarse con la hija de un rabino, para luego unirse a la banda de Arnold Rothstein durante los primeros años de la prohibición en los años veinte. Waxey Gordon vivía de manera extravagante, en las más lujosas suites de los grandes hoteles de Manhattan. Su posición empezó a decaer tras la muerte de su jefe en 1928.

Para proteger sus convoyes contra los ataques de gánsteres rivales, Rothstein había logrado poner a su servicio a temibles jefes de bandas que serían más tarde las principales figuras del gangsterismo en los años treinta: Bugsy Siegel, Meyer Lansky, Lucky Luciano, Frank Costello, Louis "Lepke" Buchalter, Arthur Flegenheimer (Dutch Schultz), Gurrah Shapiro, Legs Diamond.

Los reclutas de Arnold Rothstein provenían sobre todo del *Lower East Side*. Eran "Judíos e Italianos- pero sobre todo Judíos", escribía Rich Cohen. Todos esos se convertirían en los criminales más notorios del siglo XX. Rothstein fue así el "Moisés de la mafia: condujo la nueva generación hacia la tierra prometida, pero él no pudo llegar a ella[13]." El 4 de noviembre de 1928, lo encontraron en un hotel neoyorquino en una alfombra ensangrentada, retorciéndose de dolor con una bala del calibre 38 en el estómago. Según Damon Runyon, un cronista de Broadway, le habían "disparado en la entrepierna". Agonizó durante dos días en el hospital. El caso nunca fue resuelto, pero todos sabían que no había reembolsado una deuda de juego de una partida de póker que él consideraba que había sido trucada[14].

---

[13] Rich Cohen, *Yiddish Connection*, 1998, Denoël, 2000, Folio, p. 73, 71, 80-89
[14] Arnold Rothstein inspiró el autor estadounidense Francis Scott Fitzgerald para el personaje de Meyer Wolfsheim, en su novela *El gran Gatsby* (1925). Éste introduce Gatsby en el contrabando y en el hampa neoyorquina.

De los gánsteres judíos que dejaron huella en el mundo del crimen estadounidense de esa época, hallamos Charles "King" Salomon. Éste, originario de Rusia, dirigía el hampa de Boston. Era junto a Longy Zwillman, Meyer Lansky, Dutch Schultz, Benjamin "Bugsy"Siegel y Lepke Buchalter, uno de los *"Jewish Big Six"* de la costa Este. A principio de los años veinte, King Salomon controlaba todo el juego y la droga de Boston y Nueva Inglaterra. Luego, se lanzó al contrabando de alcohol. También era dueño de las principales discotecas de la ciudad. En 1922, fue inculpado por tráfico de droga, pero sería exculpado gracias a sus apoyos políticos. Más tarde, pasaría un año en prisión por haber coaccionado un testigo de un juicio por tráfico de estupefacientes. Fue finalmente liquidado en 1933 en una de sus discotecas, el famoso *Cotton Club* de Boston. Meyer Lansky acababa de deshacerse de su último rival.

Abner "Longy" Zwillmann era él también un importante traficante de alcohol en tiempos de la Prohibición y el jefe de la mafia de Nueva Jersey, un Estado al oeste de Nueva York. En la escuela ya le apodaban "Longy" porque era el más alto. Había corrompido todos los policías y jueces de Nueva Jersey. La policía escoltaba sus convoyes y custodiaba sus almacenes. Cuando el FBI iba finalmente a detenerlo en 1959, fue hallado ahorcado en su casa de Newark, aunque probablemente fuera previamente estrangulado. Zwillmann había puesto parte de su fortuna al servicio de su comunidad. Donaba grandes sumas de dinero a las asociaciones judías.

El Purple Gang constituía la parte esencial de la mafia judía de Detroit, en la frontera canadiense. La banda regentaba el tráfico de alcohol y las salas de juego, moviendo a su vez el tráfico de droga, estafando las aseguradoras y practicando secuestros y asesinatos por encargo. Los doce miembros del Purple Gang eran todos judíos, como notaba el historiador judío Robert Rockaway que señalaba, además, que estaban también implicados en los asesinatos de prostitutas poco cooperativas[15]. El alcohol de contrabando del Purple Gang provenía de las destilerías pertenecientes a los hermanos Sam y Harry Bronfman, instalados en Canadá. La familia Bronfman iba a tener un futuro brillante, ya que los descendientes de Samuel se convertirían en los líderes mundiales de la venta de alcohol en el mundo y accederían a la presidencia del Congreso judío mundial y a la dirección de los estudios de cine Universal. Robert Rockaway afirmaba que la mitad de los principales contrabandistas de alcohol eran judíos y que controlaban las

---

[15] Robert Rockaway, *But he was good to his mother: The lives and the crimes of jewish gangsters*, Gefen publishing, 1993, p. 113

actividades de extorsión en algunas de las ciudades más grandes del país[16].

También estaban los "Cuatro de Cleveland": Moe Dalitz, Sam Tucker, Morris Kleinmann y Louis Rothkopf, que dirigían el tráfico de alcohol de la ciudad. La policía de Cleveland había establecido en 1930 una lista negra de los criminales más peligrosos. De los 74 criminales "blancos" nacidos en EE. UU., 27 eran judíos. Los alemanes eran quince, los italianos trece y los irlandeses nueve. Entre los que habían nacido en el extranjero, había treinta italianos y doce judíos[17].

Allí, como en todas partes, los gánsteres gestionaban los clubes nocturnos. En Nueva York, Dutch Schultz, era el dueño del *Embassy Club*; En Boston, Charles King Solomon era propietario del *Coconut Grove*; En Newark, Longy Zwillman poseía el *Blue Mirror* y el *Casablanca*. El Purple Gang de Detroit gestionaba el *Luigi's Café* y el *Picadilly*, entre otros.

Arthur Flegenheimer, llamado "Dutch Schultz", fue el rey indiscutido de la cerveza en el Bronx. Había nacido en 1902 de padres judíos alemanes. Dutch Schultz era también conocido por tener un muy mal carácter. Era cínico y paranoico y sufría grandes cambios de humor. El joven Flegenheimer había sido abandonado por su padre a la edad de catorce años. Empezó entonces su carrera jugando al craps (juego de dados), y asaltando viviendas. Durante una de sus expediciones fue arrestado en el Bronx, siendo enviado a trabajar a una granja de la que se fugó antes de ser de nuevo capturado. Al salir de prisión, se le apodaba "Dutch Schultz", nombre de un reputado gánster recientemente fallecido. Con este ardid se difundía así el rumor de que un antiguo temible gallo todavía estaba vivo y activo.

Dutch Schultz trabajó primero para Arnold Rothstein, y luego para Jack "Legs" Diamond. En 1928, se puso a trabajar por cuenta propia como contrabandista de alcohol (*bootlegger*), especializándose en la cerveza. No dudaba en torturar aquellos que eran un poco reticentes a comprarle sus bebidas. Con su mano derecha Bo Weinber se instaló en Manhattan rivalizando por el territorio con su antiguo jefe, Legs Diamond.

Legs Diamond había estado en la cárcel por haber desertado del ejército en 1918. Más tarde se convertiría en una celebridad del mundo de la noche neoyorquina. También arrastraba una reputación de

---

[16] Robert Rockaway,...*The lives and the crimes of jewish gangsters*, en Jean-François Gayraud, *Le Monde des mafias*, Odile Jacob, 2005, p. 115

[17] Albert Fried, *The Rise and fall of jewish Gangster in America*, 1980, Columbia University Press, 1993, p. 111

crueldad: en 1930, había secuestrado y torturado un camionero para sonsacarle informaciones sobre un cargamento de alcohol. Había ordenado el asesinato de un secuaz de Dutch Schultz, pero un día, regresando a su casa, se topó en el camino con Bo Weinberg, el cual le metió tres balas en la cabeza. Jack "Legs"Diamond tenía 34 años.

Al final de la Prohibición, en 1933, Schultz se lanzó en Harlem en el negocio de las loterías amañadas. El procedimiento había sido elaborado por su contable, Otto Abbadabba Berman. Al mismo tiempo, la "Bronx Legion" de Dutch Schultz se enfrentaba a Bumpy Johnson, un gánster negro, para el control de Harlem. Ese enfrentamiento constituye la trama de la película *Hoodlum* (1997).

Ya en septiembre de 1908, el jefe de la policía de Nueva York, Bigenheim, había revelado que la mitad de los gánsteres estadounidenses eran Judíos. Las grandes organizaciones judías se escandalizaron por esas palabras, pero sus quejas no cambiaban nada de la realidad[18]. A finales de los años veinte, en Mineapolis, la denuncia del gangsterismo tomó un cariz antisemita. Así, en noviembre de 1927, el *Saturday Press* acusaba de forma inusual los gánsteres judíos de haber corrompido los jueces, el jefe de la policía y sus hombres, y de haber amañado las elecciones. Los gánsteres judíos eran acusados de propinar palizas a los hombres de negocios, de desafiar "nuestras" leyes, de corromper "nuestros" funcionarios: el 90% de los crímenes de la ciudad eran cometidos por gánsteres judíos[19]. El periódico fue denunciado ante la justicia y condenado en primera instancia.

Efectivamente, siempre tiene que pasar algún tiempo para que se pueda finalmente decir la verdad. Así, el historiador judío Robert Rockaway podía permitirse escribir en el *Jerusalem Post Magazine* un extenso artículo publicado el 20 de abril de 1990. En la introducción, escribía de forma explícita: "Al igual que en otros muchos ámbitos, los judíos supieron crearse una posición dominante en el mundo del crimen."

Torá Nostra – El Sindicato del crimen

De todos esos gánsteres, Bugsy Siegel fue uno de los más influyentes, y también uno de los más peligrosos. Nacido dentro de una familia de inmigrantes judíos de Rusia, Benjamin Siegelbaum había nacido en 1905 en Williamsburg, un barrio de Brooklyn, Nueva York. Bugsy dejó

---

[18] Jacques Derogy, *Israël Connection*, Plon, 1980, p. 193
[19] Albert Fried, *The Rise and fall of jewish Gangster in America*, 1980, Columbia University Press, 1993, p. 112, 113

la escuela muy pronto y comprendió rápidamente en la calle que la violencia le permitiría conseguir lo que más preciaba: el poder, el dinero y la influencia. Desde muy joven, él y sus amigos empezaron a extorsionar a los vendedores ambulantes. Todos aquellos que pensaban poder prescindir de la protección de una banda de menores veían sus carretillas rociadas de queroseno y reducidas a cenizas[20].

Uno de los primeros miembros de la banda de Bugsy en Williamsburg fue Meyer Lansky. Habían crecido juntos en el mismo barrio y fueron grandes socios, instalándose en las calles del *Lower East Side* de Manhattan. Su banda era conocida bajo el nombre de "Bugs and Meyer mob". Extorsionaban los comerciantes, los inmigrantes y los prestamistas, aunque su gran especialidad, gracias a los dotes de mecánico de Lansky, era el robo de automóviles. Más adelante, sus actividades se diversificaron aún más, yendo desde el asesinato por encargo, hasta el contrabando de alcohol y los robos a mano armada. Así pues, Bugsy y Meyer Lansky formaron un dúo destinado a ser famoso.

Lansky había nacido en 1902 en Grodno, en la actual Bielorrusia, bajo el nombre de Mair Suchowljansky. Su familia había emigrado a Nueva York en 1911. En su infancia, Lansky sacó provecho de la observación de los jugadores de craps en la calle, a la vez que seguía con sus estudios religiosos. En 1921, Arnold Rothstein le propuso participar en su red de contrabandistas de alcohol con un gánster siciliano que también sería famoso: Lucky Luciano, al que Siegel y Lansky habían conocido en la escuela, y un calabrés llamado Frank Costello. Juntos, organizarían sus primeros tráficos de droga, sus primeras estafas y atracos. Esta estrecha cooperación simbolizó los nuevos vínculos entre grupos criminales judíos e italianos. Con la Prohibición y el tráfico clandestino de alcohol, los miles de dólares se iban a convertir en millones. Lansky convenció a sus socios para crear un fondo común para corromper las autoridades y seguir así con sus lucrativas actividades. Muy dotado para los números y las cuentas, Lansky pronto llevaría toda la contabilidad de sus negocios.

Meyer Lansky tenía un espíritu calculador y frío, y era capaz de concebir toda clase de maniobras pérfidas y traicioneras. Más adelante, sería calificado por la prensa como el *"mastermind of the mob"*, esto es, el cerebro de la mafia. Fue durante muchos años el tesorero del Sindicato del crimen. Su primera esposa, en cambio, acabó en un hospital psiquiátrico[21].

---

[20] Don Wolfe, *Le Dossier Dahlia noir*, 2005, Albin Michel, 2006, p. 204
[21] Las enfermedades mentales y genéticas son frecuentes en la comunidad judía

En 1933, cuando terminó la Prohibición, Lansky invirtió masivamente en el sector de los juegos de azar en todo el país, sobornando generosamente los gobernadores de los distintos Estados. Edificó así un imperio del juego, llegando a controlar los hoteles-casinos de Las Vegas hasta Miami, pasando por Nueva Orleans, Arkansas y Kentucky. Como escribía Jacques Attali, Lansky, junto a Schultz, "se convirtieron en los grandes jefes del gangsterismo judío norteamericano[22]."

Bugsy Siegel era muy diferente de su socio y congénere. Era un cabeza loca, y era conocido por sus ataques de ira y violencia brutal. Con veintiún años, ya sobresalía en toda clase de actividades criminales- secuestro, trata de blancas, robos, violaciones, extorsiones, tráfico de estupefacientes, tráfico de alcohol, asesinatos. Se ha solido comparar sus crisis de violencia a ataques y explosiones de carácter patológico que lo transformaban en un monstruo asesino. Esas crisis de violencia asesina pronto le valieron el apodo de "Bugs" o "Bugsy[23]", pero más valía no mencionar ese mote delante de él, pues tenía fama de golpear con la culata del revolver casi hasta la muerte aquellos que cometían esa imprudencia. "Le gustaba y disfrutaba sobremanera liquidar o apuñalar sus víctimas", escribía Don Wolfe. Tenía una doble personalidad: "Estaba Bugsy, el monstruo asesino adicto a la heroína, y Benny, el joven guapo con aires de estrella de cine que podía mostrarse encantador, afable y generoso. Pero era Bugsy el que utilizaba Benny como fachada[24]."

Bugsy Siegel había retomado de la tradición siciliana el arte de hacer desaparecer sus víctimas. En 1934, decidió matar a su viejo amigo Bo Weinberg, el cual, acechado y hostigado por el fiscal Thomas Dewey, podía testificar en contra de su jefe Dutch Schultz. Le llamó por teléfono para cenar juntos. Los dos hombres dieron vueltas en coche antes de pararse en una calle oscura y desierta. Ahí, Bugsy se ensaño con Bo a golpes de revolver y rajándole la cara y el cuello con una navaja. Raramente se encontraban los cadáveres de las víctimas de Bugsy. En efecto, se dice que él mismo les quitaba las vísceras para que los gases intestinales no hicieran salir a flote los cuerpos del fondo del East River, sus tumbas acuáticas. En los archivos policiales que se conservan sobre Bugsy, el FBI estimaba que antes de instalarse en

---

asquenazí. (Léase en *Psicoanálisis del judaísmo*).
[22] Jacques Attali, *Los judíos, el mundo y el dinero*, Fondo de cultura económica, 2005, Buenos Aires, p. 412
[23] De "bugs" o "buggy", que significa "loco", "zumbado", en angloamericano.
[24] Don Wolfe, *Le Dossier Dahlia noir*, 2005, Albin Michel, 2006, p. 204, 205

California, Benjamin Siegel había matado salvajemente por lo menos a treinta personas[25]. Una de sus torturas favoritas consistía en rociar con gasolina a sus víctimas e inflamar los hombros con su mechero. Acto seguido apagaba el fuego, y lo volvía a encender en otra parte del cuerpo. Aterrorizado hasta la médula, el torturado acababa por desvelar todo lo que Bugsy quería saber. Pero la víctima acababa de todas maneras con dos disparos en la cabeza.

En la primavera de 1928, a los veintitrés años, Benny se había casado con Esta Krakower, su amor de infancia, siendo Meyer Lansky el testigo de la boda. Al principio, ésta no sospechaba que Benny era un gánster. Para ella, su esposo dirigía con Meyer Lansky una empresa de alquiler de camiones en *Cannon Street*, en el *Lower East Side*. En realidad, la empresa de alquiler sólo servía de fachada para las actividades de contrabando de alcohol y secuestros. La banda recibía sus entregas de aguardiente por barco en la costa del Nueva Jersey. Pero era tal la sed de Nueva York en los años locos, que a menudo Siegel robaba los cargamentos de otros traficantes para completar sus stocks. Esas operaciones sembraron la discordia y provocaron una guerra entre bandas mafiosas[26].

Los gánsteres judíos tenían que vérselas con la temible mafia siciliana. Después de un viaje en Sicilia en 1925, Mussolini había lanzado una gran campaña con el fin de extirpar la mafia. Envió in situ un "prefecto de hierro", Cesare Mori, que llevó a cabo detenciones masivas, llegando incluso a veces a rodear y asediar pueblos enteros. Por primera vez, la mafia reculaba. En su discurso en la Cámara del 26 de mayo de 1927, Mussolini había anunciado claramente que la lucha contra la mafia siciliana sería uno de los objetivos más importantes de su gobierno y que actuaría sin descanso contra ella: "Me preguntáis, ¿cuándo acabará la lucha contra la mafia? Acabará cuando ya no haya mafiosos. De la misma forma que acabará cuando el recuerdo de la mafia haya definitivamente desaparecido de la memoria de los Sicilianos[27]."

Algunos jefes mafiosos abandonaron entonces el país. Salvatore Maranzano llegó así al territorio norteamericano en 1927. Un gánster que lo conoció dio este testimonio: "Cuando llegamos, estaba todo muy oscuro. Nos llevaron ante Maranzano: tenía una apariencia absolutamente majestuosa, con dos pistolas en su cinturón y rodeado de cerca de noventa hombres armados hasta los dientes. Hubiera pensado

---

[25] Don Wolfe, *Le Dossier Dahlia noir*, 2005, Albin Michel, 2006, p. 204, 205
[26] Don Wolfe, *Le Dossier Dahlia noir*, 2005, Albin Michel, 2006, p. 206
[27] William Reymond, *Mafia S.A.*, Flammarion, 2001, p. 51

que estaba en presencia de Pancho Vila[28]."

Maranzano se enemistó inmediatamente con Giuseppe Masseria, un siciliano ya instalado que se hacía llamar *"Joe the boss"*. La rivalidad entre las dos facciones se exacerbó al final de los años veinte debido a los frecuentes robos de convoyes de alcohol, y la guerra fue finalmente abiertamente declarada en 1930 cuando Joe Masseria hizo ejecutar un cabecilla que iba a pasarse al bando de Maranzano. Se oían disparos por las noches y por la mañana los policías venían contar los muertos. Después de varias decenas de muertos, el conflicto, conocido desde entonces como la guerra Castellammarese, parecía insoluble. Lucky Luciano y Vito Genovese comanditaron entonces el asesinato de su propio jefe, Joe Masseria.

Charles Luciano había desembarcado de Sicilia en 1906. En 1923, fue presentado a Joe Masseria, pero entre estos dos hombres la relación se deterioró rápidamente. Masseria desconfiaba de su nuevo protegido en quien veía un potencial rival. Por su parte, Luciano reprochaba a Masseria su virulento antisemitismo – corriente en la Mafia – que le cerraba a la Cosa Nostra los jugosos tráficos controlados por las bandas de judíos de Nueva York. En aquella época, Luciano ya frecuentaba Meyer Lansky, y juntos habían tomado el control de los prestamistas, las casas de apuestas y los corredores de seguros de los barrios judíos y de Little Italy.

A modo de aviso, Luciano recibió una paliza en un descampado. Desde aquello le llamarían Lucky, pues había tenido mucha suerte en salir vivo. Cuando la guerra fue declarada contra Maranzano, Luciano aprovechó para hacer un trato con él. El 15 de abril de 1931, invitó a *"Joe the Boss"* Masseria a almorzar para hablar de negocios en el restaurante Nuova Villa Tammaro, en Coney Island, frente a Brooklyn. Rich Cohen escribía lo siguiente: "Quizá Masseria habló de los Judíos, repitiendo una vez más a Charlie que un hombre sólo puede confiar en los de su propia especie." Después de la comida, jugaron al póker. Hacia las tres, Luciano se excusó para ir al servicio. Un momento después, la puerta de entrada del restaurante volaba por los aires y surgían unos gánsteres de la peor especie: Bugsy Siegel, Albert Anastasia, Joe Adonis y Red Levine. Se dirigieron al fondo de la sala y dispararon una veintena de disparos. Cuando los policías preguntaron a Luciano donde estaba durante el tiroteo, éste simplemente respondió: "En el cuarto de baño, meando." Después de pensarlo, añadió: "Siempre tardo mucho en mear."

Maranzano salió así victorioso de la guerra contra Masseria. Aquello

---

[28] Rich Cohen, *Yiddish Connection*, 1998, Denoël, 2000, Folio, p. 95

fue un hito en la historia del crimen organizado. Maranzano se había convertido en el único jefe de la mafia siciliana. Unas semanas más tarde organizaba una reunión. La Cosa Nostra italiana se dividiría en adelante en cinco familias, de las que nombró los jefes: Genovese, Gambino, Bonanno, Colombo y Luchese. Él era ahora el *capo di tutti capi*, el jefe de todos los jefes. Pero el reinado de Maranzano fue breve, pues aquel acuerdo no duro más de cinco meses. Al igual que Masseria, Salvatore Maranzano seguía apegado a la identidad étnica de la Mafia y se negó a unir sus fuerzas con las de los gánsteres judíos. Su gusto por la tradición y su antisemitismo no gustaban a los jóvenes mafiosos liderados por Luciano que se sentían más estadounidenses que sicilianos.

Maranzano ya había planificado la ejecución de Luciano, Vito Genovese, Al Capone y Frank Costello, pero no tuvo tiempo de pasar a la acción. En el mes de septiembre de 1931, Luciano, que se había enterado del asunto, se adelantó y, con el acuerdo de sus socios, envío una vez más un equipo de gánsteres judíos para acabar con Maranzano. Su amigo Meyer Lansky había reunido un grupo de asesinos en el que figuraba Abe [Abraham] Levine, de Toledo (Ohio). Éste era "un judío ortodoxo que se negaba a asesinar el día de Sabbat." Con él venían, Bo Weinberg, mano derecha de Dutch Schultz. Todos eran hombres que Lansky había elegido por su sangre fría. Junto a Bugsy Siegel, Martin Goldstein y Abe Reles, se hicieron pasar por agentes federales encargados de la represión del tráfico de alcohol y penetraron en el cuartel general de Maranzano: "¡Agentes federales, control del Tesoro, que nadie se mueva!", gritaron. Desarmaron los guardaespaldas y llevaron Maranzano en un cuarto cerrado con doble puerta acolchada. Lo apuñalaron uno tras otro y Bugsy le dio el golpe de gracia rajándole el cuello. El asesinato de Maranzano marcó el principio de la depuración. La matanza comenzó el 10 de septiembre y acabó el 11 por la mañana. Esa noche quedó en los anales del crimen como "la noche de las Vísperas sicilianas", en referencia a la masacre de los Angevinos en 1282 en Palermo[29]. Cuarenta jefes de la vieja mafia fueron liquidados.

A partir de entonces ya no hubo *capo di tutti capi* sino un sistema

---

[29] Por Vísperas sicilianas se conoce al acontecimiento histórico de la matanza de franceses en Sicilia en el año 1282, que acabó causando el fin del reinado de Carlos de Anjou en la isla, sustituido por los reyes de Aragón. Algunos autores ven en ella el origen histórico de la Mafia. ¡Según ellos, el grito de guerra de los insurgentes habría sido "¡*Morte Alla Francia! Italia Aviva!*" o "*Morte a i Francesi! ¡Italia Anella!* Estas dos frases serían el acrónimo de la palabra mafia. (Nota del Traductor, NdT).

federal. Bajo la dirección de Charlie Luciano, cinco familias sicilianas continuarían existiendo con la notable diferencia de que ahora podrían trabajar en estrecha relación con los gánsteres judíos.

La creación de un "Sindicato" había sido decidido dos años antes, en mayo de 1929, tras la muerte de Arnold Rothstein. ¿Para qué gastar fortunas para librarse de jueces y policías si acababan matándose entre sí? Se necesitaba urgentemente un poder central para detener las vendettas. De tal manera que una reunión fue organizada por Lansky y Luciano en la estación balnearia de Atlantic City. Fue el primer "Yalta" del crimen. La reunión que duró seis días había reunido todos los jefes del crimen del Este estadounidense: Al Capone de Chicago, con su asesor financiero Jacob Guzik; Joe Bernstein de Detroit; Moe Dalitz, Lou Rothkopf y Chuck Polizzi, de Cleveland; Boo Boo Hoff y Nig Rozen de Filadelfia; Weissman y John Lazia de Kansas City; Longy Zwillmann de Newark. De Nueva York estaban Joe Adonis, Waxey Gordon, Lucky Luciano, Frank Costello, Albert Anastasia, Meyer Lansky, Louis "Lepke"Buchalter, entre otros más. El objetivo de la reunión era el reparto de sectores del crimen fuera del orden de los viejos mafiosos sicilianos y el reparto de los territorios y de las ganancias respectivas.

Después de la muerte de Maranzano, una nueva reunión tuvo lugar en 1931 en el hotel Blackstone de Chicago. Se acordó que ningún jefe mafioso debía dominar todo el crimen organizado y que habría una dirección colegiada. Se buscaría la colaboración antes que el enfrentamiento en casos de litigio. El sistema funcionaría como una empresa, con un consejo de administración que votaría una política antes de aplicarla. Los Estados Unidos y Canadá quedarían divididos en veinticuatro territorios bajo la responsabilidad de los miembros de la Comisión. Además, se estableció un sistema de fondos comunes destinado a pagar los sobornos a las autoridades y a financiar las inversiones especiales. Fue el acta de nacimiento del crimen organizado.

Al final de la Prohibición, la dirección estaba compuesta de siete miembros permanentes (El "Big Seven"): Lucky Luciano, que controlaba la prostitución; Frank Costello (que se había casado con una judía) controlaba los juegos de azar; Meyer Lansky era el experto financiero; Bugsy Siegel gestionaba las extorsiones de los locales nocturno y la distribución de alcohol; Albert Anastasia controlaba los puertos y el sindicato de estibadores junto a su socio Joe Adonis de Broadway; Louis "Lepke" Buchalter era el encargado de extorsionar la industria textil, el sindicato de camioneros, las panaderías y los cines.

Al mismo tiempo, la Comisión creaba una rama especial encargada de las ejecuciones, después de deliberación, de los miembros culpables de incumplimiento o considerados no confiables. Conocido como Murder Incorporated, ese equipo de asesinos que operaba en todo el territorio era dirigido por Louis "Lepke" Buchalter, Anastasia y Bugsy Siegel. En adelante, antes de matar a quién fuera en cualquier parte, el Sindicato debía dar su visto bueno y el consejo designaba a los ejecutores.

Los policías no sospecharon de la existencia del Sindicato durante mucho tiempo. Cuando conseguían detener un gánster dispuesto a hablar, poca información sacaban debido a la ley del silencio que la Mafia había importado de Sicilia. De hecho, antes de la creación de la oficina federal de estupefacientes en 1930, poca gente dentro de la policía y de la justicia comprendía el crimen organizado. John Edgar Hoover, que dirigía entonces el FBI, no se interesaba a la Mafia. Ni tan siquiera creía que existiera y pensaba que se trataba de patrañas inventadas por los alcaldes de las grandes ciudades para justificar sus dificultades. Cuando los investigadores aportaron las pruebas de la existencia de una amplia conspiración criminal, siguió rechazando esa idea juzgándola absurda y declarando a los periodistas: "No existe ninguna Mafia en América[30]."

Hoover ignoró el problema durante las décadas de los años treinta y cuarenta hasta 1957, cuando los policías de una región rural del Estado de Nueva York hicieron una redada en una gran propiedad aislada en el campo y descubrieron más de sesenta gánsteres reunidos y conspirando en la oscuridad[31].

---

[30]En su biografía *Official and Confidential: The Secret Life of J. Edgar Hoover* (1993), el periodista Anthony Summers alegó que la Mafia tenía material de chantaje sobre Hoover, lo que hizo que éste se mostrara reacio a perseguir el crimen organizado de forma agresiva. Según Summers, las figuras del crimen organizado Meyer Lansky y Frank Costello obtuvieron fotos de la supuesta actividad homosexual de Hoover con Tolson (segundo de Hoover en el FBI) y las utilizaron para asegurarse de que el FBI no persiguiera sus actividades ilegales. Sin embargo, la mayoría de los biógrafos consideran improbable la historia del chantaje mafioso a la luz de las continuas investigaciones del FBI sobre la mafia. El biógrafo Kenneth Ackerman afirma por su parte que las acusaciones de Summers han sido "ampliamente desacreditadas por los historiadores". (NdT).

[31]*Apalachin meeting*: la reunión de Apalachin fue una cumbre histórica de la mafia estadounidense celebrada en la casa del mafioso Joseph "Joe el Barbero" Barbara, en el 625 de McFall Road, en Apalachin, Nueva York, el 14 de noviembre de 1957. Supuestamente, la reunión se celebró para discutir varios temas, como la usura, el tráfico de narcóticos y el juego, junto con la división de las operaciones ilegales controladas por el recientemente asesinado Albert Anastasia. Se cree que asistieron a esta reunión unos 100 mafiosos. (NdT).

Al llegar al lugar de la reunión, escribía Rich Cohen, los policías "tuvieron una visión que les debió hacer creer que habían encontrado un concesionario de automóviles[32]." Esta redada modificó definitivamente la manera de ver el crimen organizado por parte de los estadounidenses.

Murder incorporated

Louis Buchalter había nacido en 1897 en Brooklyn de padres judíos alemanes. Su madre le llamaba "Lepkelech", lo que significaba "Luisito" en yiddish, que sus amigos abreviaron en "Lepke". En su juventud, Lepke fue miembro de una banda, los Amboy Dukes (de la calle de Brooklyn, Amboy Street), con la que se dedicaba a todo tipo de robos. En 1919, ya había estado dos veces en la cárcel. Lepke formaba un dúo con Jacob "Gurrah" Shapiro cuyo feudo estaba en Brooklyn, en el barrio de Brownsville. En aquella época, en Brownsville, el poder estaba en manos de los hermanos Shapiro. El mayor, Meyer Shapiro, había nacido en el barrio. Era un chaval atocinado que a la edad adulta se convirtiría en obeso. "Todo era gordo en él: ojos gordos, una nariz gorda, orejas gordas, una boca gorda", escribía Rich Cohen. Los hermanos Shapiro tenían unos quince prostíbulos en los bajos fondos. Al igual que los judíos de Odesa, ciudad de la que eran originarios, aterrorizaban a los tenderos y comerciantes del barrio. En el Brooklyn de los años treinta, cualquier dueño de tienda o restaurante que deseaba alquilar o comprar una máquina tragaperras tenía que pasar por los Shapiro, los cuales, además de percibir un porcentaje de los beneficios, cobraban un fijo de cinco dólares por cada máquina. "¿Y si los Shapiro no eran pagados? ¿Y si os procurabais vuestra propia gramola, vuestra propia máquina de tabaco o vuestro propio flíper en otra parte? Entonces, podía ocurrir algo desafortunado - que vuestra tienda ardiera o fuese allanada y desvalijada[33]."

Lepke y Shapiro escoltaban de vez en cuando las entregas de alcohol de Arnold Rothstein. Pero tenían otras actividades rentables. Extorsionaban los pequeños comerciantes y se habían adueñado del mercado del *Prêt-à-porter* en el *Lower East Side*. Lepke explicaba así: "¡Qué frágiles son los trapitos! Que daño se puede hacer con una botella de tinta. Los comerciantes lo comprenden rápidamente." A continuación, fue Buchalter quien gestionaría los fondos de pensión de

---

[32] Rich Cohen, *Yiddish Connection*, 1998, Denoël, 2000, Folio, p. 229-233
[33] Rich Cohen, *Yiddish Connection*, 1998, Denoël, 2000, Folio, p. 31, 32

los trabajadores del textil. Usaban los mismos métodos con los trabajadores en huelga. Organizaban bandas de delincuentes para romper las huelgas (*los schlammers*), impidiendo que los huelguistas perturbaran el trabajo y recibiendo por esos servicios importantes sumas de dinero de los directores de fábricas. Esto escribía Rich Cohen al resepcto: "Conviene recordar que fueron los jefes de empresa los primeros en recurrir a los gánsteres...En general, cuando rompían las huelgas, los pandilleros golpeaban a los obreros con barras de hierro envueltas en papel de periódicos. Llamaban a eso *schlamming* (paliza)."

Extorsionaban también dinero a las grandes panaderías de Nueva York proponiéndoles una "protección". Esas extorsiones se extendieron luego a otros sectores, como las salas de cine y los transportes por carretera. Buchalter desempeño esa actividad con mano de hierro, y lo siguió haciendo después de convertirse en uno de los principales miembros de la Comisión de la mafia estadounidense. La extorsión de los sindicatos obreros era practicada por otros gánsteres de Nueva York, pero la crueldad de Buchalter hacia los que no pagaban sobrepasaba la de sus colegas. Cuando otros se limitaban a romperle las piernas al recalcitrante, Buchalter mataba simple y llanamente sin previo aviso. También ordenaba saqueos e incendios para reforzar su reputación.

A continuación, los dirigentes sindicales también recurrieron a los gánsteres, pues no tenían otra manera para protegerse. Arnold Rothstein fue el primero en aceptar ayudarlos[34]. Al principio de los años treinta, Lepke ya controlaba un millar de trabajadores a través de los sindicatos de camioneros, de los operadores de cine y de los pintores de la construcción[35].

Los éxitos de las extorsiones de Buchalter lo propulsaron a la cima del mundo criminal. Durante la constitución del Sindicato del crimen, Lepke fue el encargado de Murder Incorporated, la organización encargada de asesinar a los miembros de la mafia poco fiables o culpables de haber cometido alguna falta. Habían acordado prohibir el asesinato sin autorización previa de policías, jueces o cualquier personalidad pública importante. Los gánsteres tampoco debían matar a personas que no fueran miembros de la mafia para evitar investigaciones exhaustivas o la movilización nacional contra el crimen organizado. En cambio, estaba permitido tomarse la justicia en sus

---

[34] Rich Cohen, *Yiddish Connection*, 1998, Denoël, 2000, Folio, p. 135. Rich Cohen nos informaba más adelante de que Sydney Hillman, el asesor del presidente Franklin Roosevelt y antiguo dirigente del sindicato de los obreros textiles, "habían trabajado en el pasado con Lepke." (p. 400)

[35] Rich Cohen, *Yiddish Connection*, 1998, Denoël, 2000, Folio, p. 145

propias manos entre miembros del crimen organizado, a condición de que la sentencia fuese avalada por la "Comisión". Fue para decidir de manera centralizada ese "trabajo sucio" que se creó la "Murder Incorporated" (bautizada así por la prensa), una especie de mutualidad del asesinato gracias a la cual un jefe local podía beneficiarse de los servicios de un asesino de otra localidad y evitar así ser inculpado. Murder Incorporated era una banda de asesinos a sueldo, como escribía Don Wolfe, "compuesta de delincuentes judíos que se encargaban del trabajo sucio del Sindicato del crimen.[36]" Se calcula que, entre 1933 y 1940, la organización fue responsable de más de 700 asesinatos, aunque algunos hablan de 2000. Al final de su carrera, Lepke era sospechoso, a título personal, de decenas de asesinatos. Las ejecuciones con armas de fuego eran fácilmente identificables, por lo que se prefería el ahogamiento, un arma blanca, el bate de béisbol, la cuerda de piano, y, sobre todo, el picahielos.

La Murder Incorporated era codirigida por Bugsy Siegel y Albert Anastasia. Eran ellos los que recogían las peticiones y elegían los modos de ejecución. A veces contrataban asesinos *"freelance"*, pero la mayoría de las veces recurrían a un grupo de jóvenes gánsteres judíos e italianos ubicados en Brownsville que cobraban un salario anual. Los más famosos eran Louis Capone, Harry "Happy" Maïone, Frank Abbandando, Vito Gurino, Mendy Weiss, Harry Strauss (llamado "Pittsburgh Phill") y Martin "Bugsy" Goldstein.

Abraham Reles, llamado Abe Reles, o "Kid Twist", era el jefe del grupo. Había nacido en 1907, sus padres provenían de Galitzia, una región del sur de Polonia. Su apodo, ("el chico que retuerce") venía de su rostro juvenil y de su facultad para retorcer el cuello de sus víctimas. Rich Cohen lo describía así: "Con el tiempo, Reles se convirtió en un líder. A pesar de que apenas midiera más de metro sesenta, algo en él forzaba el respeto...Hablaba lentamente, con una voz de garganta, con un ceceo. Tenía un andar curioso: en la calle, parecía un hombre que intentaba tirar sus zapatos hacia delante sacudiendo los pies."

En sus inicios, "la primera persona a la que el Kid reclutó fue Martin Goldstein...Tenía la misma manera de hablar con la boca pequeña, de andar como un pato, la misma actitud de tipo duro que las estrellas de cine. Marty era tímido, pero el Kid supo descubrir en él una particularidad. Si se ponía a prueba su timidez, se le podía sacar de sus casillas, ponerlo en un estado de crisis propiamente psicótico. Por eso se le llamaba Bugsy (el zumbado)- porque estaba un poco loco, y esa

---

[36] Don Wolfe, *Le Dossier Dahlia noir*, 2005, Albin Michel, 2006, p. 209, 214

era una cualidad que se veía siempre en algunos gánsteres[37]."

El arma preferida de Abraham Reles era el picahielos que introducía por la oreja de sus víctimas hasta el cerebro, lo cual simulaba un fallecimiento por hemorragia cerebral. Era conocido por ser un asesino psicópata especialmente cruel. Una vez, mató un empleado de gasolinera porque éste no había limpiado una mancha del lateral de su coche. Durante la prohibición de los años veinte, Reles y su amigo Martin Goldstein, todavía adolescentes, habían trabajado para los hermanos Shapiro que dirigían las extorsiones en Brooklyn.

Fue Reles el que destronó finalmente los hermanos Shapiro en el barrio de Brownsville, Brooklyn. Reles había invertido en una de las plazas fuertes de Shapiro: las apuestas y los préstamos usurarios. Las cosas se pusieron feas enseguida: una noche, Reles recibió la llamada de un "amigo" informándole de que los hermanos Shapiro habían dejado su guarida de East New York. Reles, Goldstein y sus secuaces se precipitaron al cuartel general de los Shapiro, pero la información era un engaño y cayeron en una emboscada. Reles y Goldstein salieron heridos del tiroteo. Meyer Shapiro quiso dar una lección a Reles secuestrando a su novia y llevándola a un descampado donde la apalearon y violaron varias veces.

Tras varios intentos por ambas partes, Reles consiguió poner las manos sobre Irving Shapiro. Lo arrastró por el pasillo de su casa hasta la calle donde lo golpeó brutalmente antes de liquidarlo de dieciocho disparos, dos en la cara. Dos meses más tarde, en una calle desierta, Reles encontró Meyer Shapiro al que disparó en la cabeza. Pasaron tres años antes de que finalmente el último hermano Shapiro, William, fuese secuestrado en la calle y llevado a un escondrijo de la banda. Fue apaleado salvajemente hasta la muerte. Luego Harry Strauss lo ató y cargó en el automóvil para llevarlo a enterrar. Unos años más tarde, cuando se halló el cadáver y fue exhumado y practicada la autopsia, el médico forense extrajo restos de barro en la caja torácica: aún estaba vivo cuando lo enterraron.

La reputación de la banda de Brownsville llegó hasta Manhattan, hasta los *night-club* y las suites de hoteles donde Charlie Luciano, Meyer Lansky y Bugsy Siegel proyectaban y planificaban el futuro del crimen organizado. Pronto, Abe Reles y sus cómplices trabajarían para el "Sindicato".

Harry Strauss era el famoso asesino de la banda de Abraham Reles.

---

[37] Rich Cohen, *Yiddish Connection*, 1998, Denoël, 2000, Folio, p. 35, 37, 41. Sobre las taras físicas y mentales léase *Psicoanálisis del judaísmo, (2022).*

Él era un judío piadoso. Rich lo describía así: "Vivía en un mundo profundamente moldeado por la moral. Sus opiniones – sobre el castigo, la responsabilidad y sobre cualquier compromiso formal- eran, en muchos sentidos, opiniones de carácter hebraico. Para Strauss, Dios estaba presente en cada acto, cada gesto, cada ademán...Strauss era la imagen del Dios del Antiguo Testamento; él veía, él juzgaba, él castigaba[38]."

Strauss mató a más de treinta hombres en más de doce ciudades, pero muy probablemente se le podría atribuir un centenar de asesinatos. "Viajaba con una pequeña maleta de cuero que contenía un pantalón, ropa interior de seda, una camisa blanca, una pistola y una cuerda. Seguía la tradición del vendedor ambulante judío, del inmigrante ambicioso que avanzaba en dirección al oeste tomando caminos fangosos...El Sindicato había inventado el "contrato"; un extranjero llega, mata y se va. Los policías locales no tienen nada que hacer - ningún móvil, ningún sospechoso, nada[39]-". La mayoría de las veces, si la situación se complicaba, los asesinos a sueldo podían esconderse en regiones aisladas de los Estados Unidos donde los políticos locales eran comprados y cerraban los ojos.

En Williamsburg, los Amberg fueron los únicos gánsteres de Brooklyn con voluntad y agallas para desafiar a Kid Twist (Abe Reles), presentándose en su propio territorio para extorsionar dinero a los comerciantes. Se habían impuestos en los primeros años del siglo y habían tenido bastante éxito en el robo, la extorsión de fondos y el asesinato. La banda estaba dirigida por Joey Amberg, un inmigrante judío ruso. En 1935, miembros de su banda tuvieron un encontronazo con Harry Kazner, un delincuente de poca monta que trabajaba para Murder Inc. Éste fue llevado un día a un sótano donde fue amarrado, golpeado hasta la muerte y su cadáver troceado. Los asesinos habían

---

[38] Rich Cohen, *Yiddish Connection*, 1998, Denoël, 2000, Folio, p. 120-122. Recordemos aquí lo que dice el Talmud: Un judío piadoso siempre es considerado intrínsecamente bueno, a pesar de los pecados que pueda cometer. Sólo su cáscara se mancha, nunca su interior. Talmud (*Chagigah, 15b*). ["La Guemará pregunta: (...) una fuente afirma que sólo se puede aprender de un erudito que es intachable en sus formas, mientras que otra indica que está permitido incluso aprender de alguien cuyo carácter no es intachable (…) Rava enseñó: ¿Cuál es el significado de lo que está escrito: "Descendí al huerto de los nogales para ver el verdor del valle"(*Cantar de los Cantares 6:11*)? ¿Por qué se compara a los eruditos de la Torá con las nueces? Así como esta nuez, a pesar de estar manchada de barro y excremento, su contenido no se vuelve repulsivo, ya que sólo su cáscara está manchada; así también un erudito de la Torá, aunque haya pecado, su Torá no se vuelve repulsiva." (www.seforia.org). Sobre el Talmud, léase *Psicoanálisis del judaísmo*. (NdT).]

[39] Rich Cohen, *Yiddish Connection*, 1998, Denoël, 2000, Folio, p. 162

tirado los trozos en una bolsa dentro de la cloaca que desembocaba en Jamaica Bay. La marea llevo los restos de Kazner a alta mar[40]. La respuesta no se hizo esperar, y Lepke obtuvo el visto bueno de los otros jefes del Sindicato para matar a los miembros de la banda de Joey Amberg, los cuales fueron todos liquidados uno tras otro.

A mediados de los años treinta, los Brownsville Boys se habían mezclado con los esbirros de Lepke y era difícil distinguir las dos bandas, pues se podía ver Reles, Goldstein, Strauss, Happy Maione y Abbandando en todas partes en compañía de los mejores tiradores de Lepke, como Albert Tennenbaum, Charlie Workman, Mendy Weiss y Pretty Levine.

Albert Tannenbaum trabajaba por encargo, alquilando sus servicios a cualquiera que tuviera el dinero necesario en efectivo. "Tenía un rostro oscuro, estrecho, con una nariz cómica, pues era muy larga, unos ojos tristes y unas cejas muy pobladas", escribía Rich Cohen.

Charlie Workman "mantenía siempre la sangre fría, a pesar de las sirenas que sonaban a lo lejos, para tomarse el tiempo de registrar los bolsillos del cadáver[41]. Al final de su carrera, su número de víctimas asesinadas debía rondar la veintena. Cuando los policías lo capturaron, alegó llamarse Jack Harris o Jack Cohen o cualquier nombre que le pasará por la cabeza. Contaba a la gente que era un empresario de Brooklyn o que vendía coches." De hecho, casi todos los miembros de Murder Inc. ejercían una profesión declarada, teniendo así los medios financieros necesarios y una coartada que contar a los policías. Tannenbaum trabajaba en la confección textil. Pretty Levine conducía un camión de la basura que usaba a veces para deshacerse de los cadáveres. Pero su verdadera fuente de ingresos provenía evidentemente de los fondos extorsionados a los comerciantes que maltrataban o del contrabando de alcohol.

El préstamo usurario también formaba parte del arsenal de esos gánsteres para esquilmar sus víctimas. Abe Reles tenía así una mesa de juego en el cruce de Court y State Street, en Brooklyn. Esto escribía Rich Cohen sobre aquella estafa: "Cuando un jugador perdía su dinero, Reles le prestaba más, a menudo a un tipo de interés del veinticinco por cien. Para reembolsar a Reles, el jugador solía pedir prestado a Strauss, a Pretty levine o a Dukey Maffeatore. Antes de comprender en lo que se había metido, el jugador debía todo lo que tenía a la pequeña tropa[42]."

---

[40] Rich Cohen, *Yiddish Connection*, 1998, Denoël, 2000, Folio, p. 197
[41] Despojar los cadáveres es una larga y antigua tradición de los judíos; Léase Hervé Ryssen, *Las Esperanzas planetarianas*, (2005-2022).
[42] Rich Cohen, *Yiddish Connection*, 1998, Denoël, 2000, Folio, p. 208. Es el método

Vemos pues como los gánsteres estadounidenses usaban los mismos métodos que desde la alta Antigüedad habían valido a los judíos una reputación quizás merecida.

La llegada masiva de judíos rusos y polacos a Estados Unidos parecía haber enriquecido América con una población "diferente". Aunque por lo general, parece ser que los judíos se inclinaban más hacia las actividades criminales que las demás poblaciones recién llegadas.

Este era el testimonio de un tal Frank Moss, citado por Rich Cohen. Después de una visita por los barrios judíos de Nueva York, notaba "la ignorancia, los prejuicios, el rechazo persistente en plegarse a los ideales, a las costumbres religiosas y a las exigencias propias de América, el espíritu de clan y la desconfianza para con los cristianos." Y añadía: "No existe ningún lugar en el mundo donde se pueda hallar tantos parásitos humanos, en una cantidad propiamente incalculable...Los instintos criminales que se observan a menudo al estado natural en los Judíos rusos y polacos salen a la superficie, de tal forma que acreditan la opinión de que esta gente son los peores elementos de toda la población neoyorquina[43]."

Un día, un contable del Sindicato llamado Walter Sage sufrió las consecuencias de sus recurrentes errores: Gangy Cohen le clavó un picahielos en el pecho y le apuñalo treinta y seis veces para enseñarle a contar correctamente. El contable acabó en el fondo de la bahía atado a una máquina tragaperras. Pero después de haber asesinado Walter Sage, Gangy Cohen tuvo una especie de revelación: "Si me obligaron a matar Walter, entonces, tarde o temprano, encontraran a alguien para matarme a mí." Gangy Cohen cogió el tren en dirección al lejano oeste, a Hollywood. Allí llegó a debutar en el cine, primero como figurante, luego como actor con el nombre de Jake Cohen. Unos años más tarde, un oficial de policía, que había rastreado Gangy Cohen durante mucho tiempo y al que daba por desaparecido, lo vio en la gran pantalla en una película jugando el papel de un policía. Cohen fue detenido, esposado y extraditado desde California. Su juicio tuvo lugar poco tiempo después, pero fue exculpado por falta de pruebas. Rich Cohen concluía:

---

clásico de la usura que fomentó el antisemitismo de todos los campesinos de Europa a lo largo de la historia.

[43] Rich Cohen, *Yiddish Connection*, 1998, Denoël, 2000, Folio, p. 62. El antiguo presidente socialista chileno, el doctor Salvador Allende hizo el mismo análisis: "Los Hebreos se caracterizan por una cierta categoría de crímenes: el fraude, la mendacidad, la calumnia, la difamación y por encima de todo la usura. Estos hechos permiten suponer que la raza desempeña un papel en la criminalidad." (Fragmento de la tesis médica de 1933 de Salvador Allende, citado por Víctor Farias en su libro titulado *Allende, Antisemitismo y Eutanasia*, en *Faits et documents* del 1 de junio del 2005).

"Si las cosas se ponían realmente difícil, siempre estaba la solución de marcharse a Hollywood y convertirse en estrella de cine[44]."

El canto del canario

En 1933, cuando la prohibición fue abolida, los gánsteres ganaban todavía mucho dinero gracias a los juegos de azar, los estupefacientes, la prostitución y el sistema de apuestas por teléfono. También estaban las carreras de caballos amañadas. Don Wolfe escribía al respecto lo siguiente: "El Sindicato sólo amañaba una carrera de cien para que no se sospechara, pero aun así era más que suficiente. Se ponían de acuerdo con los jinetes, los cuales recibían sus sobornos. Los que se negaban a cooperar se arriesgaban a tener serios problemas. Las apuestas se hacían en el hipódromo, raramente en las casas de apuestas del Sindicato. Tan pronto como Bugsy se enteraba de que una carrera había sido amañada, llamaba a sus colegas del Turf Club y éstos apostaban en el último momento y ganaban el premio mayor[45]."

Sin embargo, el cerco a los mafiosos era cada vez mayor. Al Capone había sido detenido en 1932 por fraude fiscal. El fiscal Thomas Dewey había encerrado tras los barrotes a Waxey Gordon en 1933. Hay que decir que Waxey Gordon estaba enfrentado a Lansky respecto al tráfico de alcohol y el juego de azar. Su rivalidad se había transformado en una guerra abierta que se saldaría con varias muertes en ambos lados. Lansky había finalmente facilitado a la policía las informaciones que sirvieron para inculpar Waxey Gordon de evasión fiscal y condenarlo a diez años de prisión. Después de su liberación, partió a California donde traficó con heroína a gran escala. En 1951, con 62 años, fue de nuevo detenido y condenado a 25 años de cárcel en Alcatraz. Murió al año siguiente.

En 1935, Dutch Schultz (Arthur Flegenheimer) también estuvo a punto de caer. Thomas Dewey había ordenado la incautación de un centenar de máquinas tragaperras en varias de las salas de juego de Shultz. Éste decidió entonces enviar por barco más de mil máquinas a

---

[44] Rich Cohen, *Yiddish Connection*, 1998, Denoël, 2000, Folio, p. 213. Léase el capítulo sobre la plasticidad en *Psicoanálisis del judaísmo*. En la película *Érase una vez en América*, de Sergio Leone (1984), uno de los gánsteres judíos (James Wood) también cambia de identidad para entrar en la política. Se convertirá en senador.
[45] Don Wolfe, *Le Dossier Dahlia noir*, 2005, Albin Michel, 2006, p. 204. Sobre las carreras de caballos amañadas se puede ver la hermosa película de Laurent Heynemann, *Le Mors aux dents* (Francia, 1979), con Michel Piccoli, Jean Benguigui, Michel Galabru, Jacques Dutronc y Roland Blanche ("el Griego"), aunque no aparecen como tales.

la Nueva Orleans, donde el gobernador del Estado, Huey Long, estaba en ese momento en la nómina de los gánsteres[46]. Shultz fue acusado, pero sus abogados consiguieron un cambio de jurisdicción, y el juicio tuvo lugar en una pequeña localidad del Estado de Nueva York, en Malone. Una pequeña ciudad con una sola Iglesia. Una pequeña calle. Un solo semáforo...Se instaló en un pequeño hotel, se presentó ante los lugareños que no conocía, hizo donaciones durante las ventas caritativas locales, vestía trajes muy sencillos. "Se le veía durante las pequeñas reuniones asociativas organizadas por la iglesia, en las fiestas del vecindario, en las partidas de bingo. Una semana antes del juicio, se presentó en una iglesia local y se convirtió al catolicismo", escribía Rich Cohen. "Cuando el jurado tuvo que deliberar, Schultz había engañado y corrompido toda la ciudad. Existe una foto de él, tomada justo después del veredicto que lo había exculpado, con una gran sonrisa de chiquillo que acaba de amañar su elección de delegado de clase."En este mundo de tipos duros, no hay lugar para los burros", declaró ante los periodistas[47]."

Ante la Comisión del Sindicato, Schultz había solicitado la eliminación de Dewey. Pero los otros miembros no compartían la misma opinión que él: Dewey era un objetivo demasiado importante y su asesinato hubiese podido poner en aprietos a toda la organización. Dado que Schultz se obstinaba en ese proyecto y que sólo asistía de forma irregular a las reuniones, se decidió eliminarlo. El 23 de octubre de 1935, fue abatido con sus guardaespaldas y su contable en un restaurante de Newark por un equipo de tres asesinos de la Murder Incorporated. Su cuerpo fue hallado en el baño, donde Charlie Workman había tenido tiempo de vaciarle los bolsillos[48].

En junio de 1936, Charles Luciano en persona fue declarado culpable de incitación a la prostitución por la Corte suprema de Manhattan, condenado a treinta años de prisión por proxenetismo y encerrado en el penitenciario de Nueva York. Meyer Lansky se retiró precipitadamente a la costa de Miami.

---

[46] William Reymond, *Mafia S.A.*, Flammarion, 2001, p. 33
[47] Rich Cohen, *Yiddish Connection*, 1998, Denoël, 2000, Folio, p. 283
[48] En la película *The Cotton Club* (EEUU, 1984), Francis Ford Coppola pinta un Dutch Schultz psicópata. Schultz y sus secuaces, Bo Weinberg, Lulu Rosenkrantz, así como su asesor financiero Abbadaba Berman aparecen en la novela de E. L. Doctorow, *Billy Bathgate*, y en la película del mismo nombre de Robert Benton, con Dustion Hoffman. De hecho, éste se parece muchísimo a Dutch Schultz. Los dobles son bastante corrientes en la comunidad judía que favorece la endogamia desde hace siglos. Así, por ejemplo, el padre de Elie Wiesel y Bela Kun, el tirano bolchevique que reinó sobre Hungría en 1919, se parecían como dos gotas de agua.

Bugsy Siegel se instaló definitivamente en Los Ángeles, donde el fiscal y la administración municipal aún estaban dispuestos a venderse al mejor postor. En noviembre de 1939, Bugsy tuvo que eliminar "Big Greenie" Greenberg. Éste, en busca y captura, exigía dinero en efectivo a su antiguo jefe Louis "Lepke" Buchalter, amenazando chantajearlo. Bugsy, acompañado de Abe Reles, fue hasta Hollywood donde se escondía Greenberg. "Abe Reles cuenta que Bugsy salió rápidamente del coche, se acercó a Big Greenie y lo golpeó con la culata de su arma, antes de disparar cuatro veces en su cráneo fracturado. El cuerpo sin vida de Big Greenie se desplomó sobre el volante mientras Bugsy regresaba al Mercury robado[49]."

Poco tiempo después, Abe Reles también fue arrestado en Nueva York. En enero de 1940, Abe Reles y Bugsy Goldstein fueron llamados a comparecer en la comisaría de policía, sin sospechar que una declaración inesperada de un testigo de un viejo caso de asesinato amenazaba con costarles la cabeza. Kid Twist ya había sido detenido cuarenta y dos veces en quince años, por lo que esta nueva comparecencia no le preocupaba demasiado. Pero dos meses más tarde, comprendió que su vida estaba en juego y que podía acabar en la silla eléctrica. Empezó entonces a "cantar". Llegó finalmente a un acuerdo con el fiscal del condado de Kings, William O'Dwyer, proponiendo desvelar la existencia y el funcionamiento de Murder Incorporated, hasta entonces desconocidos, y de denunciar sus cómplices, incluido su jefe, Lepke Buchalter. Éste ya estaba en la cárcel, inculpado por tráfico de droga por el fiscal Thomas Dewey, el cual todavía ignoraba que Buchalter había hecho ejecutar decenas de testigos potenciales para evitar una condena. Reles declaró ante la policía "lo suficiente como para rellenar veinticinco cuadernos de historias de asesinatos y de violencia que ponían los pelos de punta", escribía Don Wolfe. Reles expuso sus veinticuatro asesinatos perpetrados únicamente en Brooklyn, y lograba así el primer puesto en el "*hit-parade* del mundo paralelo judío[50]".

Entre los asesinos que Abraham Reles mencionó en sus confesiones figuraba el nombre de Bugsy Siegel. Informó además de que se trataba de uno de los fundadores de Murder Inc y que era el jefe mafioso implicado en la reciente eliminación de Big Greenie Greenberg. Sus confesiones provocaron una reacción en cadena de los demás gánsteres, de tal forma que la policía habilitó unas viviendas especiales para los informadores de la justicia.

---

[49] Don Wolfe, *Le Dossier Dahlia noir*, 2005, Albin Michel, 2006, p. 216
[50] Rich Cohen, *Yiddish Connection*, 1998, Denoël, 2000, Folio, p. 377

Las habladurías del traidor (el "canto del canario" en el argot de la mafia) permitieron juzgar a los mejores asesinos de Murder Incorporated. Harry Strauss, Pittsburg Phil, Happy Maïone, Frank Abbandando, Louis Capone, Mendy Weiss y su amigo de infancia Bugsy Goldstein, acabaron ejecutados en la silla eléctrica. Después del juicio, Goldstein gritó a los periodistas: "Decidle a esa rata de Reles que le esperaré. Quizás sea en el infierno. No lo sé, pero le esperaré. ¡Apuesto a que tendré una horca en la mano!"

Albert Anastasia, de Murder Inc., y alto dirigente de la Cosa Nostra, tenía su juicio previsto para el 12 de noviembre. Anastasia había organizado previamente una gran purga sangrienta para evitar la comparecencia de nuevos testigos que pudieran comprometer a los jefes del Sindicato. Su inculpación se basaba en el único testimonio de Reles. Afortunadamente para él, el 12 por la mañana, el cuerpo de Reles era hallado debajo de la ventana del hotel de Coney island donde residía custodiado poir la policía. Por desgracia y a pesar de las importantes medidas de seguridad tomadas para protegerle, Reles había caído de la quinta planta. La causa de su fallecimiento nunca fue claramente establecida y nunca se supo si se había tirado él mismo por la ventana o si le habían empujado, o bien si había intentado huir. Se dijo que Frank Costello había pagado a los policías que vigilaban a Reles para que éste no pudiera testificar. El futuro arrepentido Joe Valachi reveló más tarde que se trató efectivamente de un asesinato cometido con la ayuda de uno de los policías que custodiaba Reles. Abraham Reles se ganó un nuevo apodo tras su muerte: el canario que cantaba pero que no sabía volar.

Lepke Buchalter acabó por entregarse al FBI en abril de 1939 para evitar una sentencia más dura, empezando a purgar una condena de 14 años por tráfico de estupefacientes en el penitenciario federal de Leavenworth, en Kansas. Sin embargo, la sentencia había sido luego alargada hasta los treinta años debido a sus desmanes dentro del Sindicato. Los testimonios de Reles y Albert Tannenbaum fueron fatídicos para él. Lepke había cometido la imprudencia de participar en persona en un ajuste de cuentas - uno sólo de los cientos cometidos por la organización. Los elementos probatorios comunicados al fiscal acerca del asesinato del dueño de una tienda de chucherías, Joseph Rosen, permitieron una nueva sentencia pronunciada en diciembre de 1941: la pena de muerte. Buchalter fue ejecutado en la silla eléctrica en enero de 1942 en la prisión de Sing Sing, en el Estado de Nueva York. Fue el único jefe criminal de ese rango en haber sido ejecutado. Era el final de Murder Incorporated[51].

Bugsy Siegel en Hollywood

Bugsy Siegel se había hecho a la mar instalándose en Los Ángeles en 1936. Desde 1934, Siegel había viajado varias veces para atender los intereses del Sindicato en la región. Su ambición consistía en infiltrar el mundillo del cine estableciendo salas de juego, redes de prostitución, sistemas de apuestas amañadas y tráfico de estupefacientes. En Hollywood y en la parte oeste de la ciudad, sus discotecas servían de fachada para el Sindicato. "Según la *California Crime Commission*, el Sindicato administraba más de treinta bares, al menos setenta y cinco garitos, diecinueve prostíbulos, diecisiete casinos y catorce *night-clubs* en la región de Hollywood[52]."

En 1938, Bugsy Siegel se instaló con su mujer y sus hijos en una fastuosa mansión de treinta y cinco habitaciones. También tenía una suite en un gran hotel donde se veía con Virginia Hill, portadora de fondos para el Sindicato, y todo un enjambre de bellezas hollywoodienses elegidas entre las jóvenes estrellas de los estudios. Bugsy se relacionaba además con las estrellas de Hollywood y las grandes eminencias de las productoras como Jack Warner, Harry Cohn y Louis Mayer con quienes hacía negocios[53]. Fue amigo de algunas estrellas, como Clark Gable o Cary Grant, y el amante de Lana Turner – una correligionaria- y de Rita Hayworth. Deportista y vividor, poca gente en Hollywood sabía que también era un asesino despiadado y uno de los fundadores de Murde Incorporated. Tomó el control de algunos sindicatos de figurantes y de técnicos (decoradores, técnicos de sonidos, montadores, editores, etc.) que podían paralizar en poco tiempo cualquier rodaje de película. Gracias al control que ejercía sobre la mano de obra, extorsionaba así dinero a los estudios a cambio de su protección contra las huelgas salvajes.

---

[51] Murder Incorporated fue objeto de una sola película hollywoodiense, de Stuart Rosenberg en 1960. Kid Twist (Abe Reles) es interpretado por Peter Falk. En 1975, Menahem Golan filmó una película sobre Lepke, con Tony Curtis (nacido Bernard Schwartz) de protagonista, en la que sale perfectamente reflejada la judeidad de los gánsteres. La película presenta un Lepke traicionado por el Sindicato y acorralado. Al final de la película, se subraya que Lepke fue el primer jefe del Sindicato de la mafia en ser ejecutado.
[52] Don Wolfe, *Le Dossier Dahlia noir*, 2005, Albin Michel, 2006, p. 211
[53] Universal, Fox, Paramount, Columbia, Warner Bros, MGM, RCA y CBS son todas creaciones de inmigrantes judíos de Europa del Este. Véase en *Las Esperanzas planetarianas*.

Cuando Siegel llegó a la costa oeste, los mafiosos sicilianos ya estaban presentes: Jack Dragna (nacido Anthony Rizzotti), era el capo de la mafia de Los Ángeles. Su teniente era Johnny Rosselli, un hombre con las maneras suaves y empalagosas que le faltaban a Dragna. Habían accedido al poder durante la Prohibición, cuando las bandas se rifaban el mercado negro del alcohol. Nacido en Sicilia, Dragna había emigrado a Estados Unidos en 1914 y frecuentado la banda de Al Capone en Chicago, antes de convertirse en jefe de la mafia en California del Sur. La llegada de Bugsy Siegel en la región suscitó rápidamente tensiones y Lucky Luciano tuvo que imponer su voluntad para que colaborasen y Dragna renunciase a la guerra. Luciano, que conservaba toda su autoridad desde su celda de prisión, exigió que cooperaran ya que según el código mafioso negarse a obedecer al padrino significaba firmar su sentencia de muerte. La ciudad fue entonces dividida en territorios controlados por Siegel y por Dragna. Siegel se quedaba con la parte oeste, con Hollywood y Beverly Hills, mientras que Dragna se veía atribuido el centro ciudad, las afueras del valle, Long Beach y el puerto de Los Angeles[54].

Bugsy había sido llamado a declarar ante la policía en septiembre de 1940. Acusado del asesinato de Greenberg, fue encarcelado en la vieja prisión del centro ciudad de Los Ángeles. Su cuñado, Whitey Krakower, que también había sido implicado por Reles en el asesinato de Greenie, compareció poco tiempo después ante la policía, pero fue abatido en plena calle en Manhattan. Bugsy había liquidado un testigo incómodo. El matrimonio de Siegel no superaría el drama. La esposa de Bugsy pidió el divorcio y regresó con sus hijos a Nueva York.

Las condiciones de encarcelamiento de Bugsy Siegel no fueron muy duras, pues recibía un trato de favor. Vivía en un apartamento dentro de la prisión y se hacía traer la cena de los mejores restaurantes de la ciudad. Incluso seguía frecuentado las discotecas de Hollywood donde le llevaban por las noches. Cuando la prensa publicó el escándalo, resultó que el médico de la prisión Benjamín Blank había recibido más de 32 000 dólares de Siegel para dejarle instalarse en sus apartamentos privados. El público se enteraba de paso que, durante su primer mes de detención, Siegel había hecho dieciocho salidas nocturnas y había sido autorizado a recibir la visita de jóvenes mujeres en su "apartamento" carcelario. Hasta sus trajes de prisionero en tela de jean eran hechos a medida. Las acusaciones de asesinato fueron finalmente descartadas gracias a un donativo de 30 000 dólares que sirvieron para financiar la campaña del fiscal de Los Ángeles.

---

[54] Don Wolfe, *Le Dossier Dahlia noir*, 2005, Albin Michel, 2006, p. 211

Bugsy había sido condenado al ostracismo por la sociedad Hollywoodiense, pero seguía gestionando sus negocios criminales. Reclutó a Mickey Cohen, un antiguo boxeador, y comenzó a extenderse por el territorio de Jack Dragna anexionándose una red de prostitución de lujo por teléfono. A continuación, Siegel visitó Las Vegas, que no era entonces más que un pueblo insignificante. Nevada era un pequeño oasis en pleno corazón del sistema judiciario estadounidense donde todo era legal; las apuestas telefónicas, el juego, la prostitución. Siegel soñaba con establecer allí su imperio para poder ganar sumas de dinero astronómicas de forma legal. Así, Siegel empezó la construcción del Flamingo Hotel, el cual iba ser el mayor y más lujoso hotel-casino del mundo. Aquel proyecto fue el origen de la fortuna de Las Vegas, la ciudad del juego. En 1943, siguiendo los consejos de Lansky, Luciano prestó 5 millones de dólares a Siegel para financiar el Flamingo. Naturalmente, Siegel mantenía el contacto con el Sindicato. Joseph Epstein, alias Joey Ep, el tesorero y hombre de confianza de la mafia de Chicago, trabajaba con él.

Mientras estaba ocupado en las Vegas, Bugsy había dejado a Mickey Cohen administrando los negocios en Los Ángeles. Pero éste no era tan hábil como él y la rivalidad con Jack Dragna no tardó en transformarse en una guerra abierta. Cuando Cohen empezó a interferir de forma agresiva en la red de apuestas del siciliano, éste se hartó de apretar los dientes. La guerra estalló en 1946 después del asesinato de un corredor de apuestas del Sindicato que trabajaba para Mickey Cohen y de que dos otros socios de Siegel y Cohen fuesen abatidos. Esos asesinatos salieron en todas las portadas de la prensa durante varios días, pero la investigación se estancó a pesar de que todo el mundo sabía que Dragna era el comanditario.

En Las Vegas, la construcción del hotel-casino faraónico se demoraba. La factura no paraba de aumentar y los jefes del Sindicato empezaron a tener dudas acerca de ese palacio de mármol en medio del desierto. Bugsy pidió entonces a su secuaz Albert Greenberg organizar una serie de robos de joyerías. Al Greenberg, que también dirigía una red de tráfico de estupefacientes, había participado años atrás en el tráfico de alcohol con la banda de Bugsy y Meyer.

El 26 de diciembre de 1946, el casino abría por fin sus puertas. Las numerosas estrellas de Hollywood que tenían que haber estado presentes, como Clark Gable, Lana Turner y Cary Grant, habían quedado bloqueadas en el aeropuerto de Los Ángeles por culpa del temporal que había imposibilitado el despegue de los aviones. Plantado en medio del desierto, el Flamingo tuvo al principio algunas dificultades para encontrar su clientela. Así pues, la banda de Al Greenberg continuaba con sus atracos y robos de joyerías para financiar el proyecto. El joyero Maurice Reingold sufría continuos robos de su mercancía asegurada. Al Greenberg tuvo finalmente que huir de forma precipitada de la ciudad para refugiarse en Nueva York.

La joven Elizabeth Short frecuentaba ese mundo de delincuentes y criminales. Estaba en contacto con Al Green. Esta hermosa joven mujer de 23 años, que ambicionaba convertirse en una estrella de cine, siempre iba vestida de negro y tenía por costumbre llevar una dalia en su cabello, motivo por el que se la apodaba la "Dalia negra". El 15 de enero de 1947, su cuerpo fue hallado al amanecer en un descampado atrozmente mutilado. Elizabeth Short había sido tristemente premiada con el crimen más horrible jamás cometido. El médico forense quedo estupefacto: la boca había sido "prolongada" con un cuchillo, abierta en dos. Su cráneo y su rostro habían sido salvajemente golpeados con la culata de una pistola. Los senos habían sido seccionados, pero lo más espectacular es que el cuerpo había sido cortado en dos desde la cintura, en la parte donde la columna vertebral es precisamente más fácil de cortar, entre la segunda y la tercera lumbar, y la letra "D" había sido grabada en su pubis[55].

El horrible asesinato estuvo en las portadas de la prensa de Los Ángeles durante treinta y un días, pero tuvieron que pasar décadas para que las fotos originales del cuerpo de la víctima fuesen publicadas. 400 policías se enredaron en esa investigación. Según Don Wolfe, que publicó un libro sobre el caso en el 2005, el responsable del acto no era otro que "Bugsy Siegel, el número dos de la mafia judía", tal como se

---

[55]"Jack el destripador", que asesinó salvajemente al menos a cinco jóvenes mujeres en Londres en 1888, nunca fue capturado por la policía. Las víctimas eran degolladas, luego el destripador les sacaba los intestinos, los riñones y el útero. La precisión con la que el asesino trabajaba de noche indicaba que tenía experiencia en medicina o en carnicería. Después del primer asesinato, la policía detuvo a un carnicero judío llamado John Pizer que la muchedumbre quería linchar. El segundo asesinato, el de Elizabeth Stride, tuvo lugar en el patio de un edificio ocupado por judíos alemanes. Catherine Eddowes, la tercera víctima, fue horriblemente desfigurada. La nariz y la oreja izquierda habían sido cortadas y su rostro acuchillado y marcado con una V. Había sido casi decapitada, abierta "como un cerdo en un escaparate", el estómago y los intestinos colocados sobre el hombro derecho, el hígado cortado, los riñones y los órganos genitales extirpados. Hacia las tres de la mañana, el inspector de policía Alfred Long descubrió una pintada cerca de la escena del crimen: *"The Juwes are the men That Will not be blamed for nothing"*, lo que significaba sin faltas de ortografía: "Los judíos no serán acusados sin motivo". Para no provocar una ola de antisemitismo, la inscripción fue inmediatamente transcrita y borrada. Otro asesino había dado de qué hablar a principios de los años 1990: David Berkowitz, conocido como "Son of Sam". Había matado 17 mujeres, la mayoría prostitutas de Long Island, Nueva York.

podía leer también en un artículo del semanal *Le Point* del 2 de noviembre del 2006 a raíz del estreno de la película de Brian de Palma: "Siegel era la mano derecha de Meyer Lanski, el jefe de la mafia judía." Se había adueñado de una serie de garetes, burdeles y de la red de prostitutas de Brenda Allen, lo cual había ofendido Jack Dragna. Según Don Wolfe, Betty Short era una de esas chicas de la red de Brenda. El cuerpo de Betty Short había sido encontrado a dos cientos metros de la casa de Jack Dragna, como si Siegel hubiese querido echarle el muerto a su enemigo.

Delante del jurado de acusación, el sargento Charles Stoker había revelado bajo juramento la existencia en Los Ángeles de una red de abortadores del Sindicato. Éstos eran protegidos por el teniente Willie Burns y los miembros de la brigada antimafia mediante sobornos. Según Stoker, el jefe de esa red era el doctor Leslie Audrain, el cual se suicidó oficialmente en su domicilio en mayo de 1949 cuando estaban a punto de interrogarle. Don Wolfe apuntaba la hipótesis de que Elizabeth Short había sido empreñada por Norman Chandler, el hombre más poderoso de la ciudad de Los Ángeles. Su cuerpo habría sido mutilado para proceder a la ablación del útero y del feto.

Siegel se había vuelto más violento y convertido en un peligro para todos. De hecho, su amante Virginia Hill había abierto dos cuentas secretas en Suiza a las que sustraía una parte del dinero que hubiera podido servir para reembolsar Luciano. Cuatro años después, Lucky no había vuelto a ver un solo dólar, y estaba convencido de que Siegel intentaba estafarlo. En la conferencia de la Habana, del 22 al 24 de diciembre de 1946, Siegel se había incluso enfurecido y declarado que reembolsaría cuando él lo decidiera. Desde ese momento, su destino estaba sellado, y Lansky intentó sin éxito evitar su ejecución. El 20 de junio de 1947, Benjamin Siegelbaum fue ejecutado en la villa de su amante, en Beverly Hills, con un fusil de larga distancia. Recibió dos disparos en la cabeza[56]. Dragna se encargó de liquidarlo y el caso fue declarado "sin resolver", al igual que el asesinato de Elizabeth Short. Jack Dragna llevó a cabo su vendetta personal contra Mickey Cohen. Éste se libró de varios intentos de asesinato, pero seis de sus hombres resultaron muertos en 1948. La gestión del Flamingo fue traspasada a tres fieles colaboradores de Meyer Lansky: Moe Sedway, Morris Rosen

---

[56] En la primera parte de la película de culto *El padrino* (1972), Bugsy Siegel es representado por el personaje Moe Green. La familia Corleone intenta comprarle su hotel en Las Vegas y éste acaba asesinado. En la segunda parte, Hym Roth (que representa Meyer Lansky) lo menciona como amigo, socio, y creador de Las Vegas. (NdT).

y Gus Greenbaum. Todo quedaba en familia pues.

La policía y la prensa nunca establecieron públicamente el vínculo entre Bugsy, el Sindicato y el asesinato de la Dalia Negra. "La ironía de la historia, escribía Don Wolfe, es que la única persona castigada públicamente después del jurado de acusación de 1949 fue el sargento Charles Stoker – el policía honesto. Degradado de rango y asignado a tráfico, Stoker fue víctima de un montaje por parte de la policía de Los Ángeles que lo acusó de robo y declaró culpable de "insubordinación y de conducta impropia por parte de un oficial de policía". Stoker, ferviente católico, pasó veinticinco años de su vida trabajando como jefe de tren en los depósitos ferroviarios de la Southern Pacific Railway de Los Ángeles, donde murió, olvidado por todos, el 10 de marzo de 1975[57]."

Naturalmente, la película *La Dalia Negra*, de Brian de Palma (2006) no mostraba ningún gánster judío culpable de atrocidades, y hacía recaer todo el peso de la infamia sobre la burguesía WASP (White Anglo-Saxon Protestant). De la misma forma, la película de Barry Levinson titulada *Bugsy* (EE. UU., 1992) relataba la vida de Bugsy Siegel sin mostrar casi nada de la judeidad del psicópata y hacía hincapié en los rasgos idealistas y anglosajones de Warren Beatty. Esto era lo que escribía el nacionalista estadounidense David Duke en su libro *Jewish Supremacism* (2003): "La película describe el más sanguinario de los gánsteres estadounidenses como un hombre elegante y romántico de gran corazón, con los rasgos de un anglosajón." David Duke añadía con mucha razón: "Invariablemente, las películas judías y los productores de televisión dan a los gánsteres los rasgos de un hombre rubio con ojos azules."

Combatir el fascismo, apoyar Israel

Desde el fondo de su celda de prisión, Lucky Luciano seguía dirigiendo sus negocios y parecía que todavía controlaba el puerto de Nueva York. Por lo visto, la presencia masiva de las fuerzas armadas estadounidenses no era suficiente para garantizar la seguridad del puerto. El 9 de febrero

---

[57] Don Wolfe, *Le Dossier Dahlia noir*, 2005, Albin Michel, 2006, p. 287. En una nota de pie de página, Don Wolfe escribía lo siguiente: "El sargento Jack Clemmons, el primer policía en llegar al lugar de la muerte de Marilyn Monroe, corrió la misma suerte. Clemmons afirmó en varias ocasiones que Marilyn Monroe había sido asesinada y que todos los oficiales de la división de información del LAPD (la antigua brigada antimafia), entre los cuales estaban Archie Case y James Ahern, habían encubierto el crimen..."

de 1942, el paquebote francés *Normandie*, rebautizado *La Fayette*, fue gravemente dañado por un incendio y se hundió. Así, en marzo de 1942, cuando su segunda solicitud de libertad condicional venía de ser rechazada, Luciano recibió la visita de unos emisarios de la Navy. El trato era simple: Lucky garantizaba la seguridad del puerto a cambio de su libertad. Además, éste ofreció su cooperación a los oficiales del ejército estadounidense que proyectaban un desembarco en las costas de Sicilia y el derrocamiento de Mussolini. Luciano, entusiasmado, puso en contacto los oficiales estadounidenses con sus amigos en Sicilia. Éstos trazaron los mapas detallados para el estado-mayor y guiaron los soldados estadounidenses por el territorio. Luciano exigió a cambio que las mafias sicilianas retomaran su posición dominante después de los combates. Los estadounidenses prometieron que no ejercerían ninguna presión y control sobre el desarrollo de las elecciones. Sin decirlo explícitamente, habían entregado Sicilia a la mafia que pronto recobraría el poder que había perdido con Mussolini.

Mientras tanto, Luciano ordenó que se limpiara el puerto de Nueva York de todos los simpatizantes fascistas o nazis. Antes de la invasión, había contactado con altos funcionarios de la marina: quería acompañar a las tropas a tierra para servir de agente de enlace. Tal vez se imaginaba volviendo a su país encabezando un ejército. Su solicitud fue rechazada, pero el gobierno estadounidense supo agradecerle su contribución. En 1946, Tom Dewey firmaba su solicitud de libertad condicional. Luciano fue liberado con la condición de abandonar definitivamente Estados Unidos. El 10 de febrero de 1946, embarcaba en dirección de Nápoles. En el muelle, Frank Costello y Meyer Lansky lo acompañaban. Ellos seguirían ocupándose de los negocios en territorio estadounidense.

Los gánsteres judíos y sicilianos eran naturalmente "antifascistas". Se sabe que Bugsy Siegel había proyectado asesinar Goebbels y Göring, invitados como él en la villa italiana de su amante de entonces, la condesa Di Frasso. Charlie Birger (nacido Sacha Itzik Berger), el jefe mafioso de Missouri había sido ahorcado en 1928 por el asesinato del alcalde de West City. Pero se le sospechaba de haber asesinado al menos una docena de personas, incluida un responsable del Klu Klux Klan. En Mineápolis, David Berman, que dirigía el mundo criminal local, atacaba las conferencias de los pacifistas estadounidenses que se negaban a lanzar el país en una nueva guerra en Europa. Mickey Cohen, el teniente de Bugsy Siegel, contaba por ejemplo en su biografía *In my own words*, que un día, un juez había recurrido a él antes de un mitin de extrema derecha: "Le dije de acuerdo, no os preocupéis. Entonces fuimos hasta allí y los despedazamos." Rich Cohen tenía esta frase:

"Para muchos gánsteres, combatir los nazis era una expresión de su patriotismo[58]."

Los gánsteres judíos, en efecto, no renegaban para nada de su pertenencia al judaísmo: "Incluso los gánsteres más violentos se consideraban buenos Judíos, gentes del Libro, escribía Rich Cohen. Iban a la sinagoga durante las fiestas religiosas, dirigían sus pensamientos hacia Dios cuando las cosas iban mal, hacían circuncidar sus hijos y los acompañaban en sus Bar-mitzvá[59]... ¿Cómo hacían para hacer coincidir sus vidas criminales con la Biblia? Como la mayoría de la gente, introducían una distinción: esto es la vida del alma, y aquello es la vida del cuerpo. El año que viene en Jerusalén. Pero mientras estoy en la Diáspora, así es como vivo[60]."

Si los mafiosos sicilianos siempre pudieron, en caso de necesidad, refugiarse del otro lado del océano en los pueblos de sus antepasados, los judíos pronto tendrían el nuevo Estado de Israel, creado en 1948. Rich Cohen escribía aquí: "Para los judíos, estaba Miami, la otra tierra santa. Y pronto habría Israel...una victoria para los judíos fugitivos[61]."

Después de la guerra, Mickey Cohen recaudaba fondos para los combatientes judíos del Irgún que luchaban en aquel momento contra los ingleses para crear un Estado judío en Palestina. Pero los mafiosos judíos pensaban a veces menos en la causa que en sus propios intereses y el dinero recaudado no siempre iba a sus destinatarios. En 1950, Cohen organizó una gala benéfica. "Esa noche, escribía Don Wolfe, más de dos cientos mil dólares fueron recaudados para la causa -pero misteriosamente, el dinero nunca llegó a Palestina. Según Mickey Cohen, el barco que transportaba el dinero había sido torpedeado y hundido. Pero para Ben Williamson y Ben Hecht no cabía la menor duda de que el dinero había acabado en uno de esos grandes botes de apuestas para las partidas de póker en el castillo Hecht en Angelo Drive[62]."

Elie Wiesel transcribía en sus memorias este curioso episodio: "El escritor Ben Hecht cuenta en sus memorias que, "secuestrado" por unos desconocidos, fue llevado a un garaje donde, delante del hampa reunida ahí, se le entregó por cuenta del Irgún una maleta llena de dólares[63]."

---

[58] Rich Cohen, *Yiddish Connection*, 1998, Denoël, 2000, Folio, p. 337, 339
[59] La Bar-mitzvá es el rito de pasaje a la edad adulta. Una persona que es Bar-mitzvá tiene las mismas responsabilidades que un adulto bajo la ley judía. (NdT).
[60] Rich Cohen, *Yiddish Connection*, 1998, Denoël, 2000, Folio, p. 266
[61] Rich Cohen, *Yiddish Connection*, 1998, Denoël, 2000, Folio, p. 255
[62] Don Wolfe, *Le Dossier Dahlia noir*, 2005, Albin Michel, 2006, p. 248
[63] Elie Wiesel, *Mémoires*, Tome I, Le Seuil, 1994, p. 364, 365. El Irgún fue una formación paramilitar sionista. Ben Hecht fue un famoso y éxitoso escritor y guionista

Meyer Lansky participaba también en esas operaciones de apoyo a los combatientes judíos de Palestina y no había dudado en mandar asesinar un exportador de armas que había tenido la mala idea de también proveer los países árabes. Lansky, como los demás gánsteres judíos, era un ferviente partidario del Estado hebreo. En *Jewish Supremacism* (2003), David Duke citaba este artículo del diario *Newsweek* del 17 de noviembre de 1971: "Cada año, Lansky y sus socios donan grandes sumas de dinero al Tesoro y obras filántropas israelíes." Cuando se refugió en Israel, Lansky mantuvo una tradición muy querida por él, contribuyendo a las organizaciones sociales, tal como lo había hecho con el *United Jewish Appeal* y con la Universidad Brandeis. Al poco tiempo de llegar a Tel-Aviv en 1970, recibió en el hotel Sheraton, en compañía de su amigo Jo Stacher, la presidenta de la organización Ilan para los niños discapacitados a la que donó la módica suma de 300 000 libras israelíes. Lansky contribuyó también para la construcción de una sinagoga en Jerusalén, la cual iba a ser bautizada con su nombre. En *Israel Connection*, Jacques Derogy contaba esta anécdota: "Un sábado, deseoso de presentarse en "su" templo, tomó la precaución de aparcar su coche a una distancia respetable del edificio. Pero una vez en el interior, los fieles le echaron miradas incómodas: ¡se le había olvidado apagar su cigarrillo[64]!" Pero, sobre todo, Lansky se convirtió en uno de los mayores donadores del hospital Tel Hashomer, cuya asociación de recaudación estaba apadrinada por un tal Mordejai Tsarfati, también llamado Mentesh. Mentesh era un miembro honorable del comité público de apoyo a David Ben Gourion, antiguo jefe del gobierno. También era la principal figura del crimen organizado en Israel en aquella época.

Las andanzas de Meyer Lansky

Después de la prohibición, en 1933, Lansky había invertido masivamente en el sector del juego. Había empezado con los casinos en la ciudad termal de Saratoga, donde ya se había implantado en la época de Rothstein asociándose con Frank Costello y Joe Adonis. Luego había sobornado generosamente el gobernador de Luisiana, Huey Long, para que los mafiosos neoyorquinos pudiesen explotar los hoteles-casinos de la Nueva Orleans, y repitiendo la misma operación en Arkansas, en Kentucky y en Florida, en torno a Miami.

---

de Hollywood, apodado "el Shakespeare de Hollywood".
[64] Jacques Derogy, *Israël Connection*, Plon, 1980, p. 75

Después de la Segunda Guerra mundial, Lansky estaba a la cabeza de un imperio que dirigía desde su hotel *Fontainebleau* de Miami. Sus casinos, que también tenía en Nueva York, Nueva Jersey y en Luisiana, estaban abiertos 24 horas al día. Pero a principios de los años cincuenta, el senador Kefauver, que dirigía la comisión de investigación sobre la mafia, había jurado acabar con Lansky de una manera u otra. Tras una investigación fiscal, sus casinos norteamericanos fueron cerrados. Pero Lansky no se desanimó e inició negociaciones con el dictador cubano Fulgencio Batista para implantarse en La Habana[65]. Tomó el control del hotel Nacional y creó uno de los casinos más importante del Caribe. La Habana parecía convertirse en un paraíso para los mafiosos[66].

Pero con la caída de Batista y la victoria de Fidel Castro en 1959, los negocios de Lansky se vieron seriamente perjudicados y éste tuvo que abandonar la isla. Se instaló entonces en las Bahamas, a unos cien kilómetros de Miami. El gobierno era autónomo y todo se podía comprar. Incluso el propio jefe de gobierno, Ronald Simons, estaba en nómina por los servicios que prestaba. En 1961, Lansky creó allí una sociedad que garantizaba el monopolio de la construcción y explotación de casinos. Se organizaban los viajes en avión de los clientes a los casinos desde el continente, mientras que los millones de dólares de beneficios eran transportados a Suiza, a Ginebra, y más precisamente a un banco único en su especie: el International Credit, "que dirigía un Judío muy especial, Tibor Rosenbaum". Jacques Derogy lo describía así: "Regordete de cintura y de cara, una kipá disimulando su calvicie, Tibor Rosenbaum lograba conciliar con éxito su piedad de rabino con el papel de tesorero europeo de la mafia americana." Recibía las "maletas repletas de dólares, los depositaba en unos cofres especiales con el seudónimo de Lansky, "Bear", y, a través de sociedades fiduciarias, los reinvertía en Estados Unidos y otras partes en negocios perfectamente legales, sobre todo en bienes raíces[67]."

Tibor Rosenbaum era también el único banquero en pagar intereses

---

[65] Jacques de Saint Victor, *Mafias, l'industrie de la peur*, Editions du Rocher, 2008, p. 224. Para Jacques de Saint Victor, la mafia judía no existe. Sólo hay italianos.
[66] En la segunda parte de *El Padrino*, Francis Ford Coppola representa Meyer Lansky a través del personaje de Himan Roth, el hombre de la mafia judía que intenta hundir la familia Corleone. Le vemos intentar convencer Michael Corleone de invertir en un casino de La Habana. Richard Dreyfus también ha encarnado el personaje en la teleserie *Lansky*, en 1999. El actor británico Ben Kingsley ha interpretado el papel de Meyer Lansky en la película *Bugsy* de Barry Levinson, en 1991. Patrick Dempsey también jugó el papel de Meyer Lansky en la película *Mobsters*, en 1991. Meyer Lansky es interpretado otra vez por Dustin Hoffman en la película *La ciudad perdida (The Lost City, 2005)* dirigida por Andy García.
[67] Jacques Derogy, *Israël Connection*, Plon, 1980, p. 69-71

sobre los depósitos de oro. Entre sus clientes, figuraba el famoso estafador de los años 1970, Samuel Flatto-Sharon[68]. También estaba la sociedad Israel Corporation, en la que figuraba Edmomd de Rothschild como accionista. En 1967, el escándalo estalló en las columnas de la revista *Life*. El público se enteró entonces que el representante de Rosenbaum en Israel era Amos Manor, el mismísimo jefe del contraespionaje israelí, el famoso Shin Beth.

En Estados Unidos, el amigo de siempre de Lansky, Jo Stacher había sido condenado a cinco años de prisión debido a diversas infracciones fiscales. Jacques derogy escribía sobre este punto: "Afortunadamente, pudo librarse de la detención aceptando salir de Estados Unidos. Con destino a Israel, por supuesto[69]."

Fue en La Habana, antes de la revolución castrista, donde Luciano organizó en diciembre de 1946 una conferencia durante la cual expuso su proyecto de tráfico de drogas a escala internacional. En efecto, Lucky Luciano fue el primero en romper con las tradiciones de la Unión siciliana y en asociarse con Lansky en el tráfico de heroína.

En esa época, la mayor parte del opio de contrabando provenía de Turquía, y en menor medida de Indochina. Desde Turquía, las semillas de amapola real pasaban al Líbano, donde el director del aeropuerto y la mayoría de los aduaneros estaban comprados por los mafiosos. En Líbano se transformaba la amapola real en morfina base. Esa morfina era luego transportada hacia la región marsellesa para ser refinada.

Meyer Lansky fue el principal organizador de lo que los estadounidenses llamarían la *"French Connection"*. Al final de 1948, Lansky había estado en Europa, en el sur de Francia, de visita por los palacios de Niza y los laboratorios clandestinos de la región marsellesa. Se había reunido varias veces con Joseph Renucci y los hermanos Guerini, antes de partir a Nápoles para entrevistarse con Luciano acerca de las ventajas de la red corsa.

La transformación de la morfina base en heroína es una operación compleja. Dominique Albertini, un jubilado de laboratorio farmacéutico, tenía el secreto para fabricar una heroína de gran pureza comparado con otras que no conseguían más de un 60 o 70%. Con él, la red corsa se había vuelto imprescindible. A partir de entonces, la

---

[68] Sobre Flatto-Sharon léase en el capítulo sobre las "estafas".

[69] Jacques Derogy, *Israël Connection*, Plon, 1980, p. 72. "Hay que decir que, en Estados Unidos, donde el senador Robert Kennedy se había hecho cargo tras Kefauver de la lucha contra la Mafia, Meyer Lansky seguía estando en la diana de investigaciones, interrogatorios y demás molestias. De hecho, su amigo de siempre, Jo "Doc" Stacher, había sido condenado a cinco años de cárcel y a una multa de 10 000 dólares por diversas infracciones fiscales."

heroína destinada al mercado estadounidense pasaría por la región de Marsella. La droga era preparada y envasada en bolsas de 500 gramos y enviada a los Estados Unidos vía Montreal, donde François Spirito se había refugiado desde 1944, o bien a través de Florida, que se beneficiaba de la proximidad de Cuba[70].

El régimen de Castro era muy conciliador con los traficantes de cocaína. Los cubanos hacían la vista gorda sobre los cargueros que cruzaban sus aguas territoriales, y habían propuesto la utilización de sus puertos para las reparaciones y el repostaje de carburante. A cambio de su colaboración, los cubanos exigían que los cargueros hicieran el viaje de vuelta con las bodegas repletas de armas para entregar a sus hermanos marxistas de Hispanoamérica. "Cuba compraba la cocaína a las milicias comunistas de Colombia, las cuales con el dinero compraban armas. Una vez que la cocaína llegaba a Cuba, el régimen negociaba con algunas familias de la costa Este o con una o dos bandas mexicanas" que inundaban California, debilitando así el enemigo estadounidense. Sin el dinero de la droga, Castro no habría durado todos esos años, afirmaba William Reymond[71].

En Estados Unidos, el número de consumidores habituales de heroína había explotado. Mientras que en 1946 eran veinte mil, en 1952 había más de sesenta mil estadounidenses "adictos" a esa droga. A inicio de los años setenta, con la ayuda de la ola hippie y de las ideas "liberadoras", los Estados Unidos contaban ahora medio millón de toxicómanos, una cifra probablemente muy inferior a la realidad. Pero poco importaba la suerte de las víctimas: lo importante, eran los beneficios. En 1974, el kilo de morfina base era comprado por 220 dólares en los mercados turcos, y se negociaba, una vez transformada, en 240 000 dólares, esto era 1000 veces el precio inicial.

Pero la *French Connection* periclitó rápidamente tras la llegada de Nixon a la presidencia de Estados Unidos en 1968. En efecto, Nixon había declarado la guerra a muerte a los traficantes de droga, y pidió al gobierno francés que cooperara. Numerosos traficantes fueron detenidos en el territorio norteamericano. El 28 de febrero de 1972, el barco pesquero *Le Caprice des Temps*, que acababa de salir del puerto de Villefranche rumbo a Florida, era requisado por las aduanas francesas. Los policías hallaron a bordo 425 kilos de heroína pura. Era

---

[70] William Reymond, *Mafia S.A.*, Flammarion, 2001, p. 84
[71] William Reymond, *Mafia S.A.*, Flammarion, 2001, 59-70. Su libro es completamente incoherente. Para él tampoco existe la mafia judía: están los Italianos (Cosa Nostra), los "Rusos", los Yakusa (en Japón), las Triadas (en Hong-Kong, Taiwán y en China), y también la terrible mafia nigeriana, "un grupo temible" (página 343).

la mayor cantidad incautada de la historia. La *French Connection*, ya vacilante, quedó muy debilitada. A continuación, los laboratorios fueron desmantelados. Pero en aquella época, la mayor parte de la heroína ya provenía de Asia. La red corsa había caducado[72].

En 1970, Lansky vivía todavía en Miami, en una casa relativamente modesta, gastando poco y pagando todos sus impuestos, al menos aparentemente. Pero seguía en la diana de las investigaciones del fisco estadounidense. El senador Robert Kennedy había continuado la lucha antimafia de Kefauver, contribuyendo a que Lansky cayera. Cuando éste se enteró de que estaba a punto de ser inculpado por fraude fiscal, intentó huir a Israel invocando la ley del retorno con la que el Estado hebreo garantizaba a cualquier Judío la nacionalidad israelí.

En Tel-Aviv, su amigo Sam Rothberg asediaba todos los ministerios para ayudar a Lansky a conseguir su permiso de residencia. Rothberg había sido una figura de la mafia estadounidense durante la Prohibición, convirtiéndose en el rey de las destilerías clandestinas y produciendo whisky en vez de importarlo de Escocia y de Canadá. Había logrado un semblante de dignidad irreprochable haciéndose elegir presidente de la *United Jewish Appeal* de Estados Unidos e invirtiendo masivamente en empresas israelíes, especialmente en bienes inmuebles. Louis Boyar era otro amigo de Meyer Lansky. Era un antiguo traficante de oro de San Francisco. También había mejorado su imagen financiando generosamente diversas instituciones, como la Universidad hebraica de Jerusalén. Sus argumentos eran simples: Lansky, un hombre mayor jubilado de los negocios sólo pensaba en acabar sus días en Israel e invertir su fortuna considerable en la necesitada economía nacional israelí[73]. El Estado israelí tampoco podía olvidar que, en 1948, Lansky había entregado armas a la Haganah, el ejército israelí.

Sin embargo, Golda Meir, la primera ministra, se mostró inflexible, y, al cabo de una batalla jurídica que duró dos años, el Estado de Israel rechazó finalmente el asilo al jefe de la Mafia. Hay que decir que el gobierno estadounidense había insistido fuertemente para conseguir su extradición y amenazaba con privar simple y llanamente Israel de los

---

[72] En la película *French Connection* (EE. UU., 1971), a parte de una breve mención a un traficante al principio de la película, el papel de los criminales judíos no aparece. La película es de William Friedkin.

[73] El Estado hebreo alentaba y fomentaba las inversiones. En agosto de 1967, Levi Eshkol, primer ministro de Israel, había hecho un llamamiento a los multimillonarios judíos de la diáspora para socorrer Israel. Sesenta multimillonarios de catorce países se habían reunido en Jerusalén. El semanal francés *L'Express*, de Jean-Jacques Servan-Schreiber, había recogido la información en unas sucintas y discretas líneas. (Archives d'Emmanuel Ratier).

aviones Phantom necesarios a su defensa. Además, el fiscal Bach había convencido Golda Meir de que, lejos de llevar una vida tranquila en Israel, Lansky se había citado en Tel-Aviv con todos los miembros de la mafia estadounidense. Así pues, todos los recursos de Lansky ante la Corte Suprema de justicia fueron en vano.

Una semana antes de que su visado caducara en noviembre de 1972, Meyer Lansky salía en un vuelo nocturno de la Swissair con varios salvoconductos que le habían expedido las representaciones diplomáticas de países de Hispanoamérica, con la certeza de que al menos uno de ellos aceptaría su presencia y sus promesas de inversión. Pero ignoraba que unos agentes del FBI le seguían de muy cerca. En Zúrich, Suiza, fue recibido por un amigo que le facilitó los pasajes a Río de Janeiro con una escala en Buenos Aires. De ahí, hasta Paraguay, donde tenía planeado sobornar a los funcionarios, cambiar de nombre y desaparecer. Pero el FBI había enviado un télex a todos los aeropuertos del mundo. Cuando el avión aterrizó en Paraguay, Lansky tuvo la sorpresa de ser recibido por los funcionarios de policía que le informaron que no podía bajar del avión. Lansky tuvo el mismo recibimiento en las escalas sucesivas en Bolivia, Perú y Panamá. "De alguna manera, escribía Rich Cohen, durante esas horas, el gánster de setenta y cinco años revivía una vez más la historia de los Judíos: las llegadas y las salidas, el exilio y la errancia."

Después de una estratagema del FBI, Lansky acabó finalmente en un avión estadounidense que le condujo hasta Miami. Cuando el avión aterrizó el 7 de noviembre de 1972, fue recibido por una multitud de periodistas.

- ¡Welcome back! Le dijeron los policías[74]. "Estaba de regreso a Miami, donde tantos viejos judíos llevan sus sueños a la muerte[75]", escribía Rich Cohen.

Durante los años siguientes, Lansky se enfrentó a dos acusaciones de fraude fiscal, pero fue milagrosamente declarado inocente debido a un error de procedimiento. Se apagó finalmente en 1983, sin haber pisado nunca una prisión. Antes de fallecer, había cuidado de legar su fortuna mal adquirida a la asociación caritativa *United Jewish Appeal*. En uno de sus libros, el novelista estadounidense Philip Roth presentaba el testimonio de un tal Sheftel, que era uno de los abogados de Lansky. Por lo visto, éste contaba por todas partes que "ese gánster norteamericano era el hombre más brillante que había conocido en su vida. "Si Lansky hubiera estado en Treblinka, los ucranianos y los nazis

---

[74] Jacques Derogy, *Israël Connection*, Plon, 1980, p. 76, 77
[75] Rich Cohen, *Yiddish Connection*, 1998, Denoël, 2000, Folio, p. 457, 458

no habrían durado ni tres meses[76]."

La mafia invisible

Los intelectuales judíos son claramente reticentes a hablar demasiado sobre la criminalidad proveniente de su comunidad. Es una tendencia que vemos también cuando, por ejemplo, se trata de dar cuenta del papel aterrador que desempeñaron numerosos judíos durante la revolución bolchevique en Rusia desde 1917 hasta 1947. Se trataba entonces de crear un "mundo sin fronteras". A pesar de las evidencias más contundentes e irrefutables, los intelectuales judíos siguen negando enérgicamente la participación de muchísimos de sus congéneres en lo que sigue siendo, y de lejos, la experiencia más criminal de la historia de la humanidad, después de la revolución maoísta. El hecho es que los doctrinarios judíos, los funcionarios y los verdugos judíos han tenido una responsabilidad aplastante en los cerca de treinta millones de muertos causados por la revolución comunista en Rusia[77].

En el análisis del fenómeno mafioso, esos intelectuales comunitarios usan siempre las mismas contorsiones talmúdicas para evitar empañar la imagen de una comunidad judía siempre perseguida sin ningún motivo. Lo mejor, evidentemente, es no hablar de ello y desviar la atención del público sobre otras mafias: la siciliana, la turca, la albanesa, la rusa, la nigeriana, la chechena, la gallega, etc...

En Estados Unidos, un personaje de la mafia tuvo gran fama: Jacob León Rubinstein. Sus padres, de origen polaco, habían emigrado en 1903. Éste se había establecido en Dallas en 1947, y había cambiado su nombre por "Ruby". A continuación, se hizo con el control de varias discotecas y despelotes. En 1959, Ruby había viajado a Cuba para visitar algunos amigos de la mafia y traficar con armas. Jack Ruby no era un blandengue. En el informe de la Comisión Warren se podía leer que había atacado varias veces con sus gorilas las reuniones de militantes nacionalistas estadounidenses. Usaba la violencia a menudo contra sus empleados. Una vez, golpeó uno de sus músicos con un puño americano (*brass knuckles*); otra vez, se le vio golpeando la cabeza de un empleado a porrazos y era también frecuente verle andar a golpes con aquellos que no se desempeñaban lo suficientemente rápido para él.

Ruby iba a menudo armado con un revólver, pues solía transportar

---

[76] Philip Roth, *Operación Shylock*, Debolsillo Penguin Random House, Barcelona, 2005, p. 394-395
[77] Léase al respecto *Las Esperanzas planetarianas* y *El Fanatismo judío*.

grandes cantidades de dinero en efectivo provenientes de sus clubes nocturnos. La mañana del domingo del 24 de noviembre de 1963, fue culpable del primer asesinato de la historia emitido en directo por televisión. Había abatido Lee Harvey Oswald, el presunto asesino del presidente Kennedy que había sido arrestado dos días antes y al que estaban transfiriendo a otra prisión. Ruby afirmó más tarde que había matado Oswald en un golpe de locura, y, efectivamente, su abogado intentó hacerlo pasar por loco. La mayoría de los analistas pensaba que Ruby saldría del apuro con una condena por asesinato sin premeditación, es decir una condena ligera de cinco años. Pero el 14 de marzo de 1964, Ruby fue condenado a la pena de muerte por asesinato. Interrogado en su celda por los miembros de la Comisión Warren, Ruby había suplicado que le transfirieran a Washington, pues temía por su vida. Algunos defendieron que si Ruby se sentía amenazado era porque había habido un complot y que Ruby había matado por orden de la mafia. Ruby murió el 3 de enero de 1967 de una embolia pulmonar como consecuencia de un cáncer. La mafia había sido "muy probablemente uno de los principales comanditarios del asesinato" del presidente Kennedy en Dallas en 1963 (periódico *Les Echos*, 16 de agosto 2007). Kennedy habría sido "culpable de no haber pagado sus deudas – la compra de papeletas de votación en varios Estados – y de haber permitido que su hermano Bobby atacara a la mafia." El periodista de *Les Echos* añadía inmediatamente: "Tal es así el poderío de la Cosa Nostra." Los sicilianos son realmente temibles: están en todas partes, lo tienen todo controlado, y ¡no nos damos cuenta de nada[78]!

El periódico *Courier international* del 19 de julio del 2007 nos daba un buen ejemplo de "furtivismo" intelectual. Un artículo presentaba la mafia de Chicago de los años 1970-80, a raíz de un juicio histórico que se abría el 20 de junio del 2007 en el tribunal federal de Chicago y en el que se iban a juzgar por sus antiguos crímenes a viejos mafiosos

---

[78] El investigador suizo René-Louis Berclaz destacaba que el 4 de junio de 1963, Kennedy había firmado el decreto 111 110 que atribuía al Estado la autoridad exclusiva de emisión de billetes de banco, una decisión "contraria a los intereses del lobby internacional de la usura, puesto que abrogaba el privilegio de emisión monetaria que ostentaba la *Federal Reserve Bank*, la cual sirve de banco central en Estados Unidos." (*Le système bancaire est-il la cause des crises économiques?* Avril 2008). Kennedy se había convertido en el enemigo número 1 de todo el establishment économico y politico-militar estadounidense (banqueros, políticos, militares, oligarcas del petróleo y armamento, CIA, mafia, etc.). [El magnicidio del Presidente Kennedy ha dado lugar a muchas teorías, como la célebre teoría de una sola bala inventada por Arlen Specter. Sobre el asesinato de Kennedy, léase Willian Reymond, *JFK, autopsie d'un crime d'État*, Flammarion, 1998. (NdT).]

sexagenarios o septuagenarios. Joey Lombardo, 78 años, y Frank Calabrese, entre otros, comparecían por fin ante los jueces. Las audiencias eran vistas por millones de telespectadores amantes de los crímenes mafiosos y deseosos de aprender un poco más sobre las costumbres de aquellos horribles católicos: "Este juicio, escribía el periodista, debería normalmente traer algo de luz sobre las ceremonias de iniciación de la mafia, durante las cuales los aspirantes juran, con la mano tendida sobre la imagen de la Virgen Santa, proteger la Cosa Nostra. El tribunal también sacará a la luz dieciocho casos de asesinatos nunca elucidados e intentará poner en evidencia la influencia duradera de la mafia sobre los bajos fondos de Chicago."

La mafia italoamericana había sido "golpeada duramente en los años 1980 por fiscales agresivos como Rudy Giuliani, en una época en que su declive parecía inevitable." El periodista nos explicaba así: "La inmigración italiana a Estados Unidos había sido sustituida por la de los colombianos y demás latinos. La droga se había convertido en la principal fuente de ingresos y las grandes familias mafiosas no estaban a la altura de los implacables narcotraficantes colombianos. En Chicago, los mafiosos no son ahora más que la sombra de lo que fueron. De ser cierto lo que dice el fiscal Donald Campbell, éstos se aferran a pequeñas extorsiones en locales de striptease y a ocasionales robos con allanamiento." Éste declaraba en *Los Ángeles Times*: "Han perdido mucho terreno frente a otros grupos organizados, sea la mafia rusa, los latinos o las bandas callejeras de la costa Este y Oeste." ¿La mafia judía? No existe. Hay que precisar que *Courier international* era dirigido por Alexandre Adler, el cual obviamente prefería evitar hablar de algunos temas molestos.

En el cine, la imagen del mafioso judío es tan furtiva que el espectador poco avezado no ve nada de esa realidad. De todas maneras, siempre se ve mucho más el mafioso siciliano que el gánster judío. En los tres episodios de *El Padrino* (*The Godfather*, EE. UU., 1972, 1974, 1991) de Francis Ford Coppola, o en *Uno de los nuestros*, de Martin Scorsese (*Goodfellas*, 1990), algunos personajes judíos aparecen (hombres o esposas), pero son los sicilianos los que llevan las riendas.

En *Casino*, también de Scorsese (1995), Robert de Niro, el director del casino interpreta el papel del judío Sam Rothstein, pero está subordinado a los mafiosos sicilianos, sus jefes a los que hace ganar mucho dinero, y a la buena voluntad del gobernador del Estado de Nevada. El papel de villano corresponde a Joe Pesci, el pequeño malvado hiper-violento de origen siciliano. El asesinato de Joe Pesci al final de la película, apaleado y enterrado vivo en un campo de maíz, está inspirado en el asesinato de Anthony Spilotro en junio de 1986.

Mel Horowitz, el abogado del hampa de Las Vegas, era amigo de Alvin Malnik, el heredero de los negocios de Meyer Lansky, el cual era considerado por las autoridades federales estadounidenses como una preeminente figura del crimen organizado, cosa que Alvin Malnik rechazaba naturalmente enérgicamente. Desde finales de los años 1960, Malnik era el socio de Sam Cohen, el propietario mayoritario del Flamingo Hotel. Abogado, promotor inmobiliario, restaurador de renombre en Miami Beach, Malnik era además el dueño de la cadena nacional de agencias de préstamos para particulares: "Préstamos con una tasa de interés tan alta que un procurador general hablaba de "legalización de la usura"[79]." Durante su larga carrera nunca fue condenado.

Los casinos desempeñan un papel importante en el lavado del dinero sucio. Recordemos que el "Papa" de Las Vegas a principio de siglo XXI era un tal Poju (Haïm) Zabludowicz, un israelí residente en Londres que poseía varios hoteles y seis casinos en la ciudad, es decir el 40% del centro de la ciudad del juego. Poju era además un gran coleccionista de arte contemporáneo. Después de haber dejado Finlandia para instalarse en Israel, su padre Shlomo había creado Soltam, una fábrica de armas que se convertiría en la joya de la industria israelí. Arthur Goldberg, por su parte, era el propietario de la mayor cadena de casinos de Estados Unidos. En Las Vegas, era el dueño del inmenso *Paris Casino* y del famoso *Caesars Palace*.

En 1999, la elección de Oscar Goodman a la alcaldía de Las Vegas atestiguaba de que el dominio mafioso sobre la ciudad era todavía real. En efecto, Oscar Goodman era desde hacía mucho tiempo el abogado de la mafia judía. Él había defendido Meyer Lansky y Frank Rosenthal.

También había que contar con el brillante Sol Kerzner, judío de origen ruso propietario del *Sun City*, un gigantesco hotel-casino creado en 1979 en África del Sur. Kerzner tenía casinos por todas partes en el mundo: en Las Vegas, en Atlantic City, en isla Mauricio, en Dubai y en las Bahamas, donde construyó el hotel y club de vacaciones *Atlantis Paradise*. Su hijo, Butch Kerzner, había fallecido trágicamente en un accidente de helicóptero en octubre del 2006. El aparato se estrelló contra un inmueble en República Dominicana mientras prospectaba la región en compañía de un inversor.

El cine hollywoodiense no nos muestra nunca esa realidad. En *Los infiltrados* (2007), Scorsese hacía un retrato de la mafia irlandesa de Boston. Su jefe, encarnado por Jack Nicholson, era cruel y

---

[79] Jean-François Gayraud, *Le Monde des mafias*, Odile Jacob, 2005, p. 117

maquiavélico como ningún judío jamás podrá aparecer en una película "estadounidense". La película *Camino a la perdición* (EE. UU., 2002), mostraba la mafia irlandesa de Chicago en los años 1930. Aquellos católicos muy creyentes eran, a pesar de tener siempre la palabra "Dios" o "Señor" en la boca, unos terroríficos asesinos. La película fue dirigida por Sam Mendes, quien, evidentemente, no es ni irlandés ni católico.

Sin embargo, la judeidad de los protagonistas aparece en algunas películas. Por lo visto, también puede haber cierto orgullo en ver algunos lideres mafiosos de su propia comunidad. Así, vimos como la hermosa película, *Erase una vez en América* (1984), plasmaba con mucha complacencia una banda de gánsteres judíos en tiempos de la Prohibición (con Robert de Niro y James Wood de actores protagonistas). Todo vale: la prostitución, el alcohol, los night-clubs, los asesinatos, los asaltos a mano armada, los robos de diamantes, la droga, el control de los sindicatos y finalmente...la consagración política. Pero ahí también, un espectador poco avezado no verá todos los pequeños detalles que muestran la judeidad de los gánsteres. De todas formas, estos son tan simpáticos que es difícil condenar sus actos.

En *L.A. Confidential* (EE. UU., 1997), una película de Curtis Hanson adaptada de la novela de James Ellroy, la judeidad aparecía de manera más discreta. El inicio de la película presentaba el padrino de la mafia local, en el Los Ángeles de los años cincuenta, Meyer Cohen como "Mickey C., para su club de fans". Era el "rey del crimen organizado en la región: el rey de la droga, de la extorsión y de la prostitución. Se carga a una docena de personas por año" y sale en las portadas de la prensa.

Meyer Lansky, por su parte, salía en pantalla como una víctima inocente del antisemitismo. En la teleserie estadounidense de 1999 (Lansky), las dos escenas de apertura marcaban la tendencia. La primera mostraba al viejo Lansky en Jerusalén, intentando comprar un solar en el cementerio cerca de la tumba de sus abuelos. En una segunda escena, en un *flashback*, le vemos con siete años, petrificado, mirando como un pobre judío es masacrado por los campesinos polacos durante un pogromo en Grodno, su ciudad natal, así, sin ningún motivo aparente. En otros planos, le vemos también obligado a defenderse contra unos borrachos irlandeses. En la serie *Los Sopranos* (1999), el único judío es un amable yayo criador de caballos cuyo único crimen parece haber sido estafar los derechos de autor de unos cantantes negros.

El hecho de borrar el rastro de judeidad de los grandes criminales en las películas estadounidenses es incluso reconocido por los especialistas. Esto era lo que podíamos leer en el diario *Libération* del 10 de febrero del 2000, bajo la pluma de Philippe Garnier: "Históricamente, la importancia de los gánsteres judíos ha sido ocultada por los escritores estadounidenses, pero sobre todo por Hollywood. Hemingway, que sabía meterse en sus asuntos, nos dejaba entrever que "*The Killers*" de su novela homónima eran judíos...En la película de Robert Siodmak producida por Mark Hellinger [en 1946], cualquier alusión ha desaparecido, y uno de los asesinos es interpretado por Charles McGraw, un bruto goy donde los haya."

En los años 30, los grandes actores del teatro yiddish como Paul Muni o E.G. Robinson veían como se les ofrecía los papeles de italianos como Scarface o Rico. La revista *CinémAction* lo confirmaba: "Durante el gran periodo del cine negro, ningún personaje gánster de primer plano había sido judío; el cambio sólo se produjo a partir de los años cincuenta cuando se rodaron las biografías de "Legs" Diamond, Arnold Rothstein y "Lepke"Buchalter – y, aun así, casi se pasaba por alto el origen étnico y religioso[80]."

En 1931, el productor Howard Hughes compró los derechos de una novela titulada *Queer people*. La historia narraba la historia de un periodista recién llegado a Hollywood que descubría que todos los estudios de cine eran dirigidos por hombres de negocios judíos. Ningún actor aceptó rodar en la película, excepto William Haines, y finalmente Hughes, que había recibido amenazas de muerte por teléfono, tuvo que renunciar a su película[81].

Después de la guerra, ese dominio absoluto fue de alguna manera oficializado. Varias organizaciones judías estadounidenses fundaron en 1947 la *Motion Picture Project*, un organismo que debía vigilar la manera en que Hollywood presentaba los temas judíos y la imagen de los judíos. Un tal John Stone fue contratado para hacer valer sus objetivos ante los estudios: "Eliminar todo lo que pueda generar antisemitismo, especialmente en las películas sobre la vida de Jesús Cristo; evitar los personajes judíos antipáticos; orientar la opinión pública hacia una toma de consciencia acerca de las persecuciones de las que fueron víctimas los judíos[82]". De tal forma que, por ejemplo,

---

[80] CinémAction, *Cinéma et judéité*, Annie Goldmann, Cerf, 1986, p. 104

[81] Todos los estudios de Hollywood han sido creados por judíos asquenazíes. Léase en *Las Esperanzas planetarianas*. "Jack Warner exigía a todos sus empleados que abonaran un porcentaje de sus salarios al Fondo social unificado judío..."Le bastaba con decir: Si no donáis nada al *United Jewish Appeal*, no volveréis a trabajar aquí nunca más", reconocía su hijo, Jack junior." (Neal Gabler, *Le Royaume de leur rêve*, 1988, Calmamnn-Lévy, 2005, p. 336).

[82] Jean-Luc Doin, *Dictionnaire de la censure au cinéma*, Presses Universitaires de

Stone presionó el guionista de *Murder Inc*, la historia del gánster judío Louis Lepke, para que integrara también en el guion a un fiscal judío combativo.

El ejemplar del 19 de julio del 2007 del periódico de Alexandre Adler, *Courier international*, citaba el libro de Tim Adler, *Hollywood and the mob*, dedicado "a los vínculos oscuros entre industria cinematográfica y el sindicato del crimen...Sin embargo esos vínculos dudosos de Hollywood con la mafia no han desaparecido. Hoy en día, la mafia rusa ocupa el primer plano de la escena. Su control de la industria cinematográfica ya se ha saldado con la quiebra de una compañía aseguradora australiana, y todo parece apuntar a que la historia de los mafiosos está lejos de haber terminado." Hay que reconocer que esos mafiosos "rusos" son bastante aterradores, tal como lo veremos más adelante en los siguientes capítulos.

El muy influyente Jacques Attali, antiguo próximo consejero del presidente socialista François Mitterand antes de convertirse en el 2007 en consejero del presidente liberal Nicolas Sarkozy[83], era por su parte algo más honesto. En el semanal *L'Express* del 10 de enero del 2002, presentaba su último libro *Los judíos, el mundo y el dinero*. El periodista le preguntaba: "Usted evoca sin rodeos otro tabú: el poder del gansterismo judío en Estados Unidos." Jacques Attali respondía: "Me hubiera parecido deshonesto no hablar de ese episodio marginal y fascinante." Y nosotros mismos seríamos deshonestos si no transcribiéramos aquí estas precisiones aportadas por Attali y que relativizan el fenómeno de la criminalidad judía: "Uno de los jefes de la mafia estadounidense es un tal Meyer Lansky. Forma parte de esa pequeña minoría de delincuentes judíos – quizá 2000 sobre 2 millones de judíos rusos inmigrados en Estados Unidos al final del siglo XIX y principio de siglo XX."

Pero Attali añadía: "Esa fracción totalmente "desintegrada" de la comunidad constituye una gran novedad histórica. Hasta entonces, los Judíos habían tenido una fobia de la delincuencia y de la criminalidad por razones teológicas, pero también por razones de supervivencia, ya que el comportamiento de uno solo podía poner en peligro la seguridad de toda la comunidad[84]."

En realidad, esta criminalidad judía no era en absoluto una "novedad

---

France, 1998, p. 316
[83] Y en mentor de Emmanuel Macron en 2017. (NdT).
[84] "Un solo Judío, es como todo el judaísmo", escribía el fundador del Congreso judío mundial, Nahum Goldmann, citando el famoso verso del Talmud (*Le Paradoxe juif*, Paris, Stock, 1976, p. 43)

histórica[85]", tal como vamos a ver en adelante. Y tampoco había desaparecido, como intentaba hacernos creer Jean-François "Gayraud" en su libro titulado *El Mundo de las mafias*, publicado en el 2005. Efectivamente, éste pretendía hacernos comprender que el gansterismo judío se había extinguido y que había sido un fenómeno excepcional y efímero: "A diferencia de los italianos, la comunidad judía después de la Segunda Guerra mundial se había definitivamente alejado de la ilegalidad[86]."

Y de nuevo, y con gran preocupación por la verdad, Jacques Attali afirmaba: "Meyer Lansky no tiene ninguna relación con la comunidad...Cuando más tarde lo detuvieron – por motivos fiscales, como Al Capone - y pidió a Israel el derecho a beneficiarse de la Ley del Retorno, Golda Meir no se lo concedió." Así lo explicaba en su libro: "Algunos años más tarde, Lansky intentará refugiarse en Israel, que le negará el beneficio de la Ley del Retorno: por sus crímenes, habrá perdido el derecho a ser reconocido como judío[87]." Y Attali seguía hasta el final con su honestidad intelectual: "Meyer Lansky, el gánster judío era una novedad; en realidad, ya no era judío en absoluto[88]."

Lo habéis entendido, los gánsteres judíos no existen, por la sencilla razón de que no se puede ser gánster y judío al mismo tiempo. De hecho, este razonamiento es exactamente el mismo que usan los intelectuales judíos que sostienen que en realidad los criminales bolcheviques ya no eran "en absoluto judíos", puesto que eran comunistas y ateos. La cosa está muy clara: sencillamente, habéis tenido una alucinación.

---

[85] "El elemento judío en el mundo del gansterismo fue asunto muy serio y grave para los judíos americanos; algo que no se podía obviar: un problema de gran magnitud. Con todo, la participación judía en organizaciones dedicadas al bandidaje se dio ya desde el siglo XVI, y sobre todo en los siglos XVII y XVIII. Tal comunicación entre judíos y no judíos en los sótanos de la sociedad encontró expresión en el hecho de que la jerga del hampa alemana era en lo esencial yídish, judía. Todo el submundo la hizo suya, sencillamente como lengua secreta, y precisamente los elementos hebreos del yídish que hablaban los judíos fueron aceptados con especial gusto a modo de palabras en código, por el hampa no judía, como esos lenguajes con los que se comunican entre ellos los presos." *Todo es Cábala. Diálogo con Jorg Drews, seguido de Diez tesis ahistóricas sobre la Cábala*. Gershom Scholem, Editorial Trotta, Madrid, 2001, p. 22. (NdT).

[86] Jean-François Gayraud, *Le Monde des mafias*, Odile Jacob, 2005, p. 116. La editorial Odile Jacob contribuye a esa desmitificación.

[87] Jacques Attali, *Los judíos, el mundo y el dinero*, Fondo de cultura económica, 2005, Buenos Aires, p. 412

[88] Jacques Attali, *Les Juifs, le monde et l'argent*, Fayard, 2002, p. 485

2. Rusia bajo el yugo de los oligarcas

Sin embargo, la mejor manera de construir rápidamente grandes fortunas sigue siendo operando de forma legal y actuar a cara descubierta. Pero para ello se requiere ciertas circunstancias favorables. Las guerras, las revoluciones y los grandes cambios son muy oportunos para los individuos más reactivos, los más familiarizados con el manejo del dinero y los más desprovistos de escrúpulos.

Un ejemplo entre mil: sabemos que la fortuna de los Rothschild se fraguó a raíz de la derrota de los ejércitos napoleónicos en la batalla de Waterloo en 1815. Informado del desenlace de la batalla antes que los demás, Rothschild se presentó en la bolsa de Londres con un aire apesadumbrado que hacía pensar que Napoleón había vencido. Esto le permitió llevarse todos los títulos de bolsa que habían sido vendidos precipitadamente a muy bajo precio. Este célebre episodio había inspirado unos versos a Víctor Hugo, el cual miraba así pasar delante de él al financiero en sus *Contemplaciones*:

"Anciano, ¡Me quito el sombrero! Éste que pasa/ hizo su fortuna, en la hora en que tu derramabas tu sangre/ Apostaba a la baja, y subía a medida/ Que nuestra caída era más profunda y segura/ Tuvo que haber un buitre para nuestros muertos, él lo fue."

El caos que se produjo después del derrumbe del comunismo en Rusia representó un formidable coto de caza para los predadores. Rusia fue entonces la presa de algunos hombres de negocios cosmopolitas que compraron todas las antiguas empresas y fábricas colectivizadas por unos precios irrisorios. Algunos individuos amasaron unas fortunas colosales durante las privatizaciones de los años 90, mientras que la inmensa mayoría de la población caía en la pobreza e indigencia más abyecta.

El pillaje de Rusia

De los libros escritos sobre la mafia "rusa" que salieron tras el derrumbe del comunismo en 1991, el de Paul Klebnikov, titulado *Boris*

Berezovski y el pillaje de Rusia[89], fue el de más éxito. Paul Klebnikov, que era el especialista del mundo ruso de la famosa revista estadounidense *Forbes*, había entrevistado gran cantidad de personalidades y llevado a cabo una investigación exhaustiva. Hemos sacados de ese libro las informaciones que presentamos en este capítulo.

En agosto de 1991, Boris Yeltsin, que venía de ser elegido presidente de la república de Rusia, había desbaratado el intento de golpe de Estado comunista frente al parlamento[90]. Para desbancar el presidente soviético Gorbachov, Yeltsin se había puesto de acuerdo con los presidentes de las repúblicas ucranianas y bielorrusas para que la Unión soviética dejara oficialmente de existir. El 8 de diciembre de 1991, la URSS dejaba paso a quince nuevos Estados independientes. Rusia perdía 50 millones de habitantes y regresaba a sus fronteras de 1613.

El paso a la economía de mercado se hizo a marcha forzada. A principio de 1992, los precios fueron liberados y la inflación aumentó de manera vertiginosa. Al final del año, los aumentos de precios habían sido del 1900% para los huevos, de 3100% para el jabón, de 3600% para el tabaco, de 4300% para el pan y de 4800% para la leche. En el mismo intervalo de tiempo, las cuentas y depósitos de ahorro reportaban menos de un 10% de intereses anual y los salarios aumentaron ligeramente. Todos los ahorros de la población fueron por lo tanto devorados rápidamente por la inflación. La "terapia de choque" del Primer ministro Gaïdar consistía – como decían los rusos- en "muchos choques y poca terapia". Más de cien millones de personas cayeron en la miseria.

El presidente Yeltsin, gran bebedor, estaba en realidad ampliamente manipulado por un grupo de zascandiles cuyo objetivo era apoderarse de los recursos naturales de Rusia. Las personas más próximas a él eran unos hombres de negocios liderados por Boris Berezovski.

Boris Berezovski había nacido en 1946 "en una familia judía de la intelligentsia moscovita", y había cursado sus estudios superiores de

---

[89] Paul Klebnikov, *Godfather of the Kremlin: Boris Berezovsky and the looting of Russia* (2000). Paul Klebnikov murió en el 2004 tiroteado en una calle de Moscú. Fue víctima de un asesinato por encargo.

[90] "La nueva élite judía no se identificaba plenamente con Rusia, sino que llevaba adelante una política separada. Esto tuvo un efecto decisivo en 1991, cuando más del 50% de los judíos apoyaron el golpe prooccidental del presidente Yeltsin, mientras sólo el 13% de los rusos lo respaldaba. En 1995, el 81% de los judíos votaron a favor de los partidos prooccidentales y sólo el 3% por los comunistas (mientras el 46% de los rusos votaron por éstos), según lo ha publicado la socióloga judía Dra. Ryvkina en su libro de 1996, *Los judíos en la Rusia postsoviética.*" En Israel Adán Shamir, *La Otra cara de Israel*, Ediciones Ojeda, Barcelona, 2004, p. 125, 126. (NdT)

informática en uno de los principales institutos científicos secretos de la URSS. En 1989, fundó una empresa de distribución de automóviles llamada LogoVaz, que comercializaba los vehículos de AvtoVaz, cuya principal fabrica estaba sobre el Volga, y se impuso rápidamente como el mayor revendedor de coches Lada. Su fortuna hacía de él un objetivo cotizado por parte de las bandas criminales que prosperaban con total impunidad en ese momento. Los tiroteos entre bandas no eran raras en Moscú y para sobrevivir los principales hombres de negocios tenían que ir muy protegidos. Mientras el gobierno ruso se hundía en el caos, los servicios de seguridad más eficaces resultaron ser los de la mafia. Boris Berezovski trabajaba coordinándose con grupos criminales organizados originarios de la pequeña república meridional de Chechenia. Estos eran "los aterradores gánsteres chechenos" que lo protegían.

Después del derrumbe de la URSS al final de 1991, las tropas rusas se habían retirado del territorio checheno dejando tras de sí grandes depósitos de armas. Paralelamente a eso, una de las primeras medidas del nuevo gobierno checheno fue abrir las puertas de las prisiones y liberar cerca de cuatro mil criminales profesionales. Paul Klebnikov escribía aquí: "Muchos de los jefes del hampa se convirtieron en miembros del gobierno de la pequeña república mientras mantenían sus contactos con los grupos chechenos de Moscú y de otras grandes ciudades rusas."

A principio de los años 1990, las siete principales bandas mafiosas chechenas de Moscú reunían un potencial de quinientos combatientes. Habían implantado una red de extorsión de las tiendas, restaurantes y hoteles en toda la ciudad. Tomaron rápidamente el control de la cadena de Estado Beriozka y de los supermercados de lujo de la época soviética reservados a los miembros de la Nomenklatura y a los extranjeros. Cuando los casinos empezaron a aparecer en 1992-1993, los chechenos tomaron el control de los más importantes. Con los enormes ingresos generados por sus actividades criminales, penetraron en los mercados financieros y tomaron el mando de decenas de bancos. Controlaban también el gigantesco hotel Rossïa, en frente del Kremlin. Buena parte de los ingresos derivados de las extorsiones eran repatriados a Chechenia.

El aeropuerto de Grozny se convirtió entonces en el centro de las actividades de contrabando de la república de Chechenia y uno de los centros internacionales del tráfico de heroína[91].

Klebnikov nos informaba de que la mayoría de los demás jefes

---

[91] Paul Klebnikov, *Parrain du Kremlin, Boris Berezovski et le pillage de la Russie*, Robert Laffont, 2001, p. 22-26

mafiosos pertenecía a una de las numerosas minorías étnicas. Así, en 1993, de los sesenta jefes de banda que operaban en Moscú, más de la mitad venían de Georgia y una docena eran originarios de otras regiones del Cáucaso. "Había numerosos coches de lujo que desfilaban por las calles de la capital sin placas de matriculación. Ningún policía se arriesgaba a detenerlos[92]." Tras dos años de experiencia democrática, la mayoría de los rusos había comprendido que su país había caído en manos de una casta criminal.

29 200 asesinatos habían sido cometidos en 1993, lo cual representaba una tasa de homicidios dos veces superior a la de Estados Unidos que experimentaba también su mayor ola de criminalidad. En Moscú, el número de asesinatos se había multiplicado por ocho entre 1987 y 1993, pero esas cifras de asesinatos no representaban más que una parte del número real de asesinatos en Rusia, puesto que muchas víctimas eran registradas en las estadísticas en otras categorías: suicidios, accidentes, desapariciones. A las treinta mil víctimas anuales, había que sumarles unos cuarenta mil desaparecidos. La policía, incapaz de canalizar esta violencia, sufrió 185 bajas mortales de sus agentes en el año 1994. "Cuando interrogué Berezovski sobre las causas de la epidemia de criminalidad en Rusia, escribía Paul Klebnikov, me habló también de la connivencia entre los gánsteres y los altos funcionarios del gobierno[93]."

Contra los mafiosos chechenos, se alzaron bandas eslavas como la Fraternidad de Solntsevo, creada en una barriada gris de Moscú llamada así. Una guerra de bandas comenzó en 1993, en la que Boris Berezovski se vio envuelto ya que era el aliado de los chechenos. En la primavera de 1994, sufrió varios atentados en los que murieron varios de sus allegados y él mismo salió herido. Después de meses de masacres, las bandas de eslavos y chechenos se habían mutuamente exterminado. Los jefes chechenos se apartaron del primer plano y sus homólogos eslavos emigraron al extranjero. A finales de 1994, dos años de locura llegaban a su fin. Los verdaderos vencedores eran los nuevos hombres de negocios que habían trabajado con el hampa y que de ahora en adelante dejarían de recurrir a los asesinatos por encargo. El 11 de diciembre de 1994, el ejército ruso invadía Chechenia.

Los Soviéticos ya tenían tendencia a tratar con intermediarios sospechosos para sus negocios con el extranjero. El comerciante de materias primas Marc Rich, por ejemplo, era un negociante del petróleo

---

[92] Paul Klebnikov, *Parrain du Kremlin, Boris Berezovski et le pillage de la Russie*, Robert Laffont, 2001, p. 37
[93] Paul Klebnikov, *Parrain du Kremlin, Boris Berezovski et le pillage de la Russie*, Robert Laffont, 2001, p. 45, 50

que había tenido su hora de gloria en los años 1970. Había huido de Estados Unidos en 1983 al ser acusado de extorsión, estafa, fraude fiscal y de comerciar con Irán, una potencia hostil. Convertido en multimillonario, Marc Rich, con cincuenta años, vivía en Zug, en Suiza, donde combinaba su vida de hombre de negocios internacionales con la de forajido con orden de busca y captura. Figuraba en buena posición de las "circulares rojas" de Interpol, lo cual significaba que su captura era prioritaria, pero Suiza se negaba a extraditarlo a EE. UU.

Rich comerciaba con toda clase de productos con los soviéticos. Les vendía cereales, azúcar, zinc concentrado, alúmina (un extracto de bauxita, el compuesto principal del aluminio), y se hacía pagar en petróleo, en aluminio, así como en níquel, cobre y otros metales. Las materias primas dieron a Rich un peso considerable en algunos de los mercados mundiales más importantes. Gracias en gran parte a sus contratos soviéticos, Rich trataba, por ejemplo, dos millones de toneladas de aluminio por año, lo que significaba que controlaba un tercio del mercado mundial de ese metal. "De hecho, escribía Klebnikov, Rich estafaba a los rusos comprando las materias primas con información privilegiada sobre los precios." Revendía en el extranjero embolsando sus beneficios en su refugio fiscal de Zug, en Suiza.

Otros negociantes rusos se lanzaron en operaciones similares en los años 1990, aunque la especificidad de Rich fue de haberlo hecho antes que todo el mundo y a gran escala, corrompiendo los directores de las fábricas. "Muchas de sus acciones eran ilegales según las leyes soviéticas, pero tenía colaboradores ingeniosos dentro del país. Sus contratos contenían generalmente acuerdos secretos con los directores de empresas petroleras y de aluminio y preveían complejos mecanismos de pago por todo el planeta[94]."

Uno de los socios más importante de Rich era un empresario de cuarenta años llamado Artem Tarasov, un hombre que sería considerado uno de los pioneros del capitalismo de rapiña ruso. Mitad georgiano, Tarasov había crecido en la costa del mar Negro. Había hecho sus estudios superiores en el Instituto de extracción minera y en la Escuela superior de economía del Gosplan (el Comité de Estado de la Planificación). Cuando la creación de empresas privadas fue legalizada en 1987, Tarasov fundó una cooperativa llamada Tekhnika que vendía materias primas rusas e importaba ordenadores individuales y con la que hizo una pequeña fortuna. La sociedad que fundó después de esa,

---

[94] Paul Klebnikov, *Parrain du Kremlin, Boris Berezovski et le pillage de la Russie*, Robert Laffont, 2001, p. 77-79

Istok, se convirtió en un imperio económico dedicado a la exportación de trenes equipados, de depósitos, de instalaciones portuarias, de barcos y de almacenes, todo ello alquilado al Estado. El gobierno ruso de Boris Yeltsin le concedió además una licencia de exportación de fueloil soviético y le autorizó a conservar sus beneficios en el extranjero - "un privilegio sin precedentes para un empresario privado", escribía Klebnikov- a condición de que empleara parte de sus ingresos para hacer efectivo los pagarés que el gobierno, a corto de dinero, había emitido para pagar los agricultores de los Koljós[95]. Los campesinos podían cambiar luego esos pagarés contra bienes de consumo importados. "Tarasov vendió el fueloil en el extranjero, pero los granjeros soviéticos jamás recibieron sus bienes de consumo. Fue un escándalo sonado", escribía Klebnikov. "Efectivamente, Tarasov fue sin duda nuestro amo, reconocía más tarde con aire afligido Oleg Davydov, un alto funcionario del ministerio de Comercio. Compraba el fueloil dentro del país a 36 dólares la tonelada y lo revendía en el extranjero a 80 dólares...Evidentemente, el ministerio hacía exactamente lo mismo; sólo que la diferencia de precio interiores y precios mundiales no iban a parar a los bolsillos de Tarasov, sino a los presupuestos del gobierno[96]."

Berezovski adoptó a continuación numerosas estrategias de evasión de capitales empleadas por Marc Rich. Paul Klebnikov tuvo la ocasión de abordar esa cuestión de la evasión de capitales en los años finales de la URSS con Egor Gaidar, el primer jefe de gobierno ruso de la era postsoviética.: "Había mucho misterio con los contratos de comercio exterior soviético, me confesó. Comprábamos toda clase de equipamientos a precios anormalmente altos que pagábamos al contado, mientras que una parte importante de nuestra producción era vendida a precios muy bajos." Y Klebnikov añadía: "Una cosa está clara: el oro y las reservas de divisas de la Unión Soviética desaparecieron en torno al año 1990." Los cofres se vaciaban. "A principio de los años 1980, la reserva de oro soviética se elevaba a 1300 toneladas (aproximadamente 30 mil millones de dólares de la época). En dos años, entre 1989 y 1991, la mayor parte del oro (cerca de mil toneladas) fue vendido. En el mismo tiempo, las reservas de divisas cayeron de 15 mil millones de dólares, al principio del reino de Gorbachov, a sólo mil millones de dólares." Alexandre Yakovlev, el más próximo asesor de Gorbachov y principal arquitecto de la Perestroika,

---

[95] Los koljoses eran granjas colectivas en la Unión Soviética. (NdT).
[96] Paul Klebnikov, *Parrain du Kremlin, Boris Berezovski et le pillage de la Russie*, Robert Laffont, 2001, p. 80-81

era acusado por el movimiento antisemita Pamiat de ser un "espía sionista".

Apoyado y animado por los caciques del Fondo monetario internacional y otros consejeros occidentales, los jóvenes reformistas yeltsinianos decidieron que el Estado ya no debía intervenir en el comercio exterior. Suprimieron así las barreras que podían impedir que los comerciantes compraran las materias primas a precios interiores para revenderlas en el extranjero. En unos pocos meses, el 30% de las exportaciones petroleras de Rusia y el 70% de las exportaciones de metal se hacían fuera de los organismos comerciales del Estado, y en 1994 lo esencial del comercio exterior de Rusia ya estaba en manos de sociedades de importación-exportación privadas. Rápidamente, Berezovski destacó como uno de los principales comerciantes. Su sociedad LogoVaz vendía cientos de miles de toneladas de aluminio y de petróleo bruto en Suiza y en Estados Unidos y decenas de miles de estéreos de leña al extranjero.

Para evitar pagar impuestos, la mayoría de estos comerciantes recurrían a un viejo truco del KGB: falsas facturas de importación-exportación. La leña de construcción de buena calidad, por ejemplo, era registrada como leña de calefacción y exportada a bajo precio, y el comprador extranjero pagaba la diferencia en cuentas bancarias en el extranjero. Los mismos procedimientos eran aplicados con el aluminio, el acero, el níquel, los metales estratégicos, las pieles y el pescado. La importación de productos alimenticios, de vestimenta, de bienes de consumo electrónicos y equipamientos industriales se hacía de la misma manera, con comisiones abonadas en cuentas de paraísos fiscales de los compradores rusos. Las mayores empresas rusas se enredaron así en negocios turbios. Esas nuevas sociedades de importación-exportación tenían tendencia a disimular la casi totalidad de sus beneficios en el extranjero. "Se calcula que la evasión de capitales rusos en esa época se elevó a unos 15 o 20 mil millones de dólares por año, detraídos a cuentas bancarias de cabecillas de la mafia, de altos funcionarios corrompidos y de directores de fábricas cómplices."

En ese pillaje desvergonzado de los recursos naturales del país, la exportación del petróleo generaba los beneficios más importantes. La industria petrolera era por lo tanto "uno de los principales campos de batalla del crimen organizado en Rusia." Los grupos criminales liquidaban aquellos que se negaban a trabajar con ellos, y muchos directores de refinarías fueron asesinados[97].

---

[97] Paul Klebnikov, *Parrain du Kremlin, Boris Berezovski et le pillage de la Russie*, Robert Laffont, 2001, p. 116-121

El 14 de diciembre de 1992, Boris Yeltsin nombró un nuevo primer ministro: Víktor Chernomyrdine. Después de las medidas tomadas por Gaidar, el PIB de Rusia se había derrumbado más del 50%, por lo que si se consideraba el PIB por habitante Rusia era más pobre que Perú. Décadas de éxitos tecnológicos fueron perdidas; instituciones científicas de renombre se quedaron en la ruina y la cultura rusa parecía haber desaparecido. "Todos aquellos que han viajado a Rusia en los primeros años de la era Yeltsin quedaron atónitos ante el espectáculo de los ciudadanos rusos intentando sobrevivir", escribía Paul Klebnikov. Los antiguos combatientes vendían sus medallas para poder comprar alimentos, y las más altas condecoraciones soviéticas acababan en los puestos de mercadillos expuestas a la venta como vulgares baratijas.

Los rumores de penuria alimentaria llevaron a millones de habitantes de la ciudad hacia los huertos de las afueras para cultivar patatas y coles. Si la hambruna fue evitada, fue gracias al terruño de la madre Rusia. La recesión en Rusia fue peor que la gran depresión de los años treinta en Estados Unidos. Entre 1990 y 1994, la tasa de mortalidad masculina aumentó un 53% y la femenina un 27%. La esperanza de vida masculina se desplomó y cada mes, miles de rusos morían prematuramente. Muchas de esas muertes afectaron a personas mayores que habían perdido todos sus ahorros.

Según las estimaciones oficiales, el número de drogadictos en el país se situaba entre 2 y 5 millones, esencialmente jóvenes. El alcohol hizo también estragos. Una encuesta de 1993 determinó que el 80% de los rusos de sexo masculino bebían y que su consumo medio era superior a medio litro diario. En 1996, más de 35 000 murieron envenenados por el alcohol adulterado en comparación de sólo unos cientos en Estados Unidos durante el mismo periodo. La bebida y el crimen contribuyeron a la explosión espectacular de las muertes violentas y accidentales. De 1992 hasta 1997, 229 000 personas se suicidaron, 159 000 murieron intoxicadas después de haber bebido vodka adulterada y 169 000 fueron asesinadas[98]. Muchas jóvenes mujeres rusas renunciaron a la

---

[98] Aleksandr Solzhenitsyn ha evocado el antisemitismo vinculado a los problemas generados por algunos judíos con la producción y distribución de alcohol en Rusia en tiempos de los zares (léase en *El Fanatismo judío*). En el *Testament d'un antisémite*, Édouard Drumont ya escribía sobre la producción y el tráfico de alcohol: "Nada puede dar idea de lo que son los judíos de Polonia y de Rusia. Aniquilan las poblaciones de pueblos enteros con aguardiente envenenada. Lo tengo oído directamente de un gran señor polaco: Un niño de ocho años pasa por la carretera. El tabernero judío lo llama desde la puerta de su taberna: "¡Oye chico! Para ahí un momento, te voy a dar un vaso de aguardiente. "Y le pone al niño un vaso lleno de aguardiente adulterada...El señor se acerca al tabernero y le dice:" ¿Por qué corromper este niño? No tienes ningún interés

maternidad, no por elección sino por necesidad. Varios millones de ellas tuvieron que prostituirse, de las cuales cientos de miles fueron llevadas al extranjero para ser esclavas sexuales[99]. El declive de la natalidad combinado con el aumento todavía más rápido de las tasas de mortalidad se tradujo en un déficit demográfico de 6 millones de rusos en 1999. Paralelamente, cientos de miles de niños fueron abandonados[100].

El propio Estado Ruso estaba dirigido por un presidente alcohólico que provocaba incidentes diplomáticos bochornosos. El 31 de agosto de 1994, en Berlín, Boris Yeltsin presidía con su homólogo alemán, el canciller Helmut Kohl, las ceremonias que marcaban la salida de las últimas tropas rusas de ocupación. El presidente ruso había empezado a beber muy pronto por la mañana. Korjakov, su jefe de seguridad explicó más tarde que Kohl había comprendido perfectamente la situación y que llevó Boris Nikolaievitch hasta la ceremonia cogido discretamente de la cintura. Tras la comida y unas cuantas copas, Yeltsin pasó revista a las tropas delante del público. Al llegar cerca de la orquesta de policía de Berlín, el presidente saltó de repente sobre el estrado, agarró la batuta del jefe de orquesta y empezó a agitarla de forma ridícula, a contratiempo de la música. Un poco más tarde, se puso a cantar una versión etílica de "Kalinka". Los Berlíneses nunca habían visto algo así.

Berezovski fue introducido en el círculo de los allegados más íntimos de Boris Yeltsin durante el invierno de 1993-1994. El parlamento ruso, hostil a Yeltsin, a las reformas de Gaidar y a los planes de privatización de Chubáis, bloqueaba sus reformas y amenazaba con poner en acusación el presidente y. El 21 de septiembre de 1993, el presidente anunció la disolución del Parlamento, pero los partidarios de Aleksandr Rutskói, reunidos en el interior, se negaron a salir y el enfrentamiento se convirtió en un baño de sangre durante las jornadas del 3 y 4 de octubre. Los acorazados estaban esta vez de parte de Yeltsin y causaron la muerte de centenares de personas. Un proyecto de nueva constitución, que otorgaba más poderes al presidente, fue finalmente aprobado días más tarde en un referéndum, y las privatizaciones de la economía rusa siguieron con la supervisión de Anatoli Chubáis.

---

en ello puesto que no te paga -Sin duda, responde el otro con esa sonrisa siniestra de las gentes de su raza, no me paga...pero, verá, hay que acostumbrarlos desde jóvenes."
(Édouard Drumont, *Testament d'un antisémite*, 1891, p. 150).

[99] Véase el capítulo sobre la Trata de Blancas.

[100] Paul Klebnikov, *Parrain du Kremlin, Boris Berezovski et le pillage de la Russie*, Robert Laffont, 2001, p. 124-129

El plan preveía el paso al sector privado de más de la mitad de las empresas industriales rusas en un plazo de dos años. La ejecución del plan consistía en vender el 29% de las acciones de una empresa pública en subastas públicas y distribuir el 51% a los directivos y empleados. El resto sería conservado por el Estado para ser vendido más tarde. Un bono de privatización había sido enviado a cada ciudadano ruso. 151 millones de bonos fueron distribuidos. Cada cual podía así ser accionista y las mejores empresas no serían compradas por los ricos. Pero la pobreza hizo que muchos rusos vendieran en seguida sus bonos en las calles a cambio de dinero en efectivo. Sus precios eran ridículamente bajos, en torno a unos 10 000 rublos, lo cual correspondía a 7 dólares. Era a penas suficiente para comprar dos botellas de vodka barata. A 7 dólares el bono, la inmensa riqueza industrial de Rusia sólo valía 5 mil millones de dólares.

En vez de empezar por las tiendas y las pequeñas empresas, toda la economía fue privatizada de golpe al mismo tiempo: las grandes compañías petroleras, las minas, las mayores empresas de silvicultura, los constructores automóviles, las grandes empresas de ingeniería, los principales puertos comerciales, etc., todo se privatizó. Chubáis privatizó inmediatamente las empresas de exportación más importantes y rentables de Rusia. Si bien pocos rusos consiguieron acciones, en cambio algunos inversores amasaron inmensas fortunas.

El primer objetivo de Berezovski fue la cadena de televisión de Estado ORT, la única sintonizada en todo el territorio y que llegaba a 180 millones de telespectadores. Numerosos rusos sólo veían esa cadena para informarse. Berezovski logró convencer a Yeltsin, y en noviembre de 1994, el 49% de la cadena fue privatizada.

El principal rival de Berezovski era entonces Vladimir Gusinsky. Éste era un moscovita nacido en una familia judía conocido por ser el protegido del alcalde Yuri Luzkhov. Moscú estaba "asolada por los casinos, la corrupción y las guerras entre bandas rivales", escribía Klebnikov. La estrategia de Luzkhov era de no combatir el crimen organizado directamente (no tenía los medios para ello), sino de gravarlos con impuestos. Conseguía así convencer incluso a las empresas más turbias de contribuir a la realización de sus proyectos municipales: un lujoso centro comercial subterráneo, la ampliación de la autopista periférica, la reconstrucción idéntica de la gigantesca catedral del Cristo Salvador (destruida por orden de Stalin y supervisión de Kaganóvich) y la reconstrucción del centro histórico de Moscú. La ciudad vivió un verdadero frenesí de construcción. De tal manera que, "en un país donde todo se caía a trozos, Moscú era un oasis de prosperidad y de éxito[101]."

El grupo Most de Gusinsky era uno de los más grandes conglomerados de negocios del país. Incluía el sector financiero, medios de comunicación, una compañía de seguros, una sociedad de seguridad, una empresa de importación-exportación, agencias inmobiliarias y empresas de materiales de construcción. Su servicio de seguridad tenía no menos de mil hombres armados. Gusinsky poseía periódicos (diarios y semanales), una radio y una cadena de televisión desde 1993 (NTV) que "emitía mucha pornografía, horror y violencia (incluso comparado con los estándares estadounidense)[102]."

Berezovski arguyó que Gusinsky representaba una amenaza para el presidente e intentó asesinarlo. En diciembre de 1994, una contundente operación había sido organizada y ejecutada cuando Gusinsky, como de costumbre, bajaba por una gran arteria de la capital a 140 km por hora saltándose todos los semáforos. Su vehículo blindado fue flanqueado por otros dos vehículos ocupados por guardaespaldas armados hasta los dientes. La persecución no dio resultado, pero tras aquel intenso tiroteo, Gusinsky decidió poner a su mujer y a sus hijos a salvo en Inglaterra. El vendedor de coches había conseguido echar a su rival del país.

Berezovski acusaba sobre todo a Gusinsky de haber sido el comanditario del atentado con coche bomba del que había sido víctima en junio de 1994. Un coche había explotado al paso del suyo y Berezovski había visto su chófer descabezado ante sus ojos. Evidentemente, el atentado le había perturbado. El general Alexander Korzhakov, el jefe de seguridad presidencial dejó este testimonio: "Berezovski empleaba una terminología especial. En vez de decir "matar", prefería decir "terminar". Era un término del vocabulario de los gánsteres...Berezovski parecía creer que el SBP había sido creado para "eliminar" a las personas que no le gustaban. A partir de entonces, tuve la convicción de que Berezovski estaba psicológicamente trastornado y me puse a vigilarlo[103]."

Berezovski era también el principal sospechoso del asesinato de Vlad Listiev, el presentador de televisión más popular de Rusia. En febrero de 1996, éste había anunciado que revocaría el monopolio publicitario de Lissovski y de Berezovski sobre la cadena ORT. Fue asesinado el 1

---

[101] Paul Klebnikov, *Parrain du Kremlin, Boris Berezovski et le pillage de la Russie*, Robert Laffont, 2001, p. 175
[102] Paul Klebnikov, *Parrain du Kremlin, Boris Berezovski et le pillage de la Russie*, Robert Laffont, 2001, p. 173-177
[103] Paul Klebnikov, *Parrain du Kremlin, Boris Berezovski et le pillage de la Russie*, Robert Laffont, 2001, p. 179

de marzo de dos disparos en la cabeza. Unos días antes, escribía Paul Klebnikov, Berezovski se había reunido con un "juez de paz" del hampa para entregarle 100 000 dólares en efectivo. La indignación popular fue inmensa y decenas de miles de personas asistieron al funeral de Listiev.

Berozovski también tomó el control de la sexta cadena de televisión, de una revista (*Ogoniok*) y de un diario. El vendedor de automóviles estaba ahora a la cabeza de la mayor red de televisión del país. El servicio informativo de ORT se convirtió en la caja de resonancia de sus intereses, deshaciéndose en elogios para con Yeltsin durante las elecciones de 1996 o denunciando el general Lebed tras una disputa entre ambos, o atacando un importante hombre de negocios competidor suyo, y a su vez presentando Berezovski en una postura de hombre de Estado[104].

No era necesario comprar una empresa privada para controlarla, explicaba Klebnikov. Podía muy bien permanecer en manos del Estado. Bastaba con asumir su gestión y canalizar luego sus beneficios, lo cual equivalía a "privatizar sus beneficios". En 1989, Berezovski había empezado a privatizar los beneficios del constructor automóvil AvtoVaz, comprando los coches a un precio que le garantizaba un gran beneficio pero que se saldaba con una pérdida neta para la fábrica. En 1992, se lanzó en el comercio de materias primas, exportando petróleo, madera y aluminio, pagando las mercancías a precios interiores rusos para revenderlas luego en el extranjero a precios del mercado mundial con un margen enorme. En 1993, con el inicio de la privatización por bonos, Berezovski pasó a la segunda etapa de su plan: la privatización de la propiedad, adquiriendo una participación mayoritaria en AvtoVaz. En 1994, emprendió la privatización de los beneficios de la ORT a través del órgano de administración de la publicidad de la cadena, para luego pasar a su privatización total al año siguiente. Hizo lo mismo en 1996 con la primera compañía aérea del país, Aeroflot. "Cuando las delegaciones de Aeroflot en el extranjero preguntaron por qué la compañía aérea no recibía el dinero que facturaba y por qué éste acababa en cuentas privadas, les respondieron que el dinero iba a servir para la campaña presidencial de Yeltsin, afirmaba el general Korzhakov. En realidad, Berezovski se quedó con el dinero para él[105]."

Las cifras de la evasión de capitales (unos 15 mil millones de dólares

---

[104] Paul Klebnikov, *Parrain du Kremlin, Boris Berezovski et le pillage de la Russie*, Robert Laffont, 2001, p. 187, 195
[105] Paul Klebnikov, *Parrain du Kremlin, Boris Berezovski et le pillage de la Russie*, Robert Laffont, 2001, p. 197-204

por año, según las estimaciones) demostraban que una parte enorme de los beneficios de las empresas rusas escapaban tanto de Hacienda como de los accionistas. "Ese pillaje, escribía Klebnikov, arruinó a grandes joyas de la industria rusa, privándolas de las inversiones necesarias, mientras que la evasión de capitales socavaba y arruinaba los esfuerzos de estabilización monetaria del país."

Dos meses después de hacerse con Aeroflot, en 1995, el magnate logró su jugada maestra: la privatización de una de las mayores compañías petroleras de Rusia. Aquello fue su mayor éxito. Tenía un socio de veintinueve años, Román Abramovitch, y juntos crearon Sibneft en el verano de 1995. Cuando Ivan Litskevitch, el director de la refinería de Omsk, se enteró de la recompra de su refinería por Abramovitch y Berezovski y de su integración en Sibneft, protestó. El 15 de agosto de 1995, su cadáver fue hallado en el río Irtich, pero la milicia no encontró ninguna prueba de que fuera un crimen mafioso[106].

Fue a partir de entonces que los oligarcas afinaron el sistema para apropiarse de las grandes empresas exportadoras del país: el principio era simplemente "préstamos a cambio de acciones". Vladimir Potanine, el "chico de oro" de treinta y seis años del *establishment*, fue el encargado de proponer la medida en el Consejo de ministros en marzo de 1995. Potanine iba acompañado de un tal Mijaíl Jodorkovski, del banco Menatep, y de Aleksandr Smolenski. El gobierno aceptó el plan, e inmediatamente los principales bancos "rusos" se lanzaron en la batalla por obtener el derecho a prestar dinero al gobierno a cambio de acciones de las principales empresas.

Uno de los primeros vencedores de los préstamos a cambio de acciones fue Mijaíl Jodorkovski, un antiguo socio de Berezovski que tenía entonces 31 años. Dirigía en aquel momento uno de los mayores imperios de negocios de Rusia, siendo además una de las mayores fortunas. En la lista de sus bienes constaba el banco Menatep, así como otros doce bancos, importantes bienes inmobiliarios en Moscú, una acería, los principales productores de titanio y magnesio del país, numerosas fábricas de alimentos, fábricas de fertilizantes y sociedades textil y químicas. La oficina de Mijaíl Jodorkovski estaba en un castillo victoriano en pleno centro de Moscú. El edificio estaba rodeado de una gran verja de hierro fundido. Los hombres de seguridad, algunos trajeados, otros en uniforme negro, patrullaban en toda la propiedad.

En 1987, siendo entonces el encargado de las Juventudes comunistas de Moscú, había establecido una cooperativa comercial con fondos del

---

[106] Paul Klebnikov, *Parrain du Kremlin, Boris Berezovski et le pillage de la Russie*, Robert Laffont, 2001, p. 225

Partido comunista. Al año siguiente, fundaba un banco. Vemos pues que el antisemitismo en la Unión Soviética no era tan virulento como algunos sostienen. Entre 1990 y 1993, se pasó al servicio del Estado, primero como asesor económico del Primer ministro, luego al puesto de viceministro del Petróleo y de la Energía. Sus sociedades comerciales realizaban beneficios importantes con el petróleo, el trigo, el azúcar y los metales. El banco Menatep se enriquecía gracias a diversas cuentas con la ciudad de Moscú y algunos ministerios federales. El hombre cuidaba también sus relaciones con el extranjero. El primer vicepresidente de Menatep era Constantino Kagalovski, cuya mujer, Natacha Gurfinkiel-Kagalovski, era la responsable de operaciones rusas de la Bank of New York. Paul Klebnikov aportaba la siguiente información: "Natacha Gurfinkiel se vería obligada a dimitir en 1999 durante la investigación del gobierno estadounidense acerca del blanqueo de capitales del Bank of New York."

Además, Jodorkovski intentó penetrar en occidente publicitando el nombre de Menatep en Estados Unidos. En 1994, compró varias páginas de publicidad en el *Wall Street Journal* y en el *New York Times* por valor de un millón de dólares. Paul Klebnikov confirmaba aquí la existencia de los vínculos comunitarios: "Sin embargo, algunos de sus negocios en materia de comercio exterior no eran de naturaleza a granjearle grandes simpatías en Estados Unidos. Concretamente porque había trabajado con Marc Rich, el negociante estadounidense de materias primas que estaba en fuga desde hacía varios años de la justicia de su país. Además, entre 1994 y 1996, había vendido a Cuba el equivalente a cientos de millones de dólares de petróleo a cambio de azúcar. Por si fuera poco, Jodorkovski contribuyó también a la creación de un establecimiento llamado *European Union Bank* en la isla de Antigua, en el Caribe, un paraíso fiscal de triste notoriedad en materia de blanqueo de capitales."

De las subastas de "préstamos a cambio de acciones", Jodorkovski estaba particularmente interesado en los 45% de Yukos, la segunda compañía petrolera de Rusia por su tamaño. Ahora bien, el organismo responsable del registro de las subastas para Yukos no era otro que su banco, la Menatep. Los competidores fueron por lo tanto apartados y una empresa pantalla de Menatep ganó la puja pagando tan solo 9 millones de dólares más que el precio de salida que era de 150 millones. Otro consorcio había pujado hasta los 350 millones pero había sido oportunamente descalificado bajo el pretexto de falta de garantías.

El mismo guion se repitió en la compra de Norilsk Nickel por parte de Vladimir Potanine. Esa sociedad era una de las primeras exportadoras rusas, cuyas minas estaban localizadas en el círculo polar. La mina de Norilsk, que explotaba el filón más abundante del mundo, fue adquirida por unos 100 000 dólares por encima de los 170 millones del precio de salida de la subasta.

De la misma forma, el mismo proceso se repitió para la cesión de las acciones de otros gigantes de la industria rusa, como por ejemplo el gigante petrolero Sidanco: "Los directivos de Rossinski Kredit explicaron que sus representantes no habían sido autorizados a penetrar en el edificio del banco Onexim el día de la subasta."

La venta del 51% de las acciones de Sibneft, una de las mayores compañías petroleras privadas del mundo, fue la última de la serie. La subasta tuvo lugar el 28 de diciembre de 1995. El precio de salida era ridículamente bajo: 100 millones de dólares. "Hacía meses que ya se había decidido que Sibneft sería adjudicada a Berezovski[107]", escribía Klebnikov. Berezovski ofreció generosamente 100,3 millones y la puja de 175 millones de su rival Inkombank fue rechazada. El día de la venta, el representante de Inkombank anunció su retirada de la manera más sucinta, sin más explicaciones. Dos años más tarde, las acciones de Sibneft representaban en la bolsa rusa una capitalización de 5000 millones de dólares.

En los dos años que siguieron, la capitalización de esas empresas en el mercado se multiplicó por entre 18 y 26. El hecho es que habían sido vendidas por un plato de lentejas. El arquitecto principal de las ventas "préstamos a cambio de acciones", Anatoli Chubáis, negó que las ventas en las subastas hubiesen sido manipuladas y que el Estado hubiese ingresado sumas ridículamente bajas. Pero en realidad, para el Estado ruso, aquello fue sin lugar a duda un desastre sin paliativo.

La democracia mafiosa

En las elecciones legislativas de diciembre de 1995, los comunistas y los nacionalistas de Vladimir Jirinovski habían superado el partido en el poder y disponían de la mayoría en la Duma, la asamblea parlamentaria rusa. Tras la debacle del partido pro-yeltsin, Yeltsin se vio obligado a deshacerse de los liberales de su gobierno, y Chubáis fue apartado. Seis meses antes de las elecciones presidenciales de 1996, su principal adversario, el comunista Guennadi Ziugánov, le aventajaba ampliamente en las encuestas. Según los sondeos de opinión la cuota de

---

[107]Paul Klebnikov, *Parrain du Kremlin, Boris Berezovski et le pillage de la Russie*, Robert Laffont, 2001, p. 231-235

confianza del presidente variaba entre un 5 y 8%.

En cuanto a los "oligarcas", éstos ya no tenían otra opción: las subastas amañadas les obligaban a apoyar la reelección de Yeltsin. Berezovski y Gussinski habían dejado de lado sus rencillas. "Entre los oligarcas y el gobierno de Yeltsin existía ahora asociación de malhechores", escribía Paul Klebnikov. Así pues, los principales miembros del equipo de campaña de Yeltsin eran Boris Berezovski, Anatoli Chubáis, Vladimir Gussinski, Boris Nemtsov, Yevguiny Kiselyov y su propia hija Tatiana Diatchenko.

La ley estipulaba que los gastos de campaña no podían exceder tres millones de dólares para cada partido pero se calculó a posteriori que el total de los gastos de Yeltsin había sido de más de 1000 millones. En Washington, un centro de estudio había incluso estimado el total en dos mil millones de dólares. "El dinero sirvió para untar los jefes políticos locales y corromper a la gente", declaraba el jefe del servicio anticorrupción. Grandes cantidades de dinero fueron también gastadas en producir documentales en favor de Yeltsin, en conciertos de rock y en vallas publicitarias. Toda la campaña era supervisada desde la casa LogoVaz de Berezovski, el palacete del magnate en el centro de Moscú. Él era el jefe de orquesta. Los hombres de negocios habían aportado donativos por valor de cientos de millones a la caja negra de Cuartel general fantasma. "A cambio, recibían el montante de su contribución multiplicado en forma de subvenciones de Estado[108]." Se prometía a las oligarcas nuevos paquetes de acciones en privatizaciones después de las elecciones. Miles de sociedades participaron así en el financiamiento.

El presidente salía casi cada noche en el telediario, mientras que su oponente comunista Ziugánov casi nunca aparecía. El equipo de Yeltsin había pagado a los periodistas y a los directores de prensa. "Los pagos iban desde los cien dólares a un corresponsal de provincia para que escribiera un artículo positivo, hasta millones pagados a los dueños de grandes periódicos rusos" y a los propietarios de cadenas de televisión. La mayoría de los medios rusos dependían también de las subvenciones del Estado, principalmente la prensa. La cadena de televisión pública controlada por Berezovski recibía más de 200 millones de fondos públicos por año.

El director de campaña de Yeltsin era oficialmente Anatoli Chubáis, pero el equipo de Boris Yeltsin recurrió también a los mejores especialistas estadounidenses en comunicación, en este caso el célebre estratega político George Gorton. Éste se instaló con su personal cerca

---

[108]Paul Klebnikov, *Parrain du Kremlin, Boris Berezovski et le pillage de la Russie*, Robert Laffont, 2001, p. 241-253

del cuartel general de la campaña electoral, en el hotel President. Se les pidió que fuesen muy discreto y que saliesen del hotel lo menos posible. La hija de Yeltsin, Tatiana Diatchenko, hacía de enlace con el equipo presidencial. Las sesiones de fotos y las apariciones de Boris Yeltsin fueron así escenificadas para que pareciesen espontaneas y la estrategia electoral fluctuaba de acuerdo a los continuos sondeos.

Todos los días, se veía Yeltsin en la televisión visitando a jubilados del Gran Norte, prometiendo desbloquear grandes partidas presupuestarias para las comunidades aisladas, bromeando con los obreros de una granja colectiva, estrechando la mano del alcalde de cualquier lejana ciudad industrial. Se le veía también junto a los soldados o bien con los Koljosianos. Otra vez, apareció llevando un casco de minero para bajar a un pozo de carbón. En Moscú, durante un concierto de rock, Yeltsin subió al escenario para bailar al son de la música delante del público. Millones de cartas con su firma fueron enviadas a los antiguos combatientes de la Segunda Guerra mundial. Yeltsin les daba las gracias por los servicios prestados a la patria. Dado que era la primera vez que una campaña de correo político se realizaba en Rusia, muchos destinatarios creyeron que las cartas habían sido realmente firmadas por el presidente en persona. Los anuncios publicitarios mostraban a gente del pueblo con problemas que acababan declarando: "Creo. Amo. Tengo esperanza. Boris Nicolaievitch Yeltsin[109]." Las televisiones también emitieron repetidamente documentales sobre las atrocidades del régimen comunista. Ante ese rodillo implacable, los cientos de miles de militantes comunistas y patriotas no tenían dinero y no disponían de ninguna cobertura televisiva.

Mientras tanto, profesores, médicos, militares y obreros esperaban su paga durante meses y millones de ancianos no recibían sus pensiones. Pero en la primavera, el FMI acordó a Rusia un importante préstamo: 10,2 mil millones de dólares a reembolsar en tres años. El dinero sirvió para pagar rápidamente los salarios y las pensiones de los funcionarios, y, por lo tanto, a financiar indirectamente la campaña de Yeltsin. Fue también por esas fechas que el jefe checheno Dzhojar Dudáyev falleció. Un alto al fuego con los rebeldes entró en vigor dos meses más tarde y los rusos quedaron aliviados.

El 16 de junio de 1996, Yeltsin ganó la primera vuelta de la elección obteniendo el 35,1% de los sufragios, contra el 32% de Ziugánov. Lebed dio la sorpresa colocándose tercero con el 14,7%. El 3 de julio,

---

[109] Paul Klebnikov, *Parrain du Kremlin, Boris Berezovski et le pillage de la Russie*, Robert Laffont, 2001, p. 257-259

después de la segunda vuelta, Boris Yeltsin era reelegido para un segundo mandato con el 53,7% de los sufragios. Los observadores occidentales, naturalmente, habían sacado la conclusión de que las elecciones habían sido libres y democráticas.

Todos los proveedores que habían participado en la campaña de Yeltsin habían inflado sus gastos y transferido la diferencia en cuentas en el extranjero. Según una investigación llevada a cabo por el SBP, entre 200 y 300 millones de dólares habían sido malversados de la caja electoral, "sobre todo por hombres de negocio cercanos al cuartel general de campaña en Moscú[110]."

Pero a finales de junio, Boris Yeltsin sufrió otro ataque al corazón y tuvo que guardar reposo durante largos meses. Los portavoces del Kremlin no habían revelado la gravedad de los problemas de corazón del presidente hasta ese momento. Anatoli Chubáis tomó las riendas del gobierno y el banquero Vladimir Potanine fue nombrado viceprimer ministro desde la cartera de Economía. Había llegado el momento de reembolsar los hombres de negocios que habían contribuido a la reelección de Eltsine. De tal forma que Vladimir Gussinski fue autorizado a comprar la cuarta cadena de televisión y el banco Stolitchny de Alekansdr Smolenski y de Berezovski multiplicó su tamaño por dos al absorber el banco público Agroprom.

Yeltsin había nombrado el general Lebed a la cabeza del Consejo de seguridad. Pero éste empezó a atacar a la corrupción, por lo que sería despedido solo cuatro meses después de su nombramiento y sustituido por Boris Berezovski que coordinaría la política de seguridad y de defensa. Berezovski tenía ahora un puesto oficial dentro del aparato de Estado. "De ahora en adelante, el zorro vigilaría el gallinero", escribía Klebnikov.

Unos días más tarde, los *Izvestia* revelaron que Berezovski poseía un pasaporte israelí. Esta revelación podía seriamente comprometer su nombramiento en el ejecutivo del gobierno, dado que la ley prohibía a los ciudadanos extranjeros ejercer funciones oficiales. En un principio lo negó y amenazó con llevar el periódico a los tribunales. Pero el gobierno israelí, hostigado por la prensa, confirmó la información. Berezovski tuvo entonces que reconocer que tenía efectivamente un pasaporte israelí y anunció que iba a renunciar a él. "Según la ley israelí, cualquier persona de sangre judía, fuese la mitad o solamente un cuarto, es ciudadano de Israel, declaró. Todo judío ruso tiene de hecho la doble ciudadanía." El magnate se quejaba de ser víctima de la creciente ola

---

[110]Paul Klebnikov, *Parrain du Kremlin, Boris Berezovski et le pillage de la Russie*, Robert Laffont, 2001, p. 271

de antisemitismo, pero seguía sin embargo en su puesto. De hecho había confesado un día en el *Financial Times* "que él y otros seis financieros controlaban el 50% de la economía rusa y que habían permitido la reelección de Yeltsin en 1996[111]."

Dentro del Consejo de Seguridad, Berezovski era el encargado de las relaciones con Chechenia. Parecía tener "excelentes relaciones con los dirigentes chechenos" y sus antiguas relaciones con las bandas chechenas de Moscú resultaban sin lugar a duda útiles. En esa época, escribía Klebnikov, "la casi totalidad del país estaba controlada por milicias autónomas y bandas criminales cuyos jefes eran antiguos comandantes de las fuerzas chechenas…Cada uno de ellos gobernaba su propio pequeño reino feudal, en gran parte construidos sobre viejas lealtades de clan y financiada por el petróleo de contrabando, la droga, el tráfico de armas y otras operaciones criminales[112]." También practicaban los secuestros. En dos años, más de 1300 personas habían sido secuestradas en Rusia, de las cuales muchas eran generales y periodistas occidentales. En diciembre de 1996, veintidós policías rusos fueron capturados en la frontera chechena. Berezovski viajó hasta allí y consiguió liberarlos. Aquella fue la primera de una serie de tomas de rehenes que el magnate logró resolver. El general Lebed veía en ellas sobre todo una maniobra política. En enero de 1997, él también fue a Chechenia para intentar liberar dos periodistas, pero sin éxito. Unos días más tarde, Berezovski lograba convencer el jefe militar checheno de liberarlos. Contrariamente a lo que afirmaba el gobierno, funcionarios venían de Moscú con maletines llenos de dinero con orden de Berezovski de pagar el rescate a los secuestradores. Además, el magnate no ocultaba que había contribuido a financiar diversos grupos chechenos a cambio de su benevolencia. Durante más de dos años y medio, Berezovski mantuvo así estrechas relaciones con los jefes de guerra y las bandas criminales que cometían los secuestros. El propio líder de la República chechena de Ichkeria, Aslan Masjádov declaró un día en una entrevista a diarios rusos y británicos que Berezovski "daba su aval a las bandas criminales chechenas organizando a menudo el pago de los rescates." Los interlocutores de Berezovski no eran moderados como el presidente Masjádov, el cual aborrecía esos arreglos que desacreditaban el pueblo checheno, sino más bien jefes terroristas como Shamil Basáyev y fundamentalistas islámicos como Movladi

---

[111] Paul Klebnikov, *Parrain du Kremlin, Boris Berezovski et le pillage de la Russie*, Robert Laffont, 2001, p. 16
[112] Paul Klebnikov, *Parrain du Kremlin, Boris Berezovski et le pillage de la Russie*, Robert Laffont, 2001, p. 289-292

Udugov[113].

Las ventas a través de subastas de las grandes empresas proseguían de la misma forma. La compañía petrolera Yukos fue adquirida por Menatep, el banco de Jodorkovski, por un precio de 350 millones de dólares, cuando en realidad su precio debiera haber sido más o menos 6200 millones. Alfred Koch, el hombre responsable de supervisar las ventas, daba estas explicaciones: "No podíamos conseguir un mejor precio porque los banqueros que habían tomado el control de esas empresas habían previamente procurado endeudar esas compañías con sus bancos. Si hubiésemos vendido esas empresas a otro comprador, ellos las habrían llevado a la quiebra al día siguiente." Klebnikov añadía: "Sobre este punto, Koch tenía razón. Al trasvasar los fondos de las principales compañías de Rusia, los financieros que habían ganado la primera etapa de las subastas se las habían ingeniado para que ninguna de esas empresas fuese viable por sí misma..."Somos un grupo de sociedades en quiebra, admitió alegremente delante de mí Mijaíl Jodorkovski, de la Menatep. El país entero era un montón de sociedades en quiebra[114]."

El 12 de mayo de 1997, el resto de la compañía petrolera Sibneft fue subastada. El banco Alfa fue apartado porque no había presentado los documentos requeridos, mientras que Onexim lo fue por culpa de una supuesta infracción de una regla bancaria respecto de la transferencia de un depósito. De ahora en adelante, la compañía pertenecería por completo a Berezovski y a Abramovitch.

En el mes de marzo, los *Izvestia* publicaban unos informes detallados de las negociaciones que Berezovski había llevado a cabo para comprar el banco Promstroi, una sociedad vinculada a un conocido estafador, Grigori Lerner, que estaba encarcelado en Israel. Berezovski desmintió inmediatamente las alegaciones del periódico.

El 25 de julio de 1997 se produjo la subasta de Sviazinvest, el monopolio ruso de las telecomunicaciones. Esta vez, Berezovski y Gussinski perdieron la partida ante el grupo de Vladimir Potanine, apoyado por el multimillonario "estadounidense" George Soros[115]. Paul Klebnikov escribía sobre ese episodio: "Las joyas de la industria eran entregadas a un puñado de financieros sin escrúpulos que las

---

[113] Paul Klebnikov, *Parrain du Kremlin, Boris Berezovski et le pillage de la Russie*, Robert Laffont, 2001, p. 293-298. Paul Klebnikov transcribía aquí una conversación telefónica entre los dos hombres grabada por los servicios de seguridad rusos.
[114] Paul Klebnikov, *Parrain du Kremlin, Boris Berezovski et le pillage de la Russie*, Robert Laffont, 2001, p. 300
[115] Sobre George Soros, léase *Las Esperanzas planetarianas* y *El Fanatismo judío*.

despojaban de sus activos, evitaban pagar impuestos y desviaban sus riquezas hacia paraísos fiscales[116]."

Yeltsin, recién salido de convalecencia, parecía determinado "en poner en vereda el capitalismo de amiguismo que había mancillado su régimen." Berezovski, que había acusado el gobierno de haber favorecido Potanine en la venta de Sviazinvest, fue destituido de su puesto en el Consejo de seguridad. El banquero y oligarca Vladimir Potanine fue él también cesado de su puesto de viceprimer ministro y sustituido por Anatoli Chubáis. Un joven reformador judío, Boris Nemtsov, era nombrado viceprimer ministro.

En enero de 1998, una revista semanal francesa nos explicaba que Boris Nemtsov era "el hombre del año", y que había sido "aclamado por el pueblo ruso". El periodista Thomas Hofnug lo laureaba con adjetivos superlativos, ejemplificando así la famosa solidaridad comunitaria: "Un físico de estrella de rock, un Marlboro en la comisura de los labios, Nemtsov seduce sobre todo con su insolencia e inteligencia. Durante un debate televisado, ridiculizó el ultranacionalista Jirinovski, el cual, con despecho, le tiró un vaso de agua en la cara...Con 31 años, se convirtió en el gobernador más joven del país después del golpe de Estado fallido de 1991. En cinco años, a golpe de reformas desenfrenadas, Nemtsov ha hecho de la región de Nijni Novgorod la vitrina de la nueva Rusia." Así pues, si damos crédito a Thomas Hofnung, Rusia había por fin encontrado el hombre providencial que la sacaría de la depresión y la miseria.

Nemtsov también se encargaba de las reformas sociales. Gracias a él, por ejemplo, se anunció la supresión progresiva de las ayudas a la vivienda, dejando en la calle a las poblaciones más vulnerables, empobrecidas o arruinadas por las reformas de los "oligarcas". En un plató de televisión, el personaje había efectivamente recibido una lección al recibir un vaso de agua en la cara, lo cual debía haber alegrado unos cuantos millones de rusos humillados.

Como en todas las sociedades democráticas, el Estado se había endeudado considerablemente con los bancos a los que de hecho había copiosamente subvencionado con fondos públicos unos años antes. Las deudas del Estado ruso se materializaron principalmente en forma de bonos del Tesoro llamados GKO. Entre 1995 y 1998, la rentabilidad anual de esos valores pasó de 60 a 200% (incluso tomando en cuenta la inflación), asegurando a los bancos unos beneficios gigantescos. Las emisiones de GKO no disminuyeron después de la reelección de Yeltsin

---

[116] Paul Klebnikov, *Parrain du Kremlin, Boris Berezovski et le pillage de la Russie*, Robert Laffont, 2001, p. 313

y alcanzaron los 70 000 millones dos años más tarde. Cuando Serguei Kirienko asumió la dirección del gobierno en marzo de 1998, la totalidad de los ingresos financieros generados por los GKO iban a reembolsar los intereses de las precedentes emisiones. El gobierno se veía obligado a colocar obligaciones con tasas de interés cada vez más altas simplemente para mantener su deuda. El lobby usurero internacional triunfaba.

No hay nada como una buena guerra

Paul Klebnikov regresó a Moscú en el invierno de 1998-1999 con el fin de proseguir su investigación sobre Berezovski. El antiguo ministro de comercio exterior, Oleg Davydov, le avisó que se habían producido asesinatos recientemente y que "no era el momento de volver a ahondar en el caso Berezovski. Con un tipo como él, hay que ser muy prudente. Tiene, por así decirlo, contactos con el mundo del crimen organizado[117]."

En realidad, Rusia se estaba volviendo poco a poco más segura. Desde septiembre de 1998, el gobierno de Yevgueni Primakov tomaba las primeras medidas reales contra el crimen organizado desde el final del comunismo y numerosas investigaciones fueron abiertas sobre distintas personalidades, como Berezovski.

El 2 de febrero de 1999 al amanecer, un registro absolutamente contundente tuvo lugar en el cuartel general de Sibneft. Hombres en pasamontañas, con trajes militares y armados de fusiles de asalto penetraron en los locales de la petrolera. Blanqueo de capitales, infracción de la ley de transferencia de divisas, fraude fiscal y malversación eran las acusaciones principales presentadas. También se llevaron a cabo registros en la sede de Aeroflot, en las oficinas de la NFQ (la agencia publicitaria) y de la FOK, la sociedad financiera de Berezovski. La cadena de televisión ORT fue privada de subvenciones gubernamentales y sometida a un procedimiento de quiebra. Otros procedimientos judiciales se iniciaron contra sociedades vinculadas a Berezovski por fraude y blanqueo de capitales, como el constructor automóvil AvtoVaz.

En Estados Unidos, los agentes del FBI lanzaron una investigación acerca del blanqueo de al menos siete mil millones de dólares procedentes de Rusia transitando por la Bank of New York. En Suiza,

---

[117]Paul Klebnikov, *Parrain du Kremlin, Boris Berezovski et le pillage de la Russie*, Robert Laffont, 2001, p. 320

la atención se focalizó sobre los chanchullos de Berezovski y la Aeroflt. Las cuentas bancarias de Andava fueron bloqueadas, así como las cuentas personales de Berezovski.

Fue durante ese periodo que las fuerzas de la OTAN lanzaron sus ataques aéreos contra Serbia, en marzo de 1999, con el fin de imponer la retirada de sus soldados de Kosovo. Primakov, que estaba dispuesto a adoptar una línea dura antioccidental, fue despedido por Yeltsin en el mes de mayo. "El despido de Primakov ha sido una victoria personal", explicaba Berezovski unos meses más tarde[118].

Berezovski era por lo tanto en ese momento la eminencia gris del Kremlin. El nuevo Primer ministro era un tal Serguei Stepachine que había sido ministro de Justicia y del Interior. Aunque era leal a Yeltsin, se negó a interferir en las investigaciones contra Berezovski y fue sustituido en agosto por Vladimir Putin, un antiguo agente de la KGB, ahora FSB, que él mismo lideraba desde el mes de julio de 1998.

Putin se mostraba obediente y todo hacía pensar que con él las investigaciones serían interrumpidas. Los miembros de la "familia" decidieron por lo tanto que Putin sería el hombre que garantizaría su impunidad y Yeltsin lo designó oficialmente como su pupilo para la elección presidencial del año 2000. En las elecciones legislativas de diciembre de 1999, Berezovski y sus aliados del Kremlin de la coalición Unidad movilizaron todos sus recursos. Los sondeos no les daba más del 2 al 5%, y Berezovski sabía que no podría repetir la hazaña de 1996. Ya no disponía esta vez del cuasi monopolio de la televisión, ya que la NTV de Gussinski apoyaba la coalición Primakov-Luzkhov. La situación exigía que se produjera un acontecimiento dramático. Se necesitaba una guerra.

La invasión del Daguestán por soldados chechenos en agosto de 1999 y la proclamación de una república islámica sirvió de pretexto. El 9 de septiembre, una enorme explosión destruyó un edificio en un suburbio pobre de Moscú, causando la muerte de cientos de personas. Los atentados no fueron revindicados pero el Kremlin los atribuyó inmediatamente a los fundamentalistas chechenos. De hecho, una mayoría de rusos estaba ahora a favor de una guerra contra Chechenia. Klebnikov escribía al respecto: "Esos atentados no dejaban de recordar la explosión misteriosa en el metro de Moscú, una semana antes de la primera vuelta de la elección presidencial de 1996, cuya responsabilidad había sido atribuida a unos "extremistas comunistas" y cuyo resultado inmediato había sido de reforzar la pretensión del

---

[118]Sobre los responsables de la guerra en Serbia léase *Las Esperanzas planetarianas*, (2022).

régimen de Yeltsin de ser el único capaz de garantizar la paz y la estabilidad en Rusia."

El diario *Le Figaro* del 29 de septiembre de 1999 publicaba una entrevista del general Aleksandr Lebed, el gobernador del territorio de Krasnoyarsk. Éste se declaraba "casi convencido" de que el gobierno ruso había organizado los ataques terroristas contra sus propios conciudadanos. La declaración de Lebed causó sensación. Por primera vez, un hombre político de alto nivel expresaba públicamente una sospecha que hasta entonces la prensa nacional sólo se había limitado a aludir de pasada. Unos días más tarde, Berezovski despegó hacia Krasnoyarsk donde sus negocios de aluminio requerían su presencia, aprovechando de paso para entrevistarse con el general. No se sabe de qué hablaron pero después de su visita no se volvió a escuchar al general. "Hasta ahora, escribía Klebnikov, se mantiene ostensiblemente apartado de la escena política[119]." El general Aleksandr Lebed tuvo más tarde estas palabras: "Berezovski es la apoteosis de la zafiedad a nivel estatal: ese representante de la pequeña casta en el poder no se conforma con robar. Quiere que todos vean como roba con total impunidad[120]." Aleksandr Lebed falleció el 28 de abril del 2002 en Siberia en un accidente de helicóptero. El aparato había entrado en colisión con unos cables eléctricos debido a la niebla...Esa era la causa oficial.

"Es difícil sin embargo ver la mano del Primer ministro Putin detrás de esos atentados, añadía Klebnikov. Nada en el pasado de ese hombre nos permite creer que fuera capaz de cometer un crimen tan monstruoso para conquistar el poder." De hecho, todavía no controlaba todos los poderes en septiembre de 1999. Tampoco había ninguna prueba en contra de Berezovski. "La explicación más probable es que los ataques fueron realmente perpetrados por militantes chechenos[121]." Sea como fuere, más de cien mil soldados rusos afluyeron hacia la pequeña república secesionista, desencadenándose la segunda guerra de Chechenia. La cadena de televisión ORT, bajo control de Berezovski, apoyó esa guerra y ensalzó la acción de Putin.

Las elecciones fueron un éxito para el Kremlin. El bloque Unidad cosechó el 23,3% de los sufragios, justo por detrás del partido comunista que conseguía el 24,3%, mientras que el dúo Luzkhov-

---

[119] Paul Klebnikov, *Parrain du Kremlin, Boris Berezovski et le pillage de la Russie*, Robert Laffont, 2001, p. 338, 339

[120] Paul Klebnikov, *Parrain du Kremlin, Boris Berezovski et le pillage de la Russie*, Robert Laffont, 2001, p. 20

[121] Paul Klebnikov, *Parrain du Kremlin, Boris Berezovski et le pillage de la Russie*, Robert Laffont, 2001, p. 341

Primakov se quedaba en 13,9%. Berezovski, que se postulaba para un mandato de diputado para beneficiarse de la inmunidad penal, se presentó en una oscura circunscripción electoral: la república autónoma de Karacháyevo-Cherkesia, una región pobre del Cáucaso Norte que contaba con tres cientos mil habitantes. Ganó fácilmente su escaño y asegurándose así la garantía de no ser procesado por la justicia, excepto si la Duma votaba el levantamiento de su inmunidad. Román Abramovitch, su socio, también fue elegido. Éste había elegido una circunscripción del Distrito autónomo de Chukotka, una tierra helada en frente de Alaska que era la región más pobre y primitiva de Rusia. Otros gánsteres ya habían sido elegidos en las elecciones anteriores. Así las cosas, no era sorprendente ver la Duma afectada por la violencia de la mafia: al menos tres diputados fueron asesinados, así como una decena de asistentes y miembros del personal parlamentario.

La victoria de Putin animó Yeltsin a que dimitiera. El 31 de diciembre, durante su alocución tradicional de año nuevo, anunció que renunciaba a terminar su mandato y que entregaba sus poderes al Primer ministro Vladimir Putin, adelantándose así las elecciones presidenciales al 26 de marzo del 2000.

En febrero del 2000, Berezovski y Abramovitch habían adquirido tres enormes fábricas de aluminio. Rusia era el segundo productor mundial detrás de Estados Unidos y el aluminio constituía una de las principales fuentes de ingresos de divisas del país. Tras haber adquirido una posición dominante en el automóvil, la televisión, las líneas aéreas y la industria petrolera, el aluminio representaba ahora el quinto sector de actividad de Berezovski[122].

El aluminio era uno de los sectores de actividad más afectados por la mafia. Las tres fábricas compradas por los dos hombres de negocios habían sido dirigidas anteriormente por el grupo Trans World Metals Ltd, dirigido por Lev Chernoi, un hombre de negocios de Taskent, en Uzbekistán. Esto era lo que se podía leer en el diario *Le Monde* del 27 de noviembre del 2002: Los hermanos Chernoi habían conquistado "la casi totalidad de la industria de aluminio de la CEI[123] con Trans World Group, una sociedad que cotizaba en la bolsa de metales de Londres. Pero las decenas de cadáveres que jalonaron esa conquista habían

---

[122] Boris Berezovski declaraba un patrimonio de 39 000 dólares en 1997, mientras que la revista *Forbes* de ese mismo año situaba su fortuna en unos 3000 millones de dólares. (William Reymond, *Mafia S.A*, Flammarion, 2001, p. 318)

[123] La Comunidad de Estados Independientes (CEI) es una organización supranacional, compuesta por diez de las quince ex-repúblicas soviéticas, creada en diciembre de 1991. (NdT)

obligado a los hermanos a fingir la cesión de sus activos en la CEI a algunos de sus hombres de confianza." Hay que añadir que Lev Chernoi era también judío, que tenía la ciudadanía israelí y que los beneficios que realizaba con el aluminio ruso eran en parte invertidos en Saviom, el "Beverly Hills" israelí. "La batalla por el aluminio de Krasnoyarsk fue especialmente sangrienta, incluso para los estándares rusos, escribía Klebnikov. Al menos cinco directivos habían sido asesinados en el más puro estilo de las guerras de bandas."

Alan Clingman, un "Surafricano" de treinta y cuatro años se había convertido en uno de los comerciantes más prósperos en el mercado del aluminio, pero también del cobre, del níquel, del zinc, del acero, de las aleaciones ferrosas, del carbón y de los metales preciosos. "Mi retorno sobre inversión está cerca del 100% se vanagloriaba delante de mí en 1994[124]", escribía Klebnikiov. Clingman había establecido unas relaciones fructuosas con los Aluminios de Krasnoyarsk y se beneficiaba de un contrato de trueque sobre las exportaciones. Al final de 1995, el cadáver de su representante, Felix Lvov, fue hallado en el linde de un bosque.

¿Cómo puede la mafia rusa prosperar a la sombra del Kremlin?, titulaba *Le Monde* del 28 de diciembre del 2002: Djalol Khaidarov, un hombre de negocios uzbeko que había empezado a trabajar con Mijaíl Chernoy a principio de los años 1990, declaraba en contra de su antiguo jefe. Khaidarov era el encargado, según él mismo decía, de la "faceta legal" de un grupo que distribuía "entre 35 y 40 millones de dólares en sobornos" cada año. Se encargaba también de la evasión de sus capitales hacia los paraísos fiscales occidentales. En 1999, siendo director de un complejo de cobre en el Ural, Khaidarov se había negado a una redistribución de las acciones y a la exclusión de un socio extranjero por lo que había recibido amenazas de muerte y tenido que expatriarse. En julio del 2001, testificaba en el tribunal del distrito sur de Nueva York. Djalol Khaidarov contaba ante el tribunal estadounidense como habían confiscado su complejo de cobre: el chantaje a los administradores, las milicias privadas, las decisiones de justicia compradas y finalmente la ocupación del emplazamiento por las fuerzas especiales del gobernador de aquella región del Ural, Edouard Rossel. Khaidarov acusaba a este último de haber sido comprado por el grupo de Chernoy. En el verano del 2002, su chófer fue encontrado asesinado y decapitado en Siberia.

Khaidarov explicaba además como su socio extranjero, el hombre de

---

[124] Paul Klebnikov, *Parrain du Kremlin, Boris Berezovski et le pillage de la Russie*, Robert Laffont, 2001, p. 350

negocios israelí-estadounidense Josef Traum, había tenido que renunciar a sus acciones. En el baño de sus oficinas, los policías habían encontrado de forma oportuna un kilo de heroína. Las autoridades israelíes habían recurrido al ministerio ruso para solicitar que Traum pudiera salir del país. El relato de Khaidarov coincidía con el testimonio de otro hombre de negocios del aluminio, Mijaíl Jivilo, el cual se había refugiado en Francia al final del año 2000 y había presentado una denuncia por "corrupción, asesinato y vínculos con el crimen organizado".

Mijaíl Chernoy se había instalado en Israel en 1994, pues estaba acorralado por investigaciones que le sospechaban de ser el instigador de algunas de las docenas de asesinatos que habían salpicado la guerra del aluminio. Seguía gestionando sus negocios desde Israel: inmobiliarios en Estados Unidos y Canadá, finanzas en Suiza y en los paraísos fiscales, banca y telecomunicaciones en Bulgaria. Pero el 80% de sus negocios todavía radicaban en Rusia.

En la primavera del 2000, Mijaíl Chernoy y su socio Oleg Deripaska se habían aliado a Román Abramovitch y Berezovski para crear Roussal, un monstruo industrial que produciría el 80% del aluminio ruso. Oleg Deripaska había nacido el 2 de enero de 1968 en una familia judía de Djerzinsk. En 1994 había adquirido los dos tercios de las acciones del gigante ruso de la pasta para papel (49 000 asalariados). Después de aquello invirtió en el aluminio. Deripaska había sido declarado persona nongrata por el Foro económico mundial de Davos, dado las sospechas que pesaban sobre él. Mijaíl Chernoy había declarado al diario ruso *Vedomosti* que conocía Deripaska desde 1994: "Me gustó de inmediato", reconoció. "Soy un accionista, eso es todo", contestaba a sus acusadores y a los servicios de policía cuyos informes recogían una larga lista de asesinatos, crímenes y delitos financieros de los que era sospechoso. Sin embargo, Mijaíl Chernoy desmentía constantemente tener cualquier vínculo con el mundo del crimen: "Si tal fuera el caso, ¡ya estaría entre rejas!"

La caída de los oligarcas

Berezovski pensaba que Vladimir Putin era un amigo cuya carrera él había promovido. Había tenido un papel determinante en el ascenso de Putin a la cabeza de los servicios de seguridad en 1998 y en su nombramiento al puesto de Primer ministro el año siguiente. También desempeñó un papel decisivo en la campaña mediática para acrecentar su popularidad. Tras haber financiado y orquestado la elección de un parlamento pro-Putin, Berezovski tuvo la satisfacción de ver su protegido elegido presidente en la elección de marzo del 2000. El futuro del magnate parecía estar garantizado. Pero a los pocos meses, se dio cuenta que había mal juzgado el nuevo presidente ruso. Lejos de ser un instrumento dócil en las manos de los oligarcas, Vladimir Putin demostró rápidamente que estaba decidido a imponer su autoridad y su independencia. Era "sano, sobrio y trabajador", escribía Klebnikov.

El nuevo presidente, deseoso de restaurar el prestigio del Estado, se volvió bruscamente contra los oligarcas. Su primera víctima fue el magnate de la prensa Vladimir Gussinski, el cual fue acusado de haber transferido fraudulentamente al extranjero activos de la cadena de televisión NTV. Fue arrestado en junio del 2000 y puesto en detención preventiva durante tres días y obligado a ceder su control de NTV por impago de deudas. Tras su liberación, Gussinski viajó inmediatamente a España donde fue arrestado en el 2001 gracias a una orden de Interpol. El oligarca consiguió evitar la extradición hacia Rusia y se instaló cómodamente en Israel, si bien había perdido su imperio mediático[125]. Fuertemente endeudada, NTV seguía dependiendo de sus acreedores y de las subvenciones del Estado. La sociedad Gazprom, que poseía el monopolio ruso del gas natural, tomó el control de la cadena.

En el mes de septiembre, en Nueva York, ante el prestigioso Consejo de Relaciones Exteriores[126], Gussinski se exhibió como el adalid de la democracia, de la libertad de expresión y del libro mercado en Rusia y "se revistió de la dignidad de gran combatiente de los derechos humanos", escribía Paul Klebnikov: "Según el magnate, el presidente Putin traicionaba los ideales de la era Yeltsin y retrotraía Rusia al autoritarismo del pasado." En el mes de noviembre, en una carta dirigida a la prensa internacional, Berezovski acusaba él también al presidente de "violar la Constitución con sus reformas administrativas y de "entregar el país a los servicios de seguridad y a los burócratas"[127].

---

[125] Paul Klebnikov, *Parrain du Kremlin, Boris Berezovski et le pillage de la Russie*, Robert Laffont, 2001, p. 356

[126] CFR: El *Council on Foreign Relations*. Fundado en 1921, es una organización estadounidense, sin fines de lucro, especializada en la política exterior y en los asuntos internacionales de los Estados Unidos. Tiene su sede en la ciudad de Nueva York. Entre sus miembros se incluyen a políticos de alto rango, a más de una docena de secretarios de estado estadounidenses, directores de la CIA, banqueros, abogados, profesores y figuras de los medios de comunicación. El CFR promueve la globalización, el libre comercio, la reducción de las regulaciones financieras sobre las corporaciones transnacionales y la consolidación económica en bloques regionales como el NAFTA o la Unión Europea y desarrolla políticas de gobierno que reflejan esas metas. (NdT).

[127] Paul Klebnikov, *Parrain du Kremlin, Boris Berezovski et le pillage de la Russie*, Robert Laffont, 2001, p. 18, 19

Berezovski sintió que su situación se tornaba rápidamente incomoda. En el mes de febrero del 2000, dejaba a Abramovitch la mayoría de sus acciones del Aluminio ruso. En agosto, dos meses después de la caída de Gussinski, el gobierno, que poseía el 51% de las acciones de ORT– la primera red de televisión de Rusia– utilizó su poder mayoritario para obligar Berezovski, accionista minoritario, a abandonar la cadena y perder así su influencia. Tres meses después, uno de sus principales socios en Aeroflot, Nikolai Gluchkov, fue acusado de fraude, malversación y blanqueo, y encarcelado. En el mes de julio siguiente, Berezovski dimitió de su escaño y se instaló en Inglaterra donde consiguió el estatuto de refugiado político, reivindicando el título de oponente número uno de Putin.

Berezovski y Gussinski se presentaban ahora como las víctimas del autoritarismo ruso y se declaraban abanderados de la defensa de los "derechos humanos". Durante los años siguientes, financiaron todas las causas democráticas, siguiendo el ejemplo de otros multimillonarios judíos estadounidenses, como George Soros, el cual se vanagloriaba de haber financiado la revolución georgiana, así como la famosa "revolución naranja" ucraniana[128]"

El gobierno de Putin aumentó las tasas sobre los contratos de trueque que eran la clave de las ganancias de la sociedad de Mijaíl Chernoy, "el rey del aluminio". Éste se había instalado en Israel, pero sus negocios rusos seguían prosperando. Él también estaba en el punto de mira de la justicia. Mijaíl Chernoy fue detenido dos veces por la policía – una vez en Suiza, y la otra en Israel – e interrogado acerca de sus supuestos vínculos con el crimen organizado. Sin embargo, las autoridades fueron incapaces de demostrar cualquier violación de la ley. Chernoy fue de nuevo inculpado por fraude fiscal en Israel y condenado a arresto domiciliario. Vivía cómodamente en Tel-Aviv donde había fundado una asociación a favor de las víctimas de atentados suicidas.

Obviamente, el hecho de que nueve de las diez mayores fortunas del país estuvieran en manos de antiguos ciudadanos soviéticos de confesión israelita que habían sabido acompañar tan oportunamente los cambios institucionales suscitó en Rusia una fiebre antisemita: "Nueve rusos sobre diez piensan que las fortunas actuales han sido mal adquiridas y más del cincuenta por cien aprueba los procedimientos judiciales", escribía Helena Despic-Popovic, en el diario *Libération* el 19 de julio del 2003. La periodista añadía además: "La campaña es aceptada de buen grado por una sociedad todavía contaminada por restos de antisemitismo, pues buena parte de los oligarcas son judíos."

---

[128]Sobre Soros: *Las Esperanzas planetarianas y El Fanatismo judío* (2022).

En el 2003, la "campaña contra los oligarcas" proseguía y Mijaíl Jodorkovski fue arrestado. Según la revista *Forbes*, Jodorkovski, con 41 años, se había convertido en el hombre más rico de Rusia. El multimillonario, que lideraba la compañía petrolera Yukos, fue acusado de evasión fiscal: su sociedad tenía una deuda de impuestos colosal cercana a los 27 000 millones de dólares. Yukos poseía dos grandes campos petrolíferos y seis refinerías en Rusia, así como un millar de gasolineras. La sociedad se había instalado en Houston, en Texas, avalada por el banco Menatep, instalado en Londres y matriculado en Gibraltar. El nuevo principal accionista de la Menatep era ahora Leonid Nevzline, a quién Mijaíl Jodorskovski había transferido una parte de sus activos. Leonid Nevzline, número 2 de la sociedad petrolera Yukos, también había sustituido Vladimir Gussinski en la dirección del Congreso judío ruso a cambio de la cancelación de una deuda de 100 millones de dólares que este último era incapaz de reembolsar[129]. El banco Menatep reclutaba personalidades influyentes: el antiguo comisario europeo Frits Bolkestein, encargado del mercado interno, había sido nombrado al comité internacional de la directiva del banco (*Le Monde*, 2 de junio del 2005).

El ministerio fiscal ruso anunció además la apertura contra Jodorkovski de cinco investigaciones por homicidio e intento de homicidio que implicaban a la compañía Yukos. Pero antes de su detención, el multimillonario había procurado entregar la dirección de su banco a su correligionario británico Jacob Rothschild. Las cotizaciones de mercado seguían hundiéndose, mientras el *New York Times* calificaba la toma de las acciones de Yukos por el gobierno ruso del "mayor espolio de intereses judíos desde los años treinta." Por añadidura, podemos señalar que el multimillonario Jodorkovski era también un amigo de Richard Perle, uno de los "halcones" sionistas neoconservadores de la Casa Blanca y un ferviente partidario de la invasión de Irak en el 2003[130].

Vladimir Putin apoyó las pesquisas del ministerio fiscal contra el plutócrata, pero tranquilizó los demás oligarcas que se contentaban con llevar sus negocios dentro del marco de la ley. En Rusia, martilleaba el presidente, nadie puede imponerse por encima de la ley a golpe de miles de millones; todos deben ser iguales ante los tribunales para luchar contra el crimen y la corrupción.

---

[129] La lettre d'Emmanuel Ratier, *Faits-et-documents* du 15 avril 2001 (https: faitsetdocuments.com/index.html)
[130] Sobre los neoconservadores léase *Las Esperanzas planetarianas* y *El Fanatismo judío*. (NdT)

Le Figaro del 17 de mayo del 2005 relataba el juicio del financiero. Para la periodista Laura "Mandeville", evidentemente, el caso Yukos "empañaba" la imagen de Moscú y Mijaíl era una pobre víctima del fascismo. Aun así, nos enterábamos de que su fortuna rondaba los 15 mil millones de dólares. Un ejército de veinte abogados iba a ponerse manos a la obra para defenderlo mientras que varios de sus socios habían huido: "Tres de ellos viven en Israel, país desde el que no dejaran de acusar a la justicia rusa de estar a sueldo del poder." Como de costumbre, Jodorkovski se declaraba inocente: "El caso ha sido fabricado de la nada". Y designaba a los culpables: "Una burocracia criminal." En el editorial del periódico, podíamos leer unas líneas llenas de sentido común acerca de los oligarcas: "Que esos hombres, que empezaron de cero, hayan podido apropiarse por un plato de lentejas de partes enteras de los recursos naturales de Rusia no los ha vuelto especialmente populares en su propio país." Jodorkovski fue condenado a una pena de ocho años de prisión. En realidad, la política de Vladimir Putin llenaba de alegría el pueblo ruso.

En agosto del 2003, después del arresto de Mijaíl Jodorkovski, Leonid Nevzline también huyó a Israel. El ministerio fiscal ruso quería juzgarlo por una serie de asesinatos y por evasión fiscal. El 29 de abril, el diario *Le Monde* publicaba un artículo especialmente esclarecedor titulado "Leonid Nevzline intenta organizar la oposición rusa en el exilio". Esto era lo que se podía leer en el artículo: "Sentado en el salón de su villa al norte de Tel-Aviv, rodeado de una colección de estatuas japonesas representando samuráis, Leonid Nevzline dirige su lucha contra Vladimir Putin. Este oligarca ruso de 45 años vive desde agosto del 2003 en Israel, donde se ha refugiado para huir de la justicia rusa...Leonid Nevzline se ha convertido en el jefe de los oligarcas rusos en el exilio que han jurado derrotar a Vladimir Putin. Aunque su fortuna, evaluada en el 2003 en 2 mil millones de dólares por la revista *Forbes*, ha sufrido las repercusiones de las investigaciones judiciales y de la confiscación de sus activos en Yukos, ésta todavía sigue siendo importante. Leonid Nevzline controla hoy en día él solo el 67% del holding Menatep basado en Gibraltar y poseedor de más del 60% de Yukos. En la tranquilidad del acomodado barrio balneario de Herzliya Pituah, bañado en medio de los pinos, las lilas y las palmeras, Leonid Nevzline pasa la mayor parte de sus días enganchado al teléfono hablando con Moscú y con otros hombres de negocio rusos exiliados en Israel o en Londres. Recibe regularmente emisarios provenientes de Moscú en esta casa de ambiente californiano. Los ventanales se abren sobre el jardín con piscina y el garaje alberga un lujoso descapotable."

Leonid Nevzline había invertido en el sector petroquímico israelí y fundado un instituto con su nombre, el Centro de investigaciones Leonid Nevzline, para los judíos de Rusia y Europa del Este deseosos de emigrar a Israel. Pero su acción política era todavía más febril. Multiplicaba las tribunas en la prensa rusa y procuraba federar fuerzas políticas en contra del poder de Vladimir Putin coordinando su acción con los demás exiliados: Vladimir Gussinski, Boris Berezovski, refugiados en Londres, así como un socio próximo a este último, el hombre de negocios Badri Patarkatsichvili.

El multimillonario georgiano de origen judío Badri Patarkatsichvili era el socio de Berezovski en la empresa de desvío a gran escala de vehículos de Avtovaz (Lada), así como en la cadena de televisión ORT. Se había vanagloriado de haber "llevado Putin al poder". En el 2002, después de la desavenencia entre Berezovski y Putin, él también había abandonado Rusia donde se le buscaba por "robo a gran escala" (los vehículos Lada). Conocido por ser un oponente del régimen georgiano, había intentado federar la oposición, lo cual le había valido una orden de arresto por "intento de golpe de Estado". Vivía desde entonces entre Londres y Tel-Aviv y se declaraba amenazado. En febrero del 2008, su cuerpo sin vida fue hallado en su propiedad de Leatherland, al sur de la capital inglesa.

"Todos esos millonarios reclamados por la justicia rusa son de origen judío", leíamos en *Le Monde*. Esto haría decir a Leonid Nezline, que se reivindicaba "sionista y rusófilo", que la política del Kremlin estaba "animada por fuertes prejuicios antisemitas". "Putin no tiene amigos en Israel", insistía.

El 2 de julio del 2007, la agencia de prensa rusa RIA Novosti informaba de que el ministerio fiscal general de Rusia inculpaba a Boris Berezovski por sus llamamientos al derrocamiento del poder por la fuerza. Efectivamente, en una entrevista concedida al periódico británico *The Guardian* y publicada el 13 de abril del 2007, Boris Berezovski había declarado estar financiando sus partidarios que preparaban un golpe de Estado en Rusia. Un año antes, en el 2006, ya había declarado que financiaba "un movimiento clandestino en Rusia" para luchar contra "el régimen criminal" de Putin.

El 29 de noviembre del 2007, RIA Novosti nos informaba de que el tribunal del distrito de Savelovski (Moscú) había sentenciado en rebeldía Boris Berezovski a seis años de prisión por el robo de fondos de la compañía aérea Aeroflot. Pero Berezovski seguía en el exilio en Gran-Bretaña que se negaba a extraditarlo. "Algunos quieren hacer creer que sólo busco vengarme de Putin. Pero es falso. Lo que me molesta es el régimen criminal y dictatorial que ha instaurado."

Tras la pérdida de su hegemonía política en Rusia, algunos oligarcas seguían prosperando con sus negocios tanto en Rusia como en el extranjero. Entre las grandes fortunas de Rusia listadas en la revista *Forbes*, Román Abramovitch aparecía justo detrás de Jodorkovski. Había prosperado rápidamente y amasado una inmensa fortuna con la exportación de petroleo junto a Berezovski y llegó a poseer el 80% de Sibneft, la compañía petrolera rusa, 50% de Rusal, el monopolio de aluminio, y un 25% de Aeroflot. En el 2005, mientras Jodorkovski era condenado, Abramovitch revendía Sibneft por 13 mil millones de euros a Gazprom, es decir al Estado, una empresa que él había comprado por sólo 100 millones de dólares en tiempos de la privatización. Mientras que sus antiguos amigos estaban en la cárcel o en el exilio en el extranjero, Abramovitch se había librado de la ola que había barrido los oligarcas. Contrariamente a los otros, había demostrado su lealtad al presidente Putin devolviendo la cadena ORT al Estado Ruso, un gesto muy valorado por el Kremlin[131].

El semanal *Le Point* del 8 de febrero del 2007 publicaba un artículo sobre él: A sus 40 años, destacaba con una fortuna de 18 mil millones de dólares, siendo así la undécima mayor fortuna del mundo. De creerle a la revista, Abramovitch era un hombre bueno y generoso. Había sufrido mucho durante su infancia: "Su madre murió antes de su primer cumpleaños. Su padre sucumbió en un accidente de obra cuando tenía dos años y medio. Criado por su tío en Ujtá, a 1200 kilómetros al noreste de Moscú, el pequeño Román lo tenía difícil. Además de eso, era judío, lo cual en Unión Soviética le cerraba muchas carreras."

En el 2005, había sido reelegido gobernador de la región de Chukotka, en Siberia oriental, un territorio grande como una vez y media Francia, pero poblado de apenas 50 000 habitantes. Algunos decían que buscaba la inmunidad parlamentaria. Otros revelaron que la reducción de impuestos que había hecho votar al llegar a la Duma en el 2000 había permitido que una filial de compra y venta de Sibneft, domiciliada en Anádyr, ahorrara cientos de millones de dólares. Pero esa treta fiscal había sido prohibida al cabo de dos años. "Desde entonces, Abramovitch cargaba con todo el peso de Chukotka."

El artículo de Étienne "Gernelle" era conmovedor. He aquí el bueno de Abramovitch llegando en helicóptero a su provincia: "En la escuela

---

[131] Roman Abramovitch y Oleg Deripaska fueron los principales oligarcas que se libraron de la represión judicial. En el 2007, Oleg Deripaska destronaba Roman Abramovitch y se convertía en el hombre más rico de Rusia con una fortuna de 21,2 mil millones de dólares, según el listado de la revista *Forbes*.

del pueblo, Abramovitch se niega a hacer un discurso y pide que se le haga preguntas. Un pescador toma la palabra: "Román Abramovitch, denos anzuelos para ir a pescar." Un mes más tarde, es decir con el siguiente avión, el pescador recibió una caja de anzuelos. Los otros piden, harina, azúcar, etc. Más tarde, llegarían una escuela, autobuses y más dinero. Todo eso a cuenta del bolsillo de ese gobernador mesías...Odiado en Rusia por culpa de su fortuna mal adquirida, Abramovitch es celebrado aquí como un semidiós. Carteles con su efigie figuran en muchos hogares." La generosidad de Abramovitch no tenía ningún límite: "Cada ciudadano tiene derecho a tres minutos de llamada gratis hacia un centro de atención telefónica situado en Londres para, llegado el caso, elevar una queja sobre la administración local. Ningún oligarca se ha comprometido tanto con Rusia."

En el 2005, llegado el final de su mandato, Abramovitch no deseaba repetir en su puesto, pero los gobernadores eran ahora designados por el presidente y Vladimir Putin decidió confirmarlo para un mandato suplementario: ¡mala suerte!

En su inmensa generosidad, el multimillonario financiaba también la construcción de decenas de campos de fútbol en Rusia. Incluso se hizo cargo de la nómina del seleccionador del equipo nacional ruso. En Inglaterra, era el propietario del club de fútbol londinense Chelsea que le granjeaba la adoración de miles de aficionados. El fútbol era su pasión. Organizaba grandes torneos en Israel. El discreto Abramovitch había salido por fin de su anonimato exhibiendo su fortuna cada vez más ostensiblemente. Poseía palacios por todo el mundo, un submarino, tres helicópteros, dos Boeing, todos equipados de dispositivos electrónicos dignos de Spectre, la organización criminal de las películas de "James Bond". Su Boeing 767 era un verdadero palacio volador de 250 plazas. Poseía además cuatro yates: el *Pelorus*, 115 metros, el *Grand Bleu*, 112 metros, el *Ecstase*, 86 metros, y el pequeño *Sussurro*, de apenas 49 metros. El último de sus yates sería el *Eclipse*, un barco de 167 metros de un coste de 300 millones de euros que estaba construyendo en Alemania. El yate, equipado de ventanas antibalas, era más largo que cualquier navío de la Royal Navy, excepto los portaaviones, y- al igual que su Boing personal - estaba dotado de un sistema antimisiles. Abramovitch vivía ahora entre Moscú y Londres donde había instalado su familia y evacuaba discretamente su dinero, como si preparara una huida repentina.

La mafia invisible II

Los Occidentales nunca fueron informados de la naturaleza real de esta mafia que todos los medios de comunicación llamaban "rusa", como si éstos hubieran recibido una consigna. La película de Pável Lunguín, *Tycoon: A New Russian* (2002, Rusia) no divulgaba nada de esta realidad. Este era en resumen el guion: a finales de los años 80, Platón Makovski y sus amigos, jóvenes y brillantes universitarios, abandonan sus estudios científicos para lanzarse en los negocios. Platón, originario de una de las regiones del Sur, ha establecido vínculos con la mafia (uzbeka). Pero debemos comprender que lo hizo para defenderse contra otras bandas hostiles. De todas maneras, él y sus amigos son tan simpáticos que se les puede perdonar todo. Se convierte así en el hombre más rico del país, controlando la televisión, pero, eso sí, siempre obrando por una buena causa. Desafortunadamente, Platón fallece en un atentado. Los malos de la película, responsables de ese vil asesinato, son los patriotas rusos marxistas-leninistas, grandes, fuertes y con ojos claros, pero que engañan al pueblo y no retrocedieron ante nada hasta eliminar a Platón, el multimillonario simpático. Una vez más, el hombre blanco desempeña el papel de cabrón. Evidentemente, no hace falta estudiar el árbol genealógico de Pável Lunguín para comprender a que mafia pertenece.

El semanal *L'Express* del 16 de julio de 1998 tenía que rendirse ante la evidencia del control de la mafia sobre el país: "Los oligarcas criminales controlan por completo algunas ramas de la economía y territorios de Rusia", leíamos en sus páginas. En octubre de 1997, en el diario *Izvestia*, Anatoli Kulikov, exministro ruso de Interior escribía: "Los representantes del crimen organizado se instalan en los órganos y en las estructuras del Estado. En algunas regiones, las fuerzas del orden no controlan nada, si es que no están directamente implicados...Recordemos que a finales de los años 80 una veintena de trenes de mercancías desaparecían diariamente en el territorio soviético." Desde entonces, la situación ha empeorado. Así, Hélène Blanc escribía en *El expediente negro de las mafias rusas*[132]: "Las distintas mafias heredadas de la era soviética controlan cerca del 85% de la economía y de los recursos naturales de Rusia." Pero en ese artículo, nada permitía identificar la verdadera naturaleza de esa mafia.

L'Express recordaba que esa mafia "rusa" ya existía en la época soviética. Bajo Stalin, sin embargo, la Nomenklatura temía demasiado las purgas como para dar vía libre a sus apetitos. El fenómeno apareció en la época de Jrushchov, cuando la corrupción empezó a gangrenar el aparato de Estado, y el mal se agravó sobre todo con Brézhnev.

---

[132]Hélène Blanc, *Le dossier noir des mafias russes*, Balzac éditeur, 1998

Constantino Tsvigun, un general del KGB de la región de Moscú, yerno de Brézhnev, se suicidaría después del registro de su apartamento donde se descubrió oro y billetes de dólares, etc.

En su libro titulado *Jewish supremacism*, David Duke, un nacionalista estadounidense, citaba dos libros que explicaban el funcionamiento del crimen organizado en la difunta URSS: *Hustling on Gorky Street*, de Yuri Brokhin (1975, Dial Press), un antiguo proxeneta judío, y *USSR: The Corrupt Society*, de Konstantin Simis (1982, Simon and Schuster), este último era un importante abogado de la mafia judía en la Unión Soviética. Los dos libros, escribía David Duke, mostraban claramente que los mafiosos judíos controlaban el crimen organizado en la Unión Soviética. Brokhin explicaba además que únicamente los judíos podían dirigir esa mafia, pues los eslavos sólo eran capaces de delincuencia callejera.

En 1992, un libro, publicado y distribuido por las grandes distribuidoras comerciales para el público en general, se adentraba en ese tema poco conocido. El libro de Arkadi Vaksberg, titulado simplemente *La mafia rusa* (Albin Michel), nos informaba acerca de otro aspecto de la influencia de los grupos mafiosos: el comercio de cintas VHS piratas y la emergencia de la industria pornográfica en Rusia: "Una nueva distracción que hace furor y procura a la mafia fabulosas ganancias", escribía Vaksberg. "Los beneficios que genera esa industria hacen vivir toda una red de mafias locales[133]." Vaksberg mencionaba además brevemente en su libro los estragos provocados por las drogas duras vendidas por los mafiosos. En 1990, había 130 000 toxicómanos en Rusia. A final de ese mismo año, había que contar un millón y medio.

Pero Arkadi Vaksberg presentaba un análisis del fenómeno mafioso muy singular, en todo caso muy característico del intelectual judío que busca a toda costa irse por las ramas y evitar los temas incómodos. Vaksberg denunciaba en primer lugar el sistema soviético y la mafia comunista bajo el régimen de Andropov y de Brézhnev, en los años 70 y 80: "El régimen político, escribía, establecido desde más de 73 años, y a pesar de todas sus modificaciones, era una verdadera mafia; un despotismo totalitario no puede ser otra cosa. Las estructuras y los fenómenos que denominamos hoy en día como mafia, y que identificamos como ilegales, criminales y antiestatales, no son en realidad más que el desarrollo natural del Estado totalitario[134]."

---

[133] Arkadi Vaksberg, *La mafia russe*, Albin Michel, 1992, p. 167
[134] Arkadi Vaksberg, *La mafia russe*, Albin Michel, 1992, p. 21

Debemos creer por lo tanto que la mafia en Rusia era comunista. Vaksberg iba más allá y nos enseñaba a ver lo que en realidad se tramaba detrás de las apariencias: "Los dogmas marxistas-leninistas y las banderas rojas no son más que un camuflaje, decía, y pueden, dado el caso, ser sustituidas por las Suras del Coran, por ejemplo, y por el color verde del islam. Las modificaciones de color y vocabulario no cambian nada al fondo: la mafia no cede terreno." El autor se indignaba: "Mientras estoy escribiendo estas lineas, todos los dirigentes de la mafia uzbeka están en libertad[135]." Vaksberg denunciaba efectivamente la mafia uzbeka: "Las revelaciones sobre la mafia uzbeka tuvieron una inmensa repercusión en el país[136]." (página 128). Pero también estaba la mafia kazaja: "La mafia kazaja no se libró por completo." (página 151).

Otras mafias habían surgido después del derrumbe del sistema comunista. Esto escribía Vaksberg: "Una noche tuvimos una discusión en casa de unos amigos sobre el tema:" ¿Cuál es la mafia más poderosa en Unión Soviética?" ¿La del vodka, la de las frutas, la de los transportes?" ...En realidad, son todas igual de poderosas y, sobre todo, se apoyan mutuamente[137]."

Arkadi Vaksberg se las ingeniaba otra vez para invertir los roles en la conclusión de su obra, demostrando, una vez más, esa tendencia intelectual tan sintomática del espíritu cosmopolita. Según él, los mafiosos eran aquellos que se oponían a la economía de mercado: "La mafia política y la mafia económica", escribía, libran un "combate encarnizado" contra la economía de mercado. Ese combate "es en realidad el combate de la mafia que defiende sus posiciones. La paradoja está en que se hace en nombre de la lucha antimafia; "¡No a la economía paralela!", gritan los mafiosos hábiles en aprovecharse del sentimiento popular, mientras desean que la economía paralela prospere[138]." Arkadi Vaksberg introducía aquí una pizca de verdad en

---

[135] Arkadi Vaksberg, *La mafia russe*, Albin Michel, 1992, p. 275, 285

[136] El semanal *Le Point* del 28 de abril del 2005 revelaba que, en 1999, el conocido escritor "francés" Marek Halter había intercedido ante el ministro del Interior para pedirle si se podía levantar la prohibición de estancia a un uzbeko. Ahora bien, ese individuo era "un miembro importante de la criminalidad organizada." Los servicios franceses se sentían aún más perplejos por el hecho de que otro mafioso uzbeko, rechazado en la frontera francesa, había espetado: "¡Soy un amigo de Marek Halter!'" El periodista Christophe Deloire añadía maliciosamente al final de su artículo: "Cuando se hacen preguntas incómodas a Marek Halter, éste responde con dulzura, poniendo su mano sobre el ante brazo de su interlocutor."

[137] Arkadi Vaksberg, *La mafia russe*, Albin Michel, 1992, p. 245

[138] Arkadi Vaksberg, *La mafia russe*, Albin Michel, 1992, p. 257. Sobre la inversión acusatoria, léase el capítulo de *Psicoanálisis del judaísmo* (2006). La palabra

su demostración talmúdica: "Si la economía de mercado acaba por instaurarse, decía, esa mafia dejará de serlo y se convertirá en un actor económico normal."(página 265). Entramos por fin en el sistema democrático occidental, una sociedad plenamente democrática e igualitaria donde todo el mundo dispone de la nacionalidad del país, lo cual permite a los zorros gestionar el gallinero como mejor les parezca.

La verdad es que el libro de Arkadi Vaksberg se asemejaba más a una bufonada que a otra cosa, y había sido, evidentemente, escrito por encargo para ocupar el terreno mediático y servir de sucedáneo para un público que se hacía preguntas acerca del fenómeno. En las últimas páginas del libro, nos enterábamos de que Arkadi Vaksberg había sin embargo sufrido algunos sinsabores: "Desde que tengo un contestador telefónico, la cantidad de llamadas de gente que desea expresarme sus sentimientos no para de aumentar. Las amenazas y las injurias son cada vez más frecuentes. Normalmente, borro los mensajes inmediatamente, pero he guardado el último recibido cuatro días antes de escribir estas líneas. Así decía: *"Canalla, puto, sucio judío, procura mantener la boca cerrada o te arrepentirás. Deja de verter tus inmundicias en tu periódico sionista de mierda y cierra el pico si quieres seguir en vida. Te he escuchado en la Biblioteca de literatura extranjera hinchar la cabeza de rusos honestos con tus historias de mafia. La mafia, sois vosotros, sucios judíos. Deja el Partido en paz, no toques a nuestra patria*[139]."

"paradoja" aparece muy frecuentemente bajo la pluma de los intelectuales judíos, lo cual es lógico.
[139] Arkadi Vaksberg, *La mafia russe*, Albin Michel, 1992, p. 282

3. La "mafia rusa" asalta el mundo

La nueva clase dirigente "rusa" había comprado apartamentos, villas, castillos y chalés en todas partes en Europa y en Estados Unidos. Los mafiosos invertían sus capitales en Occidente y compraban bloques de edificios en las grandes capitales de Europa central. La revista *L'Express* del 16 de julio de 1998 lo explicaba así: "Existen muchas otras tierras prometidas para los mafiosos eslavos." Aquellos "Nuevos Rusos", como se decía entonces, dieron mucho de qué hablar debido a su excentricidad y la arrogancia que mostraban.

En la costa de Azur

En Francia, los oligarcas habían comprado las más bellas mansiones de la costa de Azur, los mejores yates, y organizaban fiestas grandiosas en Cap Antibes. Según un inquietante informe de los servicios de inteligencia franceses de mayo de 1998, que analizaba las actividades de algunos hombres de negocios venidos de la antigua Unión Soviética, las inversiones en Francia directamente vinculadas a la mafia eran de unos 200 mil millones de francos, principalmente concentradas en bienes inmobiliarios de lujo, especialmente en la costa de Azur. Pero muchas empresas francesas habrían trabajado - a menudo sin saberlo- con hombres de negocios vinculados o miembros de la mafia moscovita. De hecho, era muy difícil para las autoridades francesas conseguir informaciones fiables acerca de los ciudadanos de la ex-URSS que venían a invertir sus capitales.

Entre esos "*nababs* venidos del frío", como titulaba *L'Express* del 2 de mayo del 2002, estaban Boris Berezovski, Arcadi Gaydamak (refugiado actualmente en Israel), Boris Birstein, Serguei Rubinstein, Alexandros Kazarian, Alexander Sadadsh, o Gueorgui Khatsenkov. Naturalmente, el periodista evitaba voluntariamente mencionar sus verdaderas nacionalidades.

La revista se refería a un informe confidencial de la Brigada de investigación y control de los impuestos de los Alpes-Marítimos que establecía la lista de las propiedades, villas y apartamentos -únicamente bienes de alta gama – comprados por los "*nababs*". Algunos ya habían sido noticia, como Berezovski, al adueñarse en diciembre de 1996 del castillo de la Garoupe y, en julio de 1997, del Campanat de la Garoupe, dos de las más prestigiosas propiedades de Cap de Antibes, por un total de 145 millones de francos (22,1 millones de euros), un precio ampliamente subestimado. Berezovski recibía allí regularmente a Tatiana Datchenko, la hija del antiguo presidente Yeltsin.

La segunda "estrella" de la península de los multimillonarios era Arcadi Gaydamak, involucrado recientemente en un caso de ventas de armas en Angola. Había adquirido la Isleta, en Cap de Antibes, por unos 59,3 millones de francos (8,13 millones de euros). Se trataba de la famosa villa Pellerin, del nombre del promotor de la Defensa que la hizo construir con sus 2000 metros cuadrados de construcción ilegal. El hombre acabaría refugiándose en Israel.

Menos conocido, su vecino se llamaba Boris Birstein. Había nacido en 1947 en Vilnius (Lituania) y poseía la nacionalidad canadiense, como su esposa. La pareja había comprado bajo el nombre de ésta la villa La Cloute en abril de 1995, por 1,3 millones de euros. Los investigadores de Hacienda indicaban: "Boris Birstein dirige la mayoría de sus actividades comerciales desde Suiza donde radica su sociedad Seabaco AG...."

Telman Ismailov, nacido en 1956 en Bakú (Azerbaiyán), era el propietario desde 1999 de la hermosa villa Istana, adquirida por 36 667 000 de francos, unos 5,59 millones de euros. Los muros del recinto, las fachadas, las barandillas y balaustradas y los suelos eran todos de mármol, tanto dentro como por fuera. El hombre amaba hacerse notar al volante de su Bentley descapotable blanco. El 11 de septiembre de 1999, para su cumpleaños, el ayuntamiento le prohibió hacer estallar fuegos artificiales en su propiedad. Se trasladó por lo tanto a una gran terraza de una sala del hotel Meridien de Juan-les-Pins para satisfacer su capricho. Un testigo contó al día siguiente que un guardaespaldas vino a pagar la factura de la velada: 450 000 francos (68 600 euros) en efectivo, billetes metidos de cualquier manera en una bolsa de plástico de supermercado.

Un poco más lejos, en Marina Baie des Anges, se hallaba un complejo arquitectónico ondulante, construido "con los pies en el agua". Una decena de "rusos" tenían ahí sus viviendas que les había costado entre 1,25 y 7 millones de francos cada uno. Los servicios que los investigaban hablaban del "grupo de Villeneuve-Loubet": "Esos individuos están relacionados entre ellos por negocios que pilotan desde varios sitios en Europa", leíamos en un informe de Hacienda. También estaba Arcadi Gaydamak y Serguei Rubinstein, nacido en 1971 en Odesa, que formaba parte de los quince rusos expulsados de Mónaco entre 1994 y 1997, lo cual, en virtud de la convención franco-monegasca, le obligaba también a abandonar el departamento de los Alpes-Marítimos. Domiciliado en Berlín, era el dueño de una sociedad de importación-exportación ampliamente abastecida por sociedades rusas. En agosto de 1995, Rubinstein había alquilado el velero *Club Med*, anclado en el puerto de Cannes, para recibir los 400 invitados de su boda. El coste de las festividades fue de 10 millones de francos, de los cuales 100 000 francos sirvieron para pagar sólo la decoración floral.

Menos prestigioso, pero también destacable, el programa Atoll Beach, a proximidad del puerto de Saint-Laurent-du-Var, albergaba algunos personajes llamativos como Alejandros Kazarian. Nacido en 1951 en Tiflis (Georgia), había adquirido en enero de 1996 por un importe de 3 millones de francos un apartamento de 200 metros cuadrados cerca de otro individuo llamado Alexandros Pavlidis. En realidad, Kazarian y Pavlidis eran la misma persona.

Otro ejemplo: en julio del 2005, el multimillonario "británico" Philip Green inauguraba la temporada con la *bar-mitzvá* de su hijo. El *nabab* había reservado las 44 habitaciones y las 9 suites del famoso Grand Hotel de Cap-Ferrat. Una flota de coches de carrera provenientes de Mónaco había sido puesta a disposición de los 200 invitados. "Los precios del mercado inmobiliario se han disparado de tal manera que la mayoría de los franceses se han replegado en las colinas menos codiciadas del interior" (*Courrier international*, julio del 2005).

Esos "Rusos" no eran simples turistas riquísimos, fiesteros y derrochadores. En la segunda parte de sus informes, los investigadores de Hacienda demostraban que un buen número de ellos invertían también en negocios turbios. De manera general, esas inversiones iban a parar en realidad a sociedades de servicios o de importación-exportación. Algunos incluso habrían reciclado, a través de sociedades de comercio internacional, el dinero del tráfico de la droga colombiana.

Los "Rusos" venían a la costa de Azur simplemente para tratar de sus negocios en un ambiente agradable. En 1997, se vio desembarcar en el aeropuerto de Niza una treintena de hombres de negocios alegres acompañados de una cuarentena de "mujeres de alterne". El grupo no pasó desapercibido para los policías de los Servicios de Inteligencia. A su llegada a Cannes, las mujeres se instalaron en los palacios de la Croisette y los hombres se aislaron en un yate de 30 metros, el *Inéké IV*, que podía navegar fuera de las aguas territoriales. Fue en ese barco que tuvo lugar en agosto lo que podía llamarse el "Yalta de la privatización", es decir el reparto de las grandes sociedades nacionales rusas compradas a vil precio al Estado. La reunión fue celebrada con grandes refuerzos de vodka y de champán a bordo, entre hombres primero, y luego en las habitaciones donde las jóvenes mujeres esperaban el regreso de los nuevos capitalistas.

Pero lo más inquietante de esa gran investigación, concluía el periodista de *L'Express*, era que aparecían, aquí y allá, representantes públicos, un antiguo policía, un abogado, un notario, un detective privado y hombres de negocios franceses, es decir ciudadanos en principio por encima de toda sospecha congeniar perfectamente con mafiosos más o menos notorios[140].

Aparecieron en la costa de Azur algunos personajes más discretos pero no menos inquietantes. El 14 de diciembre de 1994, la fiscalía de Grasse había abierto unas diligencias judiciales por tráfico de estupefacientes en contra de un tal Tariel Oniani, nacido en Kutaisi, en Georgia, con domicilio en Vésinet, en las Yvelines, y en Cannes. La justicia francesa se había interesado a él gracias a una información filtrada por Interpol Bruselas. En efecto, unos meses antes, había sido detenido en Bélgica un ciudadano israelí, Rafael Michaeli, nacido en Georgia y fichado como traficante de estupefacientes. Ahora bien, la víspera de su detención, Rafael había enviado dos pasaportes y dos permisos de residencia robados y falsificados a Tariel Oniani. Los policías franceses se enterarían más tarde, gracias a la agencia Interpol en Israel, de que Tariel Oniani era sospechado de ser el jefe de la banda de los Kutaiskaya – del nombre de su ciudad de origen en Georgia – y que debía reunirse en Francia con el jefe de otra banda mafiosa – la de los Solntsevskaya –, un tal Serguei Mijaílov. Las escuchas telefónicas de Oniani revelaron un proyecto de secuestro. Pero también se sospechaba la banda de otras actividades criminales: desvío de embargo petrolero de Irán, extorsión y robo para la toma de control de bancos y fábricas georgianas o rusas, secuestros y homicidios en el marco de ajustes de cuentas, etc. En octubre de 1999, el tribunal correccional de Grasse abría el juicio de los "Georgianos" (*L'Express* del 16 de julio de 1998), acusados de "asociación ilícita en vistas de preparar un crimen". Los acusados comparecían libres después de haber pasado un año en prisión y pagado una fianza de 1 millón de francos cada uno, aunque

---

[140] Nessim Gaon, un hombre de negocios de 80 años, director de la sociedad Noga, era un judío sefardita de Sudán que había llegado a Ginebra al final de los años 50. En diciembre del 2004, el tribunal correccional de Niza le condenó a tres años de prisión por haber sobornado Michel Mouillot, el antiguo alcalde de Cannes (Léase en *Las Esperanzas planetarianas,* (2022), reclamaba también 600 millones de dólares a Rusia por no haber cumplido su compromiso con un enorme contrato de trueque, petróleo a cambio de mercancías, firmado en 1991.

debían rendir cuentas por un secuestro y un "delito de extorsión de fondos bajo amenaza".

En Francia, como en Israel, la parte más visible de las actividades mafiosas exportadas de los países de la antigua Unión Soviética era evidentemente la prostitución. En Niza, las prostitutas originarias de esos países ejercían su comercio al final de la *Promenade des Anglais*, en dirección del aeropuerto. Llegaban vía Roma o Hamburgo. No hablaban ni una sola palabra de francés por lo que apuntaban sus tarifas en la palma de la mano derecha. Pero la presencia de esas chicas en la costa podía parecer anecdótica comparado con las 25 000 compañeras suyas, también originarias de los países del Este, que ejercían en territorio alemán.

De Berlín a Marbella

Rápidamente, tras la caída del muro de Berlín, Alemania se vio en primera línea ante la llegada de 200 a 300 bandas rivales provenientes de los países del antiguo bloque soviético, y Berlín se convirtió en el hogar del crimen organizado ruso. Según Jurgen Roth, autor de dos libros sobre la mafia rusa, unos quince padrinos mafiosos causaban estragos en el país.

El primer sector en desarrollarse fue el tráfico de automóviles robados. En un año, las autoridades alemanas habían sufrido una ola sin precedentes de desaparición de Berlínas de lujo. Una investigación del *Spiegel* desvelaba en 1993 que la mafia rusa ya controlaba una parte considerable de restaurantes, discotecas, galerías comerciales de Berlín y que muchos comerciantes de la ciudad pagaban hasta 20 000 marcos por mes por su "protección".

La expansión de esa "mafia rusa", según William Reymond, el autor de *Mafia S.A.*, se manifestaba también con la llegada masiva de "Natachas" en las aceras de Berlín y en las vitrinas de Hamburgo. En 1993, un cuarto de las prostitutas en Alemania provenía de Europa del Este, pero siete años más tarde ya eran las tres cuartas partes. Los clubes de estriptís y los prostíbulos se multiplicaban. El mercado negro explotó. Las mercancías importadas, destinadas al aprovisionamiento de los soldados, libres de aduanas, eran desviadas y vendidas en el mercado negro[141]. Al final de la década, con la apertura de los países del Este, Berlín se había convertido en la cueva de Ali Baba de los productos electrónicos. Televisores, calculadoras y equipos hi-fi podían

---

[141] William Reymond, *Mafia S.A.*, Flammarion, 2001, p. 325-327

ser vendidos libres de impuestos. Camiones llegaban y partían inmediatamente hacia el este de Europa y la URSS.

Los informes del Bundeskriminalant (BKA), la Agencia criminal federal de Wiesbaden, señalaba la criminalidad económica como la fuente de delitos más importante, junto con la droga. La policía de Berlín había registrado 350 empresas gestionadas por la "mafia eslava" en la capital alemana o por lo menos sospechosas de serlo (*L'Express* del 16 de julio de 1998). La pesadilla de la policía alemana era el blanqueo del dinero sucio proveniente de las mafias de Europa oriental. Según una estimación de Interpol, 1300 millones de dólares eran blanqueados cada año en Alemania. Según algunos servicios de inteligencia, entre el 20 y el 30% del crédito anual del Estado federal provenía del crimen organizado.

Austria tampoco se libraba del dinero sucio. Una gran sociedad rusa de Moscú, cuya sede se encontraba en Viena y empleaba a 8000 personas, era sospechosa de ser una empresa de la mafia. Sus actividades englobaban el sector bancario, el petróleo, la energía y las telecomunicaciones, y tenía dos filiales en Düsseldorf y en Berlín.

Bélgica era también una plaza importante, escribía William Reymond: "En Bruselas y Amberes, los Rusos estaban implicados en la prostitución, el mercado de los diamantes, las actividades portuarias y diversos tráficos. Chipre e Israel son también objetivos del crimen organizado ruso[142]."

La península ibérica era otra tierra de predilección de los mafiosos. Para ellos, era una especie de Florida europea. Marbella tenía un papel parecido al que había tenido Yalta, estación balnearia para los "criminales eslavos enriquecidos" (*L'Express* del 16 de julio 1998). Los suntuosos yates del puerto Banus, en Marbella, pertenecían a esos "Rusos" que se relajaban en las mansiones más bellas de la Costa del Sol. Pero los *nabab*s no estaban ahí sólo para hacer la siesta. Blanqueaban a mansalva el dinero de la droga.

En Marbella, los "narco rublos" convertidos en dólares habían tomado el relevo de los capitales británicos y árabes. Los pasajeros de los vuelos directos de Aeroflot- cinco vuelos por semanas en temporada alta entre Málaga y Moscú- no llegaban con las manos vacías. A veces, desembarcaban con vulgares bolsas de plástico repletas de dólares y presentaban a los aduaneros españoles un certificado de la administración rusa que les autorizaba a sacar capitales del país. Otros más discretos preferían crear en toda legalidad una sociedad anónima en el paraíso fiscal de Gibraltar, para luego así poder comprar bienes

---

[142] William Reymond, *Mafia S.A.*, Flammarion, 2001, p. 325-327

inmuebles en la península a nombre de esa sociedad pantalla.

La economía local se aprovechaba de ese maná financiero, pero algunos sucesos episódicos recordaban al público la verdadera naturaleza de esos hombres de negocios. El 15 de febrero de 1998, por ejemplo, un tal Román Frumson era hallado asesinado en su cama, en su suntuosa villa rosa de Los Verdiales, un barrio residencial de Marbella: dos disparos en la cabeza mientras dormía. El hombre, multimillonario, había sido identificado desde hacía tiempo como un padrino de la mafia. Ese "Ruso naturalizado alemán" (*L'Express*) había sido noticia en la prensa rosa de Marbella con motivo de la fastuosa celebración de su boda durante tres días en el palacio Don Carlos. Estaba estrechamente relacionado con otros "Rusos" fichados por la policía española por el secuestro de jefes de empresas, tráfico de armas y obras de arte y falsificación de documentos. Había construido su colosal fortuna en los años 80 como proveedor del Ejército rojo en la RDA. También era dueño del bar *Planet Hollywood* de Zúrich, el cual había quebrado en el mes de mayo. Para el diario español *El Mundo*, Román Frumson tenía además intereses en el negocio de la prostitución de lujo en la Costa del Sol. Finalmente, había sido víctima de un ajuste de cuentas.

Un número importante de bares y restaurantes de la costa española habían sido comprados por "Rusos", escribía William Reymond. Se observaba el mismo fenómeno en la costa adriática y de manera general en todo el mediterráneo europeo[143].

La Organizatsiya en EEUU

El derrumbe del imperio soviético había liberado algunas energías hasta entonces reprimidas por las instituciones comunistas. A partir de entonces, la famosa "mafia rusa" había dado de qué hablar por todo el mundo, pero en primer lugar en Estados Unidos. En su libro titulado *Red Mafiya: How the russian Mob has invaded America*, el periodista estadounidense Robert Friedman era categórico: A principio de los años 1990 ya había cerca de 5000 gánsteres judíos venidos de la Unión Soviética operando en la ciudad de Nueva York. Era más que todos los miembros de las familias italianas de todo el país.

"Debido a que esta hampa rusa es esencialmente judía (*mostly jewish*), acabar con ella es una cuestión eminentemente política, sobre todo en la región de Nueva York", escribía Friedman, el cual subrayaba que las

---

[143] William Reymond, *Mafia S.A.*, Flammarion, 2001, p. 302

asociaciones judías "respetables" como la Anti-Defamation League of B'nai B'rith, la más importante liga antirracista estadounidense, hacían presión sobre la policía que perseguía esas bandas para que no mencionara públicamente "ningún origen que pudiese conducir el público cristiano a protestar contra el flujo continuo de criminales judíos que se presentaban como refugiados." Policías de alto rango habían confesado al periodista: "Los Rusos son despiadados y locos. Es una pésima combinación. Disparan por cualquier motivo[144]."

Friedman también se había entrevistado con el antiguo fiscal general de la Unión Soviética, Boris Urov: "Es maravilloso que el telón de acero haya desaparecido, decía, pero era una protección para Occidente. Ahora que hemos abierto las puertas, el mundo entero está en peligro."

El nacionalista estadounidense William Pierce escribía en agosto del 2000, en el volumen VI de *Free Speech* dedicado a la "*Jewish Mob in America*", que la Anti-Defamation League había facilitado su entrada en el territorio de Estados Unidos. "La corriente había comenzado treinta años antes, cuando los políticos del Congreso, en connivencia con las organizaciones judías, hacían presión para facilitar la salida de los judíos de la Unión Soviética bajo el pretexto de que estaban siendo perseguidos. Se habían convertido, por arte de magia mediática, en las principales víctimas del comunismo[145]."

En los años 1970, Leonid Brézhnev había autorizado la emigración de judíos de la URSS, a cambio del pago de sumas a veces muy importantes. Cientos de gánsteres de origen judío se animaban a ir buscar fortuna fuera y a emigrar a Israel o a las comunidades judías de Europa o América. En 1998, en un artículo titulado "*Paying the Organizatsiya*", William Pierce explicaba que, en 1989, un legislador judío de Nueva Jersey, el senador Frank Lautenberg, había conseguido que se declara oficialmente a los judíos de la Unión Soviética como una "minoría perseguida" y, por lo tanto, susceptible de ser admitida en suelo estadounidense sin restricciones, cuando a su vez era casi imposible para un simple goy ruso o ucraniano ser admitido en Estados Unidos. Cincuenta mil judíos de la Unión Soviética llegaron cada año, presentándose como "refugiados" que habían sufrido "persecuciones". A su llegada, recibían por añadidura una ayuda del Estado y subsidios diversos y variados.

En Nueva York, esta ola de inmigración de *refuzniks" rusos*" se había concentrado toda en el barrio de Brighton Beach, en la punta sur de Brooklyn. Eran 7000 en 1975 y 75 000 cinco años después, y su número

---

[144]Robert Friedman, *Red Mafiya*, Ed. Little, Brown and Co., 2000, p. 85, 84, 74
[145]natvan.com7free-speech; jewwatch.com

no hizo más que aumentar tras la caída del régimen soviético. Ese barrio, llamado Little Odessa, reunía la mayor parte de la comunidad rusofona y era a veces difícil hacerse entender cuando se hablaba inglés. A principio del siglo XXI, el 70% de los 400 000 Rusos del Estado de Nueva York vivían todavía en ese barrio.

Entre esos nuevos inmigrantes sobresalía un personaje llamado Evsei Agron. Cuando llegó al territorio estadounidense, en octubre de 1975, declaró que su profesión era joyero y que era nativo de Leningrado. En realidad, el hombre había sido condenado en Rusia a siete años de campo por asesinato. Venía de estar viviendo cuatro años en Alemania Occidental, donde había organizado "una de las más eficaces redes de prostitución de Europa occidental" (*L'Express* del 16 de julio de 1998)

El falso joyero Evsei Agron se instaló en Nueva York, en el barrio de Brighton Beach, donde se hizo rápidamente conocer por su crueldad. La pica eléctrica con la que imponía su ley se hizo famosa. La utilizaba para corregir y torturar las victimas que extorsionaba[146]. "¿Quién en Brooklyn no se acuerda de sus represalias?", escribía el periodista belga Alain Lallemand en su libro sobre la mafia rusa: "Un hombre halló su mujer golpeada a muerte, sus ojos arrancados de las órbitas y robados. ¿Robados? Efectivamente, la creencia en boga entre esos criminales era que la imagen del asesino se quedaba grabada en el fondo de la retina. Sin ojos, ya no había pruebas."

Con ese tipo de métodos Evsei Argon se había impuesto como padrino de la mafia "rusa" de Brooklyn. "Su complexión, 64 kilos para 1,71 metro, no nos debe engañar, pues aunque el simil que se le ocurrió a aquel abogado no se refería a él, éste le va como anillo al dedo: "Iros a comprar un saco de mierda de diez kilos e intentad meterlo todo en un saco de cinco kilos. Tendréis una buena imagen de lo que representa[147]."

El mafioso extorsionaba dinero a los comercios locales, lo que le aseguraba una renta de 50 000 dólares por semana. Pero también había diversificado sus actividades con la prostitución y las apuestas ilegales. Al cabo de cinco años, Agron estaba rodeado de una verdadera corte compuesta por consejeros y guardaespaldas.

Así las cosas, Agron se lanzó con sus esbirros en una gigantesca trama de fraude fiscal sobre el petróleo que consistía en multiplicar las sociedades ficticias que se revendían la gasolina las unas a las otras y que luego se declaraban en quiebra antes de haber podido abonar las tasas e impuestos. Se revendía así el petróleo a precios rebajados,

---

[146]https://www.lexpress.fr/informations/salades-russes-a-brooklyn_601064.html
[147]Alain Lallemand, *L'Organizatsiya, La mafia russe à l'assaut du monde*, Calmann-Lévy, 1996, p. 34

reportando las obligaciones fiscales a sociedades en quiebra. El Estado de Nueva Jersey perdió así 40 millones por año. De tal forma que esas artimañas petroleras le permitían controlar un tercio de los surtidores de gasolina del área metropolitana de Nueva York, un mercado que se repartía con los mafiosos italianos.

También fue él quien sentó las bases de una colaboración entre las diferentes bandas rusas de Nueva York y de otras ciudades. Había logrado la firma de un acuerdo de principios, válido en Estados Unidos y Canadá, para el intercambio de ejecutantes. Los extorsionistas y los sicarios podían pasar de un clan a otro para operaciones puntuales para que los investigadores policiales no pudieran relacionar un asesino o un acto criminal a una familia determinada.

Pero Evsei Agron no pudo gozar mucho tiempo de la fortuna que había conseguido amasar. En mayo de 1985, mientras esperaba un ascensor en un edificio, un hombre surgió de las escaleras y lo abatió fríamente de dos disparos en la cabeza.

Otro padrino judío más instruido iba a sucederle: Marat Balagula. En Odesa, de donde era oriundo, Marat Balagula, diplomado de tercer ciclo en economía, ya era el rey del mercado negro. Había llegado a Nueva York en 1977 donde se estableció como dueño de un restaurante en el que acabaría reuniéndose toda la élite del hampa de Brighton Beach. Se convertiría en el asesor personal de Evsei Agron. Su responsabilidad en el asesinato de su propio jefe nunca fue probada. El asesinato de Agron bien pudo ser comanditado por una organización rival dirigida por Boris Goldberg, el cual fue acusado en 1991 de tráfico de droga, robo a mano armada, extorsión, tráfico de armas e intento de asesinato.

Tras un acuerdo con el clan Genovese que controlaba el puerto, Balagula se convirtió en el contrabandista de petróleo más importante de la costa Este y vivía como un emir. Sin embargo, en noviembre de 1986, se vio obligado a huir precipitadamente de los Estados Unidos debido a una inculpación por fraude con tarjetas de crédito. En efecto, su amante había usado sin límite una de sus tarjetas de crédito. La policía lo rastreó en treinta países, desde Hong Kong, Alemania, Paraguay, África del Sur, hasta Sierra Leona. En este último país, Marat Balagula había colaborado con un tal Shabtaï Kalmanovitch en el tráfico de oro, diamantes y petróleo.

Kalmanovitch era en ese momento el encargado de seguridad del presidente de Sierra Leone, pero había sido en otra época consejero ministerial en el gobierno laborista israelí de Golda Meir y era todavía un importante informador del Mossad. También le veíamos acompañando a Sol Kerzner en África del Sur, el propietario del inmenso hotel-casino *Sun City*. En 1987, Kalmanovitch fue inculpado en Carolina del Norte por unos falsos cheques de un montante superior a los dos millones de dólares. Pero su caída se produjo ese mismo año en Israel, donde fue acusado de espionaje en beneficio de la URSS. Fue condenado a nueve años de prisión, aunque perdonado en marzo de 1993 por el presidente Haïm Herzog. Según el FBI, se instaló en Budapest, donde gestionaba desde entonces los intereses financieros de Marat Balagula.

Durante ese tiempo, Balagula estaba en prisión. Había sido identificado por un aduanero del aeropuerto de Fráncfort en febrero de 1989 y encerrado en una cárcel de alta seguridad antes de ser extraditado al final del año a Nueva York, donde cumpliría finalmente su pena de ocho años de prisión. En 1992, su pena fue alargada de diez años debido a sus fraudes sobre los carburantes. El año siguiente, la investigación en curso desembocó en una nueva condena por ese tráfico. Se estimaba ahora que había desviado 3600 millones de litros de carburante a través de un entramado de dieciocho compañías petroleras, evadiendo así todas las tasas e impuestos. Esta vez, Balagula se declaró culpable, provocando la caída de casi todos sus cómplices.

En su libro de 1996, *La mafia rusa asalta el mundo*, el periodista belga Alain Lallemand escribía que, a mediados de los años 1980, según los federales estadounidenses, doce diferentes grupos de criminalidad rusa se repartían entonces Nueva York. Entre diez y doce jefes mafiosos "rusos" habían sido identificados en Los Ángeles, un centenar de criminales en Filadelfia. También estaban las bandas de Cleveland, Chicago, Dallas, Portland, Boston, Miami, San Francisco, organizados en estructuras flexibles y móviles pero muy activas en actividades como la extorsión, la falsificación, el tráfico de estupefacientes, el chantaje con rescate, el asesinato, la prostitución, el fraude fiscal y el blanqueo de capital. Todo ello vinculado a Brooklyn. "Si nos fiamos de los analistas del BKA alemán, del MVD ruso y del FBI, decenas, incluso centenares de asesinatos llevan su marca – de Moscú a Berlín, de Los Ángeles a París[148]."

En 1991, los ajustes de cuenta en Brooklyn eran casi continuos. Una guerra fratricida oponía Boris Nayfeld, el antiguo chófer y confidente de Evsei Agron, y también presunto ejecutor, a Monya Elson, un antiguo guardaespaldas de Agron salido de prisión en 1990. Su

---

[148] Alain Lallemand, *L'Organizatsiya, La mafia russe à l'assaut du monde*, Calmann-Lévy, 1996, p. 33, 12. El 14 de septiembre de 1998, ABC News hablaba de 25 grupos criminales "rusos" operando en el territorio estadounidense. El FBI había abierto 250 investigaciones en 27 Estados.

rivalidad iba a repercutirse en todo el continente europeo, de Roma a Berlín, de Ámsterdam a Amberes.

Monya Elson había nacido en Chisinaú, en Moldavia. Debutó su carrera criminal en Moscú, antes de llegar a Nueva York en 1978 donde fue inmediatamente detectado en las redes de fraude con tarjetas de crédito, el contrabando de gasolina y el tráfico de estupefacientes. Pero Elson era también un extorsionista especializado en la intimidación y el asesinato – en su haber figuraban un centenar de asesinatos – Eso fue lo que confesó a Robert Friedman cuando éste le interrogó en prisión: "No muestre piedad o arrepentimiento cuando matáis a alguien. Ni siquiera lo penséis[149]." Era un derrochador. Tenía una pasión por las Rolex, los trajes vistosos y los coches Bentley. Controlaba la mayor parte de la exportación de diamantes y joyas hacia Rusia y frecuentaba asiduamente el *Raspoutin*, el club nocturno de Brooklyn de los hermanos Zilber[150]. Era allí donde zanjaba los contenciosos entre los grupos mafiosos de poca monta, sacando a cambio un porcentaje sobre sus actividades ilícitas[151].

Boris Nayfeld era su competidor en el tráfico de heroína. Éste había nacido en Bielorrusia en 1947 y había llegado a EE. UU. poco después de Elson. Había seguido Balagula durante su periplo africano y tenía él también la capacidad de montar operaciones internacionales.

En pocos meses, la guerra entre las dos bandas se saldó con una docena de cadáveres en las calles. Elson había intentado deshacerse de su rival con un coche bomba, pero el explosivo usado no pudo dar todo su efecto por culpa de las temperaturas demasiado bajas de aquellos días. Nayfeld le pagaría con la misma moneda el 6 de noviembre de 1992, cuando un asesino a sueldo consiguió acercarse a Monya Elson y dispararle casi a bocajarro. Elson sobrevivió, pero con una mano destrozada, aunque posteriormente ésta fuera totalmente recosida. Nayfeld buscó su venganza hasta el final, y el 26 de julio de 1993 dos gánsteres ametrallaron el vehículo de Elson cuando iba acompañado de su esposa y de un guardaespaldas. Elson salió de nuevo herido, esta vez en la espalda, así como su mujer. Tras el asesinato de su guardaespaldas

---

[149]Robert Friedman, *Red Mafiya*, Ed. Little, Brown and Co., 2000, p. 12
[150] Los hermanos Zilberstein" cayeron" en mayo de 1993, tras cuatro años de investigación, por un fraude de 60 millones dólares sobre el petróleo.
[151] La película de James Gray, *Little Odessa* (EEUU, 1995) abordaba el tema de la criminalidad judía en el Nueva York de los años 1990. Joshua Shapira es un asesino a sueldo que regresa a su barrio de Brooklyn para ejecutar un contrato. En la comunidad judía rusa de Little Odessa, el boca a boca funciona rápido, y los ajustes de cuenta se suceden en una ambiente mórbido y siniestro. Esta hermosa película también muestra los sufrimientos de una familia judía, y el odio terrible que separa un padre y su hijo.

dos meses después, Elson comprendió que más le valía abandonar Brooklyn definitivamente y decidió instalarse en Europa. En marzo de 1995, Monya Elson fue detenido en Italia donde organizaba un tráfico de heroína tailandesa. Fue extraditado a Estados Unidos en agosto de 1996.

M&S International – Amberes, Vilnius, Bangkok, Bogotá

Boris Nayfeld se había convertido en el hombre más influyente de los círculos "rusos" de Brookilyn, aunque también era un objetivo para los asesinos de sus rivales; así pues, prefirió instalarse en Amberes, en Bélgica, y seguir gestionando sus intereses financieros de Estados Unidos desde el otro lado del Atlántico. Desde Amberes, Nayfeld iba a representar en la ex-Unión Soviética los intereses de la sociedad amberesa M&S International, fundada por su amigo Rachmiel Brandwain. Se habían conocido en 1987, cuando Nayfeld había seguido su jefe Marat Balagula en su huida de la justicia estadounidense.

Rachmiel Brandwain había nacido en 1949 en una comunidad judía de Ucrania donde pasó los nueve primeros años de su vida. Su familia se había instalado después en Israel, pero, a mediados de los años 80, "Mike" había preferido instalarse en Amberes en el corazón del famoso barrio judío de los diamantistas. Había abierto una tienda de material electrónico, pero también vendía oro y piedras preciosas de forma clandestina.

Al final de la década, tras la apertura de los países del Este, "Mike" Brandwain comprendió inmediatamente donde se encontraba el nuevo mercado y fue un precursor en el negocio con los antiguos países del bloque soviético. Si bien Moscú era pobre, también había una clase acomodada que descubría la abundancia de Occidente y que deseaba un aprovisionamiento constante en productos de lujos, alcohol, chocolate, cigarrillos, aparatos electrónicos, ordenadores y vestidos de última moda.

Aunque había abierto otra tienda de material electrónico en Berlín, Brandwain administraba sus negocios con el Este de Europa desde el puerto de Amberes. Ciertamente, en aquella época la legislación vigente en Bélgica no permitía las escuchas telefónicas.

En 1990, Rachmiel Brandwain y un tal Riccardo Fanchini constituyeron una sociedad de importación exportación llamada M&S International. "M" de Mike Brandwain, y "S" de Sacha Krivoruchko, el cuñado, "que solo valía para jugar al tenis y pasear el perro", como decía Brandwain. Ordenadores, material electrónico, joyas, vestidos de lujo, cosméticos, alcohol, cigarrillos, etc., eran enviados a Rusia. Los negocios con el Este resultaban muy lucrativos. Boris Nayfeld, por su parte, gestionaba oficialmente los intereses de la sociedad en Rusia, lo cual era una fachada inatacable. El hecho es que su reputación tenía cierta influencia sobre los rusos para el reembolso de los créditos.

M&S fue además la primera sociedad en hacer negocios con el ejército ruso estacionado en Alemania desde 1945. Algunos cargamentos que llegaban a la entrada de los cuarteles eran debidamente registrados, pero salían a continuación de los almacenes hacia el mercado negro o bien directamente hacia Polonia y Rusia. El tráfico era entonces encubierto por oficiales de alto rango. Millones de cigarrillos, camiones cargados de botellas de vino o de vodka fueron así vendidos a favor de la mafia. El escándalo fue denunciado en junio de 1994 en el semanal *Moscow News* por el periodista Alexander Zhilin.

Riccardo Fanchini, que era de origen polaco, contrariamente a lo que su apellido podría hacer pensar, estaba vinculado a un judío de origen alemán llamado Efim Laskin que hacía temblar toda la comunidad "rusa" Berlínesa. El 27 de septiembre de 1991, el cadáver de Laskin era hallado con decenas de acuchilladas en el maletero de un coche en un aparcamiento de Munich. Laskin tuvo la mala suerte de toparse con Monya Elson en Italia, cuando éste todavía buscaba vengarse de Nayfeld.

En septiembre de 1992, Fanchini creó su propia sociedad, Trading Unlimited. Era socio con Leonid Barnchuck y Yákov Tilipman, ambos de Nueva Jersey, cerca de Nueva York. Importaban alcohol en Rusia, sin pagar impuestos gracias a una exención especial concedida a una sociedad rusa, el Fondo Nacional para el Deporte de Rusia. Ésta era dirigida por un conocido mafioso "georgiano", Otarik Kvantrichvili, el cual fue asesinado en abril de 1994 en Moscú por un francotirador. Yeltsin le había concedido tres años de exención de impuestos de importación, así como de las cuotas de exportación de cemento, hierro, titanio, y aluminio. Riccardo Fanchini, por su parte, se instaló en Mónaco, donde producía vodka y patrocinaba una escudería de Fórmula 1.

A principio de los años 1990, M&S tenía ramificaciones en Nueva York, Moscú, Berlín, Tel-Aviv, así como en Varsovia y servía de fachada para las actividades del clan "ruso". El comercio de material electrónico era de por sí una excelente cobertura para el tráfico de droga. En Amberes, el 24 de marzo de 1992, 18 toneladas de televisores y refrigeradores japoneses fueron incautados. El cargamento, proveniente de Cristóbal, en Panamá, transitaba vía Bélgica con destino final a Tel-Aviv. El material disimulaba 650 kilos de cocaína colombiana.

El 16 de febrero de 1993, los policías rusos de Viborg, en la frontera ruso-finlandesa, cerca de San Petersburgo, conseguían la mejor captura de su historia: más de una tonelada de cocaína colombiana disimulada en las latas de carne curada. Un residente israelí en Bogotá, Elías Cohen, casado con una colombiana, en connivencia con uno de los clanes vinculado al cártel de Cali, organizaba el aprovisionamiento de la red junto con un tal Yuval Shemesh. El destinatario final de la cocaína era un grupo de traficantes israelíes implantados en los Países Bajos[152]. Un carguero la transportaba habitualmente desde Colombia hasta Gotemburgo, en Suecia. Un buque más pequeño transportaba la mercancía a través del golfo de Finlandia, hasta Kotka, donde un camión ruso se hacía cargo de ella, y un camión belga la transportaba finalmente a los Países Bajos.

En septiembre de 1993, Elías Cohen era detenido en Colombia al mismo tiempo que Yuval Shemesh, el cual también residía en Colombia, aunque fue arrestado en Tel-Aviv cuando regresaba de Holanda. A cambio de la clemencia de la justicia israelí, Shemesh aceptó hablar: el jefe de la red era un hombre que conocía Rachmiel Brandwain y Boris Nayfeld: un tal Jacob Korakin. Korakin era un judío religioso que llevaba la kipá, muy respetado en el distrito de los diamantes de Amberes. Hallamos también en este caso los nombres de Boustain Cohen y de Aharon Wiener, los cuales dirigían dos sociedades amberinas. Jacob Korakin, delatado por Shemesh, cayó a mediados de octubre. Fue sorprendido en un apartamento de Jerusalén por los investigadores antidroga de Tel-Aviv. "Una vez más, escribía Alain Lallemand, nadie sabe si hay que hablar de pista rusa o de pista israelí[153]."

Brandwain y Nayfeld también estaban implicados en el tráfico de heroína. La heroína, que provenía de Tailandia, era disimulada en el interior de los tubos de rayos catódicos de televisores importados. Nayfeld y sus socios encargaban televisores malayos con destino a Singapur. Allí recogían la heroína tailandesa que les traían para rellenar algunos televisores. Los cargamentos salían entonces por mar hacia Gdansk, antes de ser descargados en un depósito de Varsovia perteneciente a un cómplice amberino de Nayfeld. A continuación, la

---

[152]Alain Lallemand, *L'Organizatsiya, La mafia russe à l'assaut du monde*, Calmann-Lévy, 1996, p. 217
[153]Alain Lallemand, *L'Organizatsiya, La mafia russe à l'assaut du monde*, Calmann-Lévy, 1996, p. 218

heroína podía ser enviada a Estados Unidos por "mulas". Cada traficante llevaba una "barra" ceñida al vientre y detrás de las piernas. Los candidatos eran rusos o ucranianos de Nueva York, todos en regla con la administración que invocaban una visita familiar a Polonia, país que en aquella época no suscitaba las sospechas y el control estricto de la aduana estadounidense. Nayfeld rondaba por el puerto de Amberes mientras que un tal David Podlog recogía el polvo blanco en Nueva York. Dinamarca también podía servir de lugar de tránsito. De hecho, fue un aduanero danés el que descubrió un televisor más pesado de lo normal: iba lastrado de 3,5 kilos de heroína. La DEA estadounidense (Drug Enforcement Administration) atraparía más tarde Podlog junto a quince de sus cómplices en abril de 1993. Fue condenado a 27 años de prisión.

La mafia "rusa" estaba también presente en Lituania donde sembraba el terror a principio de los años 1990. Los miembros de la Brigada de Vilnius eran conocidos por estar implicados en actividades criminales como el robo, el comercio ilegal de oro y estupefacientes, el contrabando de material de video y equipos de sonido, etc. El contrabando de alcohol también era una de sus especialidades. Éste era importado ilegalmente, o incluso destilado en Lituania y posteriormente etiquetado con falsos documentos de importación. Los "Rusos" invertían también en el contrabando de tabaco. En 1993, los documentos que cubrían las transacciones ilícitas provenían de Amberes, que era el primer punto europeo del tráfico de cigarrillos americanos. Vía Amberes, la pequeña Bélgica importaba en los nueve primeros meses de 1994 hasta 4,5 veces más cigarrillos Philip Morris que toda Alemania.

En aquella época, la mayoría de las sociedades de la capital lituana eran víctimas de extorsiones. Los Lituanos conocían sobre todo las siglas y el logo de la sociedad M&S, la pantera negra – la "pantera judía", escribía el periódico *Respublika*. M&S Vilnius había sido creada por David Kaplan, el cual se dedicaba a la importación y exportación de todo tipo de productos, incluido la ropa de lujo sobre la que figuraba la pantera.

Los mafiosos no dudaban en recurrir al asesinato y a los atentados con bomba. Vita Lingys, de treinta y dos años y director adjunto del diario *Respublika*, fue una de sus numerosas víctimas. Había tenido el valor de denunciar sus actuaciones publicando una serie de artículos sobre la criminalidad organizada en Lituania. El 12 de octubre de 1993, era hallado muerto, abatido a bocajarro por tres disparos en la cabeza. El asesinato de Vitas Lingys provocó una gran emoción en Lituania, e inmediatamente la policía hizo detenciones. Las sospechas se cernieron primero sobre David Kaplan, un joven israelí que se había instalado desde hacía unos meses en Lituania y que había cerrado un contrato de venta con el Estado lituano de fusiles de asalto Kalachnikov.

David Kaplan estaba en contacto con dos hermanos israelíes de origen lituano, David y Michael Smushkevitch, instalados en Los Angeles, y que habían sido inculpados en 1990 por una gigantesca estafa al seguro. Los dos hermanos Smushkevitch, junto a sus esposas, ocho cómplices y un médico llamado Boris Jovovich, habían ideado un sistema de prospección telefónica a través del cual atraían "gratuitamente" la clientela californiana a sus clínicas móviles. Una vez allí, el cliente firmaba un formulario por el que transfería, a cambio de una operación médica concreta, el beneficio de su seguro a la "clínica". Las facturas de los actos médicos "prescritos por un médico" eran entonces presentadas al seguro para ser reembolsadas. Las cantidades tomadas individualmente no eran muy grandes – nunca más de 8000 dólares- pero el número de clientes era tal que se había alcanzado los mil millones de dólares, de tal forma que la estafa había generado un incremento de las tasas de seguros privados de todos los suscriptores californianos[154].

Michael Smushkevitch, el cerebro de la operación poseía tres pasaportes en el momento de su detención: además del pasaporte soviético de 1981, poseía un pasaporte mexicano expedido en 1988 y un pasaporte israelí expedido en 1990. Fue condenado después del juicio en septiembre de 1994, pero no fue apresado hasta el 2006 en Los Ángeles. El periodista del semanal *L'Express* añadía sin atisbo de ironía: "La aparente especialización de la delincuencia de cuello blanco confirma el nivel de formación de los nuevos criminales eslavos."

David Kaplan lo había conocido en Vilnius: venía explorar las posibilidades inmobiliarias del país para comprar manzanas enteras de edificios tal como lo hacían los financieros cosmopolitas por todo el mundo. Después de su interrogatorio y de la campaña de prensa en su contra, Kaplan cedió sus acciones de M&S y se exilió en Israel. Se declaró "víctima de un complot" urdido por el jefe antimafia lituano y el periodista Lingys en "contra de buenos y honestos comerciantes."

El asesino de Vitas Lingys resultó ser un tal Igor Achremov, un joven ruso de 28 años que confesó el crimen y delató el nombre del instigador: Boris Dekanidzé. Éste era un georgiano cuyo padre era el dueño del esplendido hotel Vilnius en pleno centro ciudad. Boris Dekanidzé había

---

[154] Alain Lallemand, *L'Organizatsiya, La mafia russe à l'assaut du monde*, Calmann-Lévy, 1996, p. 188

tenido que huir de Estados Unidos debido a un caso de fraude sobre productos petroleros, una "gran especialidad rusa donde las haya" escribía muy seriamente Alain "Lallemand"[155].

En noviembre de 1993, Dekanidzé era detenido, inculpado y encarcelado por asesinato. Se le acusaba además de haber constituido una banda criminal. El hecho es que Boris Dekanidzé también conocía a Boris Nayfeld, mucho antes de la penetración de M&S en Lituania: se habían conocido en una discoteca de Berlín. El 10 de noviembre de 1994, se pronunciaba el veredicto: cadena perpetua para Achremov y la muerte para Dekanidzé. Éste fue ejecutado en una prisión de Vilnius de un disparo en la cabeza la mañana del 12 de julio de 1995. La Brigada de Vilnius, que había aterrorizado la ciudad por demasiado tiempo quedó por fin descabezada. Unas páginas más adelante, Alain Lallemand nos informaba de que Dekanidzé era un "Judío de origen georgiano".

Por aquellas fechas, también se produjo la "caída" de Boris Nayfeld. El 10 de enero de 1994, tras varios meses de persecución, los federales estadounidenses de la DEA lo detuvieron en la carretera del aeropuerto John Kennedy, en Queen's. Venía de Miami para tomar un vuelo de regreso a Bélgica.

Según el FBI, la organización de Mike Brandwain había sido responsable de un centenar de asesinatos al final de la década[156]. En 1998, Rachmiel "Mike" Brandwain falleció tiroteado en una ciudad flamenca. Según el diario israelí *Yediot Aharonot* del 2 de octubre de 1998, había probablemente sido liquidado por haber facilitado informaciones a la policía estadounidense acerca de la mafia rusa.

Además del asesinato del periodista lituano Vitas Lingys, otros asesinatos de periodistas se sucedieron. Un año después, el 17 de octubre de 1994, Dimitri Kholodov, periodista de investigación en el *Moskovski Komsomolets,* conocido por sus reportajes sobre la corrupción en el seno del ejército rojo, fallecía al abrir un paquete bomba cuando estaba trabajando en un caso y a punto de publicar importantes revelaciones. El 24 del mismo mes, en Dusambé, en Tayikistán, un periodista de treinta y dos años, Khamidjon Khakimov, era asesinado de un disparo en la cabeza. Recordemos también que el 1 de marzo de 1996, el presentador de televisión Vladislav Listiev era abatido en las escaleras de su edificio residencial de Moscú[157]. Paul

---

[155]Alain Lallemand, *L'Organizatsiya, La mafia russe à l'assaut du monde*, Calmann-Lévy, 1996, p. 170

[156]Dina Siegel, *Global organized crime*, 2003, p. 56

[157]Alain Lallemand, *L'Organizatsiya, La mafia russe à l'assaut du monde*, Calmann-

Klebnikov, el redactor jefe de la edición rusa de la revista *Forbes*, y autor de *El Pillaje de Rusia* moría finalmente tiroteado en la calle el 9 de julio del 2004. Se creía que los culpables eran los "Chechenos".

Predadores internacionales y mundo sin fronteras

En Nueva York, la guerra entre las bandas de Monya Elson y Boris Nayfeld había perdurado hasta la llegada de Vyacheslav Ivankov. Ivankov, apodado Yaponchik o "el Japonés" por sus rasgos faciales, había nacido en Georgia en 1940. Este antiguo boxeador profesional de Moscú ya encabezaba en los años 1970 una organización criminal. Fue condenado a principio de los años 1980 por posesión de armas, falsificación, robo con allanamiento y tráfico de droga. Ivankov se convirtió en un *"vor v zakone"* (un "ladrón en la ley") durante los años que cumplió su condena en el gulag de Siberia, es decir en un jefe del crimen organizado. Entre los *vory v zakone* había rusos autóctonos, georgianos, armenios y azeríes. Eran unos 400 en Rusia, un poco más de 300 en las otras repúblicas de la ex URSS, y se les podía identificar por algunos tatuajes sobre sus cuerpos y las falanges de los dedos. Ivankov fue liberado sorprendentemente en 1991 por "comportamiento ejemplar". En Moscú, estuvo vinculado con otro padrino influyente de la banda de Solntsevo, un tal Otarik Kvantrichvili. Más adelante, consiguió la nacionalidad israelí.

La llegada de Ivankov sobre el territorio estadounidense en 1992 auguraba lo peor para la policía neoyorquina, pues efectivamente, éste se impuso rápidamente como jefe indiscutible de la mafia judía proveniente de Rusia[158]. Se había convertido en el jefe del tráfico de estupefacientes, de la prostitución y de la extorsión. Pero Ivankov también recuperaba los segmentos de mercado dejados libres por la competencia como: la falsificación de documentos oficiales y el tráfico de armas automáticas. La fabricación de falsos permisos de conducción y de licencias de taxis le había permitido tomar el control del mercado de transporte de pago de Nueva York.

Vivía en un apartamento de lujo de Manhattan, en una de las Trump Towers, aunque viajaba a menudo a Londres, Tel-Aviv y Moscú. Durante el verano de 1994, Ivankov presidió dos conferencias en Tel-Aviv en los salones del lujoso Dan Hotel para planificar el tráfico internacional de droga. Unas semanas antes, había estado en Miami

---

Lévy, 1996, p. 166
[158] "Ivankov quickly seized control of the Russian Jewish mob." Robert Friedman, *Red Mafiya*, Ed. Little Brown and Co., 2000, introduction, p. 15, 277.

donde se había reunido con los representantes del cártel de Cali. A cambio de un acceso privilegiado a la cocaína colombiana, el "Ruso" ofrecía sus servicios para blanquear el dinero de los hermanos Orejuela. Ese mismo año, otra conferencia, esta vez en Nueva Jersey, había reunido Ivankov y otros mafiosos para discutir de inversiones en Tailandia, Brasil y Sierra Leona, donde Yaponchik planeaba tomar el control en pocos meses del tráfico de diamantes[159]. Paralelamente, desarrollaba sus actividades en Los Ángeles, Houston y Denver, donde colocó hombres de confianza encargados de vigilar parte del mercado de la droga y de establecer un método rápido para lavar el *"street money"* (el dinero de la calle). El voluminoso informe del FBI de 1995 dedicado a su organización también detallaba el estado de su implantación en Europa central.

La policía estadounidense había identificado 47 sociedades en el mundo vinculadas a su red mafiosa. Disponía de una fortuna estimada en cientos de millones de dólares. Pero su intento de extorsión de una sociedad rusa de inversión de Brighton Beach causaría su caída. El 5 de junio de 1995, la policía derribaba su puerta. Llevaba sobre él cuatro teléfonos móviles y una moneda de diez rublos de oro de la época zarista con su perfil grabado en ella en vez del de Nicolas II. Fue condenado en 1996 a nueve años de prisión y encarcelado en la prisión federal de Lewisburg, desde donde seguía gestionando su imperio. Luego, en 1999, fue llevado al penitenciario de alta seguridad de Allenwood, tras el descubrimiento de restos de heroína en sus orinas[160]. A su salida de prisión, fue expulsado a Rusia e inmediatamente arrestado por una acusación de asesinato. Pero el juicio a puerta cerrada, celebrado en julio del 2005, dio lugar a su puesta en libertad: los testigos se habían negado a declarar.

En 1994, la mafia "rusa" estaba representada de manera significativa en veinticuatro países. En el año 2000, según Louis Freech, entonces director del FBI, ésta había entrado directamente en más de cincuenta países[161]. Durante una sesión del congreso, Louis Freech, el mismo de origen judío, declaraba que 27 grupos vinculados a la mafia rusa operaban en Estados Unidos y que había más de un centenar en todo el mundo. Jimmy Moody, otro responsable del FBI, había alertado el congreso: "Los Rusos se están convirtiendo en el primer grupo mafioso de Estados Unidos. Son más numerosos y ricos. Más incluso que los

---

[159]Robert Friedman (*Red Mafiya*) en William Reymond, *Mafia S.A*, Flammarion, 2001, p. 307, 309.
[160]William Reymond, *Mafia S.A.*, Flammarion, 2001, p. 307-310
[161]William Reymond, *Mafia S.A.*, Flammarion, 2001, p. 310

Colombianos de Medellín." En 1996, se calculó que unos 100 millones de dólares estadounidenses en efectivo habrían sido repatriados diariamente de EE. UU. hacia Rusia. "Importan heroína a Estados Unidos proveniente de Asia del Sudeste y de los campos de amapola que bordean Chernóbil, escribía el periodista estadounidense Robert Friedman en *Vanity Fair*. Debido a que controlan las gasolineras de Nueva York y del país, los gánsteres rusos desvían cada año 5 mil millones de dólares, de los cuales una fracción va a la mafia italiana" (*Le Nouvel Observateur*, 27 de abril del 2000).

Entre los padrinos más conocidos estaba también Ludwig Fainberg, apodado "Tarzán", un musculoso camarada del desafortunado Yaponchik. Había nacido en 1958 en Odessa, en Ucrania, y tenía trece años cuando sus padres emigraron a Israel. En 1980, se instaló en Berlín donde prosperó dedicándose a las extorsiones y a los fraudes con las tarjetas de crédito. Cuatro años más tarde, viajaba a Nueva York y se instalaba en el barrio de Little Odessa de Brooklyn. Como él mismo contaría: "Aquello era como el salvaje Oeste, llevaba mi pistola a todas partes[162]." Como varios de sus socios habían sido liquidados, Fainberg decidió emigrar hacia latitudes más clementes. En 1990, se instaló en el cuartel general de Miami, en el *Porky's Club*, donde prosperó con la extorsión, el juego y la prostitución. Detrás de la extorsión, su deporte favorito era dar palizas a mujeres. En una escena grabada por los agentes del FBI desde el tejado de un edificio, se le veía echar una bailarina fuera de su *Porky's Club* y propinarle una brutal paliza a puñetazo limpio y patadas. Otro día, había tirado brutalmente al suelo otra bailarina en el aparcamiento de la discoteca, obligándola a comer gravilla. En otra ocasión, golpeó repetidas veces la cabeza de su amante contra el volante de su Mercedes hasta derramar sangre en el piso[163].

Ludwig Fainberg había importado sobre el territorio estadounidense toneladas de marihuana de Jamaica y exportado a San Petersburgo cientos de kilos de cocaína provenientes de Ecuador. Más adelante, se realizó un registro en su discoteca que desveló su colaboración con varios bancos de inversión en los paraísos fiscales del Caribe. Sucursales de bancos rusos situados en Antigua y en Aruba se encargaban de la financiación generosa de una cadena de discotecas en Florida y aseguraban la conexión con los cárteles colombianos.

La banda de Tarzán exportaba armas a los traficantes de droga colombianos, tal como se podía leer en la revista *L'Express* del 16 de julio de 1998. Varios cargamentos de armas automáticas habían sido

---

[162]Robert Friedman, *Red Mafiya*, Ed. Little, Brown and Co., 2000, p. 146
[163]Robert Friedman, *Red Mafiya*, Ed. Little, Brown and Co., 2000, p. 155

suministrados, así como misiles tierra-aire rusos destinados a abatir los helicópteros del ejército colombiano que servían para localizar los laboratorios de cocaína en la jungla. Ludwig Fainberg había también facilitado a Pablo Escobar, el jefe del cártel de Medellín, seis helicópteros de combate del antiguo Ejército rojo, vendidos por un millón de dólares la unidad por antiguos oficiales de la KGB sobornados por la mafia. La joya del arsenal era un submarino diésel del mar báltico de 1992, con su tripulación de diecisiete marineros de Kronstadt contratados para dos años. El submarino debía servir para transportar la cocaína a lo largo de la costa del Pacifico hasta California, para evitar así el peaje de los cárteles mexicanos[164].

En 1997, antes de que la transacción llegara a buen puerto, la DEA estadounidense (Drug Enforcement Administration) había logrado detenerlo cuando regresaba de Rusia. Llevaba con él los planos del submarino, así como fotografías en las que posaba con la tripulación delante del buque. Fainberg fue condenado a 33 meses de prisión. La pena había sido rebajada gracias a su colaboración con las autoridades estadounidenses. Había proporcionado informaciones sobre las relaciones de altos oficiales del antiguo ejército rojo con la mafia rusa, así como sobre sus socios colombianos.

Fainberg explicó a Robert Friedman, venido a entrevistarlo en su celda de prisión en Miami para el periódico *New Yorker*, que la vida en la URSS en los años 60 y 70 no era tan dura, por lo menos para los judíos. Para él, "ser judío en Ucrania significaba simplemente tener algunos privilegios. Los judíos eran los más ricos de la ciudad, declaraba. Tenían coches, dinero, vivían en hermosos apartamentos y pagaban para tener las más bellas mujeres. Mi madre tenía bonitos vestidos y joyas. Íbamos de vacaciones a Odessa[165]." Mientras que los rusos luchaban por conseguir algunas patatas, los judíos comían en los mejores restaurantes de la ciudad, frecuentaban los prostíbulos donde disfrutaban de los favores de las más hermosas mujeres rusas. Pero Tarzán prefería Estados Unidos: "Me encanta este país, decía. ¡Es tan fácil robar aquí!" Y añadía: "En América, puedes hacer que la gente crea cualquier cosa. Es Disneyland. ¡Me sorprende que Mickey Mouse

---

[164] Durante el derrumbe de la URSS, algunos generales rusos corrompidos revendían sus enormes stocks de armas a los mafiosos. Véase la película *Lord of War* (EE. UU., 2005), de Andrew Niccol y protagonizada por Nicolas Cage: el vendedor de armas de contrabando es de la comunidad judía de Brooklyn. Al principio de la película, vemos como le presentan su primer contacto delante de la sinagoga del barrio de Little Odessa. Este contacto le permite realizar su primera transacción de ametralladoras.

[165] Robert Friedman, *Red Mafiya*, Ed. Little, Brown and Co., 2000, p. 144

no sea el presidente[166]!"

Tras cumplir su condena, Fainberg se instaló en Quebec, donde abrió un club de estriptis que ocultaba una red de prostitutas. Allí traía jóvenes mujeres de Rusia, Ucrania, República Checa y Rumanía. Y aquí es cuando comprendemos que Fainberg tenía un alma generosa cuando declaraba a un periodista estadounidense: "Las chicas vienen aquí y envían dinero a sus familias...Les doy una oportunidad de ganar dinero. Para mí, no solo es un negocio. También les ayudo a seguir adelante." En resumidas cuentas, había que comprender que Fainberg era un benefactor de la humanidad. Aunque también reconocía crudamente que una chica "comprada" por 10 000 dólares, si era joven y guapa, podía ser rentable en una semana. Dos días después de esta entrevista, Ludwig Fainberg era detenido en su casa de Ottawa y expulsado. Dirección: Israel. Sin embargo, había hecho escala en Cuba, donde, según diversas fuentes, había creado una empresa emergente especializada en la venta de servicios pornográficos en internet[167].

En un reportaje de *History Channel*, disponible en internet (Youtube, "Russian mafia"), Fainberg explicaba sus transacciones de helicópteros y submarinos con el Ejército rojo durante la caída del comunismo: "Todo estaba en venta, aquello era el caos..." Al final del reportaje, explicaba finalmente su manera de ver el mundo del futuro, muy en sintonía, por cierto, con la de los financieros planetarios: "Si se puede ganar dinero en China, vamos a China, si se puede ganar dinero en África, vamos a África, si se puede hacer uno rico en Alaska, vamos a Alaska. No tenemos fronteras."

Éste es ahora el caso de Semion Mogilevitch. El *Village Voice* de Nueva York del 26 de mayo de 1998 publicaba un artículo de Robert Friedman acerca del enigmático jefe mafioso de la Organizatsiya. Era "el gánster más peligroso del mundo", titulaba Friedman, el cual aseguraba que Mogilevitch había atesorado una inmensa fortuna gracias a sus diferentes tráficos: tráfico de armas, tráfico de materiales nucleares, blanqueo de dinero, tráfico de droga, prostitución, contrabando de objetos de arte y piedras preciosas. En su libro *Red Mafiya*, Robert Friedman escribía así: "Mogilevitch es el representante de un nuevo tipo de gánster ruso, el prototipo de padrino del nuevo milenio. Ha creado una red global de comunicación usando teléfonos por satélites codificados, teléfonos móviles indetectables, fax encriptados, un sistema de correo electrónico y súper ordenadores, manejado todo ello por ingenieros altamente cualificados y diplomados

---

[166]*Le Nouvel Observateur*, 27 de Abril del 2000
[167]William Reymond, *Mafia S.A.*, Flammarion, 2001, p. 362, 363

a los que emplea...Mogilevitch está protegido por una red de relaciones personales compuesta por responsables y altos mandos de los servicios de seguridad de todo el mundo, la elite de financieros y hombres políticos... Ha construido a su alrededor una organización muy estructurada, basada en el modelo "clásico" de la mafia estadounidense donde los lazos de sangre unen a los personajes claves."

Semion Mogilevitch era "un ucraniano de confesión judía", escribía Friedman. Había nacido en Kiev en 1946, de una madre médica y de un padre que dirigía una importante imprenta de Estado. Había conseguido un diploma de economía en la universidad de Lvovo, pero su carrera empezó en los años setenta como esbirro en el clan moscovita Lyubeetsky. Gracias al acceso a las rotativas y al talento de algunos de los empleados de la imprenta de su padre, había empezado a imprimir falsa moneda a principios de los años setenta, lo cual le llevó a cumplir una pena de cuatro años de prisión[168].

En los años 80, hizo fortuna proponiendo a los judíos que deseaban abandonar la Unión Soviética ocuparse de la venta de sus bienes y transferirles el dinero en Israel. Naturalmente, el dinero no era enviado, sino que era invertido en tráficos ilegales. Luego, consiguió atraerse a poderosos grupos mafiosos como el clan Solntsevo. Fue además el cofundador de la primera sociedad comercial de pompas fúnebres de Moscú.

En 1990, huyo de los ajustes de cuenta entre bandas rivales de Moscú y se convirtió en ciudadano israelí. Según la CIA, a partir de 1991, abrió una importante cantidad de cuentas bancarias en Israel y tomó parte en varias reuniones con otros conocidos criminales. En 1992, después de su matrimonio con una judía húngara, se instaló en Budapest en una villa fortificada en las alturas de la capital. Su nueva nacionalidad húngara se sumaba a sus pasaportes ruso, ucraniano e israelí. Gestionaba ahora su imperio desde Hungría, concretamente desde su cuartel general: el *Black and White Club* de Budapest. Aunque también solía residir en Tel-Aviv y en Moscú.

Su organización era responsable de numerosos robos cometidos en las iglesias ortodoxas de Rusia y Europa central. Entre las obras de arte con las que traficaba, algunas piezas provenían del Hermitage de San Petersburgo. Al pillaje de los tesoros artísticos y de los vestigios religiosos se sumaba la falsificación. Robert Friedman, citando un informe de la CIA, informaba de que Mogilevitch se había hecho dueño de una importante joyería de Budapest, una de las pocas del mundo especializada en la restauración de Huevos de Fabergé. Las piezas

---

[168] Robert Friedman, *Red Mafiya*, Ed. Little, Brown and Co., 2000, p. 295-297

originales entregadas por los propietarios eran robadas y sustituidas por imitaciones fabricadas en los talleres de la joyería[169].

Un informe de los servicios de inteligencia británicos del año 1994 afirmaba que el padrino controlaba el mercado negro "desde Moscú hasta la República Checa". Mogilevitch era además sospechoso de haber creado una estafa a gran escala de venta de fuel de calefacción desgravado, ocasionando enormes pérdidas fiscales para la República Checa, Eslovaquia y Hungría.

El hombre estaba vinculado con la Camorra napolitana y con la familia mafiosa Genovese. También tenía contactos con los cárteles colombianos de Medellín y de Cali. Un informe del FBI de mayo de 1995 precisaba: "Los listados telefónicos indican que durante su visita a Varsovia, en febrero de 1994, Semion Mogilevitch ha efectuado dos llamadas a Viena en dirección a unos números pertenecientes a traficantes de droga fichados que trabajan con los colombianos de Cali y Medellín[170]." Mogilevitch había comprado también una compañía aérea de una antigua república soviética de Asia central – en efectivo- para transportar la heroína del Triángulo de oro.

El informe del FBI mencionaba el nombre de Shabtai Kalmanovitch. El hombre proporcionaba pasaportes israelíes en muy poco tiempo a los miembros de la organización de Mogilevitch. "Esa gran facilidad para conseguir documentos de identidad hace pensar que Kalmanovitch tiene conexiones con algunos oficiales del gobierno israelí", escribía William Reymond.

Semion Mogilevitch gestionaba todavía una red muy importante de prostitución. En Praga, Budapest, Riga y en Kiev, explotaba a chicas rusas en sus *"Black and White Clubs"*, dándoles falsos empleos de cobertura. En 1995, una operación de policía en su restaurante de Praga había permitido arrestar dos cientos personas y decenas de prostitutas[171].

En 1996, Semion Mogilevitch adquirió de repente, una tras otra, tres sociedades húngaras de fabricación de armas: Army Co-Op, una sociedad especializada en la fabricación de morteros, ametralladoras y misiles tierra-aire; Digep General Machine Works, que construía morteros, pero también municiones para artillería pesada; y Magnex

---

[169] Robert Friedman, citado por William Reymond, p. 299. Léase el caso de un superviviente de Treblinka, Martin Gray, el cual narra en *Au Nom de tous les miens (En nombre de todos los míos)* como hizo fortuna en la Alemania en ruinas haciendo fabricar falsas porcelanas del siglo XVIII y vendiéndolas a Estados Unidos.

[170] William Reymond, *Mafia S.A.*, Flammarion, 2001, p. 298, 299

[171] La intervención de 1995 de la policía checa en el restaurante de Praga está disponible en internet, así como varios interesantes videos sobre la "mafia rusa" ("russian mafia").

2000, cuyos imanes eran utilizados en los equipamientos electrónicos militares como el guiado de misiles. "Si a esto añadimos que los contactos de Mogilevitch con los vestigios del ejército rojo pueden hacer de él un candidato ideal para el tráfico de uranio, uno se pregunta por qué no se hace nada contra él", escribía William Reymond[172]. Según el FBI, había suministrado a Irán misiles tierra-aire y camiones de transporte de tropas procedentes de los stocks del Ejército rojo. El grupo empresarial controlaba Inkombank, uno de los principales bancos privados de Rusia, y poseía acciones en la compañía de aviación Soukoi.

Semion Mogilevitch había acogido Monya Elson cuando éste tuvo sus desavenencias en Nueva York con Boris Nayfeld. Elson había sido finalmente detenido en 1995 por las autoridades italianas y mantenido en una celda de aislamiento durante dieciocho meses. Había sido denunciado por un tal Grecia Rozes, apodado el Caníbal, quien a su vez había sido arrestado en Rumanía mientras traficaba con heroína a cuenta de Boris Nayfeld. El "Canibal" era, según las palabras de un sargento de Brooklyn citado por Robert Friedman, un *"fucking dirty jew"*. Le llamaban el Caníbal porque había arrancado con los dientes la nariz de una de sus víctimas. El Caníbal era un buen amigo de Ludwig Fainberg: "Éramos como hermanos", declararía éste a Robert Friedman. "Habíamos crecido juntos en la misma ciudad de Ucrania y vivido en la misma calle en Israel. Nuestras familias estaban muy unidas[173]."

Monya Elson y Semion Mogilevitch eran muy buenos amigos. En aquella época, Mogilevitch todavía no había transcendido en los medios de comunicación. El FBI y los servicios israelíes lo describían sin embargo como una amenaza para la estabilidad de Israel y de Europa del Este. Basado en Budapest, su imperio criminal tenía también sus bases y ramificaciones en Nueva York, Filadelfia, Los Angeles, San Diego y hasta en Nueva Zelanda. En marzo de 1994, los agentes del FBI fotografiaron uno de sus tenientes con un importante patrocinador del Partido Republicano de Dallas.

Según Alain Lallemand, disponía de un ejército de 250 esbirros. En 1998, Robert Friedman explicaba en el *Village Voice* que algunos policías se negaban a investigar para desmantelar esa mafia porque los criminales no dudaban en arremeter contra sus familias. En los aledaños de Praga, dos cuerpos atrozmente mutilados habían sido descubiertos. La presencia de Mogilevitch en Budapest era la causa evidente del

---

[172]William Reymond, *Mafia S.A.*, Flammarion, 2001, p. 298-300
[173]Robert Friedman, *Red Mafiya*, Ed. Little, Brown and Co., 2000, p. 160

recrudecimiento de la criminalidad. Entre 1994 y 1999, hubo en la ciudad no menos de 170 atentados con bomba.

Desde mayo de 1998, Mogilevitch se vio inculpado en Estados Unidos por varios fraudes financieros relacionados con la sociedad canadiense Magnex International, pero también por unas 45 infracciones federales cometidas entre 1993 y 1998 (extorsión, fraudes sobre transferencias, fraudes sobre correos, fraudes sobre valores, blanqueo, etc.) que habían costado 150 millones de dólares a inversores estadounidenses.

El 23 de septiembre del 2000, *ABC News* anunciaba que Semion Mogilevitch era sospechoso de haber blanqueado 15 mil millones de dólares a través de la Bank of New York. Unas cincuenta personas fueron detenidas en Europa. La investigación había empezado en 1998, cuando la policía rusa había solicitado ayuda al FBI para localizar el rescate de 300 000 dólares pagado tras el secuestro de un hombre de negocios. El dinero había sido transferido desde el banco de la víctima en San Francisco a una cuenta extraterritorial, y finalmente a la cuenta del banco Sobin de Moscú. Interrogado en una cadena de televisión, Semion Mogilevitch declaraba que era editor y consultor para una sociedad de cereales y que aquellas falsas alegaciones lo habían arruinado.

El mafioso pretendía ahora instalarse en Europa Occidental. A pesar de haberse convertido secretamente en informador del servicio de inteligencia federal alemán BND y de haber establecido una oficina en Amberes, seguía vetado en la Unión europea. Había contactado con un "Belga", Alfred Cahen, antiguo embajador de Bélgica en el Congo y en Francia, para negociar con los servicios de inteligencia franceses su autorización de entrada en la Unión a cambio de informaciones privilegiadas. Unas diligencias por corrupción fueron abiertas en Bélgica.

Mogilevitch se ocultaba detrás de múltiples identidades: "Entre el 1 de diciembre y el 5 de diciembre de 1997, escribía Robert Friedman, Semion Mogilevitch había viajado a Toronto, a Filadelfia, a Miami y de nuevo de vuelta a Filadelfia...Visitó Los Ángeles al final del año 1998...En enero del 2000, según diferentes servicios europeos y estadounidenses, Mogilevitch estaba en Boston para atender sus negocios[174]."

Los Occidentales no suelen oír hablar en los medios de este tipo de personaje, ni de sus semejantes. En su artículo en el *Village Voice*, Robert Friedman, cuyos cuatro abuelos eran judíos, como él mismo apuntaba, no había sin embargo dudado en escribir que las

---

[174] Robert Friedman, citado por William Reymond, p. 302, 303

organizaciones judías habían "corrompido el ministerio de la justicia estadounidense para minimizar la importancia de la mafia". Poco tiempo después, según *Le Nouvel Observateur* del 27 de abril del 2000, los policías neoyorquinos habían alertado al periodista de que los gánsteres habían puesto un precio sobre su cabeza y que más le valía no volver a escudriñar en el barrio de Brighton Beach. Rober Friedman falleció en el 2002 de una enfermedad de la sangre. Pero las amenazas de muerte que había recibido tras la publicación de su libro y de sus artículos en la prensa avalan la hipótesis de una muerte por envenenamiento, más aún cuando la mafia había puesto un precio a su cabeza de 100 000 dólares. Desde la caída del comunismo, trece periodistas de la Federación de Rusia habían sido liquidados por los gánsteres, tal como lo había escrito en la introducción de su libro. Friedman también había mencionado el caso de Ana Zarkova. Esta mujer de cuarenta años había sido desfigurada con ácido sulfúrico en mayo de 1998, en Sofía[175].

El 23 de enero del 2008, aparecía la información de que Mogilevitch había sido por fin detenido. El arresto se había producido en Moscú, donde vivía bajo el nombre de Serguei Schneider. Los medios franceses habían guardado silencio acerca de ello, como de costumbre, pero en Bélgica el especialista Alain Lallemand había publicado un artículo en el diario *Le Soir*. Esto era lo que escribía: "La policía moscovita ha detenido uno de los mafiosos rusos más poderosos del último cuarto de siglo XX, Semion Yudkovich Mogilevitch, 62 años, alias "Seva". Particularidad: durante los años noventa, su imperio criminal rodeaba el planeta." Desde noviembre de 1994, las policías alemanas, italianas, estadounidenses y rusas se habían coordinado para detenerlo. Necesitaron por lo tanto catorce años para lograrlo.

Y Alain Lallemand concluía: "En resumen, las actividades principales de la banda de Mogilevitch – o más bien su red internacional- fueron el tráfico de armas, el tráfico de materias nucleares, la falsificación de documentos, la prostitución, el tráfico de droga, el asesinato por encargo, el comercio de piedras preciosas, el blanqueo de dinero, la extorsión y el tráfico de obras de arte. Últimamente se había añadido a la lista una serie de complejas infracciones financieras[176]."

---

[175] Era un método que ya había sido utilizado en Francia por los activistas judíos contra los patriotas franceses. Véanse las fotos en *Les Guerriers d'Israel*, de Emmanuel Ratier (1995).

[176] Todo estaba en venta en Rusia: el 15 de agosto de 1994, *Der Spiegel* revelaba que la policía alemana había incautado en el aeropuerto de Múnich 363 gramos de plutonio 239 puro al 87% proveniente de Rusia. Dos españoles y un colombiano habían sido detenidos. De 1992 hasta el 2000, dieciséis casos similares habían sido reportados por

En Francia, el único artículo dedicado a Mogilevitch tras su detención en Moscú fue publicado por el semanal *Courrier international*, con fecha del 21 de febrero del 2008. Su judeidad no trascendía, evidentemente - o apenas. Era "considerado como el más importante padrino del hampa rusa" y "una de las diez personas más buscadas por el FBI en una lista encabezada por Osama Bin Laden." Nos enterábamos de que Mogilevitch gozaba de buenas relaciones con algunos hombres del nuevo poder democrático ucraniano. De tal forma que su sociedad Arbat International, por ejemplo, había adquirido los sellos de accisas (a la vez impuesto especial y marca de autenticidad) del Fondo nacional del deporte (que ostentaba un privilegio en la materia), y había inundado Rusia de imitaciones de Vodka Absolut y Rasputin producidas en sus fábricas de Hungría.

Pero sobre todo, se había visto implicado con la sociedad Eural Trans-Gas, que compraba gas a Turkmenistán y lo revendía a Ucrania. Esta nueva sociedad tenía su sede en un pueblo de Hungría, "donde había sido constituida por tres rumanos en el paro y un ciudadano israelí llamado Zev Gordon, el cual nunca había ocultado ser el abogado de Mogilevitch." El "Húngaro" Andras Knopp era su director general. La sociedad había acumulado "miles de millones de beneficios en Ucrania".

El 8 de marzo, una noticia anunciaba el arresto de uno de los mayores traficantes de armas y de droga del mundo: Víctor Anatolyevitch Bout. Había sido detenido en su habitación de hotel de Bangkok, en Tailandia. Los agentes de la DEA habían preparado una trampa a Víctor Bout haciéndose pasar por activistas de las FARC (la guerrilla marxista colombiana) a los que suministraba armas desde tiempo atrás. "Era un guion lo suficientemente realista y creíble...Pues pensó que se vería realmente con representantes de las FARC para apuntalar los últimos detalles de la transacción."

Víctor Bout fue acusado de haber vendido armas en las cuatro esquinas del mundo. En Afganistán, había sido el principal proveedor del régimen islamista y de Al-Qaida, el hombre clave de su logística aérea (*Le Monde*, 26 de marzo del 2002). Según los servicios de inteligencia estadounidenses y británicos, había regado de armas Kabul la víspera del 11 de septiembre 2001. Era buscado desde mediados de febrero del 2002 por Interpol, a petición de la justicia belga.

Víctor Bout había nacido el 13 de enero de 1967 en Dusambé, en Tayikistán. De nacionalidad rusa, oficial del ejército, era diplomado del Instituto de intérpretes de Moscú. "Camaleón lingüístico", hablaba

---

el FBI y la CIA (Friedman, p. 156).

perfectamente cinco idiomas: además del ruso y el farsi de sus orígenes tayikos, el inglés, el francés y el portugués.

Se le había visto por primera vez en 1990 en Angola, donde trabajaba con las tripulaciones de helicópteros soviéticos. Durante la gran liquidación del complejo militar-industrial de la ex-URSS, había adquirido en Cheliábinsk diez Antonov, un Iliuchine y un helicóptero Mi-8... "Por cuatro perras", precisaba Valeri Spurnov, antiguo inspector de la aviación civil. Se había constituido así una flota aérea pirata de sesenta aparatos que surcaban los cielos bajo pabellón de conveniencia. En Liberia, Air Cess era la primera y más importante compañía de Víctor Bout. Desde Liberia hasta Suazilandia, pasando por la República centroafricana y Guinea ecuatorial, los cambios eran constantes. Sus aviones eran furtivos, registrados en un país, pero operando desde otro, con planos de vuelo ficticios. Ante la amenaza repentina de un control, unas cuantas horas bastaban para cambiar los prefijos de país.

Tras sus inicios en África, Air Cess se mudó en 1995 a Ostende, en Bélgica, y durante dos años los negocios fueron viento en popa. En un año, la sociedad fletó 38 aviones únicamente con destino a Togo, que era entonces el centro de aprovisionamiento de la Unita, el movimiento rebelde angoleño. Su etapa flamenca se acabaría en 1997, cuando la asociación Human Rights Watch llamó la atención de las autoridades belgas y lo denunció por ser el proveedor de armas de los extremistas hutus, en el Este de Zaire, que habían huido de Ruanda después del genocidio de 1994. El "Ruso" repatrió entonces parte de sus aviones de África.

Para vender mejor la muerte a los clientes sin dinero, se había especializado en el tráfico de "diamantes de sangre". Kisangani, plaza fuerte de los rebeldes congoleños, se había convertido en el centro de su tráfico de diamantes. De creerle a un diamantista libanés, el valor de las yemas congoleñas, angoleñas y sierraleonesas exportadas fraudulentamente desde Kisangani habría superado los 100 millones de dólares anuales.

Después de abandonar Ostende, el "Ruso" (según el diario *Le Monde*) había elegido una nueva base en los Emiratos Árabes unidos. Desde Sharjah, Dubai y Ras al-Jaima, volvió a lanzar sus operaciones en Europa del Este donde creó la compañía de chárteres Ibis, así como en Asia central, especialmente en Afganistán, donde solía trabajar con los muyahidines anti-islamistas. Pero pronto cambiaría de bando tras la toma de Kabul por los integristas a finales de 1998 y aseguraría el mantenimiento logístico de la compañía afgana Ariana Airways, la cual estaba compuesta de aparatos soviéticos.

Víctor Bout había suministrado numerosos países bajo embargo de la ONU, principalmente Sierra Leona, Ruanda, Congo, Sudan y toda la región de los Grandes lagos. Según un informe publicado en el 2005 por el departamento del tesoro de Estados Unidos, era "virtualmente capaz de transportar tanques, helicópteros y armas a cualquier parte del mundo." En varios informes de investigación, la ONU lo había denunciado como un pionero de la globalización mafiosa y del tráfico sin fronteras que se burla de los Estados y de sus legislaciones.

La búsqueda de respetabilidad

Ya hemos conocido Marc Rich, ese negociante "estadounidense" que se había visto obligado a huir de EE. UU. y que luego había prosperado en los años 1980 comerciando con la URSS desde Suiza. Marc Rich había nacido en Amberes en 1934. Su familia había huido del nazismo instalándose en Nueva York en 1941. Allí empezaría su carrera de hombre de negocios internacional. A finales de los años 1970, fue objeto de un procedimiento judicial e inculpado por estafa. A lo largo de la investigación, los investigadores estadounidenses descubrieron que el grupo Rich no sólo había desfalcado fraudulentamente el departamento estadounidense de energía, privando el Estado Federal del cobro de 48 millones de dólares de impuestos, sino que también había violado el embargo petrolero impuesto a Irán por el presidente Carter en 1979. El 19 de septiembre 1983, Marc Rich era inculpado por fraude, evasión fiscal, falsas declaraciones y comercio con el enemigo, entre otras acusaciones. El estafador no esperó su condena para salir del país y voló con su esposa a Suiza, país que no tenía acuerdos de extradición con los Estados Unidos. Renunció a su ciudadanía estadounidense y optó por las nacionalidades española e israelí, aunque siguió figurando en la lista de fugitivos más buscados por el FBI.

El 20 de enero del 2001, Marc Rich era de nuevo noticia: el presidente estadounidense Bill Clinton acababa de indultar el delincuente unas horas antes de dejar sus funciones. Esta amnistía presidencial desencadenó un escándalo que se amplificaría todavía más cuando se informó que Denise Rich, la ex esposa del hombre de negocios, había hecho una donación de un millón de dólares al partido demócrata y a la fundación de los Clinton. El presidente estadounidense había recibido personalmente un cheque de 450 000 dólares, mientras que Abraham Foxman, el presidente de la Anti-Defamation League, la poderosa liga antirracista estadounidense, había él también recibido una gran suma de dinero de las manos del estafador para defender su causa[177].

El FBI también investigaba las implicaciones de Rich en diversas operaciones de blanqueo de capital con bancos de Europa central, canadienses y estadounidenses. En marzo del 2001, las aduanas británicas del aeropuerto de Gatwick habían incautado al multimillonario la cantidad de 1,9 millones de dólares, en virtud de lo que la ley británica denomina la "prevención de transferencias financieras sospechosas de financiamiento de tráfico de droga." Por cierto, debe señalarse que Marc Rich también poseía un pasaporte boliviano.

Por añadidura, el FBI ansiaba interrogar Marc Rich acerca de sus relaciones con el Mossad – los servicios de inteligencia israelíes- ya que Rich era sospechoso de haber conocido la identidad de un informador de muy alto nivel del Mossad infiltrado dentro de la administración Clinton. Bill Clinton reconoció más tarde que había concedido el indulto presidencial "en parte porque el ministerio de Justicia no se había opuesto, y porque había recibido una petición en ese sentido del gobierno israelí". Esa solicitud había llegado bajo la forma de una nota escrita por parte de otro viejo amigo de Bill Clinton: el antiguo primer ministro de Israel Ehud Barak. El trabajo clandestino de Rich en relación con Israel consistía en proveer pasaportes israelíes a miembros de la mafia "rusa".

Entre los grandes depredadores del planeta podemos también citar a Arcadi Gaydamak. Este hombre de negocios, nacido en Ucrania, había sabido, él también, aprovecharse del caos generado por la caída de la Unión Soviética. Había construido su imperio sobre las minas de fosfato de Kazajistán, las granjas avícolas de Rusia, los bienes raíces y las inversiones bancarias, etc. Su fortuna, que administraba desde su mansión de Cesarea (Israel), se contaba en miles de millones de dólares.

Su nombre fue célebre a partir de 1996, cuando se desveló su implicación en un tráfico de venta de armas ilegales en Angola. También estaba implicado en la compra de la deuda angoleña por parte de Rusia (6 mil millones de dólares) y había conseguido apoderarse de buena parte del comercio de diamantes extraídos en el país. Gaydamak estaba también bajo la lupa de los servicios de inteligencia que le sospechaban de tener estrechas relaciones con ciertos hombres de negocios sospechosos en Rusia, especialmente con el grupo de Mijaíl Chernoi, con quién figuraba en unas operaciones que les había permitido robar decenas de millones de dólares al Banco central de

---

[177] El portavoz de la ADL, Myra Shinbaum, declaró en marzo del 2001 que el presupuesto anual de la Liga contra el antisemitismo era de 50 millones de dólares.

Rusia.

Sin embargo, Arcadi Gaydamak atacaba sistemáticamente en justicia por difamación a los imprudentes que lo relacionaban con la "mafia rusa". Acusado por la justicia francesa de haber vendido armas rusas a Angola sin autorización, Gaydamak juraba que había actuado "en toda legalidad" y que incluso había "puesto fin a una guerra civil" en ese país.

En diciembre del 2000, para sorpresa de algunos servicios policiales, recibía la orden nacional del Mérito por haber intervenido en 1995 en la liberación de dos pilotos franceses en Bosnia. Sin embargo, Gaydamak tenía el récord del mayor ajuste fiscal jamás exigido en el suelo francés: 80 millones de euros, cerca de 500 millones de francos. Afortunadamente para él, poseía cuatro pasaportes (angoleño, francés, canadiense e israelí). Se refugió primero en Londres, pero luego eligió Israel. En la primavera del 2001, una orden de arresto internacional fue emitida contra él por blanqueo de capital, blanqueo agravado, abuso de bienes sociales, fraude fiscal, abuso de confianza y comercio de armas ilícitas. Pero las repetidas solicitudes de extradición de la justicia francesa quedaron en letra muerta. Los jueces israelíes no se habían tomado la molestia de interrogar el hombre de negocios sobre los hechos que le eran reprochados. De todas formas, no podía ser procesado en Israel por la inculpación principal de tráfico de armas, puesto que ésta no era una actividad reprehensible en el Estado hebreo. En cuanto al delito de blanqueo, éste tampoco existía en Israel en el momento de los hechos. Esto fue, efectivamente, lo que había respondido el ministerio de justicia israelí a los jueces franceses, añadiendo además que las órdenes de arresto constaban de imprecisiones que deseaban ver aclaradas.

Por su parte, Arcadi Gaydamak contraatacaba anunciando una lluvia de denuncias contra Francia y contaba abiertamente los entresijos de la liberación de los rehenes a la que había participado, revelando la entrega de un rescate de 25 millones de francos por parte del gobierno socialista. *Le Parisien* del 28 de junio del 2001 publicaba una entrevista con el hombre de negocios:

- ¿Cuál es vuestra reacción a la anulación de su enjuiciamiento por "tráfico de armas"?

Arcadi Gaydamak respondía: "Estoy feliz, por supuesto. Pero he sufrido tal injusticia desde el principio de este asunto que una decisión contraria no me hubiera sorprendido. En este caso se me presenta como un traficante de armas, un mafioso, un delincuente...Para paliar las pruebas de las que carecen, los jueces quieren dar una imagen negativa de mi persona. Van hasta poner en duda mi papel en la liberación de los rehenes franceses."

En Suiza, la justicia investigaba las numerosas comisiones pagadas a diversos dignatarios angoleños en el marco del pago de la deuda ruso-angoleña. Desde Israel, donde residía, Arcadi Gaydamak respondía a las preguntas del periódico *Le Temps* defendiendo la legitimidad de la transacción con un argumento de peso: el mayor banco suizo, UBS, había garantizado la legalidad de la operación y había sido pagado generosamente por su participación. En *Le Temps* del 1 de junio del 2002, Gaydamak explicaba cual había sido su papel en el acuerdo concluido entre Angola y Rusia:

"A principio del año 92, decía, Rusia heredó las deudas con la Unión Soviética de una serie de países del tercer-mundo, de los cuales Angola... Un acuerdo que preveía el pago, a partir de junio del 2001, de 1500 millones de dólares sobre 5000 millones adeudados por Angola fue firmado en noviembre de 1996. Es un acuerdo negociado por los dos Estados, no por mí o Pierre Falcone. Pero actué de facilitador ya que en aquella época Rusia carecía de estructuras administrativas."

El periodista le hacía esta pregunta: "¿Como se puede explicar que Angola haya desembolsado 775 millones de dólares, pero que el Ministerio ruso de finanzas sólo haya recibido 161?

Gaydamak respondía: "Es una buena pregunta. La deuda fue transformada en 31 pagarés de un valor nominal de 48,7 millones de dólares cada uno y reembolsables a plazos fijos. El Ministerio ruso de finanzas era el propietario de esos pagarés en noviembre de 1996. En aquel entonces, era muy importante estabilizar la situación social en Rusia. Necesitaban dinero de forma urgente y el Ministerio de finanzas quiso vender esos bonos al mejor postor. Fue en ese momento que creé la sociedad Abalone que compró esos pagarés. Seis de los cuales fueron comprados por un valor total de 161 millones de dólares; a partir de 1998, a petición de Rusia, pagué el resto con obligaciones rusas. El Ministerio ruso de finanzas fue plenamente pagado, lo confirmaron recientemente.

- ¿Qué beneficios sacó usted personalmente de la operación?

- Abalone firmó un contrato con Angola que me permitía comprar y revender petroleo pagado con los pagarés. Había un margen de beneficio en función de los precios del petroleo que eran muy altos en ese momento, y ese margen nos correspondía a mí y a Pierre Falcone. No sé lo que hizo con su dinero después. Yo sufrí un perjuicio por el hecho de que la transacción fue interrumpida por la justicia suiza que bloqueó la mitad de los pagarés. ¿Quién es el responsable del daño? ¿Es la Confederación suiza, o UBS? Mis abogados están estudiando la cuestión.

Y a la siguiente pregunta del periodista: "¿Está usted dispuesto a venir dar explicaciones ante la justicia, sea en Francia o en Suiza?", Gaydamak respondía: "Sería ventajoso para mí venir explicarme. Estoy dispuesto a regresar a Francia, quiero regresar, pero el problema es que el juez francés que instruye este caso, Philippe Courroye, manipula la opinión a través de la prensa y sólo pretende perjudicarme cuando en realidad su expediente contra mí está vacío. El juez suizo, Daniel Devaud, es cómplice suyo. Pero si otro juez que Courroye retoma la instrucción del caso en Francia, estoy dispuesto a regresar inmediatamente." Había que comprender que Gaydamak era sobre todo la víctima del sistema judicial.

En *Le Parisien* del 9 de febrero del 2001, nos enterábamos de que Gaydamak era sospechoso de haber participado en una dudosa operación de bienes raíces con el presidente de las Carnicerías Bernard, Gilbert Salomón, de 72 años, "el rey de la carne". Éste, investigado por "blanqueo", había sido interrogado discretamente sobre sus relaciones con "el multimillonario franco-ruso". Esto era lo que respondía Pierre Salomón, el hermano de Gilbert: "Mi hermano está hospitalizado desde entonces y no tiene nada que ver con esa gente. Con todo lo que hizo en su vida, es triste verse implicado en un asunto que no le concierne."

Efectivamente, todo eso era muy triste, máxime considerando que Gilbert Salomón formaba parte de esos cientos de miles de "supervivientes de los campos de la muerte". Deportado con 14 años, liberado a los 16, había construido un imperio de la carne junto a Jean-Baptiste Doumeng, el famoso "multimillonario rojo". En 1989, había comprado por 35 millones de francos (5,3 millones de euros) una casa en Boulogne-Billancourt, cerca del bosque. El año siguiente, adquiría por otros 35 millones la villa Montmorency en el distrito XVI de París. Luego invirtió 40 millones (6,1 millones de euros) en 1993 para adueñarse de la famosa villa Islette (20 000 m²) en Cabo Antibes. Al año siguiente, Gilbert Salomón conocía a Arcadi Gaydamak, treinta años más joven que él. Gaydamak estaba oficialmente endeudado en Francia donde no pagaba impuestos. "El hombre de negocios ruso", como lo escribía el periodista de *Le Parisien*, propuso un curioso negocio inmobiliario a Gilbert Salomón, y en marzo de 1995 éste último compraba a Gaydamak un apartamento de 320m² a un tiro de piedra del Trocadero por 9 millones de francos (1,4 millones de euros). En diciembre del mismo año, Gilbert Salomón revendía el apartamento a una sociedad inmobiliaria de Metz, la cual era controlada por una sociedad inglesa pilotada bajo mano por Gaydamak. Dos años después, en 1997, el rey de la carne vendía también a Gaydamak su propiedad de Antibes. De nuevo, en esta compra el hombre de negocios ruso no aparecía oficialmente. Fue Minotaur, una sociedad inglesa, la que compró por 59 millones de francos (9 millones de euros) la suntuosa villa Islette. "Blanqueo", afirmaron los jueces que acusaban a Salomón de haber participado en unas ventas ficticias. Gilbert Salomón, que se declaraba "arruinado" por culpa de la crisis de las vacas locas[178], explicó a los magistrados haber "hecho un buen negocio" cediendo su propiedad. El nuevo propietario, Arcadi Gaydamak, no pudo sin embargo disfrutar de ella. Estaba en fuga en Israel.

En Israel, Gaydamak se reencontró con su amigo de juventud, el escandaloso oligarca Mijaíl Chernoi, el cual proseguía con sus negocios bajo cielos más clementes. En el diario *Libération* del 30 de agosto del 2005, leíamos que Gaydamak acababa de invertir 11 millones de euros para adquirir y presidir el mítico club de fútbol Betar de Jerusalén. El club era descrito así en las páginas del periódico: "Populista, epidérmico, sus aficionados son abiertamente racistas ("Muerte a los árabes" es su eslogan más suave)."

En la edición francesa del *Jerusalem Post* del 29 de noviembre del 2005, nos enterábamos además de que el oligarca había sido interrogado por la policía israelí y puesto en detención preventiva. Se le sospechaba de haber participado en un caso muy grave de blanqueo de dinero con el banco Hapoalim. En marzo, la policía había congelado más de 400 millones de dólares depositados en una de las agencias del banco en Tel-Aviv. Gaydamak había sido liberado después de depositar una fianza de un millón de séqueles. Su pasaporte había sido confiscado y tenía prohibido salir del país. Naturalmente, el multimillonario acusaba a la policía de perseguirle, clamando alto y fuerte que, si no hubiera sido "un hombre de negocios muy rico y propietario de un equipo de fútbol, nunca habría sido interrogado." Incluso en Israel, Gaydamak era víctima de persecuciones. En julio del 2007, creaba su partido político: Justicia social. Por lo demás, seguía gestionando sus fructíferos negocios en Rusia. En ese país, era también un gran benefactor, pues no dudaba en usar parte de su inmensa fortuna para financiar las asociaciones caritativas y ayudar a los judíos más necesitados.

---

[178] La crisis de las vacas locas fue una crisis sanitaria y socioeconómica caracterizada por el colapso del consumo de carne de vacuno en la década de 1990, cuando los consumidores comenzaron a preocuparse por la transmisión de la encefalopatía espongiforme bovina (EEB) a los seres humanos a través de la ingestión de este tipo de carne. (NdT)

Edgar Bronfman, que poseía una fortuna estimada en 30 mil millones de euros, era también uno de los hombres más ricos del mundo. Su padre, Samuel, había hecho fortuna en los tiempos de la Prohibición, cuando los cuatro hermanos Bronfman, Allan, Samuel, Abe y Harry, trabajaban con Arnold Rothstein en el tráfico de alcohol de contrabando. En la época siguiente consiguieron cierta respetabilidad. Ya desde 1934, Sam Bronfman había conseguido el puesto de presidente del *National Jewish People's Relief Committee*. Su fortuna ayudaría a su hijo en convertirse en el presidente del Congreso judío mundial. Profundamente religioso y sionista convencido, Samuel Bronfman había financiado el envío de armas a la Haganá[179], contribuyendo así a la creación del Estado de Israel.

Unas décadas más tarde, Seagram, el grupo dirigido por su hijo Edgar Bronfman, se había convertido en el número 1 de las ventas de espirituosos y de vinos del mundo. El trust poseía los whiskys Five Crown (el más vendido en EE. UU), Four Roses, Glenlivet, White Horse, el whisky escocés Chivas, o el London Gin. Seagram había conseguido en 1994 la exclusividad de las ventas del vodka sueco Absolut (60% del vodka importado en EE. UU.). Los vinos Paul Masson, Calvert, Seven Crown, Barton et Guestier; los champañes franceses Mumm y Perrier-Jouët. El porto Sandeman y el coñac Martell, adquiridos en 1988, también pertenecían a Seagram. La compañía también era el líder mundial de los zumos de fruta (40% del mercado mundial) a través de la marca Tropicana, adquirida también en 1988.

Ciertamente, el comercio de alcohol parece ser una especialidad israelita desde hace mucho tiempo. En su libro dedicado a las relaciones entre los judíos y los rusos, el gran escritor Aleksandr Solzhenitsyn explicaba que, en el siglo XVIII, en Rusia, la producción de aguardiente se había convertido en su ocupación principal, hasta tal punto de que en 1804, bajo el zar Alejandro I, un decreto había obligado a los judíos abandonar los pueblos para impedir que perjudicaran la salud de los campesinos[180].

Bronfman contribuyó decisivamente para que parte de los judíos de la Unión Soviética pudiese salir del país en los años 1970. Junto al Congreso judío mundial, hicieron presión en el congreso estadounidense a través de un proyecto de ley que otorgaba a la Unión Soviética la cláusula de la Nación más favorecida. Este derecho

---

[179] La Haganá fue una organización paramilitar de autodefensa judía creada en 1920, durante la época del Mandato británico de Palestina. (NdT).
[180] Aleksandr Solzhenitsyn, *Deux siècles ensemble, Tome I,* Fayard, 2002, p. 70. Léase en *El Fanatismo judío*.

comercial fue finalmente acordado a cambio de que se permitiera el derecho de los judíos a emigrar. Edgar Bronfman y el Congreso judío mundial obligaron a los soviéticos a aceptar sus peticiones.

En aquella época, una parte del clan Bronfman todavía estaba vinculada al gansterismo. En 1972, Mitchell, el hermano de Edgar, había sido mencionado en Montreal en el informe de una comisión criminal como cómplice de Willy Obront, el dirigente de la mafia local. El informe mencionaba actividades ilegales "como la usura, juegos de azar, apuestas ilegales, falsificación de acciones, extorsión de impuestos y corrupción[181]." Obront y otro comparsa, Sidney Rosen, fueron los dos enviados a prisión.

Desde 1981, Edgar Bronfman era el presidente del Congreso judío mundial. En dicha función, se lanzó en una fructuosa empresa de extorsión de fondos: la recuperación de los bienes judíos "espoliados" durante la guerra. En efecto, una investigación había establecido que había en Suiza 775 cuentas inactivas con 32 millones de dólares. En 1995, junto al rabino Israel Singer, el secretario del Congreso judío mundial y riquísimo agente inmobiliario, comenzaron a presionar los banqueros suizos y a poner en marcha una campaña mediática internacional desde los medios de comunicación de Occidente. Esta cayó rapidamente en la difamación y las injurias: los suizos en su totalidad eran denunciados como aprovechados del "dinero de la sangre"; habían cometido "un robo sin precedente"; la deshonestidad era el "fundamento de la mentalidad suiza"; su "codicia" no tenía parangón; "se habían aprovechado del genocidio", habían cometido el "robo más grande de toda la historia de la humanidad".

La presión internacional fue tal que, en febrero de 1997, Suiza aceptó crear un "Fondo especial para las víctimas necesitadas del Holocausto" de dos cientos millones. Esta suma no correspondía de ninguna manera a una deuda reconocida, sino que debía ser considerada como un gesto de apaciguamiento, una prueba de buena voluntad para detener la campaña de difamación. Sin embargo, el Congreso judío mundial no se declaró satisfecho y las presiones aumentaron todavía más. Los financieros judíos llamaban ahora al bloqueo económico de Suiza. "Ahora, la batalla va a ser mucho más sucia", había avisado Abraham Burg, el presidente de la Agencia judía. Los Estados de Nueva York, de Nueva Jersey y de Illinois adoptaron unas resoluciones que amenazaban a Suiza con un bloqueo económico. En mayo de 1997, la ciudad de Los Ángeles sacó cientos de millones de dólares invertido en fondos de pensiones en un banco suizo. Nueva York, California, Massachusetts e

---

[181] Peter C. Newmans, *The Bronfman Dynasty*, p. 231

Illinois hicieron lo mismo unos días más tarde. "Quiero tres mil millones o más", proclamaba Bronfman en el mes de diciembre. En marzo de 1998, tronaba otra vez contra los suizos: "Si los suizos siguen clavando los tacos, pues entonces tendré que pedir a todos los accionistas norteamericanos que suspendan sus negociaciones preliminares con los suizos...Está llegando al punto en que tiene que resolverse o tendrá que ser la guerra total[182]."

Suiza se encontraba casi en la misma situación que Alemania en 1933. En junio, los bancos suizos hicieron una oferta de 600 millones de dólares, pero Abraham Foxman, de la ADL, declaró que era "un insulto a la memoria de las víctimas." Otros Estados norteamericanos - Connecticut, Florida, Michigan y California- amenazaron a Suiza con nuevas sanciones. A mediados de agosto, los suizos cedieron finalmente y aceptaron pagar 1250 millones de dólares. Todas las asociaciones judías se manifestaron entonces para conseguir su parte del botín. Los abogados del Congreso judío mundial y de la ADL habían embolsado 15 millones de dólares.

Tres años más tarde, el informe de Adam Sage, publicado en el *Times* del 13 de octubre del 2001, precisaba que las cuentas con ausencia de herederos podían ser atribuida a un número de 200 judíos deportados y que totalizaban 6,9 millones de libras esterlinas. En marzo del 2007, Israel Singer, acusado de haber malversado millones de dólares era despedido del Congreso judío mundial. Un mes más tarde, Edgar Bronfman, que ocupaba el puesto de presidente desde hacía 26 años, presentaba su dimisión. Antes de su muerte, un periodista le preguntó cuál era según él el mayor invento de la humanidad, Bronfman contestó: "El préstamo con intereses".

Las cantidades extorsionadas a Suiza eran poca cosa, comparado con lo que pagaba Alemania a Israel desde hacía décadas. Esto decía en 1976 Nahum Goldmann, el fundador del Congreso judío mundial, en su biografía publicada bajo la forma de una entrevista:

"- La obtención de reparaciones alemanas después de la guerra fue, según usted mismo confesó, uno de sus logros más esenciales. Expulsado de Alemania por Adolf Hitler, usted regresa para hablar casi de igual a igual con Konrad Adenauer. ¿Cómo se desarrollaron vuestras entrevistas?

Nahum Goldmann respondía con estas consideraciones:

---

[182] Norman Finkelstein, *La Industria del Holocausto, Reflexiones sobre la explotación del sufrimiento judío*, www.laeditorialvirtual.com.ar, p. 46. Se puede leer sobre este caso la excelente síntesis del suizo René-Louis Berclaz, *La Suisse et les fonds juifs en déshérence*.

- En realidad, Alemania ha pagado hasta día de hoy sesenta mil millones de marcos y en total llegará hasta los ochenta mil millones. O sea, doce o catorce veces más de lo que habíamos calculado en aquella época... No se podría reprochar a los alemanes haber sido mezquino y de no haber cumplido con sus promesas... Para zanjar el tema de las reparaciones, hay que recordar sin embargo que, hoy en día, los alemanes gastan cada año mil doscientos millones de marcos por este motivo. El público cree que las mayores cantidades han sido pagadas al Estado de Israel, sin embargo esto no es así: Israel ha recibido oficialmente el equivalente de tres mil millones de marcos. El valor real es superior, pues los precios de los productos fueron fijados en un momento en que las cotizaciones mundiales estaban en el punto más bajo. Pero las víctimas judías han recibido, a título individual, veinte veces más. Evidentemente, dado que cientos de miles de supervivientes se han instalado en Israel, una parte muy importante de los pagos individuales revierten indirectamente a favor del Estado: hay miles de israelíes cuya base existencial está constituida por los pagos alemanes. Por lo demás, los rusos nunca han contestado a nuestras peticiones y Alemania del Este no ha reaccionado[183]."

Según la revista alemana *Der Spiegel* (n. º18, 1992), la República federal alemana ya había pagado 85,4 mil millones de marcos a Israel, a las organizaciones sionistas y a particulares. "Sin las reparaciones alemanas, escribía Nahum Goldmann, Israel no tendría la mitad de sus infraestructuras."

En 1967, Pinhas Sapir, el ministro de finanzas de Israel, había revelado que de 1949 hasta 1966, el Estado de Israel había recibido siete mil millones de dólares. Para darse cuenta de la significación de estas cifras, basta recordar que la ayuda del plan Marshall, concedida entre 1948 y 1954 a Europa occidental, era de trece mil millones de dólares. Esto significa que el Estado de Israel había recibido para menos de dos millones de habitantes, más de la mitad de lo que habían recibido dos cientos millones de europeos, es decir cien veces más por habitante[184].

Además, las organizaciones judías estadounidenses envían cada año a Israel una media de mil millones de dólares. Esas contribuciones, consideradas caritativas, son desgravables de la declaración de renta del

---

[183] Nahum Goldmann, *Le Paradoxe juif, Conversations en français avec Léon Abramowicz*, Paris, Stock, 1976, p. 146-164. Goldmann habla de 600 000 supervivientes de los "campos de la muerte": "En 1945, había casi seis cientos mil Judíos, supervivientes de los campos de concentración alemanes, que ningún país quería acoger." (*Le Paradoxe juif*, p. 237)

[184] Roger Garaudy, *Les Mythes fondateurs de la politique israélienne*, La Vieille Taupe, 1995, p. 211, 212

donante, por lo que en realidad recaen sobre el contribuyente estadounidense. Sin embargo, la mayor parte de esas contribuciones provenía directamente del Estado Norteamericano, cuya ayuda se elevaba a más de tres mil millones de dólares por año en la década de 1990[185].

Al final de los años 80, el estancamiento del mercado del alcohol había llevado a Edgar Bronfman Junior, que había tomado las riendas del imperio Brongfman, a reorientar la estrategia del grupo hacia el sector del ocio y audiovisual. La venta de Tropicana permitió la adquisición de la compañía discográfica Polygram y tomar el control de Deutsch Gramophon, Decca y Philips Music Group. Bronfman también compró la mitad de Interscope Records, una compañía discográfica especializada en la difusión de música rap. En 1995, la Seagram se había apropiado de los estudios hollywoodienses MCA-Universal y poseía el 15% de Times Warner. Edgar Bronfman se convertía así en uno de los mayores jefes de Hollywood[186]. Desde esa posición, podría hacer creer cualquier cosa a las muchedumbres occidentales.

La Anti-Defamation League (ADL), la poderosa liga "antirracista" estadounidense, seguía por su parte todavía vinculada a algunos personajes dudosos. Su presidente Abraham Foxman, como vimos anteriormente, había recibido en el 2000 una suma muy importante de las manos de Marc Rich para defender su causa ante el presidente Clinton. Su antecesor Kenneth Bialkin era también un personaje sospechoso. Había trabajado en los años 1970 como abogado en el bufete Wilkie Farr & Gallagher en Nueva York. En enero de 1980, se descubrió que Bialkin había participado en una estafa dirigida por un tal Robert Vesco, el cual tuvo que huir a Cuba. Anteriormente, Vesco había colaborado con el proveedor de droga "colombiana" Carlos Lehder, contribuyendo así a la creación de la red de venta de cocaína y de marihuana en Las Bahamas. El 17 de abril de 1989, Robert Vesco comparecía delante del juez de Jacksonville por su implicación en la importación de droga colombiana.

Kenneth Bialkin también había actuado como abogado defensor del

---

[185] Léase también sobre el tema el libro conjunto de John Mearsheimer y Stephen Walt, *El Lobby Israelí y la Política Exterior Estadounidense*, Harvard University, 2006.

[186] *Premier*, la revista de cine de Michael Solomon, publicaba en el 2001 la lista de las 100 "personalidades más influyentes" de Hollywood. El número 1 era entonces Gerald Levin de Times-Warner-AOL, que destronaba Summer Redstone (Murray Rothstein) de Viacom (CBS, Paramount, MTV, etc). El número 3 era el australiano Rupert Murdoch (judío por su madre, nacida Emma Greene). El número 4 era Michael Eisner (Disney, ABC, Miramar, etc.) Más de la mitad de la lista estaba compuesta por personalidades de confesión israelita. En *Faits-et-Documents* del 15 de abril del 2001.

banquero Edmond Safra, el cual había sido inculpado en enero de 1989 en un caso de lavado de dinero sucio. Se demostró que el banco de Safra en Nueva York servía de lugar de tránsito para el dinero de la droga de bandas libanesas, búlgaras y colombianas.

También tenemos a Paul Lipkin, presidente de la dirección regional de la ADL en Virginia. Había trabajado durante décadas como abogado de Arthur "Bootsy" Goldstein, uno de los reyes de la pornografía que fue detenido varias veces.

Acólitos de larga data de Meyer Lansky como Víctor Posner, el abogado de Hollywood, Sidney Korchak y Moe Dalitz, habían sido los benefactores de la Anti-Defamation League. Morris "Moe" Dalitz, el padrino de Las Vegas, que fue uno de los fundadores del famoso "The Purple Gang" de Cleveland, figuraba en la lista de la revista *Forbes* de 1982 junto a las 400 personas más ricas de Estados Unidos. En 1985, fue condecorado como benefactor de la asociación: la ADL le entregó su distinción suprema: la "Antorcha de la Libertad".

La mafia en Israel

Después del derrumbe del bloque soviético en 1991, cientos de miles de judíos rusos llegaron a Israel. Se hablaba, en 1995, de cerca de 700 000 inmigrantes en cinco años, es decir más del 12% de la población total de Israel. Entre ellos se colarían algunos de los más importantes representantes del crimen organizado, aprovechándose de la "ley del retorno" que otorgaba automáticamente la nacionalidad israelí a todos los judíos del mundo que venían a instalarse en Israel. Ciertamente, la ley israelí evocaba la posibilidad de rechazar un candidato a la inmigración si éste tenía antecedentes judiciales o penales, pero esta disposición era muy teórica. El rechazo de la solicitud de Meyer Lansky para residir en Israel había sido sólo una excepción[187].

En realidad, para la mafia rusa, Israel era un remanso de paz, un sitio de ocio y para reunirse, pero también una plaza financiera que ofrecía posibilidades de lavado de dinero. En efecto, un judío que llegaba a Israel no tenía que justificar el origen de las divisas que hacía entrar en el país, cualquiera que fuese la cantidad. En 1996, de los 30 mil millones de dólares que habían salido de la ex-Unión Soviética a cuenta de la mafia rusa, cuatro habían sido blanqueados en Israel[188].

---

[187] En Los *judíos, el mundo y el dinero* (2005), Jacques Attali había mencionado esta excepción para engañar a sus lectores.
[188] Alain Lallemand, *L'Organizatsiya, La mafia russe à l'assaut du monde*, Calmann-Lévy, 1996, p. 207

Algunos de esos nuevos inmigrantes quizá no eran judíos. Esta es una idea que se suele afirmar para minimizar la influencia de la mafia judía en el mundo: criminales rusos se habrían hecho pasar por judíos para salir de la URSS y se habrían luego integrado en las diásporas de auténticos judíos rusos, tal como se puede ver por ejemplo en la película *Lord of War*, una película que muestra la trayectoria de un importante traficante de armas internacional instalado en Little Odessa. Esto escribía Alain Lallemand: "Esta conclusión es fundamental y explica en gran parte por qué los avances de la mafia rusa se producen mayoritariamente en las zonas marcadas anteriormente por una ola de inmigración judía, para gran disgusto de esas comunidades religiosas (Brooklyn, Amberes, Vilnius, Odessa, etc.), y por qué el desarrollo de la mafia rusa es espectacular, usando y abusando de las estructuras de inmigración que son extranjeras para ella[189]." Esto, evidentemente, no es nada serio.

Sin embargo, al principio de su libro, en la página 13, Alain Lallemand parecía un poco incómodo cuando escribía: "¿Judíos? Las declaraciones religiosas de las personas interesadas sólo son responsabilidad suya...Por lo que, a partir de ahora, en este relato, sólo la nacionalidad será a priori pertinente, la pertenencia religiosa declarada o presunta se hará notar en los casos en que juegue un papel determinante." Pero finalmente confesaba entre líneas: "En este caso, no es un pequeño detalle: como veremos, la criminalidad israelí es complementaria de la criminalidad rusa, es incluso a día de hoy su prolongación, y Tel-Aviv desempeña un papel central en la organización mafiosa que nos interesa[190]."

En el 2002, un informe del FBI precisaba que la mayoría de los miembros de la organización criminal de Mogilevitch tenían pasaportes israelíes. Era lo que declaraba a su vez el experto de la oficina criminal del Departamento de Estado, Jonathan Winer: "No hay ninguna gran figura del crimen organizado que perseguimos que no posea un pasaporte israelí." (*Strategic Forecasting*, 8 de abril del 2002). Lo cierto es que los 75 primeros criminales rusos y ucranianos buscados en todo el mundo por el gobierno estadounidense al final de los años 1990 eran ciudadanos israelíes.

---

[189] Alain Lallemand, *L'Organizatsiya, La mafia russe à l'assaut du monde*, Calmann-Lévy, 1996, p. 209
[190] En su libro titulado *Le Gran Réveil des mafias (El Gran despertar de las mafias)*, (JC Lattès, 2003), Xavier Raufer guardaba el silencio sobre la importancia de la mafia judía. Respeto al Estado Hebreo, escribía con clemencia: "A menudo golpeado por el terrorismo, este país bien podría prescindir de otra calamidad." (página 35).

El 18 de octubre del 2007, el semanal *Actualité juive* remarcaba "el impresionante número de pasaportes israelíes robados, perdidos o vendidos cada año en el extranjero o sobre el territorio nacional": 27 500; cuando el número de declaraciones de perdida era de 6000 por año. Los otros documentos eran vendidos a "las mafias locales, en los países más frecuentados por los israelíes como la India, Tailandia, Australia o Japón."

Israel se había convertido en una base segura para la mafia: Cientos de millones de dólares eran invertidos allí por los mafiosos que blanqueaban su dinero sucio. Robert Friedman escribía al respecto: "De todas las naciones donde la mafia rusa se ha establecido, ninguna está tan profundamente comprometida como el Estado de Israel."

Algunas noticias eran efectivamente bastante reveladoras del ambiente en Israel. El 24 de febrero de 1993 en Tel-Aviv, por ejemplo, Yeheskel Aslan, 43 años, era abatido por un pistolero enmascarado. Yeheskel Aslan era el propietario de varios restaurantes y discotecas en Israel, así como de casinos en Europa del Este y en Bélgica. Había sido encarcelado en Nueva York en 1971 y en 1979 por tráfico de droga, y había sido víctima de un primer atentado en 1982 en el que había recibido siete disparos. Después de su asesinato el 24 de febrero de 1993, unas mil personas siguieron su féretro en Tel-Aviv, dando así una idea de su popularidad e influencia.

He aquí otros hechos que enriquecían las noticias israelíes: el 10 de agosto de 1994, Amnon Bahashian era abatido de tres disparos en la cabeza a bocajarro por un pistolero que huía en coche con un cómplice. El 14 de enero de 1995, de nuevo en Tel-Aviv, una bomba era puesta debajo del coche de Moshe Alperon, 42 años, el cual perdía una pierna en el atentado. Afortunadamente, los refuerzos del coche habían absorbido la mayor parte de la deflagración. La policía israelí dirigía su investigación hacia Gad "Schatz"Plum, recién llegado a Israel después de pasar trece años en prisión en Alemania por asesinato. Todo el mundo temía Gad Plum y sus métodos para extorsionar dinero a los encargados de burdeles y a los comerciantes. También tenía casinos y participaba en el tráfico de heroína. El 31 de octubre de 1995, fue abatido con tres balas en el torso en una terraza de un café de Tel-Aviv. Un joven pistolero se había apeado de una moto y le había disparado a bocajarro antes de huir con su cómplice.

Los ajustes de cuenta eran algo común, pero el doble asesinato del 11 de mayo de 1995 quedó en los anales de Israel por el horror que suscitó. Una abuela de 67 años, Sofia Moshayav, y su nieto Siblei, de 20 años, originarios de Chechenia, habían sido hallados decapitados en su apartamento en el norte de Tel-Aviv. Las cabezas habían sido probablemente enviadas por correo a los comanditarios, en el Cáucaso, donde el padre de Siblei, Dimitri Moshayav, hacía negocios con uno de sus semejantes. El culpable, Oleg Ya'acobov, era un primo de Siblei. Éste había incluso asistido al entierro de sus víctimas para aparentar total normalidad, pero unas semanas más tardes fue detenido y procesado.

Los problemas que traían los "Rusos", como denominaban allí a los judíos de la antigua Unión Soviética, habían alcanzado enormes proporciones. Formaban desde hacía tiempo un Estado dentro del Estado. Esta comunidad publicaba más de diez periódicos y revistas en ruso, y absorbía la criminalidad de Rusia, del Cáucaso y de Asia central. Los judíos de la ex-URSS también habían provocado el extraordinario boom del tráfico aéreo hacia sus países de origen. Los destinos a Tiflis, Bakú, Ekaterimburgo, Dusambé, Almati, Kiev, Sebastopol, Moscú y San Petersburgo tenían a menudo varios vuelos por día con Tel-Aviv. Ese constante ir y venir entre Asia central, Turquía e Israel, inquietaba las autoridades israelíes hasta el punto de que que decidieron formar una unidad especial de policía especializada en la lucha contra la criminalidad proveniente de la ex-URSS[191].

En pocos años, los "Rusos" habían sin embargo permitido a Israel multiplicar sus reservas de divisas por dos. Hay que decir que el sistema bancario israelí, al igual que el de Chipre, ofrece infinitas posibilidades de reciclaje para el dinero sucio. Los bancos israelíes, con sucursales y compañías *"con ventajas fiscales"* en Europa, en el Caribe, en Estados Unidos, en Canadá y en Asia del sureste, garantizaban efectivamente el anonimato para todos los depósitos en divisas y una libre circulación del dinero en todo el mundo, así como la posibilidad de convertirlo en oro. Se trataba del famoso sistema *Pata'h* (la "cuenta extranjera"), alabada y publicitada por los bancos más importantes del país en sus lujosos folletos.

L'Express del 16 de julio de 1998 aportaba otras informaciones acerca de la situación en Israel. Allí como en todas partes, los criminales se creían por encima de las leyes. "Con sus fortunas colosales, pueden comprar a cualquiera, se lamentaba el general Mizrahi. Hemos desmantelado dentro de nuestro ministerio del Interior una red de

---

[191] La multiplicación de los vuelos de Israel hacia Turquía era el resultado del fortalecimiento de las relaciones económicas y de defensa con Ankara, pero correspondía también al entusiasmo de los turistas israelíes por los casinos, prohibidos en Israel bajo la presión de los partidos religiosos. Londres, Las Vegas y Monte-Carlo eran también destinos apreciados.

complicidades que les permitía conseguir documentos falsos" Y añadía: "No estoy seguro de que podamos impedir que un día extiendan sus redes sobre la política israelí."

El caso de Gregori Lerner, alias Zvi Ben Ari, fue emblemático. Israelí de origen ruso, había sido detenido en 1997 cuando intentaba despegar del aeropuerto Ben-Gurión con mil millones de dólares en acciones al portador en su maleta. También se le acusaba de haber estafado cuatro bancos rusos, unos 106 millones de dólares, y de estar en Israel para organizar una red de blanqueo de dinero. Moshé Mizrahi declaraba que ese individuo "quizá habría llegado a ser diputado en la Knesset si no lo hubieran encerrado tras los barrotes". Según la policía, el llamativo Lerner, después de haber milagrosamente hecho fortuna en pocos años en el estado judío, había donado 100 000 dólares a favor de una asociación vinculada al partido Yissrael B'Aliya (los nuevos inmigrantes), dirigida por Nathan Chtcharanski. Gregori Lerner había sido condenado a seis años de prisión, pero seguía recibiendo en su celda a varios diputados israelíes originarios de la ex-URSS.

El 3 de abril de 1998, la BBC inglesa interrogaba el comandante de policía israelí Meir Gilboa, el cual declaraba a la periodista: "Vienen aquí a Israel porque es poco arriesgado dedicarse a actividades ilegales. No hay leyes en contra del blanqueo de dinero o contra la pertenencia a una organización ilegal. Es fácil conseguir la ciudadanía israelí. Se sienten más seguros aquí que en Rusia." El comandante Gilboa reconocía que los mafiosos constituían una amenaza seria para la sociedad israelí: "Tienen los medios para corromper el gobierno y el sistema económico."

La prostitución proporcionaba a los mafiosos un tren de vida lujoso. Decenas de prostíbulos y "salones de masaje" habían aparecido en los últimos años en Tel-Aviv y Haifa. Muchos eran controlados por los mafiosos rusos que reclutaban chicas de Europa del Este. "Son vendidas como esclavas", declaraba el agente Tony Haddad de la policía de Haifa. Rita Rasnic, del Centro de Ayuda israelí para las mujeres, afirmaba que se trataba de una nueva trata de Blancas.

Según el general Mizrahi, los delincuentes locales tradicionales pasaban por niños comparado con los criminales venidos de la antigua Unión Soviética: "Un gánster ruso asesina mucho más fríamente. No duda en matar uno detrás de otro, al encargado y a todas las chicas de un "salón de masaje" antes de alejarse tranquilamente por la calle." *L'Express* apuntaba: "Unos métodos por lo visto eficaces, a juzgar por el casi monopolio de la prostitución que tienen los mafiosos rusos en esta tierra bíblica, tal como lo demuestran las innumerables siluetas de chicas rubias que deambulan por las noches en las calles aledañas del Diamond Stock Exchange de Tel-Aviv."

Israel se había convertido en uno de los centros del blanqueo de dinero de la droga. En 1997, transitaban en el país entre cuatro y cinco mil millones de dólares. En septiembre de 1995, la *Dépêche Internationale des Drogues* publicaba las informaciones siguientes: en el mercado popular de Shaanan Street, cerca de la estación central de autobuses de Tel-Aviv, se traficaba abiertamente con heroína y drogas sintéticas. El lugar era un caos de pueblos y de mercancías. Las poblaciones africanas y de la ex-URSS se mezclaban, pero los judíos provenientes del ex-Yidishland, del Cáucaso y de Asia central dirigían el cotarro.

El tránsito de viajeros servía además de soporte a un tráfico de droga casi familiar: un zapatero uzbeko de Samarcanda instalado en Haifa explicaba que había montado su taller con el dinero de medio kilo de heroína vendido en Israel[192]. Aunque a continuación, aseguraba no haber vuelto a tener ningún contacto con la droga. En los grandes centros urbanos, sobre todo en Tel-Aviv y en Jerusalén, pero también en el puerto de Haifa, la dosis de heroína (un tercio de gramo) se negociaba a unos precios extremadamente variables, entre 30 y 90 dólares. Sin embargo, la lucha antidroga en las fronteras no era prioritaria. Las medidas de control y los interrogatorios sin fin que soportaban los viajeros al salir y entrar de Israel eran sobre todo para asegurar la seguridad y controlar las armas y explosivos[193].

La corrupción de los policías era otro indicio de la degradación de la situación. La prensa había informado que, el viernes 25 de agosto de 1995, en Tel-Aviv, tres ministros habían querido "bajar" la calle Allenby para ver por ellos mismos la amplitud del tráfico. Pudieron darse cuenta de que los traficantes distribuían sus bolsitas de cánnabis en frente de la comisaría de la policía local. A lo largo de la calle y en los bares, todas las drogas eran vendidas. Después de ese golpe mediático, la prensa relató varios casos de policías que habían robado traficantes o extorsionado sus ganancias durante su detención. Otros habían sido directamente acusados de haber participado en el tráfico de droga. En el mes de enero de 1997, el ejército israelí había desvelado que un oficial de las aduanas había sido arrestado por ser el principal sospechoso del desvío de 14 kilos de heroína incautados.

---

[192] 300 gramos de heroína permiten hacer 35 000 dosis.
[193] Los ciudadanos de Costa Rica, Guatemala, Salvador y República Dominicana no eran sometidos a un control riguroso en el aeropuerto internacional Ben-Gurión, ya que estos países eran los únicos en reconocer desde 1980 a Jerusalén como capital del Estado hebreo. Algunos viajeros se aprovechaban para introducir cocaína en Israel.

Según un informe de agosto del 2001 de la oficina de las naciones Unidas para el control de drogas y la prevención de los crímenes, 75% de los crímenes en Israel tenían que ver con la droga (marihuana, heroína, cocaína, éxtasis, LSD). El país contaba 300 000 consumidores ocasionales y 20 000 adictos. Pero Israel no era únicamente un país consumidor: como Colombia, Tailandia y Pakistán, el estado de Israel se había convertido en un centro del tráfico internacional.

En un informe estadounidense del 2003, Dina Siegel escribía que el crimen organizado en Israel se presentaba en cientos de grupos étnicos, de los cuales los judíos caucásicos eran los más violentos. "Caucásicos y Georgianos formaban parte de una solo categoría: la "mafia rusa"." Dina Siegel nos informaba también de la procedencia de la mafia caucásica: durante la guerra en Chechenia, numerosos judíos chechenos habían emigrado a Israel.

La comunidad judía de Georgia era especialmente fuerte y estructurada. Esto decía Jacques Derogy en su libro: "El propio Stalin, hijo de Georgia, no se había atrevido a prohibir a los judíos practicar su culto libremente, contrariamente al resto de judíos de la URSS." Muchos de ellos habían abandonado la Unión Soviética después de la guerra de los Seis días. "De todos los inmigrantes rusos en Israel, los georgianos son la comunidad más homogénea, más enérgica y poderosa", escribía Derogy. Todos los traficantes tenían apellidos que se terminaban en *"shvili"*: emigrados de Georgia, solían ser empleados del aeropuerto de Lod donde robaban las mercancías[194].

Pero no se podía achacar toda la criminalidad israelí a los "Rusos". La situación ya se había degradada en los años 1970. En 1980, en su libro titulado *Israel Connection,* Jacques Derogy, pionero del periodismo de investigación y "judío de adhesión y pro-israelí" (página 28), escribía: "De 1949 a 1979, la curva de los delitos y de los crímenes en Israel ha subido en Israel cuatro veces más rápido que la de la población, la cual pasó en treinta años de uno a tres millones de habitantes." Y añadía: "Al igual que su compañera estadounidense, la mafia de Israel hace su fortuna en el tráfico de estupefacientes por todo el mundo, en la extorsión de fondos en todas sus formas, particularmente la "protección" impuesta, en el contrabando generalizado, especialmente

---

[194] Jacques Derogy, *Israel Connection*, Plon, 1980, p. 101. El diario inglés *The Independent* del 25 de enero del 2001 nos informaba de que un diputado, miembro del congreso judío ruso, Mijaíl Mirilashvili, había sido arrestado en San Petersburgo y acusado del secuestro de dos personas. Mirilashvili tuvo que huir del país junto al presidente israelí Moshé Katzav, en visita de Estado en ese momento. Era el director de la sociedad Russian video, comprada en 1997 por MediaMost, controlada por Gusinsky.

el de diamantes robados en el aeropuerto Ben-Gurión de Lod, en el monopolio prohibitivo en los mercados de frutas y legumbres y de la vestimenta, en la fabricación y difusión a gran escala de falsos cheques bancarios, y también en el proxenetismo."

La extorsión de los pequeños comerciantes y de las sociedades comerciales ya era una plaga: "Con el paso de los años, no ha hecho más que desarrollarse, institucionalizarse, expandirse, hasta tal punto que, hoy en día, es muy difícil encontrar un lugar público – restaurante, discoteca, tienda, incluso ultramarino como en la región de Haifa-, donde el propietario no pague regularmente grandes sumas de dinero a individuos que deben supuestamente "proteger" su empresa[195]."

El tráfico de heroína hacía estragos. Véase el caso de un tal Hershko Nello, una figura del hampa israelí. Era "un traficante de estupefacientes que había creado una red directa Tailandia-Israel para el transporte de heroína[196]." Hershko Nello y sus cómplices viajaban regularmente a Chiang Mai, en el norte de Tailandia para comprar heroína.

Derogy citaba además un tal Albert Liani, traficante de droga israelí instalado en Marsella que reinaba sobre el transporte marítimo de estupefacientes entre Israel y Estados Unidos. También estaba Pinhas Goldstein, considerado uno de los pioneros del tráfico de cocaína de Ámsterdam hacia Israel[197].

Samy Shoshana, un sexagenario, había creado una red paralela a la de los Corsos con la colaboración de un "*pied-noir*[198]" llamado Jacques Cohen, antiguo miembro de la banda de Salomón Abou, desmantelada en 1970. Jacques Derogy describía así este individuo: "Reinstalado en París, en su cuartel general del *fauboug Montmartre*, Jacques Cohen es uno de los hombres fuertes de la banda creada por otros judíos norteafricanos, los hermanos Taieb, los cuales dirigen sus negocios desde dos clubes parisinos, el *Gibus* y la *Petite Bergère*." Jacques Cohen iba regularmente a Israel, hasta el día, en diciembre de 1974, en que Samy Shoshana fue denunciado y arrestado con 22 kilos de opio en un apartamento de los barrios residenciales de Tel-Aviv[199]. Vemos pues, que los judíos sefarditas de África del Norte tampoco se quedaban atrás y también sabían invertir en los tráficos más lucrativos.

La figura mítica del crimen organizado en Israel fue Mordejai

---

[195] Jacques Derogy, *Israel Connection*, Plon, 1980, p. 29, 34, 92
[196] Jacques Derogy, *Israel Connection*, Plon, 1980, p. 143
[197] Jacques Derogy, *Israel Connection*, Plon, 1980, p. 110, 111
[198] Francés repatriado de Argelia después de la guerra de independencia. (NdT).
[199] Jacques Derogy, *Israel Connection*, Plon, 1980, p. 88

Tsarfati, también llamado Mentesh. Había nacido en Salónica en 1917, y había sido el primer "padrino" de Israel en los años cincuenta. Había impuesto su ley en los lugares de ocio y placer y en las salas de fiesta, además de organizar el tráfico de droga. También hacía muchos favores a los dirigentes del Partido Laborista en el poder, proporcionando matones para sus mítines. Fue el agente electoral de Ben-Gurión en los barrios populares. Allí formaría a su delfín, Betsalel Mizrahi. En aquella época, Tel-Aviv ya estaba infestada de bandas organizadas que se dedicaban a toda clase de bandidaje.

Comprobabamos así como, al fin y al cabo, los deseos de los padres fundadores del estado judío habían sido prontamente satisfechos. En efecto, se habían hecho cargo de las palabras del teórico del sionismo, Dov Ber Borojov, el cual había declarado: "Nosotros, judíos, tendremos un Estado como los demás cuando éste tenga sus asesinos, sus criminales y sus prostitutas." Pero la verdad sea dicha, los criminales no habían esperado la creación del Estado de Israel en 1948 para cometer sus fechorías: "En los años veinte, los policías judíos al servicio del gobierno británico en Palestina ya se las tenían que ver seriamente con toda clase de bandidos[200]."

---

[200] Jacques Derogy, *Israel Connection*, Plon, 1980, p. 35

SEGUNDA PARTE

NEGOCIOS SIN FRONTERAS

1. Las armas, la droga y el diamante

Con 400 mil millones de beneficios anuales, el tráfico internacional de droga representa la segunda actividad económica mundial, justo detrás de la industria del armamento[201]. Los traficantes de droga necesitan armas. También necesitan redes organizadas para blanquear miles de millones de dólares generados por el tráfico de heroína, de cocaína o de éxtasis. Ahí es donde intervienen los diamantistas.

La industria del diamante

Los judíos siempre han desempeñado un papel importante en la industria del diamante. Las piedras preciosas se transportan fácilmente, lo cual presenta una enorme ventaja en caso de huida precipitada. Y la historia de los judíos está, como todos sabemos, jalonada de huidas precipitadas.

La extracción y comercialización del diamante bruto estaba completamente en manos de hombres de negocios de la comunidad judía. La compañía De Beers había disfrutado durante mucho tiempo del casi monopolio de esta rama de la industria. La aventura de la compañía De Beers había comenzado en el siglo XIX en África del Sur. En 1869, tras el hallazgo de las primeras piedras, los buscadores llegaron de todas partes para cavar la tierra. Ante la horda de exaltados del diamante, los hermanos Be Beers – unos granjeros bóeres- habían finalmente cedido su terreno a cambio de unas 6000 libras a un

---

[201] William Reymond, *Mafia S.A.*, Flammarion, 2001, p. 370

sindicato de prospectores, el cual resultaría ser el yacimiento de diamantes más abundante del mundo. Un hombre supo destacar por su sentido de los negocios: el famoso Cecil Rhodes. Compró concesiones, creó sociedades e hizo fusiones, de tal manera que consiguió tomar el control del mercado africano y hasta del 90% de la producción mundial de diamantes. Para controlar tanto la producción como la venta, Rhodes creó un consorcio de comercialización que llamó "Sindicato del diamante". Sin embargo, en 1902, se descubrió en la provincia del Transvaal otro yacimiento todavía más abundante que escapaba a su control.

El monopolio de la producción y de la comercialización se realizó en los años 1930 bajo la férula de Ernesto Oppenheimer. En 1957, su hijo Harry retomó el negocio y durante una década el "Sindicato" ejerció una dominación absoluta sobre la industria mundial del diamante bruto. La compañía fijaba los precios a su antojo, acumulando los diamantes brutos en sus stocks cuando los precios eran bajos y vendiendo cuando los precios subían. La De Beers elegía sus clientes, no más de 160, según unos criterios bastante opacos. "No se negocia con la De Beers; se toma lo que da, al precio que pide", se decía en el mundo de los diamantistas.

Las actividades del grupo pronto se extendieron a muchas más ramas: minas de oro, de cobre, de carbón, acererías, bancos, etc. Cuando Harry Oppenheimer se jubiló en 1984, su hijo Nicky lo sustituyó en la sede de la sociedad, en Londres. La central de ventas (Central Selling Organization) fijaba la política comercial y regulaba el mercado. La actividad de la CSO no se limitaba solamente a los diamantes de la De Beers, sino que concernía además la casi totalidad de la producción mundial, ya que la URSS y China también les encargaban la comercialización de sus diamantes brutos. A principio de los años 90, la De Beers producía el 45% de los diamantes brutos del mundo y comercializaba cerca del 80% de la producción mundial. Nicky Oppenheimer, que hacía trabajar decenas de miles de obreros negros en sus minas, era sin ningún género de duda el hombre más rico de África.

Durante el embargo internacional establecido contra el régimen segregacionista del Apartheid en los años setenta, África del Sur mantuvo muy buenas relaciones con el Estado de Israel. Aunque, por otro lado, Harry Oppenheimer, que tenía relaciones constantes con los dirigentes negros de la ANC en el exilio, y otro multimillonario judío, el famoso especulador húngaro George Soros, financiaba desde 1981 los movimientos negros de la Universidad de Captown[202].

---

[202]Sobre el papel de George Soros, léase *Las Esperanzas planetarianas*.

La caída del régimen de Apartheid a principio de los años noventa no fue una casualidad. Había sido decidida en Nueva York por algunas multinacionales angloestadounidenses. El periodista Anthony Sampson escribía el 9 de mayo de 1994 en *Newsweek*, uno de los órganos de prensa del *establishment* estadounidense: "En julio de 1985, la Chase Manhattan Bank (David Rockfeller) hizo un gesto histórico: la interrupción de todos los prestamos financieros y la cancelación de todo el canal de crédito hacia África del Sur. Fue la Chase Bank la que provocó, a nivel internacional, la pérdida de confianza respeto a ese país, la quiebra de su moneda y la ola internacional a favor de la liberación de Mandela."

De hecho, en África del Sur, como en todas partes, los financieros y los intelectuales cosmopolitas siempre han alentado la formación de sociedades multirraciales, ya que la perdida de referencias identitarias favorece su hegemonía[203]. En agosto del 2000, cuando falleció Harry Oppenheimer, el líder negro y nuevo presidente elegido del país, Nelson Mandela, homenajeó el hombre calificándolo de "un gran Surafricano de nuestro tiempo."

En los años 90, la De Beers tuvo sin embargo que enfrentarse a un temible competidor en la persona de Lev Leviev. Éste había nacido y crecido en el ambiente judío de Taskent, en Uzbekistán. Su padre era un negociante en textil. En 1971, tras siete años de espera, la familia emigró a Israel después de haber convertido su riqueza en diamantes y sacarlos de la URSS en contrabando. Pero al llegar a Israel, su padre sólo consiguió 200 000 dólares en vez del millón esperado. El joven Lev Leviev de 15 años juró tomarse la revancha. Al final de los años 80, se convirtió en el mayor negociante de piedras preciosas en Israel, y era uno de los 160 clientes seleccionados por la De Beers.

En 1994, el gobierno ruso decidió vender en el mercado del diamante amberino una parte de sus reservas de diamantes brutos, almacenadas desde hacía décadas, rompiendo así el contrato de exclusividad con la sociedad sudafricana De Beers. Los precios cayeron entonces entre un 10 y 50%. Normalmente, la De Beers hubiera comprado la totalidad del stock, como fue el caso con los diamantes angoleños. Pero esta vez la CSO fue incapaz de contener el dumping ruso. "Desde el derrumbe de la Unión Soviética, estábamos acostumbrados a ver llegar pequeños lotes de calidad media sacados de Rusia por la mafia o antiguos miembros del KGB. Actualmente, asistimos a ventas oficiales de piedras de buena calidad que escapan a la De Beers", contaba un negociante londinense, uno de los 160 clientes privilegiados encargados

---

[203]Sobre la apología de la sociedad multicultural, léase *Las Esperanzas planetarianas*.

de revender los diamantes a los profesionales[204].

Lev Leviev había comprado una parte de esas reservas rusas. Unos años después, su sociedad África-Israel Investments conseguía la exclusividad de los diamantes angoleños – un contrato de más de mil millones de dólares por año. En aquella época, era socio con su amigo Arcadi Gaydamak, el traficante de armas. Leviev poseía minas de diamantes en Angola, en Namibia y en los Urales, pero también minas de oro en Kazajistán. Otra parte de sus capitales habían ido a parar a la gestión inmobiliaria en Praga y en Londres, y era dueño de 1700 estaciones de gas Fina en el suroeste de Estados Unidos, así como de la cadena de televisión israelí en lengua rusa. También había invertido mil millones de dólares en bienes raíces en Rusia, y una suma equivalente en complejos de oficinas y edificios residenciales en Nueva York y en Texas. En Israel, su sociedad África-Israel construía centros comerciales, residencias de lujo e invertía en la industria de la moda, en el turismo y en las infraestructuras. Lev Leviev financiaba generosamente las escuelas judías. En el 2002, había inaugurado una yeshivá[205] para 350 estudiantes en Queens, Nueva York. En 1992, ya había financiado íntegramente la primera escuela judía de Rusia, en San Petersburg. Lev Leviev, que vivía en el barrio ultra-ortodoxo de Bnei Brak, en Jerusalén, estaba completamente entregado al movimiento Jabad-Lubavitch[206], al que distribuía al menos treinta millones de dólares por año[207].

La De Beers había sido totalmente apartada en Angola, y poco tiempo después también lo sería en el Congo. Su parte de mercado, que era un 80% a finales de los años 90, había caído hasta un 60% en el 2003. Lev

---

[204] A principio del año 2000, la policía rusa detuvo a dos "Belgas" en el aeropuerto de Moscú. Los dos hombres, en posesión de 9259 diamantes, eran miembros de una organización de contrabando que sacaba diamantes brutos de Rusia, en violación de la ley que establecía que los diamantes debían ser tallados en el país. (Dina Siegel, *Global organized crime*, 2003, p. 57). En octubre del 2003, un tal Abraham Traub era arrestado en Hungría a petición de las autoridades rusas por venta ilegal de diamantes brutos provenientes de Rusia.

[205] Una yeshivá es un centro de estudios de la Torá y del Talmud generalmente reservado a varones en el judaísmo ortodoxo. También se las suele conocer como escuelas talmúdicas. (NdT).

[206] Sobre los judíos jasídicos Jabad-Lubavitch, léase *Psicoanálisis del judaísmo* y *El Fanatismo judío*. (NdT)

[207] *Le Nouvel Économiste*, suplemento del 19 de diciembre del 2003. Benny Steinmetz era uno de sus competidores. Este magnate del diamante tallado era en el 2007 la sexta fortuna de Israel. Otro gran joyero, Hans Stern, simbolizaba también el lujo y el comercio de las piedras preciosas en todos los barrios distinguidos del mundo. Hans Stern provenía de una familia de judíos alemanes que habían desembarcado en Río de Janeiro en 1939. En el 2001, empleaba 3700 personas, de las cuales 2800 en Brasil.

Leviev había roto su monopolio de la comercialización de diamantes.

En Israel, esta industria se había constituido progresivamente en los años 1930, antes incluso del nacimiento del Estado hebreo. Estaba principalmente localizada en Tel-Aviv, en el corazón de Ramat Gan, el distrito empresarial de la ciudad, y más precisamente, a principios de siglo XXI, en cuatro torres conectadas entre ellas por pasajes subterráneos. Esa fortaleza era el lugar más seguro de Israel. 15 000 personas trabajan ahí diariamente. El Estado de Israel había concedido a ese sector exenciones fiscales y arancelarias muy altas. El diamante, importado en estado bruto y tallado in situ, representaba una cuarta parte de los ingresos comerciales de Israel, unos 6600 millones de dólares en el 2006. Casi la mitad de los diamantes brutos del mundo llegaban allí y más de una piedra sobre dos comprada en Estados Unidos provenía de Israel.

El dinamismo de la plaza de Tel-Aviv había ido menguando la importancia de Amberes, la capital histórica de la talla del diamante. En 1994, el 50% de las piedras del mundo (70 toneladas de piedras preciosas) todavía era talladas por los diamantistas del famoso barrio judío de Amberes. Pero la plaza se veía lastrada por los costes de mano de obra, los impuestos elevados y los casos de lavado de dinero sucio. De los veinte mil obreros de los años 70, sólo quedaban menos de tres mil treinta años después.

El declive de Amberes también era debido a las deslocalizaciones de las empresas de la talla del diamante en Asia, donde el coste de producción de un quilate se situaba entre 5 y 20 dólares, comparado a los entre 100 y 150 dólares del puerto flamenco. A inicios de milenio, India se había convertido a su vez en el primer centro mundial de la talla de diamante. El trabajo de los niños permitía hacer bajar considerablemente los costes de trabajo. Eran pagados por cada piedra, hasta percibir unas 500 rupias por mes (14 dólares), y trabajaban 12 horas por día desgastándose la vista sobre minúsculas piedras que debían pulir. En Jaipur, en Rajastán, cientos de talleres hacían trabajar miles de niños. Únicamente los diamantes más gordos (superiores a dos quilates, esto es 0,4 gramos) eran tallados y pulidos en Amberes por los mejores especialistas. El puerto flamenco aún contaba con cientos de talleres y la bolsa de Amberes mantenía su supremacía.

La industria del diamante había conmocionado e indignado las grandes conciencias morales occidentales cuando éstas se enteraron de que los diamantes brutos servían a financiar las guerras civiles en África. El continente africano (Botsuana, África del Sur, Angola, Congo y Namibia) producían en efecto el 60% de los diamantes del mundo, y una parte de esa producción estaba en manos de varios movimientos de rebelión. Aquellos "Blood diamonds" (diamantes de sangre) suscitaron la indignación de la virtuosa "comunidad internacional", la cual se expresaba en la sede de las naciones Unidas de Nueva York. El gobierno británico decretó el embargo sobre la producción de Sierra Leona y la De Beers, que se aprovisionaba con los rebeldes de la Unita en Angola se comprometió a no vender más "diamantes de sangre"[208].

  El Estado de Israel, que se había convertido en el primer exportador mundial de diamantes tallados, insistía en la necesidad de atajar el comercio de diamantes de las guerrillas africanas. En junio del 2000, la bolsa de diamantes de Tel-Aviv decidió revocar cualquier negociante que comerciara con los rebeldes en Sierra Leona, en Angola y en el Congo. Sin embargo, la iniciativa no tenía nada de humanitaria. En efecto, la sociedad de Lev Leviev África-Israel acababa de firmar un contrato de exclusividad con el gobierno angoleño. Unos meses más tarde, otra compañía israelí, IDI Diamonds, dirigida por Dan Gertler, firmaba otro contrato de exclusividad con el Congo.

  El negocio del diamante siguió siendo un terreno fértil para todos los chanchullos. En la ciudad del diamante de Tel-Aviv, al igual que en Nueva York y en Amberes, los hábitos eran los mismos. Se negociaba sin contratos, sin certificados, pero con un apretón de mano junto a la formula establecida *mazal u baraka* (suerte y bendición). En Israel, además, los diamantistas no tenían por qué llevar un libro de cuentas. Esto era una actividad ideal para encubrir las transferencias de dinero. Muchos traficantes de diamantes de contrabando venían para blanquear su dinero, y naturalmente el tráfico estaba plagado de ajustes de cuenta sangrientos. Jacques Derogy ya describía aquello en 1980: "La bolsa del diamante de Tel-Aviv constituye, desde su creación, un campo de acción muy fructífero para la mafia israelí e internacional[209]."

  En Amberes, en los aledaños de la estación central, la calle Pelikaan alineaba sus tiendas donde se vendía oro de pacotilla y piedras de origen dudoso. Los "georgianos" ocupaban esa gran plaza de recepción y reventa. El semanal de Alexandre Adler, *Courier international*, publicaba el 13 de enero del 2005 un artículo en el que se podía leer que la mafia israelí, "en la estela del crimen organizado ruso", se había

---

[208] William Reymond citaba un pasaje de un informe de 1999 sobre el crimen organizado: "Tenemos informaciones que demuestran que ciudadanos rusos o grupos mafiosos participan en actividades criminales organizadas en varios países de la región, especialmente en Angola, Botsuana, Mozambique, Namibia, Suazilandia y África del Sur. En Angola, intentan conseguir legalmente los derechos de extracción de los diamantes." (*Mafia S.A.*, Flammarion, 2001, p. 333).

[209] Jacques Derogy, *Israel Connection*, Plon, 1980, p. 100

instalado cerca de la estación central, en el barrio de los diamantistas. Un policía de Amberes declaraba anónimamente: "Todos los criminales usan la violencia, pero los israelíes tienen la reputación de usar la violencia extrema. Incluso los mafiosos rusos, que son en muchos aspectos sus colegas y aliados, tienen dificultades para seguirles el ritmo...Hay decenas de gánsteres israelíes en Amberes. Algunos han llegado aquí legalmente, otros están en la clandestinidad. ¿A qué se dedican? Todo: blanqueo, tráfico de estupefacientes, extorsión de fondos y estafas. Por la noche, salen en los cafés, las discotecas, los locales de striptease, los prostíbulos y las salas de juego. ¿Cómo reconocerlos? Se abalanzan sobre el champán, la cocaína, el éxtasis y sobre todo el Viagra. Esos tipos les va mucho el tema y a veces se les ve precedidos de autobuses llenos de prostitutas y *call-girls*."

El diamante suscitaba también la codicia de los ladrones. En febrero del 2003, 123 de las 160 cajas fuertes de la Bolsa de diamantes de Amberes fueron vaciadas sin allanamiento de morada por un diamantista "italiano", Leonardo Notabartolo, que había conseguido ganarse la confianza de un empleado. En diciembre de 1994, tres hombres habían realizado un atraco a mano armada en la bolsa de diamantes de Amberes, vaciando cinco cofres y llevándose entre 30 y 300 millones de francos franceses en diamantes y en efectivo. En el mes de diciembre del 2003, un taller de joyería del distrito IX de París fue allanado. El hombre, por lo visto bien informado, se había disfrazado de rabino y había encañonado los empleados. Las pérdidas se estimaron entre 500 000 y un millón de euros. En la hermosa película de Martin Scorsese, *Erase una vez en América*, vemos también como una banda de judíos allanaba un taller de joyería y robaban los diamantes. En la película *Snatch* de Guy Ritchie (EEUU, 2000), "Francky acaba de robar un diamante enorme que debe entregar a Avi, un mafioso neoyorquino."

Asher Doron operaba desde Amberes desde el final de los años 80. En 1993 había sido condenado a 10 años de prisión.

Unos viejos recortes de prensa nos permiten constatar que los robos de joyerías eran un deporte nacional: en 1976, tuvo lugar en Ámsterdam una serie de atracos en joyerías, oficinas de correo y chalés. Los culpables eran "israelíes": Yoram Landsberg y su banda, Isaac Bahadchan y Shlomo Bronstein. Un tal Naaman Dieler había sido detenido después del allanamiento con soplete de una joyería de Ámsterdam, siendo éste condenado a tres años de cárcel. Yoram Landsberg se había refugiado en Londres. Véase también el caso de un tal Isaac Sperber. En 1955, Sperber, director de una oficina de compra de diamantes, consiguió introducirse en el círculo de los diamantistas amberinos, hasta el día en que abonó sus diamantes con cheques sin fondos. Viajó al extranjero con 80 millones de francos en el bolsillo.

En sus memorias, Elie Wiesel contaba uno de sus recuerdos, más o menos imaginario, como de costumbre en él, que implicaba uno de sus correligionarios. Así concluía su anécdota: "El tipo, que viajaba por todos los continentes con falsos pasaportes, era un malhechor buscado por Interpol; acababa de robar unos diamantes que gracias a mí iban a ser restituidos a su propietario." De paso, Elie Wiesel nos confesaba un pequeño secreto al oído: "Deontología, deberes y obligaciones profesionales...En yiddish, esto suena menos convincente que en francés[210]."

La receptación de diamantes y joyas robadas era por lo visto también una larga tradición. Vemos así que los sefarditas podían competir con los judíos asquenazíes. En diciembre de 1994, Maurice Joffo, hermano de Joseph, el autor del célebre *best-seller Un saco de canicas* que narra la vida de dos niños judíos durante la Ocupación, era arrestado delante de su suntuoso restaurante de la plaza Víctor-Hugo, en el distrito XVI de París. Su detención se produjo en el momento en que iba a subir en su Mercedes, junto a su esposa y dos gitanos a los que acababa de comprar 110 000 francos unas joyas robadas. Más tarde, los policías descubrieron en su domicilio medio kilo de joyas robadas, las cuales no eran más que una fracción del botín provenientes de los robos perpetrados por sus bandas de gitanos. Estos se presentaban en casa de personas mayores disfrazados de empleados de la compañía de gas o electricidad. El tesoro de los Joffo, diseminado en varias cajas fuertes de bancos de Ginebra, era estimado en 20 millones de francos. El arresto de su hermano le venía muy mal a Joseph, pues esto coincidía con la publicación de su nueva novela que trataba de la humanidad sin fronteras y de la tolerancia. Maurice fue condenado a la pena máxima: siete años de prisión, uno condicional y un millón de francos de multa.

Alexandre Dumas ya había evocado el papel de los diamantistas y joyeros judíos en algunas de sus novelas: "Pues bien, id al primer orfebre que encontréis y vended ese diamante por el precio que os dé; por judío que sea, siempre encontraréis ochocientas pistolas." (*Los Tres Mosqueteros, 1844*). Y también: "Al llegar a Liorna fue en busca de un judío, y le vendió cuatro de sus diamantes más pequeños, por cinco mil francos cada uno. El mercader (judío) hubiera debido informarse de cómo un marinero podía poseer semejantes alhajas, pero se guardó muy bien de hacerlo, puesto que ganaba mil francos en cada una." (*El Conde de Montecristo, 1845*).

---

[210] Elie Wiesel, *Mémoires, Tome I*, Le Seuil, 1994, p. 321-325

África del Sur también fue el terreno donde se produjeron algunos sonados ajustes de cuenta. En octubre de 1999, el cuerpo de Shai Avishar, 36 años, era hallado en una fosa cerca de Johannesburgo. El hombre había tenido contactos con una figura de la mafia israelí, Yossi Harari, y la policía sospechaba un ajuste de cuentas dentro del mundo ilegal del tráfico de diamantes, de armas y de drogas. La red operaba en Johannesburgo, en Ciudad del Cabo y en Durban, según el *Jewish Bulletin of Northern California*.

Tiempo después, un tal Lior Saad, miembro de la mafia israelí, fue acusado de la muerte de Shai Avishar. En noviembre del 2003, Lior Saad fue víctima de un intento de homicidio cuando el furgón que lo transportaba al tribunal fue ametrallado por el pasajero trasero de una moto, dejando 18 impactos de balas y otro prisionero muerto en su lugar.

Hazel Crane, la esposa de Avishar, también fue abatida en su Mercedes cuando se dirigía al tribunal para testificar en contra de los traficantes de diamantes acusados del asesinato de su marido. Otros dos testigos habían sido liquidados poco antes por unos gánsteres israelíes. Ahora bien, resultó que Avishar y Hazel Crane eran dos amigos íntimos de Winnie Mandela, la ex esposa del presidente sudafricano. Salía la información de que Hazel Crane trabajaba para Sol [Solomon] Kerzner, el llamativo multimillonario, propietario del gigantesco hotel-casino y complejo de ocio de Sun City creado en 1979 en África del Sur y donde también trabajaban numerosas prostitutas. Nelson Mandela, el nuevo presidente de África del Sur, tras estar años en prisión y ser además el icono de los demócratas del mundo entero, mantenía, él también, muy buenas relaciones con Sol Kerzner. En 1992, Kerzner había construido Lost City, un complejo faraónico y extravagante con su bosque tropical, sus cataratas de agua artificial y sus miles de tragaperras.

En septiembre del 2005, también en Johannesburgo, uno de los gánsteres judíos más conocidos, Brett Kebble, había sido asesinado en su lujoso Mercedes. Era miembro de la ANC (African National Congress) de Nelson Mandela y financiaba la organización a golpe de millones de rands. Tras su asesinato, las organizaciones sindicales de menores negros habían llamado a rezar por él.

Milicias paramilitares en Colombia

En Estados Unidos, en los años 1970, la situación no había hecho más que empeorar desde que a los gánsteres judíos se les habían unido sus colegas israelíes. Varios centenares de ellos se habían instalado en

California en esa época. Estaban, como lo escribía Jacques Derogy, "hartos de negociar la heroína en gramos en Israel, cuando en los USA se les ofrecía la posibilidad de negociar en kilos[211]." Yossef Zakharia era entonces el mayor traficante. Organizaba el tráfico de cocaína colombiana a través de todo el territorio.

Con la llegada de los "Nuevos Rusos" en los años 1990, las cosas no mejoraron. En septiembre de 1994, un informe entregado al gobierno estadounidense denunciaba el "Triangulo de la cocaína", cuyos tres lados eran los capos colombianos, los judíos e israelíes, que se encargaban del blanqueo, y la mafia "rusa", que se ocupaba de la seguridad. Un informe del *Center for Strategic International Studies* (CSIS) de 1997, establecía también las relaciones del crimen organizado "ruso" con los cárteles de la droga colombiana en Miami[212].

El hecho es que existía efectivamente una fuerte presencia israelí en Colombia. Al parecer, los israelíes que trabajaban en el país estaban implicados junto al gobierno a la vez en la lucha contra las guerrillas de extrema izquierda y en contra de los cárteles de la droga. Israel era el principal proveedor de armas utilizadas contra los guerrilleros marxistas de las FARC (Fuerzas Armadas Revolucionarias de Colombia) y del ELN (Ejército de Liberación Nacional). Los israelíes también suministraban armas ligeras, drones, sistemas de vigilancia y de comunicación, así como bombas especiales que permitían destruir plantaciones de coca. Oficialmente, también eran los encargados de adiestrar las formaciones antiterroristas del gobierno colombiano. Colombia mantenía también excelentes relaciones comerciales con Israel. En abril de 1988, Israel había comprado dos millones de toneladas de carbón colombiano, a cambio de la compra por parte de Colombia de 14 aviones de combate israelíes Kfir.

En realidad, no fue hasta los años 1970 que los lazos entre los países de la región y el Estado de Israel se fraguaron. El general Zeevi, un amigo de la mafia israelí había propuesto sus servicios de asesoramiento en materia de lucha anti-terrorista a todos los estados de América del Sur. Iba acompañado del hombre que supuestamente iba a financiar esas operaciones: Betsalel Mizrahi, el principal financiero de la mafia israelí. El propio general Zeevi era un traficante de estupefacientes, como apuntaba Jacques Derogy: "El jefe de inteligencia de la policía israelí, Samy Nahmias, ya se había percatado de que Betsalel Mizrahi efectuaba decenas de desplazamientos al extranjero de forma intermitente, y que a su regreso siempre era

---

[211]Jacques Derogy, *Israel Connection*, Plon, 1980, p. 193
[212]Diario israelí *Maariv*, 2 de septiembre de 1994

recibido por el general Zeevi en el aeropuerto Ben-Gurión, así como por el director del servicio VIP de la compañía El Al, Mike Pinhasi. Esto significaba que no se controlaba el equipaje[213]."

En 1987, los productores de plátanos que buscaban combatir la guerrilla marxista que los extorsionaba y atacaba sus plantaciones, habían reclutado al antiguo coronel de reserva israelí Yair Klein, así como los mercenarios de su sociedad de seguridad Hod He'hanitin (Spearhead Ltd.). El presidente colombiano Virgilio Barco Vargas había otorgado un apoyo financiero a dicha operación bajo el impulso del ministro de justicia, José Manuel Carrizosa. Hay que decir que éste era también el presidente de la Asociación de Productores de Plátanos y estaba directamente vinculado a los grandes grupos fruteros de Estados Unidos.

Carrizosa contactó primero con el teniente-coronel Yitzhak "Mariot" Shoshani, que era el dirigente de la sociedad ISREX, una empresa que suministraba tecnología militar en Colombia desde hacía años. Éste aconsejó la contratación de Yair Klein, un antiguo paracaidista que había dejado el ejército israelí en 1985 para fundar una sociedad de mercenarios. Klein y sus hombres formaron las milicias para los grandes terratenientes que iban a formar la base de los grupos paramilitares AUC (Autodefensas Unidas de Colombia). Las guerras entre estos grupos y los guerrilleros marxistas causaron durante años la muerte de decenas de miles de civiles.

Yair Klein no tardaría en empezar a trabajar para los traficantes de droga que guerreaban sin cuartel para el control de algunas zonas de producción. La creciente participación de la AUC al tráfico de droga acabó por exasperar Washington, más aún cuando las milicias no se privaban de atacar los agentes de la DEA (Drug Enforcement Agency) movilizados allí. Sin embargo, mientras que numerosos jefes de la AUC eran buscados por Estados Unidos por tráfico de droga o graves crímenes y abusos, algunos se beneficiaban, al igual que sus homólogos salvadoreños y nicaragüenses, de una casi impunidad en Florida o en Texas, donde tenían sus residencias secundarias.

De asesor estratégico al servicio del gobierno colombiano, Yair Klein había pasado a ser jefe de una banda criminal. En 1988, el ministerio de justicia colombiano afirmó que Klein era uno de los cuatro israelíes contratados por el capo de la droga Gonzalo Rodríguez Gacha, apodado "El Mexicano". El Mexicano tenía la reputación de ser uno de los más violentos barones de la droga de Medellín. Una de sus técnicas preferidas era denominada "el método Moshé Dayan", que había

---

[213]Jacques Derogy, *Israel Connection*, Plon, 1980, p. 140-142

aprendido según decía de un comando israelí: consistía en insertar debajo del párpado de un prisionero un trocito de sílex cortante. El dolor es, por lo visto, tan extremo e insoportable que el prisionero enloquece antes de tener el ojo lacerado.

Yair Klein reconoció más tarde ante un tribunal israelí haber formado las tropas de Rodríguez Gacha en Puerto Bocayá en 1988. Cuando el ejército requisó la casa de Rodríguez Gacha, encontró un stock de 200 ametralladoras israelíes. Ahora bien, esas armas formaban parte de un envío oficial del gobierno israelí que Klein había desviado. Numerosos documentos hallados allí también daban fe de la acción de Klein como formador de "sicarios" de todas las edades. En 1989, El Mexicano fue abatido durante un tiroteo con el ejército colombiano y Klein pasó entonces al servicio de otro famoso capo de la droga del cártel de Medellín, Pablo Emilio Escobar Gaviria, el cual también se había rodeado de varios consejeros israelíes, como el teniente-coronel Yitzhak Shashono, y de 3000 sicarios. En 1992, en Medellín, no menos de 6662 personas fallecieron debido a los enfrentamientos armados, a los que había que sumar 1292 cadáveres no identificados y 967 habitantes desaparecidos. El cártel de Cali y el cártel de Medellín eran en aquella época los dos mayores cárteles colombianos de la droga. La muerte de Pablo Escobar, abatido por la policía en diciembre de 1993, había debilitado el cártel de Medellín, por lo que el cártel de Cali distribuía ahora el 80% de la cocaína y un tercio de la heroína en el mundo, generando sólo en EE. UU. 25 mil millones de dólares por año[214].

Klein fue detenido en Israel en 1990, y compareció por fin ante un tribunal, acusado de exportación ilegal de armas y material tecnológico militar a grupos terroristas colombianos, pero sólo fue condenado a una pena ridícula: un año de prisión y una multa de 13 400 dólares. El nuevo gobierno colombiano lanzó entonces una orden de arresto internacional contra él por haber formado los grupos paramilitares ilegales.

Al salir de prisión, Yair Klein aprovechó sus buenos contactos con los antiguos oficiales rodesianos y sudafricanos para trabajar en Sierra Leona. En 1999, fue interrogado por el ejército cuando proveía armas a los rebeldes de Johnny Koroma y a los de Liberia de Charles Taylor, dos jefes de guerra conocidos por su violencia sádica y los abusos cometidos contra la población[215]. Liberado después de 16 meses de

---

[214] Abraham Majuat era un capo del cártel de Medellín. Era propietario de un rancho cerca de Medellín en el que se hallaron 4,5 toneladas de cocaína en 1989.

[215] En la película *Lord of War* (2005), podemos ver el traficante de armas en Colombia, donde se hace pagar en cocaína, y luego en Liberia, donde recibe su pago en diamantes,

prisión, Klein se refugió en Israel, país que se negó a extraditarlo a Colombia. Declaró en la televisión israelí que había trabajado para el gobierno colombiano, que no había hecho nada malo y que estaba dispuesto a regresar a Colombia para ayudar a formar las fuerzas de seguridad del país en su lucha contra las FARC. Klein también había viajado varias veces a Londres y Estados Unidos sin ser nunca molestado por las policías británica y estadounidense a pesar de ser buscado por la Interpol.

En la primavera del 2007, una noticia de la *Agence France Press* nos informaba de que Colombia había emitido otra orden de arresto internacional en contra de varios israelíes: Yair Klein, Melnik Ferry y Tzedaka Abraham eran acusados de atrocidades contra las poblaciones civiles. La información sin embargo no volvió a trascender en los medios franceses.

El 27 de agosto del 2007, Klein fue finalmente detenido en Rusia, donde su sociedad era muy activa, mientras se preparaba a embarcar con un falso pasaporte hacia Tel-Aviv. Tenía que ser extraditado a Colombia. El Vicepresidente colombiano, Francisco Santos, se expresó al respecto: "Queremos que nos entreguen a Klein para que pueda pudrirse en la cárcel como castigo por todo el mal que hizo a nuestro país."

Pero la implicación israelí en Colombia no se había terminado con la huida de Klein. En un artículo publicado el 10 de agosto del 2007 por el diario *Semana*, Juan Manuel Santos, ministro colombiano de Defensa reconocía que Bogotá había discretamente reclutado antiguos oficiales del ejército israelí para formar los miembros de la policía local para luchar contra la guerrilla de las FARC. El equipo de asesores militares – formado por tres antiguos generales, un suboficial, un oficial israelí-argentino y tres interpretes – había sido reclutado en el marco de un contrato de 10 millones de dólares. Los mercenarios israelíes eran especialistas en interrogatorio de prisioneros y venían a aportar sus conocimientos en "técnicas de interrogación especiales". Para Laude Fernández, experto colombiano en seguridad nacional, "hubiese sido mejor apoyarse en los británicos, que tienen un buen sistema de inteligencia y un mejor estándar en derechos humanos" (Diario *Semana* del 4 de agosto del 2007). Sin embargo, para Sergio Jaramillo, viceministro de Defensa, la ayuda israelí era valiosa: "Son una especie de psicoanalistas. Nos hacen las preguntas que son [a las que no habríamos pensado] y nos ayudan a ver todos los problemas que

---

en "*blood diamonds*" (diamantes de sangre).

tenemos y que no vemos" (*Ynet News*, 10 de agosto 2007)[216].

Pero con todo y eso, los mafiosos seguían vendiendo armas a la guerrilla marxista en Colombia y en la región andina. En 1998, los mafiosos "ucranianos" que operaban desde Tel-Aviv y Kiev habían participado en el fletamento de un cargamento de diez mil fusiles de asalto AK-47 para las Fuerzas armadas revolucionarias de Colombia a través de un espía peruviano, un tal Vladimir Montesinos. En mayo de 1999, 3000 Kalachnikovs y 5 millones de balas provenientes de Nicaragua habían sido enviados por dos israelíes a un grupo armado colombiano considerado por EE. UU. como grupo "terrorista". En mayo del 2000, la policía colombiana había arrestado a dos israelíes que intentaban vender clandestinamente más de 50 000 armas de todo tipo a la guerrilla[217].

Asimismo, esta mafia judía proseguía con su fructífera colaboración con los cárteles de la droga colombianos. Vimos anteriormente el caso de Ludwig Fainberg, quién había suministrado misiles, helicópteros, y casi hasta un submarino soviético a los cárteles de la droga.

El 15 de mayo del 2007, el periódico *Le Monde* publicaba un artículo titulado *Mafiapulco*, acerca de la mafia en México, especialmente en Acapulco. La ciudad era un sitio estratégico para la importación de la cocaína proveniente de Colombia. Se registraban siete asesinatos por día. A final de enero del 2006, los policías municipales habían interceptado un convoy de narcotraficantes en un barrio popular de la ciudad. El tiroteo había durado veinte minutos y dejado varios muertos. Unos meses más tarde, un video revelaba que unos policías, pagados por un cártel rival, habían rematado a sangre fría los "narcos" heridos. Los traficantes de droga se vengaron posteriormente de los cuatro policías responsables, secuestrándolos y decapitándolos. Sus cabezas fueron encontradas colocadas en frente de un edificio oficial con un mensaje vengador.

Esta guerra de baja o media intensidad habría provocado unos 9000 muertos desde el 2001, y más de 800 para el año en curso. Equipados con material puntero, los narcotraficantes podían escuchar e incluso amenazar a la policía en las frecuencias de radio que usaban. Tenían además fusiles reservados a las fuerzas militares y municiones capaces de traspasar los chalecos antibalas, así como lanzacohetes y misiles tierra-aire para derribar aviones y helicópteros.

El gobierno mexicano lograba sin embargo asestar buenos golpes a

---

[216] www.semana.com/nacion/articulo/de-tel-aviv-tolemaida/87449-3/

[217] David Marcus Katz era otro importante traficante de armas en América central en los años 80.

los narcos, sobre todo al cártel del Golfo. En abril, conseguía detener uno de sus operadores más peligros, Eleazar Medina, y desmantelaba una "célula" que transportaba a Estados Unidos droga e inmigrantes ilegales. Ese cártel se había impuesto en detrimento de su principal rival, el de Sinaloa, dirigido por un tal Chapo Guzman, y "basado en el extenso Estado de Tamaulipas, en el norte[218]."

El artículo de *Le Monde* firmado por Joëlle Stolz no aportaba más detalles sobre ese Guzmán. Notemos simplemente que "Guzmán" era también el apellido del jefe del Sendero Luminoso, una guerrilla marxista de tendencia maoísta que operaba en Perú desde 1980, y que también era reputada por sus abusos y atrocidades contra la población civil. La guerrilla del Sendero Luminoso había causado la muerte de más de 30 000 personas. Su líder, Abimael Guzmán, fue condenado por un tribunal militar en 1992 a cadena perpetua.

Hachís, cocaína, heroína

Los comerciantes judíos siempre han jugado un papel sobresaliente en el comercio internacional. Nos topamos con ellos tanto en el tráfico de droga, como en el comercio textil, del trigo, del aluminio o del caucho. Publicamos a continuación algunos casos en los que estuvieron implicados grandes traficantes internacionales, en la medida en que los nombres de los culpables fueron citados por los periódicos, lo cual dista mucho de ser siempre el caso.

En abril del 2008, el semanal *Rivarol* nos informaba por ejemplo acerca de un rabino israelí llamado Simha Ashlag. El hombre fue interceptado con su secretario en el aeropuerto de Roissy a su llegada de Turquía. Los policías habían encontrado en su equipaje una "cantidad relativamente importante de droga". *Actualité juive* del 10 de abril presentaba el rabino como "un gurú rodeado de unos fanáticos que lo tenían como modelo."

El *Washington Times* del 26 de junio del 2005 publicaba un artículo sobre Zvi Heifetz, 48 años, embajador de Israel en Inglaterra y próximo al oligarca ruso Vladimir Gusinsky. Su hija Lee había sido arrestada en el 2003 en Perú con varios kilos de cocaína (*"ten pounds"*) y liberada tras sólo dieciocho meses de detención. Había que tener en cuenta que

---

[218] En mayo del 2008, la prensa francesa se hacía eco de la suerte de una francesa, Florence Cassez, encarcelada en México desde el 2005 y condenada a una fuerte pena de prisión por secuestro y tráfico de armas. Ésta clamaba su inocencia, afirmando que nunca había estado al corriente de las actividades de su exnovio, Israel Vallarta, responsable de varios secuestros y jefe de la banda del "Zodiaco".

el presidente peruano Alejandro Toledo se había casado con una ciudadana belga de origen judío, Eliane Karp, y que posiblemente las afinidades con el embajador pudieron favorecer una liberación anticipada.

En abril del 2002, nos enterábamos de que grupos mafiosos situados en el distrito de Hollywood Nord de Los Ángeles y en el barrio de Brighton Beach, en Nueva York, habían negociado una alianza con el cártel de Tijuana de México y con traficantes colombianos para distribuir toneladas de cocaína en América del Norte.

En mayo del 2000, las autoridades colombianas habían detenido cuatro israelíes por tráfico de armas: Itzik Richter, Ofer Zismanovich, David Birnbaum y Yaron Cohen estaban haciendo negocios con el cártel de Cali. Fueron acusados por falsificación de dólares. Unas semanas antes, otro israelí, Amos Shimoni, había sido arrestado en Panamá por los mismos motivos.

El 17 de octubre del 2001, *Los Ángeles Time* reportaba el arresto de un traficante de droga: Alen Amor, un ciudadano israelí. Los policías habían hallado en su domicilio varios kilos de marihuana, cocaína y heroína.

Dos meses más tarde, el 26 de noviembre del 2001, dos mujeres israelíes eran detenidas en el aeropuerto de Roissy. Ortal Biton, 22 años, y Rozi Benaím, 21 años, venían de Bogotá. Al registrar sus mochilas, los aduaneros descubrieron no menos de nueve kilos de cocaína. Las dos "mulas" se enfrentaban a una pena de cárcel de diez años, pero sorprendentemente, el juez de instrucción decidió no exigir su detención preventiva. La magistrada Jocelyne Lambert, contactada por teléfono por el periodista de *France-soir*, no había "querido hacer ningún comentario sobre su decisión". Como era de esperar, las dos jóvenes mujeres no se presentaron ante el juez de instrucción el día 3 de diciembre del 2001[219].

Algunos traficantes también sabían prosperar con las "drogas blandas", tal como ponía de manifiesto la crónica judicial. El cánnabis podía ser un negocio muy lucrativo, a condición de trabajar con grandes cantidades. El 9 de junio del 2000, tras once años de fuga, Steven Wolosky, 50 años, había sido arrestado en California. Su socio, Mark Stephen Gayer, 50 años, era detenido a su vez en Nuevo México. Los dos hombres, de los más buscados del país, eran acusados de haber hecho entrar en el país más de cuatro cientos toneladas de hachís y de marihuana de Colombia y Tailandia con sus barcos de pesca. Su cómplice, Robert Singer se encargaba del transporte por carretera a

---

[219] *France-soir*, 6 de diciembre del 2001. Archivos de Emmanuel Ratier.

través del territorio estadounidense. Once miembros de la red habían sido detenidos. En marzo de 1998, los dos hombres habían fingido su muerte accidental en un accidente de barco frente a la costa de California.

He aquí el caso de Howard Marks, más conocido bajo el nombre de Mr. Nice, que fue en los años 80 un muy importante traficante de marihuana. Había nacido en Inglaterra y estudiado en Londres. También había cumplido siete años de cárcel en Indiana, en EE. UU. A su salida de prisión, en el mes de julio del 2000, publicó un libro autobiográfico en el que se hacía el adalid de la legalización del cánnabis. Estuvo en el origen del movimiento a favor de la legalización en Inglaterra. La agencia antidrogas estadounidense de Miami lo había apodado el "Marco Polo del tráfico de droga". Su hija vivía en Israel (*The Guardian*, Londres, 26 de abril de 1995).

En el diario israelí *Haaretz*, con fecha del 10 de mayo del 2002, leíamos la noticia según la cual un tribunal de la India venía de absolver dos mujeres israelíes. Ravi Shriki y Berta Cohen habían sido detenidas un año antes con dos kilos y medio de cánnabis. Las dos mujeres habían clamado su inocencia, alegando que las mochilas no les pertenecían, pero habían sido sin embargo condenadas a una fuerte pena antes de ser finalmente liberadas. Su abogado declaró que las autoridades indias habían probablemente hecho caso al alboroto mediático atronador orquestado en Estados Unidos y en Israel para exigir la liberación de las dos mujeres "inocentes".

La India era un destino muy apreciado por los jóvenes israelíes. En enero del 2003, Daisy Angus, una joven inglesa de 22 años, había sido liberada de una prisión india. Había sido detenida en Bombay seis semanas antes, después de haber aceptado llevar las pertenencias de su amigo israelí Yoran Kadesh, 37 años, cuya mochila, por lo visto, se había roto. Los aduaneros indios encontraron dos kilos de hachís en la maleta de la joven mujer, aterrada por la situación. Afortunadamente para ella, sus padres, que habían trabajado de voluntarios en Calcuta con madre Teresa, lograron convencer la administración india de la maquinación. "Una poderosa mafia israelí controla la mayor parte de este tráfico", leíamos en el periódico inglés *The Guardian*.

En 1999, las autoridades tailandesas capturaban Peres Esat, un israelí culpable de haber asesinado en Bangkok a uno de sus correligionarios, Shimon Benhamo. Otro ciudadano israelí, Shimon Ofer Skriki, también había sido arrestado. Los malhechores estaban enfrentados entre sí por culpa de un cargamento de cocaína proveniente de Brasil. Ese mismo año en Bangkok, otros cuatro israelíes habían sido condenados a cadena perpetua por tráfico de heroína.

En Canadá, el rabino Eli Gotteman, que había sido elegido "rabí del año" en 1999, era inculpado por tráfico de cocaína y de marihuana desde la cárcel de Montreal donde atendía y cuidaba a los prisioneros judíos.

Rabí Meyer Krentzman, el antiguo director del Fondo nacional judío canadiense, ya había sido detenido en Montreal en 1994 por tráfico de heroína y de cocaína. Uno de sus socios, Andor Galandauer, de la Beth Zion Congregation y también miembro de la Liga de defensa judía, fue detenido en el mismo momento.

El 2 de diciembre de 1993, Vladimir Beigelman, un traficante de cocaína residente en Brooklyn había sido asesinado al volante de su camioneta: dos disparos en la cabeza.

En 1995, Norman Max Rosemblum, un negociante de cocaína que trabajaba, según el periodista, "por cuenta de traficantes asociados a la mafia italiana", era condenado en Canadá a 13 años de prisión. Había sido apresado cuando se disponía a entregar 558 kilos de cocaína a unos Hells Angels de Inglaterra. Las grabaciones de unas cámaras instaladas en su barco mostraban un Rosemblum exultante y triunfador después de que hubiera tomado posesión de la droga en Colombia. Su ex-esposa, Wanda Halpert, había sido detenida el año anterior en Colombia británica por un caso relacionado con el tráfico de 15 toneladas de hachís. Rosemblum ya había sido encarcelado varias veces, en Burdeos y en Londres, por tráfico de estupefacientes y también por violencia conyugal. En 1994, efectivamente, había fracturado la nariz de su mujer de un cabezazo.

En 1991, Uri Mizraci, un israelí traficante de hachís y heroína fue asesinado en Manhattan. Ese mismo año, el presidente de Panamá, Manuel Noriega, había sido derrocado por una intervención militar estadounidense bajo el pretexto que favorecía el tráfico de droga hacia los EE.UU. Noriega tenía de mano derecha a un agente del Mossad llamado Mijaíl Harari, antiguo general del ejército israelí que se había convertido en el responsable de los servicios de seguridad del presidente panameño. Según el *Jewish Week*, Panamá era entonces la Suiza del Caribe, y una importante plaza financiera para los hombres de negocio israelíes. Steven Kalish (alias Frank Brown), era otro socio de Noriega. En los años 60, había importado de San Francisco toneladas de marihuana colombiana en Estados Unidos, gestionando toda la logística. Solía circular siempre en Ferrari.

En 1994, una bomba estalló en un avión panameño matando a 21 personas, 12 judío incluidos. El objetivo del atentado era probablemente

Saul Schwartz, un pasajero que estaba bajo una orden de arresto internacional lanzado por la justicia italiana. El hombre era buscado por sus vínculos con el cártel de Medellín. Los medios prefirieron hablar de un acto antisemita.

En 1990, el israelí Amiram Nir había fallecido en un misterioso accidente de avión en México mientras visitaba una gran plantación que pertenecía a Avraham Cohen y al multimillonario "suizo" Nessim Gaon, al cual ya hemos presentado en páginas anteriores. El *Jerusalem Post* apuntaba que Amiram Nir andaba negociando una importante venta de armas israelíes a unos traficantes de droga locales, vía Vera Cruz.

Otra vez en 1990, Linda Leary, antigua presidenta del Consejo Nacional de mujeres Judías, era extraditada de Austria a Indianapolis, en Estados Unidos. Otras treinta y una personas, incluidos sus dos hijos, Paul y Richard Heilbrun, eran acusados de haber importado sobre el territorio estadounidense toneladas de marihuana. Linda Leary se declaró culpable. Había abierto cuentas bancarias en el paraíso fiscal de las islas Caimán.

En los años 1980, en Estados Unidos, un tal Israel Abel era el jefe de una red de tráfico de cocaína importada desde Colombia. Israel Abel había importado a Miami no menos de tres toneladas antes de abandonar el negocio para disfrutar de una jubilación dorada en Costa Rica. Allí vivía desde hacía cinco años, pero los agentes federales no habían tirado la tolla y seguían tras de él. En 1992, fue capturado y extraditado hacia los EE.UU., donde fue condenado a cadena perpetua. (*Pittsburgh Post-Gazette* del 24 de noviembre de 1998)

Max Mermelstein era en aquella época el "padrino de la cocaína". El hombre, casado con una colombiana, había importado por lo menos 56 toneladas de cocaína a Estados Unidos entre 1978 y 1985 y estaba involucrado en numerosos casos de homicidio en la costa Oeste. Había importado durante varios años tres cuartas partes de la cocaína que entraba en EE. UU. (*Los Angeles Times*, 6 de julio de 1987). El 5 de junio de 1985, por fin era detenido al volante de su jaguar por agentes del FBI. En el asiento de su vehículo había un arma corta y en su apartamento los policías encontraron 250 000 dólares en efectivo y 25 armas de fuego. Para salvar su cabeza, Max Mermelstein aceptó colaborar con las autoridades. Su testimonio implicó a los jefes del cártel de Medellín, la familia Ochoa y Pablo Escobar.

En diciembre de 1998, una red de tráfico de droga fue desmantelada en París. He aquí lo que se podía leer en las páginas de *Le Parisien*: "Cocaína, heroína y hachís. Se puede encontrar de todo en la red de vendedores del Sentier, en París. Sus clientes sufren ahora abstinencia...Once personas acaban de ser inculpadas y siete condenadas en Reims. La trampa empezó a cerrarse sobre ellos a principio del año 1987 con la detención en Troyes de Jean-Claude Joukoff, cuando éste fue sorprendido con un Land Rover robado y equipado para el transporte de droga. Rastreando la red delictiva y gracias a la incautación de 58 kilos de cánnabis en otro vehículo, los policías pudieron llegar a los hermanos Hazan. En *Chez Joseph*, en el distrito XI, descubrieron 130 000 francos en efectivo. En cuanto a Marcel, éste ya había sido condenado en 1986 en Los Ángeles por tráfico de estupefacientes. Entre los demás personajes arrestados figuraban Francis Obadia, David Ben David, Anna Karamanouguian, una antigua prostituta marsellesa, y Nadi Hafiza. Esta última era una afgana que ya había sido acusada en otro caso de tráfico de estupefacientes y acababa de ser liberada cuatro días antes tras el pago de una fianza de 200 000 francos cuando la policía la detuvo de nuevo...Unas informaciones por parte de la brigada antidroga estadounidense permitieron su detención[220]."

Los judíos sefarditas eran a menudo los aliados de traficantes israelíes, por lo que estaban fuertemente representados en el tráfico de drogas de alto nivel. "Hay muy pocos sefarditas que son consumidores o pequeños camellos de calle – un terreno abonado para los magrebíes y los africanos- pero, en cambio, sí que hay muchos grandes traficantes muy organizados que venden heroína de muy buena calidad. Las "sedes sociales" de esas redes están casi todas en el distrito del Faubourg Montmartre", escribía la revista mensual judía *Passages* de junio de 1989.

El semanal *Actualité juive* del 23 de julio de 1992 confirmaba la implantación de los traficantes judíos en la capital: "Una autentica pequeña mafia israelí se ha constituido dentro de París en estos últimos quince años. Hasta hace poco, todo el pequeño tráfico de droga, desde la plaza de la República hasta el cruce de Richelieu-Drouot, estaba en manos de israelíes emigrados o "turistas"."

En diciembre de 1986, afloraban pequeños artículos en la prensa francesa que informaban de que le juez italiano Giovani Falcone había viajado desde Palermo a Israel "para investigar la red de tráfico de droga

---

[220] *Le Parisien* del 12 de diciembre de 1998, archivos de Emmanuel Ratier. Hay, efectivamente, judíos en Afganistán, al igual que los hay en Georgia, en Chechenia, en Alaska y en todo el mundo, puesto que su misión es instalarse sobre toda la faz de la tierra y "recoger las chispas divinas dispersas en las cuatro esquinas del mundo" (léase *Psicoanálisis del judaísmo*).

apodada "French Connection". Tenía que interrogar en Tel-Aviv dos hombres arrestados en 1985 en Miami, así como el comandante de un navío en el que transportaban ocho kilos de heroína. La investigación había implicado a una veintena de personas que operaban entre Sicilia, Marsella y los Estados Unidos."

En 1985, un ciudadano israelí llamado Shmuel Targan era arrestado en Nueva York por tráfico de cocaína y heroína. Su zapatería no era en realidad más que una tapadera. Al año siguiente, otros cinco israelíes eran también detenidos en Nueva York por la misma razón. En Los Ángeles, Abraham Zarchia y Yitzhak Edvi fueron condenados a diez años de cárcel ese mismo año. Siempre en 1986, Daniel Whitman y el traficante de cocaína Robert Cohen eran arrestados por el asesinato de Raymond Cohen (no tenía ningún parentesco con el asesino).

El semanal *L'Express* del 29 de enero de 1982 mencionaba "una poderosa banda israelí de Los Ángeles", tras "la doble detención de un israelí de Los Ángeles, portador de un kilo y medio de heroína, el 18 de noviembre, y de un judío estadounidense, portador de 2,4 kilos, el 24 de noviembre en el aeropuerto de Lod." Jerusalén venía de pedir además la extradición de cinco traficantes capturados, incluida una chica de 17 años, tras el desmantelamiento de una red por la policía francesa.

Los traficantes no parecían haber descuidado el continente asiático. En 1987, una neozelandesa, Lorraine Cohen, era condenada a muerte en Malasia por tráfico de heroína. Su hijo Aaron era condenado a cadena perpetua. Naturalmente, las organizaciones de defensa de los derechos humanos protestaron fuertemente. En 1987, Zvi Gafnis, implicado en un tráfico internacional de cocaína era aprehendido en Hong Kong. También había introducido dólares falsos en México y en Estados Unidos.

Evidentemente, la mafia judía no aparece en las películas producidas por Hollywood. Se prefiere, una vez más, proyectar sobre los goyim los crímenes de los que uno se siente probablemente un poco culpable. En *Scarface*, por ejemplo, (EE. UU., 1983), Al Pacino encarna un delincuente cubano que logra subir hasta la cima del hampa de Miami a principio de los años 80 gracias al tráfico de cocaína. Un breve dialogo nos informa de que el jefe mafioso para el que trabaja "Tony Montana" es judío, pero la escena es tan furtiva que pocos espectadores pueden retener la información. En cambio, el cruel "jefazo" boliviano es interpretado por un hombre de rasgos nórdicos, y algunos hombres influyentes que lo rodean también son presentados como rubios con ojos azules. Las hermosas mujeres rubias, ellas, acaban invariablemente en los brazos de los mafiosos[221]. La película es de Brian de Palma, quién la dedicó a Ben Hecht.

En *Atrapado por su pasado (Carlito's way)* (EE. UU., 1993), también de Brian de Palma, Al Pacino interpreta esta vez un delincuente puertorriqueño cuyo abogado consigue sacarlo de prisión. Ciertamente, éste es un judío llamado Kleinfeld que ha adoptado poco a poco los métodos de los gánsteres: utiliza su arma, vende cocaína, frecuenta las discotecas, liquida otros mafiosos y acaba traicionando a sus amigos.

La película *Arma letal* (EE. UU., 1987) muestra muy bien los métodos de esos horribles traficantes de droga. Dos policías – un blanco y un negro- deben encargarse de detener esas escorias. Los dos policías son atrozmente torturados en el sótano de la discoteca dirigida por los traficantes. Pero no se equivoquen: los cabrones son veteranos de la guerra de Vietnam, hombres blancos con ojos azules. Los pobres judíos no tienen nada que ver. La película es de Richard Donner.

La segunda parte de *Arma letal* (1989) es todavía más caricaturesca. Los dos policías, que simbolizan la sociedad multicultural triunfante, están esta vez luchando contra una temible banda de traficantes de droga sudafricanos. Los cabrones son todos blancos, de tipo nórdico, francamente rubios y sobre todo horriblemente racistas. Hay que precisar que Richard Donner nació con el apellido Schwartzenberg. Es una información que puede ser útil para comprender los mensajes que difunden sus películas.

En 1973, había 2000 toxicómanos en Fráncfort dispuestos a cualquier cosa para conseguir los 500 marcos necesarios para pagar la doble ración diaria. Fráncfort era el centro neurálgico del tráfico de heroína proveniente de Tailandia y el cuartel general de Yossef Amiel. Amiel no sólo tomaba parte en el mercado local, sino que también enviaba mercancía a Israel. Esto escribía Jacques Derogy al respecto: "Auxiliares de vuelo, azafatas, capitanes de vuelo, marineros, agentes de seguridad, modelos, pelanduscas, estudiantes, toda una población abigarrada conseguía gracias a Yossef Amiel la manera de ganar mucho dinero sin riesgo, a menudo para procurarse sus propias raciones. "¿Cómo resistir a la tentación?", preguntaba un estudiante israelí empleado como agente de seguridad en los vuelos de la compañía El Al. "Cada vez que transporto un kilo de heroína gano 8000 marcos. ¡Lo que equivale al salario de un año entero!""

La droga era disimulada en los equipajes, los talones de los zapatos, en las polvoreras de las mujeres, en las muletas de los soldados heridos

---

[221] Sobre ese racismo, léase nuestros capítulos dedicados al cine en *Las Esperanzas planetarianas* y *Psicoanálisis del judaísmo*.

o inválidos y, naturalmente, en las partes más íntimas de los individuos. Cuando se trataba de grandes cantidades, algunos aduaneros eran sobornados para hacer la vista gorda y dejar pasar el traficante. Yossef Amiel se había ganado así a su causa un verdadero ejército, con sus soldados y su estado mayor. A su lado, estaba un individuo llamado Avner Kedem, cuyas funciones de responsable de seguridad en el ministerio israelí de Asuntos exteriores lo llevaba a viajar regularmente a Asia y a Europa. Aprovechaba la sacrosanta maleta diplomática para transportar a buen seguro la cocaína y la heroína del productor al distribuidor. En 1975, Avner Kedem fue detenido tras un control rutinario de su equipaje. Los aduaneros encontraron 300 gramos de heroína.

El 17 de marzo de 1975, seis policías irrumpieron en el edificio que ocupaba Yossef Amiel y su banda. Uno de los policías recibió un hachazo en el hombro, pero los traficantes fueron capturados. La mayor red de contrabando y de distribución de heroína en Alemania había sido desmantelada. Yossef Amiel, encarcelado, había conseguido fugarse y salir de Alemania, pero siete de sus cómplices fueron juzgados en 1976 por el tribunal penal de Fráncfort. Más de 40 kilos de heroína habían sido distribuidos. "Una gigantesca cantidad, escribía Jacques Derogy, suficiente para acabar con la vida de miles de personas y hacer una fortuna con otros miles." Las víctimas eran alemanes y los soldados estadounidenses estacionados en Fráncfort, así como mujeres transformadas en prostitutas. Nueve heroinómanos habían fallecido durante la semana en que tuvo lugar el juicio.

El tribunal escuchó las grabaciones de las conversaciones telefónicas de los acusados efectuadas por la policía unos días antes de las detenciones en las que se podía oír: "Esos cretinos de polis alemanes no nos atraparán nunca", o también: "Oye, puedes hacer la entrega tranquilamente. Dios está con nosotros." Diez años de prisión fue la pena de prisión más severa. Después de este caso, la policía alemana reforzó su vigilancia y creó una oficina encargada de los "asuntos judíos e israelíes".

En aquellos años en Fráncfort, una prostituta sobre tres o cuatro llevaba una estrella de David en el cuello y hablaba hebreo. Tras varios registros, 300 israelíes fueron arrestados en la Moselstrasse, encarcelados o expulsados. Pero para Elie Bolkin, esta operación de policía no fue más que un pequeño percance. Elie Bolkin, autor de dos asesinatos, había sido liberado por falta de pruebas. "Circulando al volante de un Mercedes blanco, rodeado de bellas alemanas e israelíes", declaraba, fingiendo una virtuosa indignación: "¿Proxeneta, yo?

¿Traficante de droga, yo? ¡Todo eso no son más que historias! ¡Soy dueño de restaurantes! ¡Soy un honrado hombre de negocios!²²²"

El tráfico de éxtasis: 100% Kasher²²³

El mercado del éxtasis estaba en plena expansión en los años 90, popularizado por la ola de música electrónica "techno". Los festivales o *"free parties"* o *"raves"*, que podían reunir decenas de miles de jóvenes, en gran mayoría europeos, constituían un nicho de consumidores potenciales susceptible de enriquecer a los mafiosos.

El gran crimen organizado había "tomado el control de las drogas de las *free parties"*, leíamos en el diario *Libération* del 2 de agosto del 2001. Según la Oficina Nacional de las drogas y toxicómanos (Francia), una *"free party"* de 30 000 personas generaba entre 4 y 5 millones de francos en 48 horas, de los cuales dos tercios correspondían a la venta de éxtasis. El 23 de julio del 2001, leíamos en el mismo periódico: "La mafia [israelí] ha recuperado el mercado de las drogas de síntesis." Misma constatación en el diario *Le Figaro* del 11 de agosto del 2001: "El éxtasis es el coto privado del mundo del crimen organizado israelí."

El crimen organizado israelí tenía efectivamente el monopolio de la distribución de éxtasis en el mundo. Bélgica desempeñaba un papel importante, aunque los Belgas nada tenían que ver. El 11 de marzo del 2004, 100 000 pastillas de éxtasis fueron descubiertas en Malines, en un aparcamiento situado en la entrada de la autopista. Las autoridades arrestaron cinco personas, dos de ellas amberinas. Las otras tres provenían de Holanda. Unos días más tarde, el 18 de marzo del 2004, tuvo lugar en Maasmechelen una incautación récord de materias primas que servían para la fabricación de 75 a 100 millones de pastillas de éxtasis y de 400 000 pastillas ya fabricadas.

El 17 de abril del 2004, en el aeropuerto de Zaventem, el Servicio Judicial de Distrito de Bruselas-Asse había detenido una alemana de origen nigeriano residente en Ámsterdam que transportaba 10 00 pastillas XTC en su equipaje. El 29 de abril, un millón de pastillas eran incautadas en Knokke-Heist. Un laboratorio de fabricación de pastillas, completamente equipado, había sido descubierto durante la operación, y ocho personas fueron arrestadas. E 13 de julio del 2004 tuvo lugar otra incautación récord de tres millones de pastillas de éxtasis. Cuatro

---

²²²Jacques Derogy, *Israel Connection*, Plon, 1980, p. 173-182
²²³ "Correcto" o "apropiado" para ser consumido, es decir que cumple con los preceptos de la religión judía. El sello *kasher* es un sello de calidad que conlleva un impuesto para los rabinos. (NdT)

personas originarias de la región de Amberes fueron detenidas. Otro miembro de la banda había sido aprehendido a finales de junio en Australia, país donde una pastilla podía ser vendida hasta 40 euros, mientras que en Bélgica el precio de una pastilla XTC rondaba los cuatro euros.

El 22 de abril del 2004, el antiguo ministro israelí de Energía e Infraestructuras, Dr Gonen Segev, proveniente de los Países Bajos, era detenido a su vez por los aduaneros del aeropuerto Ben-Gurión de Tel-Aviv: su maleta contenía 25 000 pastillas de éxtasis (cerca de cinco kilos). Fue inculpado junto a sus cómplices, Moshé Verner y Ariel Friedman.

Holanda era el más importante productor de éxtasis del mundo. La droga era producida en decenas de laboratorios clandestinos. A la cabeza de ese tráfico, estaban de nuevo traficantes israelíes vinculados a diversas mafias "rusas" que organizaban las redes que suministraban Europa y Estados Unidos.

Itzhak Abergil, treintañero, era un importante traficante internacional. Su organización operaba desde el puerto belga de Amberes para desplegar toda una gama de actividades criminales: robo de diamantes, lavado de dinero y tráfico de éxtasis. "Un hombre como Itzhak Abergil es de una brutalidad sin límites, leíamos en un artículo del *Courier international* del 13 de enero del 2005. Cualquier muestra de competencia, error o palabra equivocada por parte de sus cómplices es castigado con sangre. Itzahk Abergil es por consiguiente temido por todo el mundo, tanto por enemigos como amigos. Sabe cómo cuidar su reputación." El 9 de septiembre del 2004, Itzhak Abergil era por fin arrestado en Holanda. La justicia amberina pidió inmediatamente su extradición. Unas semanas más tarde era liberado por un juez holandés por un "error de procedimiento" y volaba tranquilamente hacia Israel. Estaba en contacto con un importante miembro del hampa de Las Vegas, un tal Gabriel Ben Harosh, 39 años, un judío originario de Marruecos que prosperaba con la extorsión y el tráfico de éxtasis y tenía grandes intereses en una de las mayores empresas de construcción de Israel. Ben Harosh había sido aprehendido en Canadá y estaba pendiente de extradición hacia Estados Unidos. La policía de Las Vegas también perseguía su mano derecha, Hai Waknine de 32 años.

El diario de referencia israelí *Haaretz* del 6 de abril del 2003 confirmaba el papel de los criminales "israelíes": "Israel es el centro de operaciones del tráfico de éxtasis, según un documento publicado por el Departamento de Estado estadounidense. Según un documento oficial, en estos últimos años, el crimen organizado en Israel ha tomado el control de la distribución de droga en Europa en colaboración con organizaciones criminales de Rusia. Dicho documento revela que los grupos criminales israelíes tienen la sartén por el mango en el tráfico de éxtasis en América del Norte. A lo largo de los años 2000, el 80% del éxtasis vendido en Estados Unidos provenía de Holanda que era el mayor centro de producción. El Departamento de Estado está convencido de que organizaciones israelíes están vinculadas con laboratorios en los Países Bajos y que son responsables de la distribución mundial." El artículo era de Nathan Guttman.

En octubre de 1999, la policía federal australiana anunció la captura de 12 kilos de éxtasis, equivalente a 45 000 pastillas. La operación había tenido lugar en el mes de junio, pero a petición de las autoridades belgas la información había sido mantenida en secreto. Gracias a esa discreción, dos semanas después de aquella redada australiana, 58 kilos fueron descubiertos en Alemania. Junto a los dos individuos aprehendidos en Bélgica, fueron incautadas 350 000 pastillas de éxtasis. La red, que usaba siempre la artimaña del envío junto a material deportivo, había expedido 45 cartones a Estados Unidos. Cada cartón pesaba cinco kilos, por lo que eran 225 kilos de éxtasis (es decir más de 800 000 pastillas) los que habían cruzado la frontera estadounidense.

Justo después de esa gran operación, los investigadores belgas y sus colegas holandeses detuvieron en los Países Bajos al cerebro de esa red internacional. La investigación permitió descubrir unos responsables que nadie esperaba: unos jóvenes judíos jasídicos. Sean Erez, un israelí de 30 años, fue detenido en Ámsterdam gracias a una solicitud de extradición de Estados Unidos. Sean Erez tenía además la nacionalidad canadiense. Junto a su pareja, Diana Reicherter, fueron acusados los dos por la policía estadounidense de haber distribuido en EE. UU. más de un millón de pastillas. Los cinco otros individuos aprehendidos por la policía eran jóvenes judíos ortodoxos que servían de "mulas" para pasar la aduana. Durante un tiempo, los aduaneros no sospecharon de esos judíos religiosos en caftán negro, con sus sombreros y sus papillotes. Cada uno podía transportar entre 35 y 50 mil pastillas por viaje. Estas "mulas", que iban y venían entre Europa y Estados Unidos, eran pagados 1500 dólares por trayecto. Y por cada nueva recluta que conseguían, percibían 200 dólares.

En el aeropuerto parisino de Orly, en el mes de abril de 1999, la policía arrestó una pareja de jóvenes judíos jasídicos de Nueva Jersey que transportaban 80 000 pastillas de éxtasis. Unos días más tarde, los agentes de la aduana canadiense detuvieron en Montreal una joven mujer ortodoxa de Nueva York con 45 000 pastillas "supermán" escondidas en su maleta. En efecto, las pastillas solían llevar símbolos diversos: un elefante, el yin-yang, el eurodólar. El "supermán" estaba bien elegido, pues el súper héroe era una creación de dibujantes judíos[224].

En octubre de 1999, seis israelíes eran arrestados en Nueva York: Igal Malka, Yariv Azulay, Oshri Ganchrski, Eyal Levy, Robert Levy y Oshri Amar. 300 000 pastillas de éxtasis fueron incautadas. Oshri Amar importaba la droga de laboratorios belgas y holandeses e inundaba de mercancía todo el territorio desde California hasta Ohio, Florida, Massachusetts, Pensilvania y Nueva York. Los policías desmantelaron también un laboratorio de producción donde hallaron armas y explosivos.

En el mes de abril del 2000, otras 25 personas eran detenidas. Su jefe era Jacob Orgad, 45 años, un israelí que vivía en Los Ángeles. Sus cómplices parecían estar presentes en todas las grandes ciudades estadounidenses, notaba el *Jerusalem Post* del 15 de junio del 2000. Jacob Orgad, apodado "Cookie", había empezado su carrera como proveedor de droga y de mujeres para una lujosa red de prostitución hollywoodiense. Luego se reconvirtió en el tráfico de éxtasis, llegando a dominar el mercado de Los Ángeles. En abril del 2000, fue arrestado en Nueva York junto a su socio, Shimon Levita, estudiante de una yeshivá de Nueva York. Los agentes federales habían interceptado dos paquetes llenos de éxtasis. Los destinatarios, Yaniv Yona y Ereza Abutbul, los dos israelíes, fueron también detenidos.

Por lo visto, el tráfico de éxtasis no era la única especialidad de los judíos jasídicos: el *Russian Journal* del 15 de mayo del 2000 nos informaba de que un judío ortodoxo de origen ruso, Mark Simón, había sido encontrado el cuerpo acribillado de balas: estaba implicado en un caso de fraude con tarjetas de crédito. En septiembre del 2000, el mismo diario relataba como la policía japonesa había arrestado a otro israelí llamado David Biton, el cual había sido acusado de introducir 25

---

[224] Sobre Superman léase *El fanatismo judío*. Los judíos jasídicos podían lanzarse en otras empresas fructuosas. En marzo del 2001, según el diario *Haaretz*, 14 miembros de la comunidad ultra-ortodoxa de Kirpas Joel, a sesenta kilómetros al noroeste de Nueva York, habían sido inculpados por fraude con cheques falsos y fraude al seguro mediante falsas declaraciones de fallecimiento. Mordejai Samet, su jefe, había transferido millones de dólares en cuentas en el extranjero. En 1998, Rabí Joseph Prushinovski había sido detenido en Israel. Era buscado desde hacía diez años por el FBI, así como por la policía canadiense, holandesa y Scotland Yard por una serie de estafas a bancos y aseguradoras que servían para financiar su comunidad, la *Hasidic Tasch*. 200 millones de dólares se habían volatilizado. En 1981, ya había sido condenado a tres años de cárcel por otra estafa. A continuación, se había instalado en Canadá para seguir con sus estafas por teléfono, fax y télex.

000 pastillas en el país.

La agencia *Associated Press* confirmaba, en fecha del 23 de mayo del 2001, que el sindicato del crimen israelí era efectivamente la primera fuente del tráfico de éxtasis en Estados Unidos. El *Jerusalem Post* del 2 de agosto del 2001 reportaba que 17 israelíes habían sido detenidos en el mes de mayo en España y en Estados Unidos. La investigación había desembocado en Oded Tuito, inculpado en Barcelona. Otros tres israelíes, Eitan y Erez Elkayam y Yossif Hotvashvili, habían sido arrestados en Barcelona tras varios atracos de joyerías, lo cual había permitido detener Michel Elkayam y Simon Itach, sus lugartenientes. Oded Tuito, alias "Fat man", era, según se decía, muy simpático, y hablaba varios idiomas. Era también uno de esos grandes traficantes internacionales, tal como lo reportaban los periódicos. Según el *New York Post* del 25 de mayo del 2001, Oded Tuito de 44 años, empleaba él también jóvenes judíos jasídicos vestidos a la manera ortodoxa para cruzar las fronteras. El 27 de junio del 2001, Tuito fue condenado a 17 años de cárcel por haber distribuido cientos de miles de pastillas de éxtasis. Murió de una crisis cardíaca en la prisión de Brooklyn el 20 de junio del 2004.

La detención de Tuito no frenó el tráfico, puesto que el *Jerusalem Post* del 20 de julio del 2001 informaba de que dos ciudadanos israelíes habían sido arrestados en Manhattan. La policía había descubierto más de un millón de pastillas de éxtasis, lo cual era la mayor captura hecha por la policía de Nueva York en toda su historia. David Roash, 25 años, e Israel Ashkenazi, 28 años, estaban los dos domiciliados en Tel-Aviv.

En noviembre del 2001, durante su juicio en Stanmore, en EE. UU., Philipp Lyons y su cómplice Abraham Israel, 31 años, se habían declarado culpables por tráfico de heroína y éxtasis, y blanqueo de capital. El dinero era enviado a España (*Totally Jewish* del 26 de noviembre del 2001).

Una semana antes, la policía alemana desmantelaba otra red internacional. Dos israelíes, Uzi Guttman, 55 años, y Yosef Raphaelovitz, 41 años, habían sido detenido en el puerto de Hamburgo mientras descargaban un camión que contenía 1,5 millones de pastillas de éxtasis. Las pastillas iban escondidas en unos contenedores de flores artificiales. El chófer holandés había sido detenido con ellos (*Jerusalem Post*, 22 de noviembre del 2001). Casi en el mismo momento, la policía australiana arrestaba Elyakim Yacov al-Sheikh, 37 años, residente en Holanda y Dror Pachima.

A finales de julio del 2002, dos narcotraficantes israelíes eran aprehendidos en Nueva York. En octubre, seis miembros de una red de tráfico de droga habían sido aprehendidos por la policía de Nueva York. La banda se dedicaba principalmente a la venta de éxtasis, pero también de cocaína, de hachís y marihuana. Zwi Haim Harris, 30 años, había sido detenido en su apartamento en el que los policías hallaron éxtasis, dos pistolas y municiones. El jefe de la red era un ciudadano israelí de 37 años llamado Yigal Dobakarov y en posesión de 50 000 pastillas de éxtasis por valor de 1,25 millones de dólares. Michael Brenman, 29 años, confesó ser un distribuidor en el metro de Nueva York. Allen Agureyev, 48 años, y Lior Hajaj, 28 años, también fueron inculpados (*USA Today*, 25 de octubre del 2002).

Ese mismo mes, una quincena de personas eran aprehendidas en Miami, Nueva York y Lower Merion. El jefe, Lawrence Weinmann y su lugarteniente Neil Smilen eran arrestados en Nueva York justo cuando tomaban posesión de un cargamento de pastillas proveniente de Suiza. Los dos hombres hacían constantes idas y venidas entre Miami y Nueva York, comprando grandes cantidades de droga que revendían a Alan Chernik, un importante distribuidor de Maine. Stewart y Fred Cohen estaban también implicados en el negocio, así como Craig Ira Yusem, un individuo próximo a Craig Rabinowitz. Este último había asesinado a su mujer Stefanie en abril de 1997. Intentaría hacer pasar su muerte por una caída accidental con el fin de cobrar la prima del seguro. Ese grupo era conocido como "Matzoh Ball Mafia".

El *New York Post* del 10 de octubre del 2002 nos informaba del arresto de tres miembros de una red de traficantes de éxtasis: 1,4 millones de pastillas habían sido incautadas por los agentes federales en Nueva York. Las pastillas, que representaban 42 millones de dólares en el mercado, iban ocultas en las mesas de trabajo para pulir de los diamantistas. En el mes de agosto, dos hombres habían sido aprehendidos en Amberes, Bélgica: Ofer Lebar y Ofer Weizman.

El *New York Times* del 1 de abril del 2003 reportaba otra información interesante: Natan Banda, 31 años, domiciliado en Brooklyn y jefe de una red internacional, había sido arrestado en Florida junto a Nathan Weiss y otras quince personas, incluidos los hermanos Zakay y Ezra Sasson. Se les acusaba de blanqueo de dinero por valor de decenas de millones de dólares proveniente de la venta de éxtasis y de cocaína. Los traficantes tenían la ciudadanía estadounidense e israelí.

El "rey del éxtasis" en los años siguientes se llamaba El Al Yoram. Este israelí era uno de los traficantes de droga más buscados del mundo. Era acusado de haber hecho entrar en Estados Unidos millones de pastillas de éxtasis y de haber inundado Las Vegas con su mercancía. El traficante había abandonado el país en el 2004 para esconderse en

Uruguay. Detenido en el 2005, logró escapar de prisión. Fue capturado en el mes de diciembre del 2006 en Brasil, en un apartamento de Río de Janeiro.

L'Arche, "la revista mensual del judaísmo francés" publicaba en mayo del 2007 esta información en la página 6: "Zeev Rosenstein, el más famoso padrino de la mafia israelí ha vuelto a los Estados Unidos para cumplir su pena de doce años de prisión por tráfico de droga." El hombre había sido condenado por haber importado 850 000 pastillas de éxtasis en Estados Unidos. Cumplió el resto de su pena en Israel. El semanal *Mariane* del 18 de agosto del 2007 nos informaba de que la organización de Rosenstein estaba presente en cuatro continentes, y empleaba "pequeños esbirros latinoamericanos para la distribución de su droga sintética." Rosenstein -"The Fat Man"– había sido objeto de siete intentos de asesinato en los últimos años, especialmente una bajo forma de ataque bomba que había causado la muerte de tres personas en Tel-Aviv en diciembre del 2003. Menos de un mes después, un motorista había acribillado mortalmente a otro traficante de droga, Efraím "Freddy" Ran, de 60 años, a pesar de que hubiera reciclado recientemente su actividad en el mercado del arte. Veinte años antes, había formado parte del New York Gang que se dedicaba a la importación-exportación de estupefacientes, a la extorsión de fondos y a las apuestas clandestinas.

Esta droga de síntesis llamada éxtasis, la cual provoca una sensación de fuerza y bien estar durante unas horas, es sobre todo una verdadera basura química. Sus efectos, a largo plazo, son espantosos pues son irreversibles: perdidas de memoria, trastornos del comportamiento, del sueño, de la concentración, lesiones cerebrales en los niños de las madres drogadictas. Todas estas complicaciones para las víctimas no eran importantes para los traficantes. Con un coste de producción de 20 o 25 céntimos, una pastilla vendida a dos dólares a un revendedor que la vendía a su vez entre 5 y 10 dólares, incluso entre 30 y 40 dólares en algunas discotecas, el negocio generaba ganancias para hacer vivir una gran familia. Si, además, el tráficante era dueño de la discoteca, entonces éste era el "rey de la noche".

Los diamantistas y el lavado del dinero sucio

Los diamantistas de Tel-Aviv, Amberes y Nueva York estaban en el centro de operaciones del blanqueo de dinero de la droga de los cárteles colombianos. En Manhattan, la calle 47 era el corazón de la actividad de los diamantistas, así como el mayor centro de lavado del dinero de la droga, informaba el diario israelí *Maariv*. Los policías estadounidenses tenían muchas dificultades para infiltrar esa mafia muy cerrada, donde las transacciones se basaban en la confianza. Además, al menos el 50% de los diamantistas tenían la nacionalidad israelí.

El dinero de la droga de los carteles colombianos pasaba por las instituciones religiosas judías, las yeshivás y las sinagogas. Las donaciones eran luego retrocedidas a cambio de un porcentaje. La primera operación de ese tipo había sido descubierta en 1984, en Manhattan. El jefe de la red era entonces David Va'anunu, que trabajaba con el cártel colombiano de Cali. El director de la yeshivá Tifereth Yerushalayim, Mendel Goldberger, recibía cada día dinero en efectivo de Va'anunu y depositaba el dinero en una cuenta bancaria de la yeshivá. A pesar de sus gritos de inocencia, fue condenado a cinco años de prisión y Va'anunu a ocho años. Otras nueve personas estaban implicadas en este caso, incluido el rabino Israel Eidelman, vicepresidente de la yeshivá. Rabí Abraham Lau, un responsable de la comunidad jasídica de Los Ángeles también fue arrestado.

Al final de los años 80, los joyeros de la calle 47 parecían estar ampliamente implicados. El rabino Yosef Crozer había sido detenido en febrero de 1990 cuando se dirigía a Brooklyn con unas maletas y unas bolsas repletas de dinero en billetes pequeños. Cada día llegaba a transportar sumas de hasta 300 000 dólares. Durante su juicio, éste afirmó que no sabía que reciclaba el dinero de la droga y pensaba que se trataba del dinero generado por el comercio de los diamantes. Sin embargo, su cooperación con los policías había permitido detener al mes siguiente una treintena de personas del mundo judío ortodoxo, especialmente a Avraham Sharir, otro judío piadoso propietario de una tienda de venta de oro en la calle 47 y que resultó ser un de los personajes claves del blanqueo de dinero de la droga de Nueva York. Avraham Sharir, ciudadano israelí de 45 años, confesaría haber blanqueado 200 millones de dólares para el cártel de Cali. Sus empleados, que contaban los billetes, tenían que salir regularmente del local para airearse porque muchos de los billetes habían servido para "esnifar" cocaína. Compraba oro a precios desorbitados a otros comerciantes cómplices, y el dinero era luego donado a instituciones religiosas. Sharir percibía un 6% de comisión para ese trabajo. Era dueño de una magnífica propiedad en Long Island y circulaba en un Jaguar. Avraham Sharir había aceptado, él también, cooperar con el FBI, beneficiándose así de la protección de testigos. Denunció Stefaphan Scorkia, el cual fue condenado a 660 años de prisión (una condenada muy estadounidense), y vivió el resto de su vida bajo una falsa identidad para evitar represalias.

En abril de 1990, se formó una unidad de policía especializada de 200 agentes cuyo objetivo era incautar dinero en efectivo si su origen no podía ser demostrado. Los dos primeros años, esta unidad, llamada Eldorado, había incautado 60 millones de dólares y arrestado 120 traficantes, lo cual probablemente podía parecer algo modesto comparado con todo el tráfico.

La comunidad jasídica de Williamsbourg vivió un acceso de efervescencia tras la detención de varios de sus miembros: Naftali, Miklosh, Yotzhak y Ya'akov Shlesinger, así como Milton Jacoby habían sido todos inculpados por blanqueo de dinero. Las aduanas estadounidenses habían incautado millones de dólares disimulados en los contenedores de mercancías y en el casco de cisternas de gasolina. En 1990, los aduaneros encontraron 14 millones en efectivo en un cargamento de cables, pero era el transporte número 234 de ese tipo. En el aeropuerto Kennedy, descubrieron 6,5 millones en unos recipientes que debían contener en teoría semen congelado. En otra ocasión, hallaron 210 000 dólares en billetes de 100 disimulados dentro de unas bolas de bolos.

En mayo de 1993, cinco miembros de estas redes judías de lavado de dinero que trabajaban para el cártel de Cali eran arrestados por el FBI. A la cabeza de la red estaba un tal Zion Ya'akov Evenheim, que tenía la doble nacionalidad, israelí y colombiana. Desde Cali, coordinaba las actividades y supervisaba las transferencias de fondos. Raymond Shoshana, 38 años, Daniella Levi, 30 años, Binyamin Hazon, Meir Ochayon, 33 años, y Alex Ajami, 34 años, habían sido detenidos y otros diez sospechosos habían huido a Israel. Los investigadores habían grabado varias horas de conversaciones telefónicas en hebreo. Para la traducción, recurrieron a Neil Elefant, un judío de Nueva Jersey que había residido en Israel. Éste tuvo un día la sorpresa de reconocer la voz de un amigo en medio de las de los traficantes: Jack Zbeida, un anticuario de Brooklyn. Elefant tuvo entonces un dilema moral y fue a pedir consejo a su rabino, el cual le aconsejo que avisara a Zbeida. Mala decisión, pues finalmente Zbeida fue aprehendido y ofreció su colaboración a la policía denunciando a Elefant, el cual a su vez fue arrestado. Éste se defendió acusando a los agentes del FBI de antisemitismo. Eran, según él, culpables de esforzarse con demasiado ahínco para implicar el Estado de Israel en un caso de tráfico de droga. El juez Kevin Duffy lo condenó a 18 meses de prisión.

Adi Tal trabajaba él también para el cártel de Cali. Ya había sido arrestado en marzo de 1988 con once miembros de una red de blanqueo de dinero en compañía de Nir Goldstein. Ingresaban el dinero de la droga en cuentas bancarias, en depósitos de 10 000 dólares, cantidad a partir de la cual un depósito en un banco estadounidense era objeto de un informe. Convertían luego el dinero en cheques de viaje que enviaban a Panamá. Usaban un lenguaje codificado. El envío de un diamante de 30,4 quilates significaba que había treinta mil cuatro cientos dólares.

Rabbi Shalom Leviatan, un Jabad-Lubavitch, la principal rama de judíos jasídicos[225], era el jefe de la red de Seattle. "Mis intenciones eran buenas", aseguraba a los policías, argumentando que creía ayudar así a los judíos iraníes a sacar su dinero del país. Leviatan fue condenado a 52 meses de prisión, pero su encarcelamiento no le serviría de escarmiento, pues a su salida se uniría a una banda que fue posteriormente desmantelada. Afortunadamente para él, esta vez le dio tiempo a huir a Israel.

En 1994, 23 personas fueron detenidas por blanqueo de dinero, entre las que figuraban los rabinos neoyorquinos Alexander Schwarts y Menashe Leifer, los abogados Hervey Weinig y Robert Hirsch, el policía Michael Kalanz, así como un banquero suizo. El dinero de la cocaína iba a una cuenta abierta en un banco de Zúrich. Rabbi Schwarts había sido capturado en Puerto Rico con 267 830 dólares en efectivo.

El 7 de julio de 1995, un tal Moshé Benyamin era detenido delante de un banco de Monte-Carlo. En su vehículo, los policías descubrieron seis maletas repletas de billetes de banco por valor de 5,5 millones de dólares. Nacido en Italia, pero de nacionalidad israelí, Moshé Benyamin era sospechoso de ser "el blanqueador en jefe" de un cártel colombiano de la cocaína. El 30 de agosto, su hermano William era asesinado en Tel-Aviv. En 1996, un judío ortodoxo, David Bright, fue arrestado en el aeropuerto de Nueva York con una maleta con 200 000 dólares en efectivo. Trabajaba para el cártel de Cali.

Nachum Goldberg, un judío ortodoxo australiano, había sido enviado a prisión en 1997. Pertenecía a una red internacional de lavado de dinero que contaba con diamantistas de Israel, de Bélgica y de Australia. Goldberg había blanqueado 90 millones de dólares en trece años a través de una cuenta bancaria de la asociación *United Charity*. Financiaba así la comunidad judía ortodoxa. La mayor parte del dinero provenía de la venta de diamantes importados ilegalmente en Australia. Decenas de miles de dólares eran enviados a su hermano, el cual dirigía el banco Leumi en Jerusalén. En octubre del 2000, Goldberg era condenado a cinco años de prisión. El juez había criticado el gobierno

---

[225]Sobre los judíos jasídicos Jabad-Lubavitch léase *Psicoanálisis del judaísmo*.

israelí por su poca cooperación con los investigadores.

En 1997, otros dos rabinos jasídicos de Nueva York, Bernald Grunfeld y Mahir Reiss, eran inculpados con otras diez personas por el blanqueo de millones de dólares provenientes del tráfico de droga. Rabí Weiss era descrito por el *New York Times* como la cabeza pensante de la red. Su hermano Abraham, que recogía el dinero de los traficantes de Manhattan, también había sido detenido, así como Israel Knoblach. Jack Pinski seguía en fuga. Abraham Reiss era además el vicepresidente de la Conferencia de presidentes de las Organizaciones judías estadounidenses. El año siguiente, el rabino Elliot Amsel de Brooklyn, que dirigía el Syrit College, era acusado de evasión fiscal y de blanqueo de capital. Los 700 000 dólares que había amasado estaban depositados en Israel.

Algunos judíos jasídicos se habían lanzado directamente al tráfico de droga. En 1998, se descubrió que el negocio del diamante en Amberes encubría un tráfico internacional de heroína. En el mes de julio, la pequeña comunidad de diamantistas de la ciudad flamenca se vio fuertemente afectada por una serie de arrestos de judíos Jabad-Lubavitch. El diario inglés *The Independant* del 25 de julio nos informaba de que la policía y las aduanas inglesas habían desmantelado una red de tráfico de heroína entre Israel, Amberes y Londres. Quince kilos habían sido incautados. Un judío ortodoxo, Dror Hazenfratz, estaba a la cabeza de la red. Nacido en Haifa, Hazenfratz tenía un pasaporte israelí y un documento de identidad belga. Ante el tribunal, éste apareció con el vestido tradicional, caftán negro, sombrero y papillotes, pero eso no le libró de una condena de once años de cárcel.

En el 2001, rabi Leon Edery fue condenado en Toronto, en Canadá, a un año de prisión por evasión fiscal. Los recibos de las donaciones a las instituciones caritativas y religiosas eran de un montante netamente superiores a las donaciones reales.

Al final del año 2002, en Nueva York, una red internacional de blanqueo de dinero de la droga de los cárteles colombianos fue desmantelada. Según el procurador James Comey, ésta era dirigida por judíos jasídicos que mantenían reuniones secretas con los colombianos en Miami y en Manhattan. Avraham Zaltzamn y Aaron Bornstein, domiciliados en Brooklyn, fueron encarcelados. Otro hombre, Akiva Apter, estaba huido, pero otras detenciones de traficantes en California y en Houston permitieron desmontar la red jasídica (*New York Daily News*, 2 de noviembre del 2002). La información era retomada el 10 de noviembre en *The Observer*, un diario inglés que se sorprendía de la implicación de ese movimiento religioso con los cárteles colombianos.

Un año antes, la policía había desbaratado otra red dirigida por otro judío jasídico, Sean Erez, el cual había invertido en el tráfico de éxtasis. La droga transitaba fraudulentamente dentro de los sombreros o los rollos de oración de esos judíos piadosos, con la convicción de que los aduaneros no sospecharían nada.

Efectivamente, los judíos religiosos llevaban mucho tiempo aprovechándose de la ingenuidad de los funcionarios de aduanas. Jacques Derogy nos informaba que, ya en los años 1970, algunas informaciones señalaban que Abu Hatsira, pariente del ministro de Religión y Cultos, "había introducido heroína en Israel, disimulada en un rollo de la Ley."

Al final de los años 70, Isaac Kattan-Kassin, que residía en Nueva York y en Miami, era uno de los mayores blanqueadores de la cocaína colombiana. También figuraban los nombres de Beno Ghitis y Víctor Eisenstein, así como Abel Holtz, el presidente de la Capital Bank de Miami.

He aquí otro caso destacado por Derogy: el del capitán Pressman, comandante de vuelo de la compañía El Al. Éste había sido detenido por tráfico de oro entre Israel y Suiza. "Veterano de la compañía israelí de aviación, Pressman se negaba desde hacía ocho años a cambiar de Boeing y de linea. Y con razón, pues en cada escala en Ginebra tomaba un cargamento de lingote de oros para pasarlos fraudulentamente a Israel a cuenta de los comerciantes de Mea Chearim, el barrio ultraortodoxo[226]."

En el 2002, en su libro titulado *Los Judíos, el mundo y el dinero*, el muy influyente Jacques Attali nos explicaba doctamente que la criminalidad judía no era, a lo sumo, más que un fenómeno marginal: "El papel relativo del "hampa" judía en la criminalidad también disminuye con la globalización, aunque se encuentran todavía algunos de sus miembros como corredores en algunos tipos de lavado de divisas del tráfico de droga, de Los Ángeles a Moscú, de Bogotá a Tel-Aviv." Jacques Attali proseguía: "Una sola red específicamente judía fue descubierta, en febrero de 1990, en Nueva York; tomaba el siguiente circuito: una parte de la droga del cártel de Cali era cambiada en Colombia por diamantes; para transformarlos en efectivo, éstos eran despachados a Milán y montados en joyas que luego volvían a partir a Manhattan para ser allí vendidas legalmente -al contado- en la calle 47, donde, según un comentario empático del periódico israelí *Muariv*, que reveló el caso, "hay más restaurantes casher que en todo Tel-Aviv, y donde se encuentra el mayor lavado de dinero de la droga de los Estados

---

[226]Jacques Derogy, *Israel Connection*, Plon, 1980, p. 200

Unidos". Una parte del producto de esta venta era entonces entregada por los joyeros a instituciones judías de Nueva York, que restituían una parte -siempre en *cash*- a pasadores de cárteles. Los dirigentes de esta red hacían creer algunos de sus relevos -judíos ortodoxos, como un rabino de Brooklyn cuyo arresto, en febrero de 1990, reveló todo el asunto- que ayudaban a diamantistas de la calle 47 a defraudar al fisco, o a sacar sus capitales de algunos judíos iraníes. El jefe de esta red, un israelí, confesó haber blanqueado de ese modo 200 millones de dólares a cuenta del cártel de Cali, o sea, menos del 1% del monto manejado anualmente por ese cártel, que distribuye cuatro quintos de la cocaína y un tercio de la heroína consumidas en el mundo227." Como lo escribíamos nosotros mismos en *Las Esperanzas planetarianas*: "Si Jacques Attali es tan discreto respecto del papel de los judíos en la criminalidad, al igual que lo ha sido con su papel en el bolchevismo, ésta sola revelación ya representa mucho."

La película *Blood Diamonds* (EE. UU., 2007) presentaba un buen ejemplo de "furtivismo" mediático cuando se trata de criminalidad judía. En efecto, la película apenas mostraba el papel de los judíos en la industria del diamante, únicamente en una breve secuencia en la que un judío ortodoxo aparecía en pantalla... ¡durante medio segundo! Los telespectadores no se han enterado de nada. Hay que reconocer que, en su género, el director de cine Edward Zwick es un prestidigitador.

"Las informaciones sobre la criminalidad o la mafia [judía] prácticamente no aparecen en la prensa internacional", escribía ya en 1980 Jacques Derogy. A mediados de siglo XIX, la dictadura mediática todavía no había llegado a los niveles actuales en los países occidentales. Así, en 1864, en su número del 9 de diciembre, le revista judía *L'Univers israélite* se indignaba porque la identidad de algunos malhechores fuera revelada en la gran prensa: " Cuatro Israelitas holandeses, talladores de diamantes, comparecen delante del jurado del Sena, etc. etc....Parece que sería tiempo por fin de que el consistorio central solicite al ministerio del interior un comunicado invitando a los diarios a no revelar más el culto de cualquier persona que comparece en un tribunal de justicia. Esta simple medida sería suficiente para poner fin a un abuso repulsivo ¡que ultraja a todos los Franceses israelitas y su religión![228]" Es, efectivamente, importante no "ultrajarlos": son

---

[227] Jacques Attali, *Los judíos, el mundo y el dinero,* Fondo de cultura económica, 2005, Buenos Aires p. 479, 480

[228] *L'Univers Israélite*, septiembre de 1864, en Roger Gougenot des Mousseaux, *Los Judíos y la judeización de los pueblos cristianos,* Versión pdf. Traducido al español por la profesora Noemí Coronel y la inestimable colaboración del equipo de Nacionalismo

gente susceptible.

Una larga tradición

La historia novelada de los gánsteres judíos siempre se ha olvidado de apuntar su implicación en el tráfico de droga. Los traficantes de droga son efectivamente considerados intratables. "Esos judíos no existen, punto final", escribía Rich Cohen en su libro *Yiddish Connection*. "Ahora bien, apuntaba Cohen, el primer gran traficante de droga estadounidense fue probablemente el propio Arnol Rothstein. "Nos parece cada vez más evidente que el tráfico de droga en Estados Unidos se efectúa a partir de una sola fuente, leíamos en un informe criminal federal de finales de los años veinte. Además, las informaciones de las que disponemos alimentan nuestra convicción de que esa fuente se llama Arnold Rothstein"."

Rothstein había previsto la abrogación de la ley de prohibición de alcohol y comprendió antes que cualquiera que la droga podría compensar la pérdida del tráfico de alcohol de contrabando. Su cómplice, en esta ocasión, fue un tal Yasha Katzenberg: "Fure una de las grandes figuras envueltas de misterio del hampa judío", escribía Rich Cohen. En 1928, al morir Rothstein, su organización del tráfico de estupefacientes pasó a manos de Lepke Buchalter, el cual explotaba una fábrica de opio en Seymour Avenue[229].

En 1931, un tratado de la Sociedad de Naciones había prohibido la casi totalidad de la producción mundial. A partir de ahora, cada país sólo podía producir la cantidad de narcótico necesario para el uso médico interno. La fuente de aprovisionamiento de Lepke se agotó, por lo que decidió enviar Katzenberg a Oriente. Esto escribía Rich Cohen, al respecto: "Yasha desapareció en los confines de China, dejando tras de él un reguero de cartas. Reapareció meses más tarde, en las colinas en los alrededores de Shanghái, rodeado de un ejército de bandidos. Les había enseñado a fabricar heroína y había construido una fábrica en el valle fluvial, y pronto el flujo de heroína reanudó su camino hacia Lower East Side." A finales de los años treinta, cuando las autoridades descubrieron las actividades de Katzenberg, la Sociedad de Naciones decretó que representaba una "amenaza para la comunidad internacional". Años más tarde, fue acusado junto a Lepke y otros

---

Católico. Argentina, 2013, p. 150-151
[229] Rich Cohen, *Yiddish Connection*, 1998, Denoël, 2000, Folio, p. 222-224. La película de Sergio Leone, *Érase una vez en América*, muestra como algunos gánsteres eran clientes habituales de fumaderos de opio.

veintiocho gánsteres de haber violado las leyes sobre estupefacientes. Katzenberg denunció Buchalter, pero eso no le libró de ser condenado a dieciocho años de cárcel[230].

La implicación de traficantes judíos en el tráfico de droga no era por lo tanto una novedad. En Estados Unidos, en los años 40, había decenas de traficantes de heroína en Nueva York, "los restos de la maquinaria Rothstein", escribía Rich Cohen [en la versión inglesa]. Solly Gelb, Solly Gordon, Tudi Schoenfeld, Artie West, Niggy Rutkin, Harry Koch, Sam Haas, Moe Taubman y Harry Hechinger, por ejemplo. Un tal Bernard Bergman era un hombre extremadamente rico y una personalidad destacada de la comunidad judía ortodoxa. Era "uno de los más ricos judíos ortodoxos del mundo", escribía Robert Friedman. Había construido su fortuna dedicándose a la asistencia médica, extendiendo su actividad a todo el territorio. En 1941, los policías habían incautado en su casa ocho kilos de heroína escondidos en los libros de oraciones. El juez Martin Frankel lo había condenado a una ridícula pena de cuatro meses de prisión, lo cual generó un rumor de corte netamente antisemita. El caso fue juzgado de nuevo y el nuevo presidente del tribunal, Aloysius Melia, añadió un año de prisión a la sentencia previa.

En 1942, en Francia, un autor como Léon de Poncins, que había hecho una lista de las actividades criminales de algunos judíos - las grandes estafas financieras, los casos de espionaje y los asesinatos políticos, etc.- mencionaba también el tráfico de droga y citaba dos nombres: Isaac Leifer y Teodoro Lyon. Isaac Leifer había sido condenado el 20 de junio de 1939 en París a dos años de prisión y 5000 francos de multa. Los sobres de heroína enviados a Estados Unidos iban ocultos en unas biblias[231]. Lucien Rebatet, por su parte, escribía en el semanal *Je Suis Partout*, con fecha del 17 de febrero de 1939: "Recientemente, a raíz de la detención de un rabino de Brooklyn por tráfico internacional de estupefacientes llamado Isaac Leifer, asistimos a otra gran defensa de la raza elegida. Esta vez consistía en negar que Leifer fuera rabino. Un poco más y pareciera que no era ni tan siquiera judío. En esta ocasión, el *Matin* publicó un artículo con un título que rezaba así: "El seudo gran rabino..." Se acomodaba la palabra "gran", pero era presentada de tal manera que la falsa calidad parecía aplicarse también a la palabra "rabino". Después de eso, uno se informa y acaba descubriendo que el jefe de las informaciones del *Matin* se llama Sam Cohen."

Según Thomas Keyes, en su libro *El Opio en China*, habrían sido los

---

[230]Rich Cohen, *Yiddish Connection*, 1998, Denoël, 2000, Folio, p. 227, 228
[231]Léon de Poncins, *Israël destructeur d'empires*, Mercure de France, 1942, p. 83

comerciantes árabes los que habrían introducido el opio en ese país durante la dinastía Tang (619-907). El opio era entonces usado como medicina. En 1729, 1780, 1796, y en 1800, unos edictos imperiales dirigidos a los portugueses y a los británicos habían prohibido el tabaco y el opio. Pero en los años 1820, la Compañía británica de las Indias Orientales comenzó a exportar a China opio producido en la India. Se retiró posteriormente de ese mercado, entregando la franquicia a la compañía Jardine, Matheson and Co., fundada en 1832 por dos escoceses.

Durante las primeras décadas del siglo XIX, judíos originarios de Bagdad también habían llegado a la India. En Bombay y en Calcuta, algunas familias iban a imponerse entre las más poderosas, tales como los Kadouri, los Cohen, los Ezra, los Solomon, los Gubbay, los Elías y, sobre todo, los Sassoon. David Sassoon (1792-1864), huyendo la ley del gobernador otomano de Bagdad, llegó a Bombay en 1832 donde creó la David Sassoon and Co y se lanzó en el negocio del textil, el cultivo y comercio del algodón, pero también en el cultivo del índigo y de la amapola del opio. Más tarde, David Sassoon y sus descendientes serían considerados los Rothschild de Oriente, pues tan fabulosa era considerada su fortuna.

David Sassoon se vio directamente en liza con la Jardine, Matheson and Co en la producción y el comercio del opio. Pronto, el comisionado del Emperador Daoguang, Lin Hse Tsu, tomó medidas para atajar el tráfico, castigar los traficantes y desintoxicar y rehabilitar socialmente los opiómanos. Esas medidas no impresionaron a los emprendedores británicos y judíos, los cuales prosiguieron con su comercio. Una Primera Guerra del Opio estalló entonces (1839-1842) y concluyó con el tratado de Nankin, impuesto a China por la victoriosa Gran-Bretaña. Las cláusulas del tratado imponían indemnizaciones de guerra que debía pagar Chinar, y Hong Kong fue cedida a los Británicos. Sin embargo, el opio seguía siendo ilegal. Una Segunda Guerra del Opio estalló en 1858, esta vez protagonizada por rebeldes chinos que querían librar el país de esa lacra. Esta vez, el tratado de paz ya no prohibía específicamente el opio.

En el año 1859, no menos de 4 800 toneladas habían sido producidas, y hacia 1880, la cifra alcanzó 6 700 toneladas[232].

La compañía David Sassoon and Co., ahora en manos de los herederos, ya controlaba por entonces más del 70% del comercio del opio y otras compañías habían sido creadas por otros comerciantes

---

[232] Lo cual equivale aproximadamente a la producción del Afganistán actual "liberado" por las tropas estadounidenses en el 2002.

judíos, de modo que al final del siglo XIX, la Jardine y demás compañías británicas habían sido apartadas del negocio del opio. Hacia 1900, en China, el opio era virtualmente un monopolio judío. En esa época, el país contaba por lo menos con veinticinco millones de opiómanos.

El tráfico de droga era por lo visto una vieja tradición en la comunidad judía. En el siglo XV, los mercaderes judíos del Estado polaco viajaban libremente a Moscú. Pero bajo el reinado de Iván el Terrible, la situación cambió, y la entrada a Rusia fue prohibida a los comerciantes israelitas. Cuando en 1550, el rey polaco Segismundo-Augusto solicitó que el libre acceso a Rusia les fuera de nuevo permitido, el Zar Iván se opuso a ello en estos términos:

"Respecto a lo que nos escribes para que permitamos a tus Judíos la entrada en nuestras tierras, ya te hemos escrito varias veces, hablándote de las malas acciones de los Judíos, que apartan nuestra gente de Cristo, introducen en nuestro Estado drogas envenenadas y causan muchos daños a nuestra gente. Deberías tener vergüenza, hermano, escribirnos sobre ellos a sabiendas de sus fechorías. En los otros Estados también hicieron mucho mal, y por ello han sido expulsados o sentenciados a muerte. No podemos permitir a los Judíos entrar en nuestro Estado, pues no queremos ver el mal en él; sólo queremos que Dios permita a la gente de nuestro país vivir en paz, sin disturbio alguno. Y tú, hermano, no deberías, en adelante, escribirnos más sobre los Judíos[233]."

Los propios judíos eran probablemente grandes consumidores de estupefacientes. En marzo del 2008, un profesor de la Universidad Hebraica de Jerusalén, Benny Shanon, comentaba en los micrófonos de una radio israelí uno de sus artículos publicados en la revista filosófica *Time and Mind*, en el que explicaba que los Hebreos de los Antiguos tiempos tenían la costumbre de consumir drogas alucinatorias durante los ritos religiosos. Según él, la revelación de los Diez mandamientos por Dios en el Monte Sinaí no era probablemente más que el fruto de las alucinaciones de Moisés, causado por el consumo reiterado de psicotrópicos.

Esto leíamos en el periódico *Le Figaro* del 4 de marzo del 2008. Las "voces, el resplandor, la voz del cuerno y la montaña humeante" que los hebreos vieron, según la Biblia, mientras acampaban alrededor del Monte Sinaí (Libro del Éxodo), le habían recordado sus propias experiencias alucinatorias en la Amazonia después de tomar ayahuasca,

---

[233] Léon Poliakov, *Histoire de l'antisémitisme, Tome I*, Point Seuil, 1981, p. 419. Estas palabras son también citadas por el gran escritor ruso Aleksandr Solzhenitsyn, en *Deux Siècles ensemble, Tome I*, Fayard, 2002, p. 26, 27

un brebaje de bejuco que beben los chamanes de Hispanoamérica. Benny Shanon explicaba que la había consumido más de un centenar de veces: "Con la ayahuasca, he experimentado visiones religiosas y espirituales." La transmisión divina a Moisés de las tablas de la Ley era fruto de una alucinación: "Durante el episodio del Monte Sinaí, el Libro del Éxodo menciona que los israelitas perciben sonidos. Es un fenómeno muy clásico en la tradición Amerindia donde se "ve" la música", señalaba Shanon, el cual apuntaba además que las hipótesis que vinculan la aparición de religiones con el uso de substancias psicotrópicas existen desde hace más de 20 años. Ahora bien, en los desiertos del Neguev y del Sinaí, crecen dos planas alucinatorias, el harmal, todavía usada por los Beduinos, y la corteza de acacia, que provocan los mismos efectos psicodélicos que la ayahuasca.

La acacia es un árbol frecuentemente citado en la Biblia. Su madera había probablemente servido para la construcción de la Arca de Alianza, insistía el profesor. Para él, otro famoso episodio de la Torá correspondía a los efectos del consumo de estupefacientes: la Zarza ardiente; "Moisés creyó que la zarza no había quedada reducida a cenizas por el fuego porque su percepción del tiempo se había visto alterada por la ingerencia de psicotrópicos que le persuadieron de que hablaba con Dios." Sin embargo, para Benny Shanon, el pastor seguía siendo un personaje excepcional: "Cualquier persona que consume plantas alucinatorias no es capaz de traeros la Torá, hay que ser Moisés para eso."

Desintoxicación y despenalización

Desde los años 70, y hasta 1995, la ayuda a las víctimas de la heroína era personificada en Francia y en Europa por un hombre carismático que no escatimaba esfuerzos para sacar a los toxicómanos de su adicción a la droga. El hombre, que los no-iniciados llamaban el "Patriarca", siempre había tenido un aspecto de abuelo con su barba blanca. A principio de los años 70, había creado una comunidad para acoger marginados y toxicómanos que deseaban seguir una cura de desintoxicación y apartarse definitivamente de mundo de la droga.

Al llegar al castillo de la Boère, cerca de Tolosa, uno tenía que despojarse de todo. Se os quitaba el documento de identidad y el dinero. La cura de desintoxicación duraba cinco días, en secreto. El enfermo era encerrado con un antiguo toxicómano que ya había pasado por lo mismo. A continuación, se hacían cargo de él, pero debía trabajar: restaurar granjas o vender el periódico de la asociación, *Antitox*.

Médicos de la región respaldaban el "Patriarca", y las familias de muchos drogadictos le apoyaban, tranquilizados porque sus hijos ya no se autodestruían más. Durante años, la asociación había funcionado así, con la complacencia de los poderes públicos.

A continuación, la asociación *El Patriarca* se desarrolló considerablemente, captando en toda Europa donaciones a favor de los toxicómanos. En 1995, la estructura poseía 67 centros, sólo en Francia, que acogían 2500 antiguos toxicómanos y 210 centros implantados en 17 países. El castillo de Boère estaba en el centro de una constelación de ocho asociaciones en Francia, ocho sociedades comerciales en Europa y en América y cuatro holdings en Luxemburgo. *El Patriarca* se había convertido en una verdadera multinacional de la desintoxicación.

Los fondos eran ampliamente alimentados por las donaciones y las subvenciones. El ministerio de Sanidad aportaba anualmente 6,6 millones de francos, "sin ningún tipo de control ni envío de informe de actividad", señalaba el tribunal de cuentas. La venta en Europa de los 400 000 ejemplares de *Antitox*, el mensual concebido y vendido en la calle por los toxicómanos, representaba otro ingreso importante de liquidez, más aún cuando los vendedores de calle no eran pagados. Todo se desmoronó en 1995. Las quejas de algunos pensionistas por abuso de confianza habían interrumpido la buena marcha de la asociación y ésta había sido finalmente inscrita en el registro de las sectas del informe del parlamento. Otros procedimientos judiciales se habían iniciado por violaciones e intentos de violaciones sobre pensionistas. La instrucción judicial indicaba que 100 millones de francos habían circulado entre Suiza, Luxemburgo y Liechtenstein.

"Desde hace cierto tiempo, las cosas ya no iban como antes, contaba Stéphane Hédiard, durante mucho tiempo secretario particular de Lucien Engelmajer. Estaba fuera de control. Ya sólo le interesaban sus historias de liquidación, de recaudación de dinero, y sus inversiones inmobiliarias." (*Libération* del 8 de noviembre del 2006). El *"Patriarca"*, según las informaciones que nos llegaban, no era un tipo fácil. "Algunos pensionistas que habían huido eran perseguidos y amenazados. Cuando se le criticaba, el Patriarca podía ser extremadamente violento verbalmente."

Con 86 años, Lucien Engelmajer era objeto de dos órdenes de detención internacional. Pero ello no le impedía dormir tranquilo. El Patriarca ya vivía desde algún tiempo en Miami, y se había instalado después en Belice, país cuya ciudadanía adquirió (o compró) para escapar de la justicia francesa. En el 2006, ocho de sus colaboradores y seis de sus hijos comparecían ante el tribunal por complicidad de abuso de bienes sociales, abuso de confianza, abuso de debilidad, blanqueo y receptación. El profesor de medicina Jean-Paul Séguéla, antiguo diputado RPR (derecha liberal) declaraba "no comprender lo que hacía allí", en el banquillo en medio de los acusados y negaba haberse beneficiado de préstamos gratuitos por parte del Patriarca (6 millones de francos). "Respecto a los cinco hijos e hijas del fundador, el abogado Simón Cohen alegaba: "¿Por qué hubieran tenido que preguntar de donde provenían los fondos transferidos regularmente en sus cuentas? Lucien Engelmajer "era un buen padre, eso es todo"."

Los intelectuales cosmopolitas son también los primeros en hacer la apología de la despenalización de las drogas. Esta era la opinión de Daniel Cohn-Bendit, antiguo líder estudiantil de los acontecimientos de mayo del 68 y posteriormente edil de la ciudad de Fráncfort, ciudad donde la posesión de pequeñas cantidades de heroína no era penalizada: "La cuestión, hoy en día, es saber cómo las sociedades pueden vivir con las drogas, decía Cohn-Bendit. Prohibir no sirve de nada. Primero, en las sociedades mercantiles, cualquier prohibición conlleva automáticamente el tráfico y el mercado negro que no se pueden detener...Toda la estrategia de guerra contra la droga ha fracasado porque no se logra hacer desaparecer la necesidad y el consumo de droga mediante la represión. Debemos por lo tanto enfrentar los hechos... Hay que despenalizar el uso de las drogas suaves, regular las situaciones en las que se pueden usar, controlar su calidad, como para cualquier bien de consumo." Cohn-Bendit proseguía así: "En Fráncfort, llevamos una política de reducción de riesgos que raya con los límites de la ley, distribuyendo metadona y creando lugares donde los toxicómanos pueden reunirse y tener acceso a la heroína que no se les permite procurarse. Esos sitios son las llamadas "salas de droga", instaladas en los cafés, donde pueden pincharse[234]."

Así pues, el ecologista de izquierda Cohn-Bendit decía lo mismo que el intelectual liberal Guy Sorman, también bien conocido del público. En su libro titulado *La Felicidad francesa*, publicado en 1995, éste escribía, refiriéndose a uno de sus correligionarios: "Milton Friedman fue el primero en haber analizado el fracaso de la guerra contra la droga,

---

[234] Daniel Cohn-Bendit, *Une Envie de politique*, La Découverte, 1998, p. 126-133. Los intelectuales cosmopolitas también afirman que la inmigración es "ineluctable", al igual que antaño afirmaban que el triunfo del proletariado era "ineluctable". Aquí, el tráfico de droga es "ineluctable". Sea como fuere, comprendemos muy bien por qué están en contra de la pena de muerte para los traficantes de droga. cf. *Las Esperanzas planetarianas*.

en haber detallado pormenorizadamente los efectos contra productivos y en haber propuesto la despenalización de todas las drogas. Él me persuadió que los daños provocados por la guerra contra la droga eran superiores a los efectos de la propia droga, y dado que esa guerra era universal, tenía el deber de propagar sus argumentos en Francia a favor de la liberalización." He aquí la explicación: "El cálculo de Friedman estaba- y sigue estando- esencialmente basado en un enfoque económico: los miles de millones invertidos en la prohibición enriquecen las mafias provocando el alza de los precios; también se beneficia a los policías, magistrados, psiquiatras y aduaneros cuyos estatus y virtud se ven realzados. A la inversa, los toxicómanos se ven abocados a cometer delitos que no hubieran perpetrado si la droga fuera asequible, ya que así no tendrían por qué robar las cantidades de dinero necesarias para su consumo. La prohibición, añadía Friedman, inunda el mercado de productos adulterados que causan infinitamente más víctimas que la droga pura si ésta estuviera disponible a su precio de coste, el cual es muy bajo." Guy Sorman añadía: "Economista, pero también filósofo, Friedman señala que nadie debería ser incriminado por su consumo personal, el Estado no es legítimo para inmiscuirse en una libre elección individual que no provoca ninguna víctima exterior."

En resumen, los intelectuales *planetarianos*, socialistas o liberales, están de acuerdo para trabajar a favor de la despenalización. En Francia, Michèle Barzach, un ministro de derecha había autorizado en 1987 la venta libre de jeringas cuyo uso era notorio. Y fue el famoso Bernard Kouchner, un socialista que luego viró a la derecha, el que primero autorizó la distribución de metadona. Simone Veil y su ministro de Sanidad, Philippe Douste-Blazy, ampliarían y organizarían su uso, no solamente en los hospitales, sino también directamente en las farmacias[235].

La lucha de los intelectuales y de los políticos cosmopolitas a favor de la despenalización de las drogas bien podría ser considerada como otro elemento más del arsenal guerrero de las mafias cosmopolitas en su guerra contra las naciones[236]. En 1996, por ejemplo, un oficial de alto rango del ejército israelí había sido acusado de tráfico de droga en Egipto. No se trataba de un caso de derecho común, sino de una operación secreta cuyo objetivo era inundar el ejército egipcio de marihuana para socavar sus capacidades de combate. Siguiendo esta lógica, los derivados del cánnabis y de la heroína eran destinados al

---

[235]Guy Sorman, *Le Bonheur français*, Fayard 1995, p. 111, 112
[236]La guerra contra las naciones: cf. *Las Esperanzas planetarianas*, y *El Fanatismo judío*

enemigo, mientras que las anfetaminas formaban parte del arsenal guerrero de los soldados de Tsahal.

Algunos traficantes parecían ser importantes para el Estado hebreo. Así, en el 2004, las autoridades israelíes habían intercambiado 400 prisioneros libaneses y árabes a cambio de Elhanan Tannebaum, un coronel de reserva israelí que había sido secuestrado tres años ante en Líbano y que permanecía cautivo en manos de Hezbollah. En diciembre del 2006, reconoció que había viajado al Líbano para traficar con estupefacientes. Ciertamente, aquel intercambio desproporcionado había provocado la indignación de muchos israelíes.

Los intelectuales cosmopolitas están además plenamente comprometidos en la lucha antirracista. La defensa de las minorías, de todas las minorías, permite, en efecto, debilitar poco a poco el organismo de las naciones étnicamente homogéneas e impermeable a su influencia. "El odio del toxicómano coincide con la del inmigrante y del Judío", escribía Guy Sorman.

En Alemania, Michel Friedman era un abogado conocido, muy mediático, y uno de los "portavoces" de la lucha contra el racismo y el antisemitismo. Número 2 de la comunidad judía del otro lado del río Rin, era además el presidente del congreso judío europeo. Contertulio temido de los programas de entrevistas y tertulias, y antiguo miembro de la dirección de la CDU, el partido conservador alemán, éste pontificaba en todos los platós de televisión. El semanal francés *L'Express* del 26 de junio del 2003 publicaba un artículo sobre él titulado *El honor perdido de Michel Friedman*. Esto relataba la revista: "Michel Friedman irritaba a más de uno en Alemania, con sus aires de dandi, su pelo engominado y sus corbatas rosas. Pero también le agradaba a mucha gente porque sabía defender brillantemente los grandes principios de la moral y los derechos humanos, hablaba alto y claro y se negaba a ser encasillado en "el papel de judío víctima que muchos hubieran querido verle asumir", tal como lo apuntaba recientemente el diario de izquierda *Tageszeitung*. En fin, Michel Friedman, 47 años, vicepresidente del Consejo central de los judíos de Alemania, era imprescindible en el debate público."

El 15 de junio del 2003, sin embargo, un registro tuvo lugar en su domicilio de Fráncfort, después de que su nombre apareciera en una investigación sobre una red criminal ucraniana que operaba en el tráfico de droga, la prostitución y el tráfico de armas en Alemania. Por lo visto, el consumidor mundano mantenía también relaciones dudosas con ese mundo.

El caso había comenzado con unas escuchas con micrófonos ocultos a unos proxenetas sospechosos de hacer entrar clandestinamente en Alemania prostitutas ucranianas y polacas. De las llamadas recibidas, los investigadores habían reconocido detrás del seudónimo de un tal Paolo Pinkel, la fuerte voz familiar del abogado mediático. Este último había hecho un pedido de varias prostitutas, precisando que debían reunirse con él en su habitación de hotel. Aunque cuadraba bastante mal con el discurso público del interesado, esta acción en sí misma no era ilegal. Pero el caso tomó otro cariz cuando dos prostitutas afirmaron, durante el interrogatorio, que el abogado les había propuesto tomar cocaína.

Psicológicamente colapsado, según decían sus amigos, Friedman había suspendido todos sus programas de televisión, prefiriendo irse a Italia a descansar. La portada del popular diario *Bild-Zeitung* mostraba una foto de él sentado en una mesa en la terraza de un hotel de lujo de Venecia. La periodista de *L'Express*, "Blandine Milcent" se compadecía del pobre hombre: vivía "habitado por una necesidad permanente de reconocimiento social y por un afán constante de "hurgar donde más molesta". A lo largo de los años, Michel Friedman se había especializado en la denuncia de la intolerancia, el racismo y la hipocresía de la sociedad alemana. Nacido en París en 1956 (habla francés sin acento), este hijo de peleteros – judíos polacos salvados del Holocausto por Oskar Schindler- se había impuesto como la figura más mediática de la comunidad judía alemana. Hablador, mordaz, de buen grado arrogante, le gustaba decir que si molestaba en su país ese no era problema suyo." Estas declaraciones eran en todo caso muy sintomáticas de cierta mentalidad propia de algunas personas que no paran de vanagloriarse de ser "molestos", "provocadores", e "irritantes"[237]". Y esas personas son las mismas que se sorprenden de ser expulsados de todas partes.

---

[237]Léase *Psicoanálisis del judaísmo y El Fanatismo judío*.

2. La mafia del porno

La liberación sexual

La industria del sexo se ha desarrollado considerablemente desde los años setenta y no ha dejado de crecer desde entonces. "En las grandes ciudades ya no hay un muro, una parada de autobús, un quiosco de periódicos que no ofrezca sexo", escribía Yann Moncouble en 1989 en un libro titulado *La Política, el sexo y las finanzas*. En el 2008, los Occidentales no podían más que constatar que el sexo era cada más invasivo, en la televisión y en internet. Era bastante evidente que esta pornografía omnipresente no favorecía en nada la natalidad, pero en cambio fomentaba toda clase de patologías sociales. Yann Moncomble citaba un estudio oficial que establecía una relación entre la pornografía y el crecimiento del número de violaciones y de la criminalidad leve o hiperviolenta: "En su testimonio ante la Comisión Messe, Ken Lanning, especialista de la pornografía del FBI, subrayó que, en numerosos casos de violaciones con muerte, el culpable era propietario de un abundante material pornográfico. Estadísticas demuestran además un notable aumento del número de violaciones en los Estados donde la venta de revistas pornográficas es más alta. De hecho, los violadores han confesado en un 40% de los casos que se inspiraban de escenas pornográficas antes o durante la perpetración del crimen[238]."

Los que se benefician de esta industria muy lucrativa eran, evidentemente, gente que no se preocupaba demasiado de la moral cristiana "reaccionaria". Como por ejemplo Jack Kahane. En 1931, había creado la editorial Obelisk en París y publicaba en inglés los escritores malditos de su país, como Henry Miller, Anaïs Nin y Laurence Durell. Su hijo, Maurice Girodias, innovó publicando obras eróticas en inglés vendidas después de 1944 a los soldados estadounidenses, los cuales las llevarían consigo a EE. UU.

Roger Faligot y Rémi Kauffer, coautores de un libro de 1987 titulado *Porno Business*, describían así Maurice Girodias: "Siempre va con un sueño por delante de los demás y con la policía en los talones... En él,

---

[238] Yann Moncomble, *La politique, le sexe et la finance*, Faits-et-Documents, 1989, p. 17

el olfato innato para descubrir genios literarios se mezcla con la afición por las intrigas y las provocaciones. Se divierte frecuentando los conspiradores de la Sinarquía, la masonería medio *Cagoule*[239], medio *Grand Guignol*[240]. Indudablemente, algunas relaciones sirvieron a este judío franco-inglés para escapar de las redadas nazis. Durante la guerra, Girodias publicó libros de arte. Pero a partir de 1945, se le vio con Miller, montando golpes espectaculares, sangrientos, truculentos - en definitiva, unas asombrosas partidas de póker con la censura[241]."

Maurice Girodias había creado una estructura de edición, *Olympia Press*. En aquella época, en Estados Unidos, ningún editor se hubiera atrevido a publicar *Lolita*, el manuscrito de un profesor de la universidad de Cornell de Estados Unidos llamado Vladimir Nabokov. La novela contaba la historia de un hombre enamorado de una niña de doce años. Girodias quedó naturalmente entusiasmado por ese tipo de literatura[242]. Compró los derechos de autor por 1000 dólares y lo publicó en otoño de 1955 en dos tomos de una tirada de 5000 ejemplares. Gracias a contrabandistas profesionales, el libro circuló por toda Inglaterra. La policía inglesa intervino a través de Interpol para que la brigada de la censura francesa interviniera. La novela fue prohibida en Francia por una orden del ministerio de interior, pero Girodias recurrió ante el tribunal administrativo. En febrero de 1958, la prohibición fue levantada y la versión inglesa del libro fue legalizada en Francia.

En Estados Unidos, el libro que había logrado pasar la aduana se convirtió en un *best seller*. Signo de los tiempos, en 1959, también era autorizado y publicado *El amante de Lady Chatterley*, de D.H. Lawrence. El año siguiente, *Trópico de Cáncer*, pero también Jean Genet, el marqués de Sade, William Burroughs- todo el catálogo de *Olympia Press* estaba en venta libre. 65 de los 70 libros publicados por *Olympia Press* seguían sin embargo todavía prohibidos en Francia. Así pues, el editor maldito pasaba su tiempo entre París y los Estados Unidos, donde pasaba por un "liberador de la moral". *Lolita* seguía siendo un éxito rotundo y el cineasta cosmopolita Stanley Kubrick hizo

---

[239] La Cagoule (La Capucha), nombre popular del "Comité Secreto de Acción revolucionaria". Era una organización de extrema derecha activa en Francia entre 1936 y 1937 y conocida por sus actividades terroristas. (NdT)

[240] Famoso teatro de Pigalle (París) conocido por sus espectáculos de genero de horror naturalístico. (NdT).

[241] Roger Faligot, Rémi Kauffer, *Porno Business*, Fayard, 1987, p. 38, 25

[242] Nabokov se había casado con una hija del pueblo elegido. Sobre el incesto en las familias judías y la pedocriminalidad léase los capítulos Psicopatología del judaísmo en *Psicoanálisis del judaísmo* (2006) y *El Fanatismo judío* (2007).

de la novela una adaptación cinematográfica.

En noviembre de 1953, el joven periodista Hugh Hefner inventaba la prensa erótica con *Playboy*. Marylin Monroe inauguraba la revista posando en portada. La revista pasó de 70 000 a 900 000 ejemplares vendidos en cuatro años. *Playboy* tuvo indudablemente un papel importante en el avance de los valores de "tolerancia", especialmente el derecho al aborto, los derechos de los homosexuales y el consumo de drogas blandas que poco a poco impregnaron las sociedades occidentales. De hecho, la fundación *Playboy* estaba comprometida con la lucha a favor de los "derechos de los Gays" que apoyaba financieramente. Hugh Hefner, siguiendo algunas costumbres de los judíos de tiempos antiguos tan bien ridiculizadas por Voltaire, había incluso defendido a seres humanos teniendo relaciones sexuales con animales.

En 1963 salió *Lui*, la "revista del hombre moderno", que fue entonces la principal revista competidora. Estaba dirigida por Jacques Lanzman, un militante de extrema izquierda. La foto central desplegable estaba inspirada del famoso *Playboy*. A principio de 1964, *Lui*, que acababa de publicar su tercer número, ya imprimía tiradas de 300 000 ejemplares. El fundador era Daniel Philipacchi, un amigo de Roger Frey, el ministro del Interior del general de Gaulle. Fue Roger Frey quien suavizaría las cosas con el general. Marcel Bleustein-Blanchet, el rey de la publicidad también había comprendido la importancia de esa prensa, por lo que él también intervino a favor de la revista. El yerno de Frey, Paul Giannoli, se convertiría años más tarde en el redactor. También existían fuertes vínculos que unían a Philipacchi con la banca Rothschild. La parte esencial del éxito comercial del grupo Philipacchi descansaba en esa prensa especializada: 360 000 ejemplares de *Lui*, 410 000 de *Newlook* y 145 000 de *Penthouse*.

La carrera de Philipacchi levantó el vuelo durante los años felices del gaullismo triunfante. Su padre, Henri Filipacchi, había desembarcado en Marsella en 1922, "proveniente de Esmirna, sin más equipaje que un violín debajo del brazo", escribía Roger Faligot. Llegó a ser secretario general de la distribuidora de prensa Hachette, asegurando la buena marcha de los negocios durante la Ocupación tratando con los alemanes. Henri Philipacchi también era un gran amigo de Maurice Girodias.

En el cine, en los años que precedieron la explosión de mayo de 1968, la serie *Angélique*, de Bernard Borderie, causaba sensación. Cinco películas se estrenaron entre 1964 y 1967. Angelica, la heroína, era vendida a los Berberiscos como esclava y azotada por los piratas, pero siempre salvada in extremis por poco que se plegara a los caprichos de los hombres. 1967 fue también el año de *La religiosa*, de Jacques Rivette, una película adaptada de una novela de Diderot. La película fue prohibida, pero André Malraux, el ministro de cultura del general de Gaulle intervino a su favor[243]. Ese mismo año, la Asamblea nacional había votado la formación de una comisión especial dirigida por Lucien Neuwirth, diputado gaullista de la Loira, para legislar sobre la contracepción. La ley Neuwirth fue votada el 28 de diciembre. El aborto seguía estando prohibido, pero el texto regulaba la venta de contraconceptivos a las menores de edad (menos de 21 años). La píldora anticonceptiva hacía su entrada en la sociedad.

Los acontecimientos de mayo de 1968 empezaron a raíz de una conferencia sobre la revolución sexual, dirigida por un trotskista llamado Boris Fraenkel. Fraenkel era además el traductor de las obras de Herbert Marcuse, uno de sus correligionarios que se había convertido en el gurú de los militantes de la izquierda radical[244].

En aquel momento, las ventas de la revista *Lui* habían sobrepasado los 700 000 ejemplares. Régine Deforges se lanzaba en la edición de literatura erótica con *Irene*. El libro fue embargado, y Aragon, un escritor estaliniano, se negó a reconocer la autoría del manuscrito y pretendió que se lo habían robado. En una pequeña tienda de la calle del Cherche-Midi, Eric y Pierrette Losfeld dirigían las *Editions du Terrain vague*. Eric Losfeld fue el primero en publicar cómics eróticos: *Barbarella et Pravda la survireuse*.

En 1969, en una película titulada *Le Désirable et le Sublime*, el director José Bénazéraf mostraba una pareja que hacía el amor sobre la alfombra del salón, mientras que en la pantalla del televisor encendido aparecía el candidato izquierdista Alain Krivine durante una campaña electoral. Judío de Casablanca, José Bénazéraf había nacido en una familia de la alta burguesía, lo cual, evidentemente, no era en absoluto contradictorio con su compromiso político a favor de la extrema izquierda, en tanto en cuanto se comprende que para esos militantes la cuestión social es muy marginal: lo esencial para ellos es la descomposición de la sociedad europea tradicional. En 1961, Bénazéraf ya había dirigido *Le Cri de la chair* (*El grito de la carne*). El director, tras veinticinco películas, se impuso como el maestro indiscutible de esta nueva industria y es considerado desde entonces como "el padre

---

[243]Malraux estaba casado con una judía de origen alemán.
[244]Sobre Wilhelm Reich y Herbert Marcuse, léase *Las Esperanzas planetarianas*, capítulo sobre *La sociedad matriarcal*.

del cine pornográfico francés[245]."

El año 1973 vio la publicación del primer número de Playboy en versión francesa, bajo el impulso de Daniel Philipacchi y Hugh Hefner. Daniel Philipacchi quería extender su imperio a EE. UU. y ampliar su mercado en Francia. Para ello contrató los servicios de un especialista del erotismo, el editor Eric Losfeld. Philipacchi deseaba también publicar una versión de *Lui* en Estados Unidos, y lanzar en Francia una revista un poco más *"hard"* que aquella. Por primera vez, las *playmates* de la revista enseñaban su sexo y se acariciaban[246]. Ese mismo año, en octubre, tuvo lugar en Copenhague la Feria internacional del porno.

Los promotores del cine porno

Los años 70 fueron la edad de oro del cine porno. En su libro de 1982 sobre el *Cine erótico,* Jacques Zimmer hacía una pequeña crónica del fenómeno. En portada, veíamos primero una foto sugestiva de la película *Les Onze mille Vierges,* del gran Eric Lipmann. Suecia estaba entonces en la vanguardia del movimiento "liberador". La película *Les Envoûtées* había tenido 190 000 espectadores en 1971.

Las películas eróticas como *Emmanuelle* (1974) o *Histoire d'O*, producidas por Alain Siritzky; *Les Saisons du plaisir*, de Jean-Pierre Mocky; *La Bonzesse* de François Jouffa; *Les Onze mille Vierges*, de Eric Lipmann; *Emmanuelle II*, de Francis Giacobetti, *Godefinger* de Bob Logan, o *La Kermesse érotique* de Jean Le Vitte provocaban un gran escándalo.

En 1975, el nuevo presidente de la República Valéry Giscard d'Estaing, que quería promover una ola de liberalismo sobre Francia, dio la orden a su ministro de cultura, Michel Guy, de "liberalizar el cine" y de no decretar ya ninguna prohibición total. La proyección de películas pornográficas fue por lo tanto autorizadas a pesar del criterio y opinión de las comisiones de control. Ese liberalismo provocó un tsunami de películas, especialmente de películas extranjeras hasta entonces prohibidas. En su *Diccionario de la censura en el cine*, Jean-Luc Doin escribía: "Estupefactos, los espectadores descubrían carteles que mostraban órganos sexuales en acción y salas especializadas a pie de calle[247]."

Francia se preocupó ante esa proliferación de películas pornográficas,

---

[245]Roger Faligot, Rémi Kauffer, *Porno Business*, Fayard, 1987, p. 103
[246]Roger Faligot, Rémi Kauffer, *Porno Business*, Fayard, 1987, p.100
[247]Jean-Luc Doin, *Dictionnaire de la censure au cinéma*, Presses Universitaires de France, 1998, p. 351

obras maestras como *Love Variations* (Reino Unido); *La Possédée* (Suecia); *Les petites Filles modèles* (Francia); *Des Filles pour mercenaires* (Italia-España); *Edith* (Francia); *L'Insatiable* (Grecia); *La Poupée d'amour* (Suecia-Francia); *Frustration* (Francia).

Setenta y siete películas se estrenaron en 1975. Las asociaciones de familias católicas reaccionaron y el gobierno inició una marcha atrás decidiendo gravar con impuestos las películas más violentas o pornográficas. La ley del 30 de diciembre de 1975 autorizaba la proyección de películas pornográficas a cambio de ser categorizadas como X, lo cual conllevaba una serie de obligaciones, como la prohibición a los menores de 18 años y una penalización fiscal y financiera: un IVA del 33% en vez del 18,6%, y un impuesto del 20% sobre los beneficios, y con tasas añadidas para las películas extranjeras. Además, la publicidad estaba prohibida. El gueto del cine X acababa de ser creado.

En otoño de 1975, el semanal *L'Express* de Jean-Jacques Servan-Schreiber publicaba fragmentos de *Histoire d'O*, mientras que la revista lanzada por Michel Caen y José Bénazéraf, *L'Organe*, era prohibida.

Esos años representaron sin embargo un periodo de fulgor. En 1975, *Exhibition*, de Jean-François Davy, fue el primer *hard-core* francés. La principal actriz era Claudine Beccarie. Con *Exhibition*, Davy ganó en 19 semanas más de 10 millones de francos. *Le Canard enchaîné* del 24 de diciembre de 1975 señalaba que las películas *La Bête, Suce pas ton pouce* y *C'est plus facile à garder la bouche ouverte*, tres películas pornográficas autorizadas habían sido financiadas en parte por el barón Elie de Rothschild[248]. El gran capital cosmopolita, como vemos, ya era compatible desde el principio con la "liberación moral".

En enero de 1976, 161 películas pornográficas fueron proyectadas en las "salas especializadas". Aquel año, el cine porno totalizaba 10 millones de entradas, contra 177 millones para el cine "normal".

Muchos directores y productores judíos se lanzaron en esa industria, formando la locomotora. Francis Mischkind, propietario de varias salas, fue uno de los primeros, con Max Pécas, en producir y distribuir películas eróticas, luego pornográficas, francesas y extranjeras. Otro pionero del cine X fue el ineludible Boris Gourevitch, propietario del Cinévog Saint-Lazare. En aquella época, dirigía cerca de cuarenta salas parisinas y generaba beneficios que reinvertía inmediatamente en la producción de películas tradicionales[249].

---

[248]Yann Moncomble, *La Politique, le sexe et la finance*, Faits-et-Documents, 1989, p. 21

[249]Roger Faligot, Rémi Kauffer, *Porno Business*, Fayard, 1987, p. 113, 120

En 1977, una denuncia interpuesta contra la difusión de *L'Essayeuse*, una película de Serge Korber (bajo seudónimo de John Thomas), dio lugar a un juicio que dio de qué hablar. La película, en efecto, no sólo fue prohibida, sino que el tribunal ordenó directamente la destrucción física de la película que debía ser quemada.

He aquí lo que escribía en 1998 Jean-Luc Doin en su *Diccionario de la censura en el cine*: "En Francia, el cine seguía siendo de una mojigatería ejemplar, aunque Paul Éluard ya había, en sus *Cartas a Gala*, exaltado el esplendor del "cine obsceno": "¡Un descubrimiento! La increíble vida de sexos inmensos y magníficos en la pantalla, el semen que sale. Es admirable. Y muy bien hecho, de un erotismo extraordinario. El cine me la puso dura de manera exacerbada durante una hora[250]"."

José Bénazéraf, muy politizado a la extrema izquierda, marcaba la pauta con las pelis porno-intelectuales repletas de sabias citaciones y de alusiones subversivas relativas a la actualidad. Además de José Bénazéraf, "el patriarca", un trio de directores era dominante: Jean-François Davy, que solía elegir sus títulos con cierto humor *(Bananes mécaniques)*, Gerard Kikoïne y Francis "Leroi". Este último fue el director de *Petites Filles* y fue el codirector y coproductor de *Sexe qui parle*.

A parte de ese "trio infernal", Davy-Kikoïne-Leroi, había muchos otros directores, no todos judíos, ciertamente: Lucien Hustaix había realizado una serie: *Les Pulpeuses, Les Jouisseuses, Les Lécheuses*. Michel "Lemoine" practicaba la provocación anticristiana con *Les Petites Saintes se touchent (Las pequeñas saturronas se tocan)*. También estaban Frédéric Lansac (Claude Mulot), Michel "Barny" (Didier Philippe Gérard), Burt Tambaree (Claude-Bernard Aubert), Pierre B. Reinhart (Reinhart Brulle), John Love (Alain Payet), Gréco de Beauparis (Gérard Grégory), Jean Rollin[251].

Según Jacques Zimmer, de 19 películas X producidas en Francia en 1973 se había pasado a 43 en 1974, 78 en 1977 y 167 en 1978, punto culminante del porno. Pero sólo cuatro de esas películas había logrado más de 100 000 entradas. En 1979, el público se había hartado. La asistencia de las salas X caía de más de 10 millones de espectadores a menos de ocho. El número de salas en Francia pasaba de 151 en 1976, a 76 en 1986. Diez años después, esas salas no totalizaban mucho más de dos millones de entradas. La competencia de las cintas de video VHS se había hecho notar.

---

[250] El verdadero nombre de Paul Éluard era Eugène Grindel.
[251] Roger Faligot, Rémi Kauffer, *Porno Business*, Fayard, 1987, p. 132

Un millón de videograbadores habían sido vendidos en Francia en 1982 y los editores de películas X en cinta de video se multiplicaron en París y todo el territorio. Jean-Claude Goldstuck creó entonces Scherzo y lanzó la colección "clásicos del X estadounidense". Jean Eckenbaum, que empezaba en el cine X con *Les producteurs du vice*, montó Ski'l Productions. Henri Lenique compró una decena de títulos para sentar las bases de Travelling-Productions. Jean-François Davy, finalmente, añadió una nueva actividad a su palmarés[252]. En 1986, todos esos defensores de la cultura fueron una vez más víctimas de "persecuciones" cuando el Tribunal supremo extendió a las cintas de video la prohibición e incluso el embargo policial del material con connotaciones pedófilas, zoófilas o sadomasoquistas. Aquello era un nuevo drama en la historia de un pueblo que ya había sufrido mucho.

Elie Oury, el jefe de *Initial*, confesaba de buen grado que distribuía entre un 35 y 40% de sus cintas de video en los supermercados y tiendas populares. Su catálogo incluía un centenar de títulos, de los cuales un tercio eran películas X. Jean-Claude Goldstuck, por su parte, se centró en otro segmento de mercado, una clientela más selecta. En 1986, se habían vendido en Francia 280 000 cintas X de un total de 850 000. Pero siete cintas de cada diez provenían de Estados Unidos. Richard Fhal y las *Editions Concorde* se convirtieron más tarde en una de las mayores distribuidoras de Francia.

De la veintena de editores de cintas X identificados por Roger Faligot, una docena tenían nombres judíos. Todos los editores, mayoristas, distribuidores, vendedores por correspondencia de productos y accesorios sexuales en Francia no eran judíos, pero en esta industria como en otras, los hombres de negocios judíos, como Marc Dorcel (M. Herskovits), por ejemplo, eran los más influyentes y tomaban la iniciativa.

En 1986, Catherine Ringer, la estrella rock de los Rita Mitsouko, fue noticia. Su demanda contra George Baruck, presidente de la distribuidora de cintas de video VSD-international, fue desestimada. Había grabado tres películas porno en 1982 por dinero, sin pensar hacer carrera en el cine porno. Pero Georges Baruck, que había adquirido los derechos, iba a aprovecharse de la nueva notoriedad de la cantante francesa.

Roger Faligot nos presentaba en su libro el susodicho individuo: "Con su bigote fino y su gran cigarro, Georges Baruck es un *outsider* en el mundo de las cintas de video X. "Me gusta la provocación. Soy conocido por eso en el negocio y me gusta que sea así", afirmaba sin

---

[252]Roger Faligot, Rémi Kauffer, *Porno Business*, Fayard, 1987, p. 252

ambages." Roger Faligot añadía: "Después de ganar su juicio, está pletórico por haber comprado los derechos de la primera película X de Catherine Ringer, ¡*Poker-partouze pour Marcia*! Más que contento incluso, pues esa cinta se beneficia increíblemente de la notoriedad de la cantante de Rita Mitsouko y se vende como pan caliente...La cinta de su segunda película se venderá igual de bien, *Le Choc des stars*. La tercera, como él mismo confiesa, Georges Baruck la pone en reserva esperando a que Rita Mitsouko ascienda en el *hit-parade*[253]."

En Estados Unidos, Reuben Sturman era en los años 70 y 80 el primer distribuidor de pornografía *hard-core*. Distribuía cargamentos de cintas pornográficas a través de Estados Unidos y Europa. Su imperio estaba basado en Las Vegas, pero Sturman controlaba la distribución de la pornografía en Baltimore, Chicago, Pittsburgh, Denver, Milwaukee, Buffalo, Toronto, Los Ángeles y Detroit. Era el dueño de cientos de tiendas especializadas en todo el país, según un informe del FBI. Algunas de las películas que producía mostraban escenas de seres humanos comiendo excrementos, o mujeres teniendo relaciones sexuales con caballos, cerdos y demás actos sadomasoquistas. En 1976 y 1980, Reuben Sturman había sido absuelto por la Corte Suprema de las acusaciones de obscenidad. Pero se quejaba de ser víctima de persecuciones judiciales. En 1989, fue condenado en Cleveland por fraude fiscal a 10 años de prisión por obstrucción a la inspección de Hacienda. En 1993, la justicia de Chicago consiguió ponerle mano encima y condenarlo a 19 años por extorsión. También fue condenado por fraude fiscal por haber evadido fondos a bancos suizos y holandeses. Reuben Sturman murió en octubre de 1997 con 73 años en la prisión federal de Kentucky. Fue una gran pérdida para la humanidad, pero afortunadamente, su hijo David retomó el negocio familiar. En los años 90, éste conquistaría la mayor parte del mercado de la pornografía en Australia.

Lo que escribía Roger Faligot sobre Sturman confirmaba los vínculos del mundo de la pornografía con la mafia: En Estados Unidos, "varios pornócratas son de origen ruso, como Ralph Ginzburg, el cual pasó su juventud en Shanghái en los años 30, donde su padre andaba metido en varios tráficos; o Reuben Sturman, el cual viajó en avión a Londres para reunirse con Bernie Silver en persona... ¿Quién es realmente ese Sturman?: Un pionero de la difusión de películas porno que se pueden visionar en cabinas en Nueva York y que desea implantarse en el mercado londinense; pero también un representante directo de los intereses de la mafia. Con su empresa Pleasure Books Ltd, Sturman se

---

[253]Roger Faligot, Rémi Kauffer, *Porno Business*, Fayard, 1987, p. 264, 265

convertiría en uno de los principales proveedores del negocio del porno, dominando el mundo en cerca de cuarenta países[254]."

Bernie Silver era el rey del porno en Londres, donde controlaba dos tercios de los locales nocturnos del Soho, el barrio rojo. En 1974, había sido condenado a cadena perpetua por asesinato. Ciento setenta malteses le habían acompañado en prisión. Pero la decisión de justicia fue apelada, y Silver el padrino "maltés" fue liberado cuatro años después.

Todo ese dinero generado por el porno suscitaba evidentemente grandes apetitos. En un libro del 2003 titulado *El gran Despertar de las Mafias*, Xavier Raufer aportaba algunas informaciones sobre ese mundo mafioso. La primera película de culto del porno estadounidense, *Deep Throat*, rodada en 1972 (en diecisiete días) en Florida, sólo había costado 26 000 dólares, pero generó a sus productores no menos de 600 millones de dólares. La estrella de *Deep Throat*, Linda Lovelace, se convirtió en la primera estrella porno en un ambiente de erotomanía y de "liberación de la mujer". Pero lejos de consentir todo aquello, Lovelace fue en realidad víctima de un proxeneta brutal- su propio marido- que, después de drogarla, la había prostituido delante de las cámaras bajo la amenaza de un arma. A menudo la golpeaba y no le pagó ni un dólar. Toda esa historia figuraba en *Ordeal*, el libro en el que Linda Lovelace narró en detalle su martirio. Revelaba a su vez que *Deep Throat* había sido producida por Gérard Damiano, y que éste tuvo que vender sus derechos encañonado por los hermanos Peraino. En aquella época, un periodista entrevistó a Gérard Damiano acerca de su exclusión de su propia sociedad. Su respuesta fue la siguiente: "No puedo decir nada...arriesgo mi vida." El hombre tenía razón de ser prudente, pues entre 1975 y 1980, las "guerras mafiosas" por el control del porno (revistas, películas, sex-shops, salones de masaje) había causado 25 muertos sólo en el Estado de Nueva York, sin contar los incendios criminales y los atentados con bomba[255].

Donde hay mucho dinero, también hay necesariamente muchos...criminales. Gérad Leibovici era uno de esos personajes rutilantes de los años 1970. Editor y productor de películas porno, también se dedicaba a la falsificación y contrabando de cintas ilegales: sadomasoquismo, violencia, pedofilia, zoofilia. Pero Gérard Leibovici también tenía ideas "avanzadas" en política, ya que era un militante de extrema izquierda. Había tomado bajo su ala a Sabrina, la hija de Jacques Mesrine, el enemigo público número 1 abatido por la policía en

---

[254]Roger Faligot, Rémi Kauffer, *Porno Business*, Fayard, 1987, p. 244
[255]Xavier Raufer, *Le grand Réveil des Mafias*, JC Lattès, 2003, p. 225, 226

1979. El 5 de marzo de 1984, "Lebo" fue a su vez abatido de cuatro disparos en la nuca en un aparcamiento de la avenida Foch en París. Sus asesinos nunca fueron identificados (*Marianne*, 28 de julio del 2007)

El porno en todos los hogares

A continuación, se debía permitir que todo el mundo pudiera visionar películas pornográficas en las pantallas de televisión de los hogares y acabar así por fin con todos los viejos prejuicios, toda esa vieja moral reaccionaria que entorpecía el espíritu de todos esos cristianos un poco reprimidos.

Lo mejor sería todavía que las películas se retransmitieran en las cadenas de televisión. Elie Oury se lanzó en la aventura con la cadena de pago Canal+. El director, Pierre Lescure y sus colaboradores, entre ellos Marc Frydman, introdujeron el cine X en la televisión. El 17 de noviembre de 1984, los telespectadores asistieron al estreno en la pequeña pantalla de la película porno, *La Bête*, "el clásico de Walerian Borowczyk", como lo describía Roger Faligot. El 31 de agosto de 1985, Canal+ emitió *Exhibition*, de Jean-François Davy.

Marc Frydman, que seleccionaba las películas X que se emitían, había elegido a continuación *Emmanuelle 4* y *Les Petites filles au bordel*, de Francis Leroi. Luego *Gorge profonde (Garganta profunda)* y *L'Enfer pour Miss Jones*, del Italo-estadounidense Gérard Damiano, *Histoire d'O numéro 2*, de Eric Rochat, *Derrière la porte verte*, de Artie James y Adrienne Mitchell y *Hôtesses intimes*, de Michel Baudricourt. "Canal+ ha hecho un excelente trabajo para desmitificar el cine erótico", consideraba Claude Goldstuck[256].

En Nueva York, Abby Ehmann era una de las principales editoras de revistas pornográficas. Su ambición consistía en "satisfacer los apetitos de los neoyorquinos que vivían demasiado encorsetados en la estrechez de sus pequeñas vidas". Había comenzado su carrera en la revista *Porn Free* que abandonó en 1997 para unirse a *Extreme Fetish*. También fue una de las dirigentes de la asociación *Feminist for Free Expression*.

Guy Sitbon, otro hijo de la comunidad perseguida, fue también un pionero en su género. Antiguo corresponsal en Estados Unidos del *Nouvel Observateur*, había publicado un anuncio en el diario *Libération* pidiendo a los lectores que le enviaran por correo relatos de sus experiencias sexuales. Recibió cientos de cartas. Así fundó su periódico, el cual se basaba principalmente en esos relatos de

---

[256] Roger Faligot, Rémi Kauffer, *Porno Business*, Fayard, 1987, p. 260

experiencias sexuales de sus contactos. *Lettres-magazine* alcanzó rápidamente una tirada de 50 000 ejemplares. Al final del año 1985, su periódico llegaba a los 80 000 ejemplares. Guy Sitbon no se detuvo en tan buen camino y al año siguiente creaba *Femmes libérées* y *Lettres gay*.

Mientras tanto, el teléfono rosa y las mensajerías rosas a través del Minitel (predecesor del Internet en Francia) habían aparecido. Unos años más tarde, la mafia del porno iba a tomar la red internet. La aventura de "sex.com" fue bastante emblemática de los intereses que estaban en juego.

En 1994, en Estados Unidos, un tal Gary Kremen había adquirido una perla de internet, el nombre de dominio sex.com, pero sin llegar a explotarlo inmediatamente. Stephen Michael Cohen, de 57 años, comprendió inmediatamente el potencial comercial de aquel nombre de dominio. Era un estafador reincidente y acababa de salir de prisión cuando se le ocurrió enviar una carta falsa a Network Solutions en la que indicaba que la sociedad de Gary Kremen, el propietario del nombre había decidido deshacerse de éste y abandonar sex.com. NSI retiró el nombre de dominio a Gary Kremen y lo transfirió a Stephen Cohen sin las verificaciones de rigor. Cohen adquirió así ilegalmente el nombre de dominio en cuestión y creó el sitio internet pornográfico más rentable de internet. Pero con Cohen, ya no era cuestión de erotismo, sino de pornografía explícita, y sex.com alcanzó un volumen de negocio prodigioso.

Gary Kremen entabló entonces una larga batalla jurídica y judicial. Denunció a la vez Stephen Cohen y Network Solution para recuperar la propiedad de su nombre de dominio y las indemnizaciones correspondientes. En el 2000, tras cinco años de procedimientos, el juez iba a reconocer el robo del nombre de dominio sex.com y condenar Stephen Cohen a pagar 65 millones de dólares: 40 millones por la pérdida de ingresos y 25 millones de indemnización por daños y perjuicios.

La suma nunca fue abonada, ya que Cohen había huido. Gary Kremen sólo recibió los 20 millones desembolsados por NSI a cambio de retirar su denuncia. El ladrón de sex.com fue sin embargo detenido en noviembre del 2005 en Tijuana, México. Fue extraditado a Estados Unidos y encarcelado en el penitenciario de San Diego. Se había dedicado todo ese tiempo a transferir el dinero ilegalmente conseguido en cuentas bancarias, invirtiéndolo en múltiples empresas pantallas.

Esto no había sido la primera estafa de Cohen. En 1991, había estafado 200 000 dólares a una anciana, siendo condenado a 46 meses de prisión. En los años 80, había regentado un club de intercambio de parejas en California llamado *French Connection*. A raíz de las denuncias de los vecinos, fue arrestado por haber instalado su actividad en una zona residencial. En 1996, junto a otros tres socios, adquirió en Nevada un hotel que transformó en gigantesco lupanar "polinesio" donde decenas de jóvenes mujeres exóticas velaban por "vuestro confort y vuestro placer".

Con la reciente apertura del dominio ".eu", el interés del sector no había disminuido ya que unas 213 solicitudes habían sido registradas para el nombre sex.eu durante las primeras horas de apertura, muy por delante de los otros nombres de dominio (Hotel.eu, travel.eu, job.eu, etc.)

Seth Silverstein, el presidente de *Cybererotica*, era otra personalidad eminente de la industria pornográfica en internet. Se decía que era el "zar de la pornografía".

El semanal *Le Point* del 20 de abril del 2006 publicaba un artículo sobre la caída de los pequeños negocios y tiendas tradicionales de la calle Saint-Denis, en París, donde se concentraba un tercio de las tiendas porno de la capital: "El porno está en crisis, no podemos rivalizar con internet", se lamentaba Simon Zouzoti, gerente de *Top Sexy*, el cual declaraba estar dispuesto a vender si el ayuntamiento le hacía una buena oferta. Esta difícil situacion era otro drama para la comunidad.

Pero tomemos una revista porno al azar. Esto podíamos leer en *Hot Vidéo* de enero del 2007, en la página 55: "Steven Hirsch, el gran jefe de Vivid es un hombre importante...En efecto, figura entre los personajes más influyentes de la ciudad de Los Ángeles, según *Los Ángeles Magazine*. Está en una lista de 122 personalidades al lado de Steven Spielberg, Hugh Hefner, Magic Johnson y un grupo de políticos, hombres de negocios, celebridades de Hollywood y televangelistas. Un logro que se justificaba, según la revista, por su capacidad, "desde 1984, a llevar la industria pornográfica hacia el modelo tradicional basándose en la promoción de las Vivid girls, recreando así el antiguo sistema hollywoodiense de las estrellas con contrato. Y sin dejar de generar un volumen de negocio de cerca de 100 millones de dólares. "Ahí es nada."

La revista de investigación *Capital* publicaba en junio del 2007 un estudio sobre el tema: "Eric Larchevêque estaba predestinado a entrar en las órdenes. Sin embargo, prefirió elegir un destino menos puro, pero más remunerador: pionero del porno en internet, nuestro hombre no tenía 25 años cuando en 1998 fundó con dos compañeros la sociedad Carpe Diem...Hoy en día está a la cabeza de un imperio pornográfico que gestiona más de sesenta portales X y alberga más de mil sitios asociados gratis cuyas ventanas publicitarias sirven de gancho hacia sus páginas de pago." Sus sitios van desde *Blondesalope.com* (*Rubiazorra.com*) hasta *Gaycast.com (Elencogay.com)*, pasando por E*ntrenanas.com. (entretías.com)*. "Su pequeña empresa alcanza cada año un volumen de negocio de 30 millones de euros, y su rentabilidad (que se niega a desvelar) parece que arrasa con todo[257]."

Otro destacado empresario era Patrice Macar, fundador de Dreamnex: 18 millones de visitas por mes, 2000 transacciones diarias, 34 millones de euros de volumen de negocio en el 2006 (ocho veces más que en el 2004), con menos de treinta trabajadores en plantilla. Con 36 años, Macar, que posee el 30% de las acciones es un hombre muy rico. "Algunos viejos zorros de la producción porno hallaron una segunda juventud. Es el caso de Marcel Dorcel (cuyo verdadero nombre es Marcel Herkovitz), 73 años, que creó su sociedad hace un cuarto de siglo. Primer productor-distribuidor francés de películas pornográficas (12 millones de euros de volumen de negocio en el 2006), este abuelo del X- que acaba de producir un inenarrable *"Erecciones presidenciales"*- se felicita de haber sabido subirse al tren digital. "Es una verdadera explosión, se alegra su hijo, Gregory Dorcel, director general. Cada día vendemos más de 1000 películas vía internet, y la tasa de crecimiento es de 5-8% por mes"."

También se nos informaba de que Michel Birnbaum era "el papa de la prensa masculina" en Francia, propietario, entre otras más, de las revistas *Lui, New-Look, Maximal,* así como de *Playboy* Francia. Birnbaum, con sus quince millones de fotos en stock, distribuye imágenes a unos cuarenta operadores de telefonía móvil en quince países.

Benjamín Cohen era otra figura de vanguardia del ciber porno. Con sólo 16 años, ya había lanzado sojewish.com, un sitio comunitario que revendió por 600 000 francos dos años después. En el 2001, con dieciocho años, ya era millonario y vivía en Londres. Con su nuevo sitio, hunt4porn.com, consiguió fidelizar 60 000 suscriptores. Su comunidad religiosa no había renegado de él: "Muchos de mis accionistas son asiduos a la sinagoga".

Al igual que con la droga, la pornografía podía ser considerada por sus principales promotores como un arma de guerra. En marzo del 2002, por ejemplo, el ejército israelí, que había tomado el control de los

---

[257] Larchevêque (El Obispo), Leroi (El rey), Sultan (Sultán), Lempereur (El Emperador), etc....son los apellidos usados en ese negocio por los miembros de la comunidad.

estudios de televisión de Ramallah en Palestina, emitió inmediatamente películas pornográficas en los canales de televisión palestinos para debilitar el enemigo.

Los pioneros de la pornografía

La industria del porno está desde hace mucho tiempo en manos de los hijos de Israel. Antes de la Primera Guerra mundial, un editor de origen bávaro, Moisés Offenstadt, ya había llamado la atención con sus publicaciones licenciosas a través de su Sociedad Parisina de Edición. En Francia, se había hecho llamar Maurice Villefranche. Había creado en 1902 una revista semanal, *La Vie en culotte rouge*, cuyas historias escabrosas y dibujos obscenos le granjearon algunos problemas judiciales. "Se presentaba invariablemente a la mujer francesa como una furcia y en posiciones muy sugestivas, la mayoría de las veces en compañía de un apuesto oficial con "pantalón corto rojo", o bien sobre las rodillas de un tirador colonial la mirada llena de concupiscencia[258]." Entre 1908 y 1912, el hombre fue condenado varias veces por atentar contra la moralidad pública y las buenas costumbres, en Lyon, Burdeos y Orléans.

La aparición del cine permitió a algunos judíos propagar inmediatamente con mucha eficacia su neurosis obsesiva. Se sabe que los fundadores de los grandes estudios hollywoodienses eran todos judíos asquenazíes[259]. Esto escribía Jean-Luc Doin al respecto: "En Estados Unidos, el cine estaba al principio restringido a los mercadillos y a los rastros, con su ruido de fondo de organillo y caballitos de madera, atrayendo sobre todo a la población de los barrios pobres. Las primeras proyecciones eran organizadas por aventureros: futuros dueños de las *majors*, Adolphe Zuckor era vendedor de antigüedades y de pieles, William Fox, trapero, Carl Laemmle, modista. Proyectadas en la oscuridad, las películas eran sospechosas de fomentar los trastornos del alma, de avivar el frenesí sensual o el gusto por el pecado, "de perturbar la tranquilidad y el orden público[260]"."

Del *softcore* al *hardcore*, un nuevo género ilícito se había impuesto fuera de los circuitos clandestinos habituales. Russ Meyer había realizado así *The Immoral Mr.Teas*, película que había sido prohibida tras provocar un escándalo. Russ Meyer se había convertido en el

---

[258] Yann Moncomble, *La Politique, le sexe et la finance*, Faits-et-Documents, 1989, p. 26.
[259] Léase *Las Esperanzas planetarianas*, (2022).
[260] Jean-Luc Doin, *Films à scandale*, Éditions du Chêne, 2001, p. 12

campeón de los procedimientos judiciales, con veintitrés juicios en un año.

En su *Diccionario de la censura en el cine*, publicado en 1998, Jean-Luc Doin aseguraba que la exhibición de actos sexuales no simulados databa de 1912 en Estados Unidos, donde circulaban los stag-filmes vendidos por correo. "Esas escenas se convirtieron en un fenómeno de moda al final de los años 60, cuando fueron proyectadas en salas habitualmente reservadas para los *peep-shows*."

El cine pornográfico en Francia también tuvo su época con su sello israelita. En 1925, Bernard Nathan, con *Hermana Vaselina*, inauguró ese cine en público, arremetiendo así contra la religión católica[261].

En los años 1930, los goyim más conscientes ya se preocupaban de la extraordinaria agresividad del cine judío. En Estados Unidos, después de algunos sonados escándalos, se formó la *Legion of Decency*, a través de la cual los católicos hicieron escuchar su voz. La Legión de la Decencia exigió el establecimiento de un verdadero "código del pudor" para vigilar el contenido de las ficciones grabadas y verificar que los "valores estadounidenses" fueran respetados. Una parte de la jerarquía católica participaba en esta campaña. En 1933, el arzobispo de Cincinnati (Ohio), Monseñor John McNicholas, declaraba: "Me uno a todos aquellos que protestan contra esas imágenes que representan una grave amenaza para la vida familiar, para la nación y para la religión." En la primavera de 1934, el cardenal de Filadelfia, Monseñor Denis Dougherty, pedía a todos los católicos de Estados Unidos boicotear las producciones hollywoodienses "dominadas por hombres de negocios judíos" y unos 11 millones de fieles respondieron a su llamamiento[262]. Los resultados del boicot no se hicieron esperar: las salas se vaciaron y los beneficios de las películas se derrumbaron. El código Hays, del presidente William Hays, que dictaba las reglas estrictas de decencia fue aplicado en 1934. Las producciones debían someterse a la censura de la Comisión del Código de la producción, presidida por Joseph Breen, un católico que ejerció durante veinte años cierto poder sobre las normas morales y políticas de Hollywood y cuya política fue continuada por la de McCarthy en los años cincuenta.

Pero en 1961, los productores decidieron infringir el código Hays sobre la homosexualidad y después de 1968 éste ya no fue más

---

[261]Georges Valensin, *La Vie sexuelle juive*, Éditions philosophiques, 1981, p. 164.

[262] Léase Thomas Dougherty, *Pré-code Hollywood: Sex, Immorality and Insurrection in american Cinema*, New York, Columbia University Press, 2000. Y también : *Courrier international*, 3 de febrero del 2000.

respetado[263]. Cincuenta años más tarde, casi todos los diques han saltado por los aires bajo la presión conjunta de la alta finanza cosmopolita y los movimientos libertarios, cuyos militantes creen ser "revolucionarios" pero que en realidad no hacen más que repetir como papagayos las consignas cosmopolitas de sus dirigentes y de sus doctrinarios. En el 2005, la reacción católica, ante la ola de inmundicias televisivas y cinematográficas se expresaba a través de William Donohue, presidente de la Liga de católicos estadounidenses. Cuando se estrenó la película de Mel Gibson sobre *La Pasión de Cristo*, tan criticada por los medios oficiales, no dudó en declarar ante las cámaras de televisión: "Hollywood está controlado por judíos seculares que odian el cristianismo. No es un secreto y no tengo miedo decirlo. Es por eso que aborrecen esta película, porque habla de Jesús Cristo." Y añadía: "Yo amo a la familia, mientras que Hollywood ama el sexo anal[264]."

En la Alemania de 1918, la proliferación de películas con contenido sexual ya preocupaba a los gobernantes. Las salas de cine se multiplicaban y sus ingresos doblaban cuando proyectaban películas pornográficas. Jean-Luc Doin escribía así: "Berlín es la presa de los traficantes de cocaína, y un refugio para los clubes nocturnos decadentes donde se proyectan numerosas películas ante un público que lleva máscaras de domino para evitar ser reconocido. Esa depravación irrita las buenas almas: en 1919, las Ligas católicas femeninas atacan *Die Puppe* de Lubitsch...En Düsseldorf, el público de *Voto de castidad* desgarra la pantalla; en Baden, el fiscal general incauta las copias de *Prostitución* y enjuicia el autor Oswald. Algunos círculos antisemitas dan a entender que los responsables (los productores) de esas películas sexuales son judíos[265]." Efectivamente, aquella pista podía resultar interesante.

En su libro del 2003 titulado *El gran Despertar de las Mafias*, Xavier Raufer, profesor de criminología en la Universidad París II - por lo tanto un especialista de la cuestión- se había dado cuenta de la gravedad del peligro: "En los años 60, escribía, la ola hippie *peace and love*, el amor libre, hacen que el consumo de drogas y de pornografía exploten...La mafia aprovecha la ocasión, haciendo del porno algo equivalente al alcohol clandestino de la Prohibición: una enorme fuente de dinero en

---

[263]Jean-Luc Doin, *Dictionnaire de la censure au cinéma*, Presses Universitaires de France, 1998.
[264]*Faits-et-Documents* du 15 janvier 2005
[265]Jean-Luc Doin, *Dictionnaire de la censure au cinéma*, Presses Universitaires de France, 1998, p. 17

efectivo, asociado a una gigantesca blanqueadora de dinero sucio." Xavier Raufer concluía de esta forma: "El negocio del porno es, desde su origen, lisa y llanamente una creación de la mafia italoamericana, su cosa, su "ganadora" como dicen en el hampa[266]." El editor del libro de Xavier Raufer fue un tal Jean-Claude Lattès, un "Italoamericano" como habrán adivinado.

Sex shops y prostitución: la Sefarade Connection

Los primeros *sex-shops* aparecieron en Francia en los años 60, bajo el liderazgo de familias "no muy católicas". En aquella época, según la policía, entre el 60 y 70% del volumen de negocio de las empresas del mundo del espectáculo porno estaba en manos de cuatro "familias" originarias de África del norte, y los cinco hermanos Darmon eran sin lugar a duda los más emprendedores. Fue uno de ellos, Paul, quien abrió en 1965 el primer *sex shop* de Francia[267].

A la vanguardia de aquel gran movimiento de liberación de la moral, también estaban los hermanos Zemour, originarios de Sétif, en Argelia, cuyo nombre quedaría asociado al hampa, no sólo en Francia, sino también en Alemania, en España y en Israel. El mayor, Roland, fue el primero en llegar a Francia, pero murió de forma anónima en 1947 a los 21 años, probablemente en un ajuste de cuentas. En los años cincuenta, en Tel-Aviv, los hermanos Zemour - William, Edgar, Gilbert y Andrés- frecuentaban el Talmud Tora -la escuela religiosa- así como las clases de sionismo que daba la delegada del kibutz.

Llegados a París, probaron primero el proxenetismo, por lo que fueron varias veces condenados y liberados. Luego entraron en la banda de Simón Atlan y se especializaron en la extorsión de los comerciantes del *faubourg* Montmartre y del Sentier. Otro clan rivalizaba con ellos por controlar dicha actividad: el de los hermanos Perret, unos medios judíos cuya madre, Léonie Benaïm, dirigía la banda. El 2 de octubre de 1965, el asesinato de Simon Atlan fue el primero de una serie de treinta y nueve que diezmó el clan Atlan. Los hermanos Zemour no les quedaba otra que ser los modestos lugartenientes o sustituir Simon Atlan. A finales de 1967, los Zemour atacaban a los Perret. Estos eran finalmente detenidos por la policía tras una larga carrera de persecución nocturna en París. Los Zemour heredaban así el negocio.

El clan Zemour tenía su cuartel general en un pequeño bar de la calle

---

[266]Xavier Raufer, *Le grand Réveil des Mafias*, JC Lattès, 2003, p. 225, 226
[267]Roger Faligot, Rémi Kauffer, *Porno Business*, Fayard, 1987, p. 176, 54, 55

Pont Louis-Philippe, en París. Desde allí, los "Z" revolucionaron el paisaje del proxenetismo y del crimen organizado invirtiendo en el porno en Francia, pero también en varios "Eros Centers" de Alemania federal. En sus años de esplendor, los hermanos Zemour controlaban gran parte de la prostitución parisina, así como numerosos *sex shops* de la calle Saint-Denis. Los Zemour tenían unos dos cientos soldados a sus órdenes, por lo que cualquier veleidad de rebelión por parte de un comerciante era duramente castigada: violencia física o destrucción del establecimiento. Durante la guerra de los Seis Días, los comerciantes judíos del *faubourg* Montmartre recurrieron a ellos para frenar las agresiones árabes contra sus tiendas.

Los hermanos Zemour habían tomado el control de los antros clandestinos, los sótanos donde los mafiosos de poca monta dilapidaban su dinero apostando fuerte en las mesas de póker, el bacará y los juegos de dados. Gilbert, sobre todo, era un apasionado del juego.

Debido a algunos problemas con la policía y Hacienda, los Zemour abandonaron Francia en 1969 y se instalaron en Israel junto a Jacques y Elie Aboutboul, sus "representantes" en Cannes y dueños del restaurante *Vesuvio* frecuentado por muchos israelíes. Juntos montaron otro restaurante en Tel-Aviv antes de separarse. Un poco más tarde, la policía encontraría allí montones de fajos de falsos dólares, mientras que durante el registro del apartamento de Jacques Aboutboul se descubrió una ametralladora Uzi[268]. Pero a causa de su excesiva avaricia fueron rechazados por el hampa local y regresaron a Francia, para su desgracia. Era la época en que, bajo la presión estadounidense, Francia había decidido declarar la guerra a la French Connection. Si bien los Zemour no habían entrado en aquel tráfico, algunos de sus lugartenientes, como Roger Bacri "*Petit Roger*", estaban metidos hasta el cuello. Éste, que había sido excluido, les declaró la guerra.

En marzo de 1973, uno de los esbirros de los Z, Rafael Dadoun, fue abatido en su garaje de Neuilly. Unos días más tarde, la respuesta llegó con el asesinato de Désiré Dahan en un restaurante de Vincennes. Raymond Elbaz fue abatido a su vez el 6 de abril en un bar de Saint-Germain; Henri Lévite fue liquidado en su coche el 27 de mayo en pleno centro de París: doce muertos en siete meses. Bacri, sintiéndose acorralado, acabó suicidándose.

La hecatombe culminó con el tiroteo del café Le Thélème, que hizo correr ríos de tinta en la prensa durante tres años. El 28 de febrero de 1975, la policía fue informada por un soplón de que una reunión entre los Zemour y los "Sicilianos" de Roger Bacri había sido organizada

---

[268] Jacques Derogy, *Israël Connection*, Plon, 1980, p. 62

para poner punto final a su rivalidad. La brigada antimafia, que hasta entonces no había logrado enviar un solo criminal ante la justicia, decidió intervenir y sorprenderles en flagrante delito de posesión de armas. La reunión se celebraría en un escondrijo dentro del bar Le Thélème, bulevar Saint-Germain. Los inspectores irrumpieron en el bar: "¡Policía! ¡Manos arriba! ¡Estáis rodeados!" Un guardaespaldas disparó e hirió el primer inspector en entrar en el establecimiento. El tiroteo estalló. Cuando la calma volvió, había sangre por todas partes. William Zemour, 45 años, estaba muerto, así como el guardaespaldas Joseph Elbaz. Edgar Zemmour estaba herido de cuatro balas. Tardaría 3 meses en recuperarse. Según la policía, la brigada antimafia había sido manipulada por el soplón. No había ninguna reunión organizada entre los Z y los Sicilianos. Se había manipulado la brigada antimafia para exterminar a los Z. El funeral de William en el cementerio de Bagneux tuvo una puesta en escena grandiosa.

Gilbert, que gestionaba negocios inmobiliarios en Canadá, había sido expulsado del país y se encontraba refugiado en Miami. Edgar se unió a él en 1976. Andrés, por su parte, se instaló en la Martinica. En París, los disidentes del clan, los "Sicilianos", liquidaban un amigo personal de Gilbert. El 17 de octubre de 1975, Yzi Spiegel, propietario de varias discotecas y antiguo amigo de los hermanos Zemour era abatido en el aparcamiento de su edificio. Con él, la cifra de muertos llegaba a treinta y uno, pero otros asesinatos seguirían, todos impunes.

Gilbert, de vuelta en Francia, era condenado por extorsión a un año de cárcel en enero de 1978. Su abogado ponía el grito en el cielo. En efecto, gracias a las amnistías y las prescripciones, Gilbert Zemour estaba libre de antecedentes penales, aunque estaba fichado con la delincuencia organizada. A finales de 1979, Gilbert Zemour abrió en Bruselas un lujoso club discoteca restaurante. La policía descubrió que por las noches el club se convertía en un antro para el póker, mientras en la planta baja las acompañantes se mostraban muy dóciles. Gilbert compró entonces el casino de Namur, pero en noviembre de 1980 el casino fue incendiado.

En 1983, Edgar, que vivía en Miami y se había lanzado en el tráfico de cocaína, era abatido de cuatro disparos. Unos meses más tarde, en julio, Gilbert, que pasaba la mayor parte de su tiempo en el club de bridge, recibió dos balas de Magnunm 357 en el pecho al amanecer, cerca de su domicilio de la avenida Ségur. La tercera bala en la cabeza puso punto final a su carrera. En total, treinta y nueve asesinatos quedaron impunes para siempre.

En el pequeño mundillo parisino de los *sex shops*, el final del imperio de los Zemour provocó desconcierto y confusión. La desaparición de Zemour había dejado la vía libre a una nueva generación de jóvenes judíos sefarditas. Los nuevos proxenetas parisinos no gestionaban directamente sus negocios, prefiriendo dejar dicha tarea a hombres de paja, a veces vietnamitas o camboyanos. "Pero la experiencia no engaña, escribía Roger Faligot: cuando se pregunta por ellos al teléfono de los *sex shops* con los que en principio no tienen ninguna relación oficial, en seguida se ponen para contestar la llamada. En esa complicada arquitectura de 80 *sex shops* parisinos- de los cuales 35 están en la calla Saint-Denis-, algunos nombres sobresalen por su reputación de gestores eficaces: los hermanos Serge y Richard Krief, Philippe Pantel, Mohamed y Ali Ouaghram, Patrick Atlan, Fernand y Jean-Claude Khalifa[269]."

A principio de los años 80 habían aparecido los *peep-show*, del inglés "*to peep*"- echar una mirada furtiva. Se trataba de espectáculos para aquellos que querían ver sin ser vistos. Después de Nueva York y Ámsterdam, el fenómeno había desembarcado en París. Calle Saint-Denis, los *peep-shows* parisinos llevaban el número de la calle: el 25, el 88, el 109, el 129, el 141, el 144, el 183, el 187, el 192. Roger Faligot nos presentaba algunos de ellos: *l'Émeraude show* (Richard Krief), *le 88* (Roger Darmon), le *Christal show* (Joseph Haddad), le *Madison show* (Philippe Pantel), *le 147* (Eliezer Benhamou), el *Hard shop center* (Gérard Tourmetz)[270].

Posteriormente, la calle Saint-Denis fue siempre "ocupada" por proxenetas judíos de África del Norte. Jacques Pérez, por ejemplo, poseía seis tiendas en la calle Saint-Denis. Nacido en Constantina en 1939, había sido condenado en 1962 por haber fabricado falsos dólares. Le cayeron otras seis condenas, hasta 1989, todas por asuntos de proxenetismo. En marzo de 1991, una redada policial en sus comercios sorprendió a tres "actrices" practicando felaciones. Una de ellas, una gran aficionada a las orgías y con grandes dotes para el chantaje era su mujer de confianza. Pérez fue detenido, pero una fianza irrisoria le permitió salir libre. Su tren de vida lujoso había llamado la atención sobre su patrimonio, como su hermosa propiedad de Chelles y sus numerosas cuentas bancarias[271].

La criminalidad sefardita parisina quedaba patente en los años 1985-1986 con la rivalidad que oponía los clanes Azoulay y Ben Saadoun. El clan Azoulay, dirigido por Jean-Claude, había conquistado por aquel

---

[269]Roger Faligot, Rémi Kauffer, *Porno Business*, Fayard, 1987, p. 177, 178
[270]Roger Faligot, Rémi Kauffer, *Porno Business*, Fayard, 1987, p. 186
[271]Jacques Solé, *L'Âge d'or de la prostitution, de 1870 à nos jours*, Plon, 1993, p. 275

entonces la primera posición en la extorsión, el proxenetismo y el tráfico de droga. Junto a los Italianos, los gánsteres mantenían bajo su control decenas de comerciantes del barrio Les Halles y hacían trabajar numerosas prostitutas de la calle Saint-Denis. También tenían intereses en las discotecas y restaurantes parisinos. Los Ben Saadoun decidieron atacar, y en septiembre de 1985, los policías de la Brigada anticriminal hallaron en el aparcamiento subterráneo del foro Les Halles un Mercedes acribillado de 17 balas de 9 mm. En el asiento trasero estaba el cuerpo sin vida de un hombre con varios disparos en el pecho y la cabeza. Era un Italiano, amigo de los Azoulay. Los Saadoun se habían equivocado de Mercedes.

El contraataque no se hizo esperar, y varias tiendas y restaurantes de los Ben Saadoun fueron incendiados. Tres meses más después, antes de Navidad, los Ben Saadoun lanzaron una segunda ofensiva. En la plaza de México, en el distrito XVI de París, Jacques Azoulay, 32 años, y uno de sus tenientes, Elie Zerdoun, 37 años, apodado "Willy el Barroso", eran abatidos en su BMW, ametrallados. Los Azoulay pagaron con la misma moneda a los Ben Saadoun en octubre de 1986, la víspera de Yom Kippur. Dos tiradores en moto liquidaron Fréderic Ricco, del clan Ben Saadoun, así como un antiguo hombre de los Zemour al salir de un restaurante cerca de Les Folies-Bergères. Después de eso, los Ben Saadoun decidieron marcharse al extranjero. La guerra se había saldado con cinco muertos y varios heridos[272].

El resto de las familias sefarditas de aquel entorno mafioso se limitaba a gestionar sus intereses en restaurantes conocidos, discotecas, el proxenetismo y los *sex shops*. Maurice Azoulay y Daniel Morati, por su parte, eran los especialistas de las partidas de póker amañadas que se celebraban siempre en el mismo apartamento de París XVI. Maurice Azoulay y Daniel Morati fueron detenidos por la Brigada de estupefacientes y proxenetismo tras una partida de póker falsa durante la cual habían amenazado y estafado 170 000 francos a un honrado ciudadano suizo. Después de muchos años, éste había sido el único jugador timado en tener el valor de denunciarlos. Pero Daniel Morati tenía además otra especialidad: la estafa matrimonial. Seductor, engatusaba mujeres acaudaladas prometiéndoles un matrimonio idílico. Demasiado confiadas, éstas le dejaban el acceso a sus cuentas bancarias. Los dos últimos botines de Morati se elevaban a 380 000 francos y 1,2 millones de francos.

El barón Sinclair fue otra figura emblemática del proxenetismo

---

[272]Número de junio de 1989 de la revista mensual judía *Passages : La vérité sur les truands juifs*.

parisino. Éste sólo se "dedicaba" a la prostitución de lujo. En 1982, ya le habían condenado una primera vez. Después de eso, había preferido irse a Estados Unidos. Cuando regresó a Francia en 1988, retomó sus actividades habituales. Sus clientes eran magnates de la industria, hombres de negocio, príncipes del Golfo Pérsico, algunos de los cuales le habían abierto una cuenta en el gran hotel George V. Entre dos citas, para una cena o una velada, pagaban por la compañía de hermosas criaturas. Había que contar entre 2000 y 5000 francos para el más pequeño servicio; de 20 000 a 60 000 francos para una noche o un fin de semana. Un industrial del textil afirmaba haberle abonado 913 000 francos en tres años (el coste de un Rolls Royce). Una gran figura italiana del automóvil pagaba de 20 a 30 000 dólares por año.

Ante el tribunal, el barón negaba todo categóricamente. Los "clientes", decía, eran en realidad "una constelación de amigos riquísimos a los que hacía favores." De hecho, mencionaba su amistad con Fáisal de Arabia: "Lo conozco desde hace más de veinte años, somos súper amigos. Le he presentado una chica con la que tuvo un hijo, entonces por supuesto..." Aseguraba haber sido simplemente "una especie de animador entre mis amigos y mis amigas." ¡Pero de ninguna manera un proxeneta!

En su apartamento totalmente nuevo de la Plaza del Marché Saint-Honoré, la policía incautó once cuadros de alto valor. En Estados Unidos había traficado con obras de arte: "Compraba y vendía cuadros, decía. Conozco allí mucha gente, tengo tantos amigos..." El presidente del tribunal hizo entonces esta observación: "Los cuadros son una forma de inversión para usted. De hecho, los comerciantes de arte dicen que usted no entiende nada de arte[273]."

El gran magnate italiano del automóvil, que era también uno de sus "amigos", tenía sin embargo la costumbre de apodar el barón Sinclair, "Pinocchio", a causa de sus sempiternas mentiras. Los policías coincidían en que era "un hablador y un seductor". Encima, "Jacky" era muy divertido, pues el "barón Sinclair" era sobre todo conocido por las chicas bajo el nombre de "Jacky Cohen". Era un repatriado de Argelia.

---

[273] *Libération*, 4 de mayo de 1993. Archivos de Emmanuel Ratier. En el número de junio de 1989 del mensual judío *Passages*, dedicado a "*La verdad sobre los truhanes judíos*", el abogado Francis Turquem mencionaba el tráfico de obras de arte: "Israel recupera para sus museos las herencias de bienes que deberían quedarse en Francia. Existe un cierto número de asociaciones y fundaciones que hacen un inventario bastante preciso de los patrimonios de algunas familias y hacen presión sobre ancianos para que sus bienes sean cedidos a Israel. Esto es un delito de exportación ilegal: muchos cuadros son infravalorados a través de algunos expertos, prácticamente en connivencia con la embajada de Israel."

Su verdadero nombre era en realidad Isaac Sellam. Era un adolescente cuando desembarcó en Marsella con su madre tras la guerra de Argelia. El 3 de mayo de 1993, Isaac fue condenado a cuatro años de prisión y a una multa de 1,2 millones de francos. ¿Cuándo acabaran las persecuciones?

El número del mensual judío *Passages* de junio de 1989 señalaba otras de las actividades preferidas de los delincuentes. En 1980, una red de falsificadores de dinero fue desmantelada en Lyon. Los policías habían arrestado en su casa a Marc-Roger Azan, 38 años, donde hallaron cientos de monedas napoleón de 17 quilates en vez de los 22 reglamentarios[274]. Marc-Roger Azan se había comprado recientemente un apartamento en el Paseo de los Ingleses, en Niza. En un año, había cambiado de automóvil cuatro veces.

En los años 80, la "Banda del Marais" allanaba los apartamentos de mujeres mayores haciéndose pasar por policías educados y amables. Eran "todos de origen judío tunecino". Esa banda operaba sobre todo en la parte oeste de París, en los distritos XVI y XVII hasta Neuilly. Localizaban una señora mayor saliendo de un banco, la seguían hasta su casa y apuntaban el piso donde residía y se las ingeniaban para conseguir su nombre. Buscaban a continuación su número en la guía telefónica y un "comisario" llamaba para advertirla de los robos en el barrio y proponerle la visita de dos inspectores. Los delincuentes operaban a veces con uniformes de policías que habían robado en los talleres de confección que trabajaban para el ministerio del Interior.

El 22 de febrero de 1983, en Besanzón, William Nakache, 23 años, asesinó de seis disparos Abdellali Kahar, un árabe de 19 años que había molestado los dueños de una discoteca. Nakache se había refugiado en Israel. Poco tiempo después era detenido bajo una falsa identidad junto a cuatro cómplices, todos disfrazados de policías, en el momento en que se preparaban para parar el vehículo de un obispo griego católico y desvalijarlo. En la cárcel, William Nakache tuvo un oportuno ataque de fervor religioso. Se dejo crecer la barba, llevaba de forma ostentoso el chal de rezo y la kipá, y fue apadrinado por los rabinos. Declaró alto y fuerte que había abatido un "antisemita notorio" y afirmó temer por su vida si le extraditaban a Francia. En Israel, Nakache se convirtió en un héroe. Bajo la presión de la comunidad religiosa, el ministro de Justicia denegó su extradición. En 1986, el tribunal de Besanzón lo condenó en rebeldía a cadena perpetua.

El gran bandidaje tuvo en André Bellaïche una figura ilustre. Nacido

---

[274] Ya en la Edad Media, algunos judíos eran acusados de envilecer la moneda. Cuando las monedas fueron estriadas, usaron el ácido como técnica para el envilecimiento.

en Túnez en 1950 fue el jefe de la "Banda de los Postizos". Esa banda realizó en aquella época una treintena de robos a mano armada de bancos parisinos. Jean-Claude Myszka, André Bellaïche, Bruno Berlíner y Patrick Geay operaban con pelucas, disfrazados de aristócratas ingleses, con sombreros de Sherlock Holmes, o también de rabinos. Fueron detenidos en diciembre de 1986, y condenados a penas de 8 a 15 años de prisión. En su libro titulado *Mi vida sin postizo*, André Bellaïche lo contaba todo: "Aquellos viajes clandestinos con mujer e hijo, sus trajes Dior, sus Ferraris, la historia de su ascenso social, todo excepto sus atracos con los Postizos." (*Libération* del 18 de octubre del 2007). La banda de los Postizos fue objeto de una película de Ariel Zeitoun, *Le dernier gang*, estrenada en el 2007. Los derechos de adaptación de la película habían sido vendidos muy caros. Tras ocho años de prisión, Bellaïche declaraba: "Vivir tranquilamente como un burgués retirado de los negocios: me había preparado a todo menos a eso." La periodista de *"Libé"*, probablemente embobada de admiración, se había olvidado de la muerte de un policía en el tiroteo de enero de 1986.

La criminalidad sefardita parisina no se había acabado, a juzgar por algunos discretos artículos publicados en la prensa. El 4 de noviembre del 2002, Place des Fêtes, en el distrito XX de París, Felix Lévy, 46 años, era abatido de cuatro disparos, dos en la cabeza, cuando estaba sentado tomando su café y su croissant a las 9 y media de la mañana. El hombre ya era conocido de la justicia por un asunto de falsos dólares estadounidenses[275].

Los delincuentes sefarditas tuvieron más películas, como por ejemplo *El Gran Perdón (Le Grand Pardon,* Francia 1982*)*. La primera parte es una síntesis de todo: Raymond Bettoun (Roger Hanin, nacido Lévy) gestiona casinos y discotecas, hace trabajar chicas en la calle, se dedica a extorsionar pequeños comerciantes y trafica con diamantes robados. En la segunda parte, lo vemos en Miami con sus esbirros. Esta vez vino a echar una mano a su hijo que se dedica al lavado de dinero de la droga. Pero cuidado, los judíos no se ensucian las manos: ellos no trafican directamente con la cocaína y dejan el trabajo sucio a un goy. Éste es tan rico como cruel. Nos enteramos además de que su padre era un nazi refugiado en Chile. Él es el verdadero cabrón de la película. En la primera parte, el cabrón ya era un blanco de ojos claros (Bernard Giraudeau), un delincuente que había manipulado los judíos en contra de los árabes. Y el comisario que perseguía el pobre Raymond Bettoun era encima un racista ("No me gustan sus modales. Huele usted a

---

[275]*Le Parisien*, 23 Novembre 2002, archives d'Emmanuel Ratier.

aceite"). La película es de Alexandre Arcady.

Roger Hanin, que fue el cuñado del presidente de la República francesa François Mitterand, fue el director de la película antirracista *Train d'enfer* (1985) - la historia de tres jóvenes fachas que defenestran de un tren a un magrebí. La historia se inspiraba en un caso real acaecido el 15 de noviembre de 1983 en el tren Burdeos-Vintimilla. Xavier Blondel, Marc Beani y Anselmo Elviro Vidal, candidatos a la Legión extranjera, habían dado una paliza a Habib Grimzi delante de varios testigos y arrojado por la ventana a los raíles. Elviro Vidal confesó: "Había bebido, era un árabe y no me gustan los árabes." Lo que no nos contaba Roger Hanin en su película es que Vidal era judío. Antes del juicio, Vidal había escrito una carta al *Nouvel Observateur* en la que pedía la pena capital. La carta fue publicada el 31 de enero de 1986, y el articulo titulaba así: "Yo, Anselmo Elviro Vidal, judío y asesino..." Tras el estreno de la película de Roger Hanin, el rabino Jacques Grunewald publicó una crítica en el semanal *Tribune juive* del 11 de enero de 1985: "Asesinato atroz en un tren: un joven árabe es linchado y defenestrado por tres reclutas achispados. A partir de ese caso, un acto racista de tres marginados, Roger Hanin ha construido una película de la que pretende sacar una gran lección moral implicando esta vez a toda la Francia profunda. Ya no se trata de tres chicos aislados y borrachos. Se trata de una verdadera red neonazi que incluye toda una ciudad, incluso el mundo entero." El rabino añadía finalmente: "Roger Hanin asegura que como judío argelino ha aprendido desde su infancia a amar a los árabes. Por lo visto, no le han enseñado a amar a los franceses."

3. La trata de Blancas

Esclavas sexuales en Israel

Desde la caída del muro de Berlín, en 1989, cientos de miles de jóvenes mujeres del Este habían sido captadas por redes de prostitución y llevadas a destinos lejanos. Los medios permanecieron extremadamente discretos sobre este tema. Sin embargo, en el mes de mayo del 2000 un informe de Amnistía Internacional había revelado la magnitud del fenómeno y señalado el Estado de Israel como centro de ese tráfico[276].

El derrumbe de la URSS en 1991 había provocado un empobrecimiento considerable de la población. Para intentar huir de la miseria y satisfacer las necesidades de sus familias, numerosas jóvenes mujeres rusas, ucranianas o moldavas, habían respondido a algunas atractivas ofertas de trabajo publicadas en la prensa. Desgraciadamente para ellas, esas ofertas de trabajo en el extranjero resultaron a menudo ser trampas de proxenetas internacionales.

El fenómeno fue tan importante que el muy cosmopolita *New York Times* del 11 de enero de 1998 se había visto obligado a cubrir la información con un artículo de Michael Specter sobre las "ingenuas mujeres eslavas". El periodista relataba la conmovedora historia de una joven belleza ucraniana de 21 años que había salido de su pueblo respondiendo a un anuncio en un periódico local y se había visto atrapada en Israel, obligada a prostituirse. Según se relataba, las chicas eran enviadas hasta Japón y Tailandia por redes de mafiosos "rusos" basados en Moscú. Recuerden que, en aquella época, todos los medios hablaban de la terrible "mafia rusa".

El *Jerusalem Post* del 13 de enero de 1998 había retomado esas informaciones. Así, este diario informaba de que había más de 10 000 prostitutas en Israel, casi todas rusas y ucranianas. Las mujeres, compradas y vendidas por los proxenetas eran secuestradas en los bares y en los prostíbulos, y generaban cada una a su propietario unas ganancias de entre 50 y 100 000 dólares al año.

---

[276] Las ediciones francófonas de *Amnesty International*. http://efai.i-france.com. *Human Rights Abuses of Women Trafficked from Countries of the Former Soviet Union into Israel's Sex Industry*.

El primer informe sobre la trata de Blancas fue el publicado el 8 de abril de 1997 por el CEDAW[277]. Aquel informe mostraba que el tráfico de mujeres blancas secuestradas en Israel no paraba de crecer. En Tel-Aviv, cientos de bares, burdeles y discotecas animaban la vida nocturna. El *Tropicana* era entonces uno de los prostíbulos más destacados. Una veintena de mujeres rusas trabajaban allí, ocho de día y doce de noche. Los clientes eran soldados israelíes, hombres de negocios, religiosos, y trabajadores inmigrantes - pues estos no tenían derecho a tener relaciones sexuales con las Israelíes bajo pena de expulsión inmediata. El propietario del local declaraba: "A los israelíes les encantan las mujeres rusas. Son rubias, están buenas, y tienen un aire desesperado que gusta mucho. Están dispuestas a hacer cualquier cosa para ganar dinero." Las chicas no eran pagadas y sólo embolsaban las propinas. Trabajaban sin parar, siete días sobre siete, sin ningún descanso durante el año excepto Yom Kippur.

El extenso informe de Amnistía Internacional presentaba los testimonios de varias jóvenes mujeres. Habían sido atraídas con pretextos y luego entregadas a las redes de prostitución, compradas y vendidas al mejor postor, la mayoría de las veces en subastas, como el ganado. Luego eran secuestradas por sus "propietarios" en casas o apartamentos de los que no podían salir sin ser acompañadas. Sus pasaportes y documentos de identidad eran confiscados por los proxenetas para impedirles abandonar el país. Eran a menudo golpeadas si se negaban a tener relaciones sexuales con algunos clientes o si intentaban huir. Numerosas informaciones hacían referencia a actos de tortura y de violación, así como otras vejaciones sexuales. Los traficantes de seres humanos las amenazaban de muerte, ellas y sus miembros de familia, en caso de que intentaran salir de Israel, informaran a la policía o testificaran en un procedimiento penal, de tal forma que era muy difícil llevar a los tribunales a "los autores de violaciones de los derechos fundamentales de las víctimas de la trata[278]".

El gobierno israelí no había tomado ninguna medida para investigar esas violencias y entablar acciones judiciales. Además, las mujeres eran generalmente tratadas como delincuentes en vez de víctimas. Efectivamente, según la legislación israelí, casi todas las chicas eran inmigrantes en situación irregular ya que residían en Israel sin contrato de trabajo o con falsos documentos. Muchas de ellas eran detenidas después de redadas policiales en los prostíbulos o salones de masaje.

---

[277] Committee on the Elimination of Discrimination Against Women.
[278] La expresión "derechos fundamentales" se repite constantemente en el informe.

Algunas eran encarceladas durante un breve periodo de tiempo antes de ser expulsadas del territorio, pero otras lo eran mucho más tiempo, en algunos casos en base a una orden del ministerio de Justicia que les impedía salir del país antes de testificar ante un tribunal. Muchas mujeres encarceladas habían sufrido importantes traumatismos físicos y psicológicos, y no existía ningún servicio de ayuda psicológica para atender sus necesidades.

Durante su visita a Israel entre abril y mayo de 1999, los delegados de Amnistía Internacional habían visitado la prisión de mujeres de Neve Tirza con el fin de entrevistarse con jóvenes mujeres encarceladas por sus actividades relacionadas con la prostitución y en espera de repatriación.

Este era el testimonio de Ana, 31 años, originaria de San Petersburgo. Era profesora de física en Rusia, y había sido atraída a Israel con una promesa de empleo remunerado 1000 dólares por mes, veinte veces el salario que percibía entonces en Rusia. El ciudadano israelí que le había propuesto el trabajo le había avisado que estaba ligado a la industria del sexo, pero lo que le había propuesto no tenía evidentemente nada que ver con la realidad. Ana llegó a Israel en 1998 con un visado turístico. A su llegada al aeropuerto, fue llevada y encerrada en un apartamento con otras seis mujeres originarias de la antigua Unión Soviética y su pasaporte fue inmediatamente confiscado. Ana fue luego vendida sucesivamente en dos subastas. La segunda vez, fue comprada por 10 000 dólares y llevada a Haifa donde permaneció secuestrada con otras dos mujeres. Las ventanas del apartamento tenían rejas y las raras veces que eran autorizadas a salir iban siempre acompañadas. Buena parte del dinero que ganaban era extorsionado por los proxenetas en forma de multas.

Ana había sido detenida en marzo de 1999 por prostitución tras una redada de policía en el apartamento donde estaba encerrada. Había firmado las declaraciones presentadas por la policía en las que reconocía dedicarse a la prostitución, si bien todos los documentos eran en hebreo, una lengua que no sabía ni leer ni escribir. Sólo más tarde, en la audiencia del tribunal, se enteró de que era acusada de dirigir un prostíbulo. Nunca se le autorizó entrevistarse con el cónsul de Rusia, y siguió en la cárcel durante otro mes hasta su expulsión del territorio.

Esto declaraba Ana: "No sé cómo se acabó el juicio. Sólo sé que Abraham [el proxeneta] está libre. Hablé con él por teléfono. Cuando los policías nos detuvieron, no nos dejaron recoger nuestras pertenencias que quedaron allí. Abraham[279] conoce mi dirección en San

---

[279] Los redactores del informe de Amnistía Internacional habían elegido el nombre

Petersburgo y mi número de teléfono además de quedarse con mi pasaporte. Dejé a mi hija de ocho años allí. Me ha amenazado de que me encontraría en Rusia si no hacía lo que él quería."

Tatiana, originaria de Bielorrusia, había llegado a Israel en abril de 1998 con un visado de turista. Le habían prometido un empleo de mujer de limpieza en un hotel del complejo turístico de Eilat, diciéndole que su salario le permitiría satisfacer las necesidades de su madre y su hijo de seis años. Tatiana fue acogida en Eilat por un hombre presuntamente enviado por el hotel en el que debía trabajar. Fue llevada a otro lugar donde le obligaron a prostituirse. Le dijeron que tenía que reembolsar su "precio de venta" y el coste de su viaje.

Tatiana había ideado varios planes de evasión, pero fue finalmente liberada después de una redada de policía: una de sus amigas había contactado con el consulado de Bielorrusia, el cual había avisado a la policía. Tatiana fue puesta en detención como inmigrante ilegal en la prisión de Neve Tirza a la espera de su repatriación. Pocos días después de su internamiento, encontró una carta anónima sobre su cama en la que se le amenazaba de muerte a ella y a su familia si contaba lo que le había pasado. Tatiana deseaba testificar pero temía las represalias de los traficantes que conocían todos los datos que figuraban en su pasaporte, así como la dirección de su familia en Bielorrusia. Un requerimiento fue por lo tanto presentado al director de la policía para explicarle que sería demasiado peligroso para Tatiana testificar ante el tribunal si no se le protegía. Éste respondió que la policía israelí no podía garantizar la seguridad de ningún individuo fuera de Israel. Tatiana testificó finalmente en junio de 1999 y fue repatriada al final del mes. A pesar de que había solicitado ser enviada a Polonia o a Lituania para regresar desde allí a Bielorrusia por carretera, las autoridades israelíes la habían enviado directamente a Bielorrusia, donde uno de sus parientes la habría llevado hasta un destino desconocido.

A continuación, relatamos el caso de Valentina, una psicóloga ucraniana de veintisiete años. Había llegado a Israel en agosto de 1998 para trabajar como representante. El ciudadano israelí que le había propuesto ese empleo se había ocupado del visado y había organizado el viaje. Valentina, fue recibida en el aeropuerto y llevada a un hotel. Al día siguiente, le confiscaron su dinero, su pasaporte y su billete de avión de vuelta. Luego fue enviada a un apartamento donde permaneció secuestrada durante dos meses. Valentina contó así su calvario en Israel: "Las condiciones de vida eran terribles. Una chica trabajó en el sótano durante ocho meses, se contagió de tuberculosis debido a la humedad.

"Arturo".

La mayoría de las chicas padecían diversas infecciones venéreas. No desearía ni a mis enemigos sufrir lo que nos infligieron...Tuve un ataque de nervios, explicaba Valentina. Quería huir, pero había barrotes en las ventanas y los guardias estaban siempre presentes, día y noche. Un día, pedí ayuda a un cliente, pero resultó que formaba parte de su grupo y los propietarios me pegaron. No tenía a donde ir..."

Valentina conseguiría sin embargo escapar con otra mujer saltando del primer piso del edificio. Cuando regresaban a la casa de prostitución para intentar ayudar a huir a otra de sus amigas, fueron detenidas por la policía que operaba en ese mismo momento. Valentina fue detenida en marzo de 1999 por residencia ilegal. Feliz a pesar de todo de la intervención de la policía, Valentina temía declarar porque los proxenetas conocían la dirección de su familia en Ucrania. Valentina ignoraba cuanto tiempo las autoridades israelíes iban a retenerla en detención.

Nina era una joven chica de diecinueve años originaria de Minsk, en Bielorrusia. Había llegado ella también a Israel al final de 1998 con un visado de turista sin saber lo que le esperaba. Fue secuestrada durante tres meses en un prostíbulo de Haifa y luego raptada bajo la amenaza de un arma, vendida por 10 000 dólares, golpeada y violada. Después de lograr escapar, Nina regresó al primer prostíbulo con la esperanza de ganar suficiente dinero para pagar su billete de vuelta a Bielorrusia. Nina fue entonces arrestada durante una redada de la policía en un salón de masaje de Tel-Aviv, en marzo de 1999, y encarcelada en la prisión de Neve Tirza antes de ser expulsada. El fiscal del distrito de Haifa le había prohibido salir de Israel para que testificara en contra de los tres hombres que la habían raptado. "Quiero volver a casa, decía Nina, pero es posible que el juicio de Moisés [el hombre acusado de haberla violado] no se celebre hasta dentro de seis meses. Quiero estar segura de que Moisés[280] vaya a prisión."

"Es una delincuente, explicaba Moshé Nissan, portavoz de la policía de Haifa. Ha estado viviendo en Israel sin permiso de residencia. Es evidente que no testificaría si no estuviera en detención." Nina fue finalmente repatriada en junio de 1999 tras haber sido encarcelada más de dos meses.

Amnistía Internacional no pudo conseguir de las autoridades israelíes ninguna estadística sobre el número de procedimientos legales abiertos, ni datos sobre las denuncias o condenas pronunciadas en esos casos contra los proxenetas. Según una investigación del 2001 del *National Council of Jewish Women*, de las 392 prostitutas detenidas y expulsadas

---

[280] El informe ponía simplemente "X".

de Israel en el 2000, 46% eran ucranianas, 28% eran rusas y 17% moldavas. Los 9% restantes eran de otras repúblicas de la antigua Unión Soviética.

Otro testimonio similar aparecía en un artículo del *Jerusalem Post* del 13 de julio del 2000, que relataba el juicio de Boris Yasser, de 18 años. Éste era acusado de secuestro, amenazas, falsificación de documentos, agresión física, proxenetismo y violación. Boris Yasser era acusado de haber ayudado a su padre a introducir clandestinamente a cuatro jóvenes ucranianas y de haberlas obligado a prostituirse. Las cuatro jóvenes mujeres de 19 a 22 años, arrestadas ellas también por haber entrado ilegalmente en el territorio nacional, explicaron que les habían propuesto un trabajo de vendedoras. Una vez aceptado el empleo, habían sido llevadas a Israel vía Chipre. En Haifa, les quitaron los pasaportes y entregaron falsos documentos de identidad israelíes. Dos de las chicas fueron a continuación vendidas a un prostíbulo de Tel-Aviv por 3000 dólares cada una. Las otras dos acabaron secuestradas en un apartamento de Rishon Lezion y forzadas a prostituirse. Boris Yasser conducía las jóvenes mujeres hasta los clientes, entre 15 y 20 por día. Las chicas no recibían ni un céntimo. Una de ellas había sido violentamente golpeada tras haber intentado huir. Más tarde lograrían llamar por teléfono a sus padres en Ucrania para pedir ayuda. Éstos contactaron con la embajada ucraniana.

En 1998, el cónsul de Hungría en Tel-Aviv, Andrea Horvath, también se había quejado de que cuatro jóvenes mujeres húngaras, que habían conocido su empleador en una discoteca de Budapest, estaban manifiestamente retenidas contra su voluntad en unas casas de Tel-Aviv y obligadas a prostituirse.

Según el informe de CEDAW de abril de 1997, existía una fuerte correlación entre la prostitución y el consumo de drogas. De las 200 jóvenes mujeres encarceladas en la prisión de Neve Tirza, el 70% eran adictas a la heroína, la droga más común en Israel. Las jóvenes mujeres eran efectivamente drogadas para volverlas todavía más dependientes de los proxenetas. Al final, acababan siendo totalmente adictas y se prostituían simplemente para costearse sus dosis de heroína. Las chicas no podían ver a un médico; cualquier asistencia médica les era denegada. Si quedaban embarazadas, los proxenetas no pagaban para el aborto. Las forzaban a trabajar cinco meses más y las echaban a la calle.

En el *New York Times* del 11 de enero de 1998, Irina, que había experimentado las mismas vivencias en Israel, se confiaba al periodista con las lágrimas en los ojos: "No creo que el hombre que ha arruinado mi vida sea un día castigado, decía suavemente. Soy estúpida...Soy una chica estúpida de un pueblo pequeño...A veces, me siento aquí y me pregunto cómo todo eso pudo ocurrir, incluso si realmente ocurrió." Como muchas otras, Irina había sido golpeada y violada tras haberse negado a prostituirse.

El informe de CEDAW indicaba además que los anuncios de la industria del sexo se habían multiplicado en la prensa diaria, hasta tal punto que un comité había sido creado para prohibir los anuncios que mencionaban explícitamente la edad de las chicas de menos de 18 años y para moderar las fotos que acompañaban esos anuncios. Había en Israel un mercado de la pornografía infantil en plena expansión[281]. El número de chicas de Europa del Este menores de 18 años prostituidas en Israel era probablemente grande, pero era desconocido.

La revista estadounidense *Moment*- "la revista de la cultura judía"- había publicado en abril de 1998 un artículo en el que se podía leer que las chicas rusas eran muy valoradas por los clientes israelíes. Había toda clase de hombres; hombres de ley, policías, pero sobre todo una proporción importante de esos clientes eran judíos ultraortodoxos que venían porque no podían tener relaciones con sus mujeres debido a las proscripciones religiosas[282]. El jueves por la tarde, flotas de autobuses los llevaban desde Jerusalén hasta Tel-Aviv.

Entre las prostitutas también había mujeres árabes, virtualmente reducidas al estado de esclavitud. Algunos de los clientes judíos acudían después de un atentado palestino para vengarse sobre las prostitutas palestinas.

Pero los proxenetas también sacaban tajada de la ira de los árabes, según se podía leer en el libro de un escritor israelí titulado *La tierra prometida, todavía no*, publicado en el 2002. Esto era lo que el autor escribía acerca de aquellos mafiosos "rusos" en Israel: "Los Rusos son Africanos blancos. Se abalanzan sobre todo lo que brilla. Están dispuestos a todo para triunfar, los peores chanchullos, las peores fechorías. He leído en el periódico que un Ruso prostituía chicas vestidas de soldado en los Territorios. No es una tontería. A fuerza de ser apaleados por los militares, ¡los Árabes deben tener ganas[283]!"

La revista *International Affairs* del año 2000 hablaba del "Natasha trade". La trata de Blancas generaba entre siete y doce millones de

---

[281]Sobre este tema, léase los capítulos al respecto en *Psicoanálisis del judaísmo* (2006) y *El Fanatismo judío* (2007).

[282]Sobre las proscripciones religiosas léase también *Psicoanálisis del judaísmo* (2006) y *El Fanatismo judío* (2007).

[283] Michaël Sebban, *La terre promise, pas encore*, Ramsay, 2002, p. 99. Los judíos provenientes de Rusia - más de un millón desde la caída del comunismo- eran llamados "Rusos" por los Israelíes.

dólares cada año y conllevaba pocos riesgos comparado con el tráfico de droga o de armas. Yitzhal Tyler, de la policía de Haifa, explicaba en 1998 a Michael Specter, periodista del *New York Times*: "Con unas diez chicas, cada una ocupándose de 15 a 20 clientes por día, multiplique por 200 séqueles, eso hace 30 000 séqueles por día y al menos 750 000 por mes, es decir 215 000 dólares. Un proxeneta que posee cinco prostíbulos, como suele ocurrir, gana un millón de dólares por mes."

De hecho, no existían "leyes en Israel contra el tráfico de seres humanos ni contra la prostitución", informaba el *New York Times* del 11 de enero de 1998. En efecto, no había ninguna ley que prohibiese la importación de jóvenes mujeres extranjeras hacia Israel para la prostitución, confirmaba el informe de la CEDAW del 8 de abril de 1997. Linda Menuhim explicaba además (Reuters, 23 de agosto de 1998): "El problema no es encontrar el buen artículo en el código penal, sino hallar una mujer que se atreva a ir ante la justicia."

El informe publicado por el Centro feminista de Haifa era otra fuente de información destacable. Se basaba principalmente en las entrevistas de 106 mujeres víctimas de la trata e interrogadas entre el año 2001 y 2002 en las cárceles israelíes y distintos refugios. Los autores indicaban la incapacidad de las autoridades para hacer frente a las mafias y achacaba también la responsabilidad de algunos policías implicados, como clientes de los prostíbulos, pero también como colaboradores de los proxenetas.

Las mujeres interrogadas habían sido vendidas entre 5000 y 10 000 dólares. Habían trabajado sin interrupción, sin vacaciones, incluso durante sus reglas. Un tercio de ellas habían sido víctimas de agresiones diarias. Los clientes y los proxenetas las consideraban como objetos y las golpeaban continuamente. Cerca del 10% estaban mal alimentadas, la mitad había confesado que muchos policías frecuentaban regularmente esos prostíbulos y éstos no sólo tenían amistad con los proxenetas, sino que a menudo estaban en el negocio con ellos.

Esta industria todavía estaba en pleno auge en el 2005, si se le da crédito al informe de una comisión de investigación del Parlamento israelí revelado el 23 de marzo del 2005 y referido por la Agencia France Presse. La trata de Blancas en Israel era una actividad que generaba un volumen de negocio de cerca de 1000 millones de dólares por año. El informe precisaba que entre 3000 y 5000 mujeres entraban cada año clandestinamente en Israel para trabajar en la prostitución. Esas mujeres eran secuestradas en 300 o 400 prostíbulos en diferentes regiones del país. Eran vendidas por una cantidad que rondaba entre los 8000 y 10 000 dólares y servían luego de esclavas sexuales todos los días de la semana entre 14 y 18 horas por día[284]. Recibían sólo 20 séqueles (4 dólares) de los 120 pagados de media por cada cliente. El resto de la suma la embolsaba el proxeneta; pero algunas directamente no recibían nada. El estudio llevado a cabo a petición de la comisión había también demostrado que el público israelí no consideraba la trata de Blancas como una violación de los Derechos Humanos.

La comisión apuntaba las debilidades de la justicia israelí en estos casos. De hecho, la instrucción de los casos de denuncia tardaba mucho tiempo, lo cual permitía y favorecía las amenazas, incluso los asesinatos de las denunciantes. El informe apuntaba que a menudo los magistrados eran sobornados por los proxenetas. Los fiscales pedían penas mínimas y ni siquiera exigían indemnizaciones por daños y perjuicios para las víctimas. Los magistrados también beneficiaban a los proxenetas con la inmunidad haciéndoles pasar por presuntos informadores del mundo del crimen para la policía.

Sin embargo, algunos judíos ortodoxos reaccionaban ante lo que consideraban una invasión de las ciudades israelíes por los proxenetas y las prostitutas. El 15 de agosto del 2000, la agencia Associated Press nos informaba de que cuatro mujeres habían fallecido en un incendio criminal en Tel-Aviv; cuatro mujeres rusas que no habían podido escapar porque la puerta blindada estaba cerrada con llave y las ventanas selladas con barrotes. Las cuatro vivían secuestradas en un apartamento situado detrás de un bar que servía de casa de citas. La investigación desveló que un judío religioso había arrojado una bomba incendiaria. Yariv Baruchim, 34 años, explicó a la policía que quería purificar Tel-Aviv de todos sus prostíbulos. Había incendiado ocho prostíbulos y *sex shops*. Esa vez hubo cuatro víctimas: Ina Takorsky, Lila Zachs y Yelena Pomina fallecieron. La cuarta chica nunca pudo ser identificada.

Algunos cineastas israelíes- y hay que reconocerles el mérito- se interesaron por el calvario de esas jóvenes mujeres europeas. La película de Eyal Halfon, *Welcome to Israel* (2005), mostraba a unas mujeres venidas de Ucrania con la esperanza de ganar algo de dinero en Israel. Pero contrariamente a las promesas que les hicieron acababan esclavizadas, violadas por sus proxenetas y forzadas a prostituirse. La película también mostraba a obreros tailandeses trabajando como condenados en una explotación agrícola en Israel.

También se puede ver acerca del mismo tema la película de Amos

---

[284] Las mujeres europeas en edad de procrear representan a día de hoy menos del 2% de la humanidad. Son una "mercancía" escasa y valiosa muy cotizada por los proxenetas.

Gitai, *Tierra prometida* (2005), que relataba el calvario de jóvenes mujeres de Europa del Este atrapadas en las redes de prostitución. Son vendidas como el ganado en subastas, en plena noche, en el desierto y acaban en burdeles al borde del mar Muerto. *Tierra prometida* empieza con una escena de una subasta nocturna de esas mujeres en el desierto del Sinaí. "Cuando empecé a interesarme a las redes del crimen que operan cruzando las fronteras de Oriente Medio, explicaba Amos Gitai, me di cuenta de que el tráfico de mujeres era una nueva forma de esclavitud en pleno auge. Para esas redes internacionales que organizan la trata de Blancas, las mujeres son simple mercancías. Son transportadas desde su país de origen, casi siempre de Europa del Este, vía el Sinaí en Egipto. Pasan muy fácilmente la frontera israelí y luego son distribuidas por diferentes ciudades israelíes o en los territorios...Antes del rodaje de *Tierra prometida*, pasé mucho tiempo documentándome gracias a informes de ONGs que se ocupan en Israel y otras partes del mundo de la defensa de los derechos humanos. Cientos de páginas de testimonios de víctimas de la trata de Blancas muestran en detalle como esas redes internacionales operan...Algunas mujeres creen que van a poder salir de la miseria gracias a ese tipo de tratos. Intentan persuadirse de que sólo es por un tiempo y que luego, tendrán algo de dinero. Son abusadas a todos los niveles, física y emocionalmente, hasta un punto inimaginable...Se sabe que las subastas de mujeres se producen en muchos sitios. He decidido filmar la venta en una subasta de noche, en el desierto. Las mujeres son rodeadas por un grupo de vehículos, como una arena, para crear una sensación de claustrofobia...El hilo conductor de *Tierra prometida* es el destino de esas mujeres. Las hemos seguidos a lo largo de esa carretera en la que son transportadas de un lugar para otro. Se cambia de lugar constantemente en *Tierra prometida*. De Tallin a Haifa, del Cairo a Ramalá pasando por Eilat, las mujeres pasan de mano en mano, del desierto a los aparcamientos, de un inmenso acuario construido bajo el agua en el mar Muerto a los distintos vehículos, camiones, autopistas, etc...."

Evidentemente, Israel no es el único destino de esas chicas del Este. La mafia judía en Rusia tenía contactos con la mafia judía en todo el mundo. Según el ministerio del Interior ucraniano, 400 000 jóvenes mujeres ucranianas de menos de treinta años habían abandonado el país durante los años 90. Seguramente no todas habían caído en las redes de prostitución, pero la Organización internacional de las Migraciones estimaba en 500 000 el número de jóvenes mujeres del antiguo bloque del Este atrapadas en las redes de todo el mundo. El artículo del 11 de enero de 1998 del *New York Times* indicaba que las mujeres eslavas eran enviadas a Turquía, y hasta Japón y Tailandia.

Numerosas chicas del este habían llegado a la antigua Yugoslavia. Un artículo de Oksana Havrylenko, una ucraniana, nos informaba del calvario que ella misma había sufrido. Lo hemos traducido del inglés: los proxenetas reclutaban principalmente a través de pequeños anuncios en los periódicos, ofreciendo un trabajo bien remunerado en el extranjero como camarera, bailarina o mujer de la limpieza en Italia, con la salvedad de que no era posible conseguir un visado directo para Italia, por lo que debían pasar por el territorio de la antigua Yugoslavia para cruzar en ferry el mar adriático. En Bosnia-Herzegovina, donde no existía ningún consulado ucraniano, las chicas comprendían entonces el destino que les esperaba. Una chica que se había negado categóricamente a prostituirse había sido golpeada, torturada y asesinada delante de las otras chicas en un campo. Finalmente, los proxenetas la habían degollada. Las chicas demasiado difíciles eran revendidas en la zona musulmana. Los proxenetas contaban que nunca ninguna había logrado escapar.

Las autoridades italianas cifraban en 30 000 el número de jóvenes mujeres empleadas ilegalmente en el país. El artículo del *New York Times* sobre las "Ingenuas mujeres eslavas" aportaba el testimonio de otra joven ucraniana. En Milán, en Italia, una semana antes de Navidad, una operación de policía había interrumpido una subasta. Las chicas eran presentadas sobre unas cajas, semidesnudas y vendidas como cabezas de ganado por una cantidad media de 1000 dólares. Michael Platzer, de las Naciones Unidas, explicaba que la prostitución no presentaba muchos riesgos ya que era casi legal en muchos países. De hecho, en Israel, no existía ninguna ley en contra de la venta de seres humanos. Nos parece pertinente precisar aquí que, según el Talmud, los no-judíos son a menudo considerados como animales[285].

---

[285] En el Talmud se discute y se niega frecuentemente que los gentiles sean personas humanas. Como por ejemplo en *Keritot, 6b*: "La Mishná incluye en su lista de personas susceptibles de recibir *Karet* [castigo]: Aquel que aplica el aceite de la unción a su piel. Los Sabios enseñaron en una *Baraita* [tradición, enseñanza, pero fuera de la Mishná]: Él que aplica el aceite de la unción a los animales o a las vasijas está exento, y el que lo aplica a los gentiles o a los cadáveres también está exento. La Guemará objeta: Es cierto que uno está exento en el caso de los animales y de las vasijas, ya que está escrito: "Sobre la carne de una persona no se aplicará"(*Éxodo 30:32*), y los animales y las vasijas no son la carne de una persona. También está claro por qué uno está exento si lo aplica a un cadáver, ya que una vez que alguien ha muerto, el cuerpo se llama cadáver y no persona. Pero si uno aplica aceite de unción a los gentiles, ¿por qué está exento? ¿No están incluidos en el significado del término persona [Adam]?

El sitio internet estadounidense Jew Watch, una especie de observatorio del judaísmo revelaba estas informaciones acerca de una red de proxenetismo de jóvenes mujeres rusas en Florida: en 1996, un tal Serguey Skobeltsyn había comprado dos discotecas, el *Pure Platinium* y el *Solid Gold* por ocho millones de dólares. Ludwig Fainberg, por su parte, había adquirido el *Porkys* y estaba implicado en una red de prostitución que "importaba" mujeres rusas.

En el *Jerusalem Post* del 31 de enero del 2000, se nos informaba de que el jefe espiritual de la comunidad judía de Chicago, Joel Gordon, 51 años, antiguo "cantor" de la Congregación Shirat Emet, había sido detenido con su mujer, Alison Ginsberg, 23 años, acusados ambos de haber abierto varios prostíbulos.

El 15 de septiembre de 1997, el *New York Post* señalaba que un tal Roman Israilov, de Brooklyn, había secuestrado y violado una joven inmigrante rusa de veinte años a la que había intentado vender posteriormente. La policía había sido avisada por un vecino.

Estas tragedias no suelen ser noticia en los medios de comunicación occidentales, y nunca escuchamos los políticos o las celebridades del espectáculo protestar contra ese infame tráfico. Imaginemos ahora cual hubiese sido la reacción si Europeos hubiesen esclavizado y sometido a toda clase de vejaciones a miles de jóvenes mujeres judías. Pero el silencio mediático sobre estos temas es al fin y al cabo muy comprensible cuando constatamos los vínculos entre los mafiosos y los responsables de la pequeña "comunidad mediática internacional".

Ciertamente, las jóvenes mujeres europeas, especialmente las rubias, son muy apreciadas por los judíos, a juzgar por lo que podemos leer en la literatura. Escuchen por ejemplo el famoso novelista estadounidense Philip Roth: "¿Cómo hacen para ser bellísimas, tan saludables, tan rubias? Desprecio sus creencias, pero ello queda más que compensado por mi adoración de su físico, del modo en que se mueven y se ríen y hablan[286]."

Hallamos esa misma imagen del judío y de la hermosa rubia en el escritor yidish Isaac Bashevis Singer, premio Nobel de Literatura en 1978, en su novela titulada *El Esclavo*, publicada en 1962. La historia narra la vida de Jacob, un pobre judío, en la Polonia del siglo XVII, que

---

La Guemará explica: En efecto, no lo están. Como está escrito: "Y vosotros, mis ovejas, las ovejas de mi prado, sois personas [Adam]"(*Ezequiel 34:31*), de lo que se deriva que vosotros, el pueblo judío, sois llamados Adam, pero los gentiles no son llamados Adam." https://www.sefaria.org. (NdT).

[286]Philip Roth, *El mal de Portnoy*, Penguin Random House Debols!llo, Barcelona, 2008. p. 158, 159

ha sido vendido como esclavo a un campesino de las montañas tras un pogromo que había destruido su comunidad. Isaac Bashevis Singer describía los campesinos polacos de la forma más insultante y con el mayor de los desprecios. Entre aquellos animales con apariencia humana vivía sin embargo una hermosa joven, Wanda, la hija de su amo polaco. "A sus veinticinco años, era más alta que la mayoría de las mujeres. Rubia y de ojos azules, su tez era clara y poseía unas facciones armoniosas." Isaac Singer extraía entonces esa bonita flor del estiércol sobre el que creció, pues hay que tomar lo que hay de más bello de los sucios goyim. La única criatura digna de respeto entre esos polacos era prometida al judío[287].

En la novela de Stefan Zweig, *La Piedad peligrosa* (1939), un respetable y riquísimo húngaro dueño de un castillo, llamado Von Kekesfalva, resulta ser en realidad un judío que se las ingenia por todos los medios para ocultar su verdadera identidad, Lämmel Kanitz. El médico de familia, el doctor Condor desvela el secreto y Stefan Zweig, a través de su personaje, nos describía sin ambages el individuo: "Lo que sí me impresionó de Kanitz desde el principio es su voluntad realmente demoníaca para acrecentar, junto con su fortuna, también sus conocimientos...Estudiaba todos los libros de leyes, el derecho mercantil tanto como el industrial, para ser su propio abogado... y estaba versado en todas las inversiones y transacciones como un banquero." Ese judío, que había edificado una fortuna colosal de manera algo dudosa, "tenía la posibilidad de ganar más dinero en veinticuatro horas que hasta entonces en veinticuatro años de pequeños y deplorables chanchullos a base de muchos sacrificios" a costa de un labriego húngaro. Se había casado además con una joven, una muy amable persona, una hermosa aria, una "*shiksa*": "cómo podía él, un hombre casi viejo, un judío, deslucido, feo, corredor ambulante, codicioso de dinero, proponerse en matrimonio a una muchacha de alma tan distinguida, tan delicada[288]."

En *Novedades sobre la guerra*, una novela de Robert Bober, la casamentera, "Madame Sarah", regresaba de dar una vuelta por los talleres de confección parisinos con sus pequeñas fichas. Esto escribía el narrador, poniendo en evidencia la patente envidia de ese pueblo tan fuertemente marcado por las taras genéticas: "En nuestra familia siempre nos han gustado las mejillas rosadas. Son un signo de buena

---

[287] Isaac Bashevis Singer, *El Esclavo*, 1962, Epublibre, editor digital German25 (2014), p. 48; Hervé Ryssen, *Psicoanálisis del judaísmo*.
[288] Stefan Zweig, *La Piedad peligrosa*, Acantilado, Barcelona, 2006, p. 70, 82, 90 citado en Jacques Le Rider, *in Europe*, 1995, p. 40, 41. Shiksa: mujer gentil, despectivo.

salud, decía mi madre. En Polonia, cuando veía pasar en la acera de enfrente a las chicas polaca, siempre envidiaba sus mejillas rosadas debajo de sus trenzas rubias. Sólo podía consolarse con una maldición[289]."

Chipre y el tráfico de inmigrantes

En Chipre, la situación era manifiestamente idéntica a la de Israel, por lo menos en el norte de la isla bajo dominación turca. La zona conquistada por los turcos en 1974 se había convertido, según la expresión de un diplomático europeo, en un "Estado rebelde". Un Estado reconocido únicamente por Turquía y que servía de refugio a todos los criminales internacionales. El verdadero señor de esa "República turca de Chipre del Norte" era el jefe de Estado mayor del contingente militar turco. Reinaba sobre 35 000 hombres repartidos en innumerables guarniciones. A los 100 000 chipriotas turcos ya presentes en 1974, se les sumaron los soldados de Ankara y sus familias, así como 30 000 obreros ilegales venidos de Anatolia. El gobierno de Ankara que subvencionaba todo, desde la carreteras hasta los funcionarios, había ordenado construir 320 mezquitas en la región y prohibido que se restaurarán las 200 iglesias ortodoxas que caían en ruinas.

En teoría, la parte turca era conocida por ser más pobre que la parte griega, pero los turistas podían observar el desfile ininterrumpido de vehículos de lujo. Ese Estado estaba cubierto de cientos de burdeles y de 37 casinos en los que se blanqueaba el dinero del tráfico de droga.

Mansiones grandes como castillos crecían como setas al mismo ritmo que los prostíbulos multicolores alrededor de las bases militares turcas. Esa parte de la isla era efectivamente un punto de referencia para la mafia. *Le Figaro* del 28 de diciembre del 2005 citaba las palabras de un policía europeo: "Una decena de cabecillas británicos e israelíes están refugiados allí y no pueden salir del territorio. Prosperan porque la ruta de la droga de Afganistán pasa por Turquía y el dinero es lavado allí[290]."

Las chicas de Europa del Este eran "colocadas" en los prostíbulos militares de la isla, antes de continuar hacia Albania y acabar en las aceras de las ciudades europeas. Elena Potoran estuvo a punto de pasar por esa desgracia. Elena, 20 años, había nacido en Chisináu (Kichinev)

---

[289] Robert Bober, *Quoi de neuf sur la guerre ?* Folio, 1993, p. 19. Sobre las casamenteras y las taras genéticas léase *Psicoanálisis del judaísmo*.

[290] Los "Británicos" también tenían nacionalidad israelí. El Centro estadounidense de estudios estratégicos e internacionales estimaba entonces en 1000 millones de dólares al mes las cantidades.

en Moldavia y recordaría toda su vida su estancia en Chipre. La pesadilla de la joven empezó un año antes tras aceptar un contrato de camarera y ser inmediatamente vendida a su llegada a Nicosia al propietario de un prostíbulo. El *Crazy Night* estaba situado al lado del *Sexy Lady*, del *Harem Night Club* y del *Lipstick* y al anochecer éstos se llenaban de soldados turcos. El "propietario" de Elena, un proxeneta llamado Ailan, la hizo primero violar por unos clientes antes de hacerla pasar por quirófano en unas condiciones realmente sórdidas para ensancharle la vagina. Durante su convalecencia, Elena logró avisar a su padre, en Ucrania. Éste pudo avisar una organización no gubernamental especializada en la defensa de las víctimas de tráficos de humanos, Strada International. En Chipre, un sacerdote ruso ortodoxo, el padre Savas, sirvió de enlace y contactó las autoridades rusas. Éste contaba: "Los funcionarios del norte respondieron que no podían hacer nada, que el propietario del cabaré era un hombre influyente." Un diplomático europeo confirmaba sus palabras: "Las personas con poder en Chipre están todas confabuladas con las mafias que tienen dinero."

El sacerdote no se desanimó y contactó entonces con Matthew Palmer, el encargado de negocios de Washington en Chipre. Éste consiguió liberar Elena. El hecho es que Ankara no podía negar nada a los estadounidenses, ya que eran entonces los más fervientes defensores de la entrada de Turquía en la Unión europea[291]. "Hoy en día, Elena ha podido regresar a su casa, pero está completamente traumatizada, explicaba el padre Savas."

Más de 10 000 musulmanes pakistaníes, sirios, o bangladesíes llegaban a la isla cada año. En efecto, Turquía entregaba visados a los ciudadanos de los países de la Organización de la Conferencia Islámica, visados que eran válidos para la "República turca de Chipre del Norte". A cambio de 4000 dólares, esos falsos turistas eran llevados hasta la línea de demarcación entre el norte y el sur, mal vigilada por los Cascos azules de la ONU, y luego embarcados como falsos marinos o en contenedores hacia el continente europeo. Turquía se había convertido así en cómplice de una de las redes de inmigración ilegal más eficaz hacia la Unión europea. Algunos de esos inmigrantes se quedaban en la parte griega de la isla. Ahí, sin permiso de trabajo, eran tratados como esclavos. Melopi, una joven esrilanquesa, había firmado un contrato de trabajo de quince años que estipulaba que "trabajaría 70 horas por

---

[291] Los estrechos vínculos entre Israel y Turquía se explican por la influencia de los Dönmehs en los sucesivos gobiernos turcos. Los Dönmehs son musulmanes, pero únicamente en apariencia. (Léase en *Psicoanálisis del judaísmo*).

semana, y 18 horas por día cada viernes, sábado y domingo".

No es difícil entender que la apertura de las fronteras y la inmigración masiva son pan bendito para todas las mafias y demás compañías multinacionales: los inmigrantes – legales o clandestinos- rebajan los salarios y contribuyen a destruir la identidad nacional de los países en los que se instalan. Los grandes financieros internacionales tienen evidentemente gran interés en disolver los límites y las referencias de la sociedad tradicional, para así erradicar cualquier forma de resistencia nacional a su hegemonía y a la transformación de los individuos en simples consumidores dóciles y aculturados. Es en entornos así como las mafias prosperan. Las grandes empresas de capital judío destacan por el hecho de que sus empleados subalternos son siempre del tercer mundo. En efecto, los empresarios judíos contratan de manera prioritaria a inmigrantes y de forma absolutamente legal, cuando en cambio un industrial francés se vería condenado –en su propio país- por contratar prioritariamente a sus compatriotas. Por su parte, los intelectuales, periodistas y políticos judíos, sean estos marxistas o liberales, ateos o religiosos, sionistas o "perfectamente integrados", siempre han alentado la inmigración y la edificación de la sociedad multicultural. Esto se debe a que es lo mejor para sus intereses[292].

Desde los años 1980, el Estado de Israel también había tenido que recurrir cada vez más a trabajadores extranjeros para sustituir los palestinos. Tras la segunda Intifada palestina que debutó en septiembre del 2000, las restricciones fueron todavía más severas, y sólo quedaban unos pocos miles de trabajadores palestinos en el país. Éstos habían sido sustituidos por trabajadores más sumisos, que aceptaban trabajar bajo condiciones más difíciles y salarios todavía más bajos. La mitad de los inmigrantes en Israel eran ahora de origen asiático (China, Tailandia, Filipinas) y 45% provenían de Europa del Este, principalmente de Rumanía y de Moldavia.

Esos trabajadores trabajaban al principio legalmente pero luego perdían su empleo o cambiaban de empleador. Dado que el permiso de trabajo les permitía únicamente trabajar para un empleador determinado, se convertían por consiguiente en clandestinos. De los 300 000 trabajadores, el 60% se hallaban en situación ilegal. La mayoría de las veces, los empleadores israelíes les habían confiscado sus pasaportes.

---

[292]Sobre la sociedad multicultural: Hervé Ryssen, *Las Esperanzas planetarianas* (2005), (2022).

La edad de oro de la trata de Blancas

La trata de Blancas no había empezado con la caída del imperio soviético. Ya a finales del siglo XIX, las poblaciones occidentales se alarmaban del fenómeno.

En Europa central, donde residía la mayoría de los judíos de Europa, los proxenetas recorrían el empobrecido mundo rural para convencer a los campesinos de que sus hijas podían ganar dinero en Estados Unidos como mujeres de la limpieza. Explicaban a los padres que después de algún tiempo, sus hijas podrían reembolsar el coste del viaje y empezar una vida mejor en el país de la libertad. Fue así como decenas de miles de jóvenes mujeres acabaron en los burdeles de Nueva York, Río de Janeiro o Buenos Aires. Las hijas de los campesinos no eran las únicas víctimas. Toda la masa de empleadas domésticas, obreras, inmigrantes constituían víctimas potenciales de la trata.

En el imperio austrohúngaro, la población judía era la más importante. La capital de los Habsburgo contaba hacia 1900 más de 150 000 judíos, y al igual que en Polonia y en Ucrania, los prostíbulos y los traficantes de mujeres hacia América y Oriente eran miembros de esa pequeña comunidad. La capital austríaca les servía de lugar de tránsito entre Galitzia y Polonia por una parte y Serbia, Turquía y Rumanía por la otra. Aquellos proveedores y mercaderes de mujeres invadían con su presencia los lugares públicos.

La Galitzia y la Bucovina, en el sur de la Polonia actual, eran grandes centros de la trata. Las autoridades identificaron entre 1904 y 1908 más de un centenar de esos traficantes judíos galitzianos, de los cuales cuarenta eran mujeres. Aquellas redes criminales de reclutadores de chicas adoptaban la forma de empresas familiares. Algunas establecían relaciones hasta con Argentina y la India. Unos cincuenta proxenetas de Chernivtsí (que contaba con 30 000 judíos), estaban relacionados con Bombay. A la cabeza de aquellos clanes familiares de gánsteres, especialistas hereditarios de la trata de Blancas, encontrábamos a menudo enérgicas matronas, organizadoras de una prostitución internacional, de Constantinopla a Buenos Aires. Rosa Langer, por ejemplo, dirigía una organización que proveía en carne para el placer a todos los países balcánicos[293]. En 1896, ésta fue arrestada y encarcelada en Viena.

Hay que tener en cuenta que los proxenetas judíos no sólo arramblaban con la "mercancía" cristiana, sino que también prosperaban con la

---

[293] Raphaël Viau et F. Bournand, p. 91, 93, 97; in Georges Valensin, *La Vie sexuelle juive*, Les Éditions philosophiques, 1981, p. 65, 66

explotación de las mujeres de su propia tribu: "Indudablemente, había traficantes judíos comprometidos con la explotación de mujeres de su propia nación", escribía el profesor Jacques Solé en su libro titulado *La edad de oro de la prostitución, de 1870 hasta nuestros días*[294].

El periodista francés Albert Londres[295] había escrito un libro sobre el tema en 1927, titulado *La Trata de Blancas, El camino de Buenos Aires*. Su investigación lo llevaría hasta Polonia, en una ciudad enteramente judía, a cuarenta kilómetros de Varsovia. Esto era lo que escribía Albert Londres: "Fue en mayo pasado. Yo iba por la campaña polaca, en busca de la revolución de Pilsudski. Y he aquí lo que encontré: un campamento de judíos. Un campamento muchas veces centenario. Nada de tiendas, sino casas y calles, hasta una plaza, pero, de todos modos, un campamento. Cansada de errar, la tribu se detuvo allí un buen día, un día en el curso de un siglo muy alejado del nuestro. Y los nietos se establecieron definitivamente en las viviendas provisorias con centenares de años de uso."

Por lo visto, los judíos de la zona no eran muy dados a la hospitalidad: "¿No habían visto nunca, quizá, gente de mi especie? ¿No existía, pues, otra clase de gente? Yo pasaba: las persianas y las ventanas se cerraban. Algunos grupos de judíos, que llenaban las calles, se dispersaban...Al verme, se refugiaban en misteriosos corredores, sin dejar de volver la cabeza para espiarme. Si levantaba la vista, las ventanas del primer piso se vaciaban. Me hubieran recibido con agua, a baldazos, pero me hubiesen negado un vaso, de haberla tenido. Nunca había visto nada parecido, salvo en país salvaje. El campamento se encontraba sobre un inmenso tapiz de estiércol, y las siluetas imprecisas de esos judíos parecían elevarse de aquel pajar, como emanaciones de vapor que hubiesen adquirido formas vagamente humanas."

Tampoco eran proclives a la limpieza, y el testimonio de Albert Londres confirmaba en este punto otros más: "Esas levitas negras, cuya mugre alcanzaba a generar reflejos blanquecinos, esos cabellos jamás lavados, en tirabuzón sobre la mejilla izquierda, esos gorros chatos, redondos, que terminaban en una especia de fundas para esas barbas

---

[294] Jacques Solé, *L'Age d'or de la prostitution, de 1870 à nos jours*, Plon, 1993, p. 80. Jacques Solé se ha documentado principalmente en base al libro del historiador judío estadounidense, Edward J. Bristow: *Prostitution and Prejudice. The Jewish Fight against White Slavery, 1870-1939*, Clarendon Press, 1982. El libro de Jacques Solé, de 650 páginas, no comporta más que un capítulo sobre el tema, pero lo ahí descrito es lo suficientemente elocuente como para dar una idea de la importancia de aquel tráfico.

[295] Albert Londres (1884-1932) fue un escritor y periodista francés. Fue uno de los fundadores del periodismo de investigación, crítico de los abusos del colonialismo y las prisiones de trabajos forzados. (NdT).

vírgenes[296]..."

Albert Londres narraba como las chicas pobres de los "shtetls" polacos eran enviadas por sus familias a prostituirse a América del Sur para constituirse una dote y luego regresar al país para casarse[297]. El periodista nos mostraba el juego de los proxenetas: "Y como comerciantes desembarcan en Varsovia. No todos son judíos, pero los viajeros, los tratantes que van de feria en feria, lo son. Es indispensable para entrar en las familias. Pues no hacen su trabajo en las calles, como en Francia, sino que allí operan a domicilio. Primero tratan con los padres, y después, sólo después, hablan con la muchacha. No la roban, la compran...En Varsovia, en Cracovia, en Lvoff, en las aldeas como "mi" aldea, hay viejas, a las que ellos pagan durante todo el año, que no tienen otra ocupación que señalarles la buena mercancía. Esa casa no vale nada: las hijas no tienen buena salud. Desconfiar de esa familia: los padres tienen intención de pedir mucho. Pero allá, y ahí, y más allá, encontrarás lo que te conviene, oh, hermanito. Muéstrate muy religioso en ese sitio...Llévate a la menor, la mayor es perezosa...Las compran a los pobres por "contrato". Un contrato discutido con acritud, debidamente firmado, bellamente fundamentado...La familia pide ciento cincuenta zlotis por mes durante, al menos, tres años. El comprador sólo ofrece cien. Bajo el soplo de la indignación, tiembla la barba del padre. Hace acercar a su hija, la muestra una vez más. ¿Es virgen? Lo jura por la sagrada Torá... ¡Una familia salvada de la miseria! ¡A otra[298]!" Así emigraron miles de jóvenes judías de Polonia hacia el nuevo mundo.

Ya en 1869, en su libro titulado *El Judío, el judaísmo y la judaización de los pueblos cristianos*, Roger Gougenot des Mousseaux aportaba este testimonio: "Desde hace un cuarto de siglo, y no podríamos ir más lejos, los moralistas se preguntan, y con razón, ¿qué sucede que en todas las grandes ciudades de Europa se observa que entre las mujeres de mala vida son más numerosas las Judías que las cristianas? Esta pregunta está desgraciadamente motivada; pues, en París, Londres, Berlín, Hamburgo, Viena, Varsovia y Cracovia, en lo que se ha convenido llamar el medio mundo, en los lugares públicos y hasta en lupanares, se encuentran más Judías que cristianas, teniendo en cuenta la proporción

---

[296]Sobre la mugre, léase también el testimonio del general Patton en la Alemania de 1945.
[297] Encyclopedia Judaica, volumen XIII, p. 415. Georges Valensin, *La Vie sexuelle juive*, Les Éditions philosophiques, 1981, p. 65, 66. Shtetl: pequeña ciudad o pueblo poblado por judíos en Europa oriental.
[298] Albert Londres, *Camino de Buenos Aires*, Editorial Prensa Ibérica; Clásicos de la Prensa, Barcelona, 1998, p. 131-136

que existe entre las dos poblaciones[299]."

Unas promesas de trabajo o de matrimonio lograban así convencer a las familias de dejar marchar las jóvenes chicas de catorce años. Roger Gougenot citaba también un artículo del periódico *Golos* de San Petersburgo, con fecha del 3 de octubre de 1869, que observaba como algunos judíos de Galitzia y de Rumanía "se casan varias veces, en localidades diferentes, con bellas jóvenes Judías, para venderlas enseguida en Oriente y en África", y dejarlas en casas de tolerancia (Tribunal de Neusande). Luego, una pobre joven judía, para escapar de los malos tratos de padres desnaturalizados, busca refugio en un convento católico, y el pueblo, atizado por los Judíos, ¡Irá a tirar abajo este asilo para arrancar de allí a la joven[300]!"

En 1872, según el historiador judío Edward Bristow, 17% de las prostitutas de Varsovia eran judías; eran el 27% en Cracovia y 47% en Vilna. En 1889, en Polonia y en Ucrania, 22% de las mujeres retenidas en casas de prostitución (1122 de 5127) eran casas judías. La mayor parte de las prostitutas eran por lo tanto cristianas, retenidas en casas judías. De hecho, el cónsul estadounidense notaba en 1908 que el "negocio" de la prostitución era casi exclusivamente de los judíos[301].

En Varsovia, 16 de los 19 burdeles conocidos tenían encargadas judías. Las prostitutas recibían entre 40 y 50 clientes por día, y hasta 60-70 los días de gran afluencia. En 1905, una parte de la comunidad judía de Varsovia se había rebelado contra la presencia de esas casas de prostitución, lo cual degeneró en un pogromo intracomunitario que se saldó con 40 burdeles destruidos y ocho personas muertas, incluida una prostituta.

Los proxenetas no veían ninguna contradicción entre sus actividades y su fe religiosa. Shilem Letzski había organizado en Varsovia una pequeña sinagoga para las prostitutas, las "madamas", los chulos y los ladrones. Esta comunidad criminal también tenía su tribunal rabínico

---

[299] Archives israélites, XV, p. 711; 1867, en Roger Gougenot des Mousseaux, *El Judío, el judaísmo y la judaización de los pueblos cristianos*, Versión pdf. Traducido al español por la profesora Noemí Coronel y la inestimable colaboración del equipo de Nacionalismo Católico. Argentina, 2013, p. 127

[300] Hermann Kuhn, *Monde*, 1 de noviembre de 1869 y *Correspondance allemande*, en Roger Gougenot des Mousseaux, *El Judío, el judaísmo y la judaización de los pueblos cristianos*, Versión pdf. Traducido al español por la profesora Noemí Coronel y la inestimable colaboración del equipo de Nacionalismo Católico. Argentina, 2013, p. XIX, XX (introducción). Las mujeres judías serían unas décadas más tarde las más destacadas líderes del movimiento feminista.

[301] Edward J. Bristow: *Prostitution and Prejudice. The Jewish Fight against White Slavery, 1870-1939*, Clarendon Press, 1982, p. 23, 63, 56

para juzgar los conflictos entre proxenetas[302]. Muchos judíos consideraban esa profesión "perfectamente honorable".

Los proxenetas judíos exportaban sus mercancías. En San Petersburgo, la ciudad estaba vetada a los judíos. Sin embargo, uno de ellos, Aaron Simanovitch residía en ella y se convirtió en proveedor de presas femeninas para Rasputin, del que era íntimo[303]. Entre Rusia y Alemania, residentes fronterizos ayudaban a sus congéneres proxenetas a pasar la frontera con las mujeres que iban a prostituir. Una pequeña ciudad de Galitzia austríaca les servía de cuartel general antes de pasar la frontera: Oswiecim, hoy en día mejor conocida bajo el nombre de Auschwitz[304]. Pero a finales de los años 1870, los más atrevidos emprendedores transfirieron su cabaña de Polonia a Argentina[305].

El gran escritor judío austríaco Stefan Zweig, que se había exiliado en Brasil tras la llegada de Hitler al poder, dejó un testimonio acerca de las prostitutas de Río de Janeiro. En agosto de 1936, escribía lo siguiente: "Negras como la brea, cual tallas de ébano – con greñas enmarañadas y pechos al aire – que te miran con aparente displicencia; maquilladas francesas, que lucen blusitas chillonas o shorts provocadores y canturrean de modo incitante; judías del este que prometen las más locas perversidades; mulatas que dan realidad a todas las gradaciones de café con leche. Las hay jovencísimas y maduras, delicadas y groseras[306]..."

Los lupanares constituían un elemento bien conocido de la sociedad brasileña. En 1879, treinta y nueve proxenetas judíos fueron expulsados del país, aunque a pesar de numerosas y repetidas expulsiones los proxenetas permanecieron en el país hasta la Primera Guerra mundial.

Las chicas llegaban primero por Buenos Aires, vía Hamburgo. La famosa Compañía marítima alemana de Albert Ballin, un hombre de negocios judío propietario de la Hamburg-America Line, sirvió de transportista gracias a algunas complicidades y así se proveyó de hermosas chicas los burdeles de Buenos Aires. Edward Bristow

---

[302] Edward J. Bristow: *Prostitution and Prejudice. The Jewish Fight against White Slavery, 1870-1939*, Clarendon Press, 1982, p. 60, 61

[303] G. Dupé, *Plaidoyer pour les maudits, Raspoutine*, Éd. Lefeuvre, Nice, 1978, in Georges Valensin, *La Vie sexuelle juive*, Les Éditions philosophiques, 1981, p. 65, 66

[304] Edward J. Bristow: *Prostitution and Prejudice. The Jewish Fight against White Slavery, 1870-1939*, Clarendon Press, 1982, p. 124, in Jacques Solé, *L'Age d'or de la prostitution, de 1870 à nos jours*, Plon, 1993, p. 121, 122

[305] Jacques Solé, *L'Age d'or de la prostitution, de 1870 à nos jours*, Plon, 1993, p. 117-119

[306] Stefan Zweig, *Diarios (1931-1940)*, Ediciones 98, Madrid, 2021, p. 78

señalaba aquí acertadamente uno de esos rasgos tan característicos de cierta mentalidad muy particular: "Para aquellas que todavía albergaban algunas ilusiones, la travesía marítima constituía el momento de la verdad. El cambio de tono de sus protectores, encargados de desmoralizarlas, bastaba para anunciarles su trágico destino[307]."

El historiador brasileño Marc Raizman presentaba las cosas de esta forma: "Algunos de ellos recorrían Europa central buscando a una hermosa joven judía para casarse. Después del matrimonio, el proxeneta usaba como pretexto sus negocios para ausentarse, ofreciendo un billete para Buenos Aires y prometiendo reunirse allí con ella. Cuando llegaba a Argentina o a Brasil, el marido no estaba y en cambio aparecía una mujer que se presentaba como su tía. Las jóvenes mujeres, que no solían tener más de 18 años, caían en las redes del proxenetismo. Muchas se suicidaron."

En los años 1920, el periodista Albert Londres relató lo que había visto en el mismo lugar: "¡Franchutas! ¡Polacas! Las franchutas forman la aristocracia: cinco pesos. Las polacas forman la clase inferior: dos pesos." Los proxenetas eran judíos de Polonia: "La trata de blancas, la verdadera, la que el término evoca en la imaginación popular, es la que practican los polacos. Trabajan con la miseria...No hay un solo polaco de Buenos Aires que no tenga cinco o seis mujeres. O siete u ocho. Sin embargo, no son amables. Durante dos días, se negaron a servirme una bebida en su café de la calle Talcahuano. No bebí: es todo lo que ganaron. Y como no me reventaron los ojos, les miré, les miré bien...Oficialmente, se dicen comerciantes de pieles. La piel, es verdad, es también un pellejo, y los pellejos, los pellejos humanos, son su negocio[308]." En realidad, eran sobre todo proxenetas.

Los viajes de importación que hacían a Europa para abastecerse nunca cesaron durante todo ese periodo: de tres a seis veces por año. Esta industria del vicio se había organizado hacia finales de los años 1890, formándose una especie de sindicato llamado el Zwi Migdal. Más tarde, en 1906, los gánsteres se constituyeron legalmente como asociación. Gracias al apoyo de policías y de políticos corruptos, su red de casas de prostitución y de chicas alcanzó realmente un gran poder en los años 1920[309]. El sindicato estaba dominado por un tal Dickenfaden,

---

[307] Edward J. Bristow: *Prostitution and Prejudice. The Jewish Fight against White Slavery, 1870-1939*, Clarendon Press, 1982, p. 124, in Jacques Solé, *L'Age d'or de la prostitution, de 1870 à nos jours,* Plon, 1993, p. 121-123
[308] Albert Londres, *Camino de Buenos Aires*, Editorial Prensa Ibérica; Clásicos de la Prensa, Barcelona, 1998, p. 133-134
[309] Jacques Solé, *L'Age d'or de la prostitution, de 1870 à nos jours*, Plon, 1993, p. 122, 123

"verdadero Napoleón de los proxenetas judíos de Buenos Aires", escribía Jacques Solé. Éste había llegado de Varsovia en 1885 y falleció siendo inmensamente rico y considerado.

Los jefes del Zwi Migdal organizaban verdaderas ventas de mujeres. Una vez desembarcadas en Buenos Aires o Montevideo, las chicas entraban en los burdeles argentinos donde a veces, después de desvestirse por completo, eran puestas a la venta en subastas[310]. Los traficantes pavoneaban ostensiblemente en los teatros o en la ópera, llevaban vestidos elegantes y grandes diamantes en los dedos. Tenían sus clubes, sus organizaciones y sus códigos secretos.

De las 199 casas de prostitución de Buenos Aires en 1909, 102 eran regentadas por judíos, con nombres judíos (aunque sabemos que muchos judíos suelen cambiar de nombre); y una parte de las prostitutas eran judías. A éstas había que añadirle gran número de proxenetas. Éstos eran a menudo echados del país hacia Brasil y luego expulsados a Polonia, pero siempre regresaban a Argentina, manteniendo sus relaciones con Varsovia. En 1930, se contaba 400 individuos que se lucraban oficialmente de la prostitución en Buenos Aires mientras que en Varsovia cerca de 600 eran sospechosos de alimentar ese tráfico.

Las mujeres y los proxenetas eran rechazados de la comunidad judía. No se les permitía, por ejemplo, ser enterrados en los cementerios judíos. Los miembros de Zwi Migdal, excluidos por sus hermanos de moralidad más ortodoxa, habían organizado un segundo mundo judío argentino en paralelo a las organizaciones oficiales. Tuvieron así un cementerio aparte, sus sociedades de asistencia y ayuda mutua y sus propias sinagogas. Los proxenetas judíos, en busca de respetabilidad, no habían abandonado las tradiciones judías.

El Zwi Migdal era todavía muy poderoso en los años 1920, con sus cientos de burdeles y sus miles de prostitutas. Los gánsteres que lo dirigían habían invertido también en otras actividades criminales: el tráfico de cocaína y heroína, la extorsión de fondos, chantajes, los robos con allanamiento y, en Estados Unidos, en aquella época de prohibición, el tráfico clandestino de alcohol.

En 1929, sin embargo, la denuncia de una mujer judía contra su marido que quería obligarla a prostituirse en un burdel había desembocado en una gran investigación general. Al año siguiente, 112 sospechosos fueron detenidos. La mayoría fueron liberados en 1931 pero la prostitución judía en Argentina no se recuperó nunca, y sus

---

[310] Edward J. Bristow: *Prostitution and Prejudice. The Jewish Fight against White Slavery, 1870-1939*, Clarendon Press, 1982, p. 309, in Jacques Solé, *L'Age d'or de la prostitution, de 1870 à nos jours*, Plon, 1993, p. 135

promotores abandonaron el país[311].

Marc Raizman notaba que la palabra portuguesa para "proxeneta" (chulo) era "cafetão[312]". Éste explicaba que se trataba de una palabra derivada de "caftán", el nombre con el que se denomina esos largos abrigos negros que visten los judíos ortodoxos de Europa del Este. Eso es también lo que escribía Edward Bristow: "En Río de Janeiro, los inmigrantes judíos de Rusia, de Polonia, de Hungría y de Rumanía estaban tan identificados con el proxenetismo al final de los años 1880, que el "caftán", el largo abrigo judío tradicional, era sinónimo de proxeneta." (página 13).

La población judía de Brasil al final del siglo XIX era de 150 000 personas, de los cuales 70 000 vivían en Sao Paolo, el corazón comercial del país, y 30 000 en Río. Marc Raizman estaba muy orgulloso de poder citarnos los apellidos de todas esas personalidades judías de Brasil que habían triunfado en los negocios, el mundo del espectáculo y la industria cultural. A finales de los años 1990, el presidente de Brasil se llamaba Fernando Henrique Silva Cardozo, y su hija se había casado con un judío. "Tiene un nieto cuyo apellido es Zylberstein", escribía Raizman. Y el historiador precisaba que Cardozo era un apellido "converso", es decir de católico, pero sólo en apariencia. Las sociedades multiculturales son, como bien sabemos, propicias para que los hijos de Israel se eleven[313].

Antes de la Primera Guerra mundial, Londres era también una plaza importante del proxenetismo judío. Numerosas jóvenes mujeres acababan en casas de depravación detrás de las fachadas de supuestas casas familiares[314]. En el East End londinense, Isaac Bogard, llamado *"Darky the Coon"*, debido a su pelo muy negro, era el cabecilla que administraba las prostitutas y los clubes locales a principio del siglo XX. Luego estuvo Harry *"Little Hubby"* Distleman. Un autor judío como Chaïm Bermant escribió en el *Jewish Chronicle* del 15 de enero de 1993 que en aquella época (1903-1909), 151 extranjeros dirigían en Inglaterra ese tipo de establecimientos y que la mayoría eran judíos[315].

---

[311] Edward J. Bristow: *Prostitution and Prejudice. The Jewish Fight against White Slavery, 1870-1939*, Clarendon Press, 1982, p. 309, in Jacques Solé, *L'Age d'or de la prostitution, de 1870 à nos jours*, Plon, 1993, p. 135

[312] Cafiolo, cafishio, cafiche en Argentina, Uruguay y otras partes de Iberoamérica. (NdT)

[313] En el 2008, la Francia de Nicolas Sarkozy, Jacques Attali y Bernard Kouchner, entre otros, era un buen ejemplo de ello.

[314] L. Gartner, p. 183, in Georges Valensin, *La Vie sexuelle juive*, Les Éditions philosophiques, 1981, p. 264

[315] Jacques Solé, *L'Age d'or de la prostitution, de 1870 à nos jours*, Plon, 1993, p. 79

Desde Londres, las chicas podían ser rápidamente embarcadas hacia los Estados Unidos. Desde los años 1870, algunos proxenetas habían creado burdeles en Nueva York, pero fueron los años 1890 los que representaron el apogeo de los reyes judíos de la prostitución neoyorquina. El afán de riquezas era sin duda la motivación principal de los 6000 proxenetas presentes en Estados Unidos en 1914 que explotaban no menos de 30 000 prostitutas. Según los testimonios de judíos contemporáneos, ser un chulo constituía dentro de esa comunidad una actividad normal cuando se era joven y pobre. El proxeneta era un modelo de éxito social. También estaban los proxenetas franceses e italianos que competían con ellos, pero, al igual que en Buenos Aires, los judíos resultaban ser muy superiores por sus capacidades organizativas[316]. Más adelante, algunos fueron lo bastante hábiles para introducirse en la máquina electoral demócrata y pudieron así disponer del apoyo de la policía.

Las jóvenes mujeres francesas eran numerosas en esos prostíbulos de Nueva York. En 1907, las dos nacionalidades más representadas eran las francesas y las judías, escribía Edward Bristow (p. 165). Los estadounidenses llamaban esas casas *"french houses"*, aunque los dueños eran judíos. Motche Greenberg controlaba en 1912 el negocio de ocho burdeles y sus 114 chicas. Era uno de los reyes del vicio[317].

Una investigación de 1908 llevada a cabo por la Comisión sobre la inmigración en Estados Unidos aportaba las siguientes cifras: sobre los 2093 casos juzgados, 1512, es decir tres cuartos, concernía chicas nacidas en el territorio, con predominio de judías. De las 581 extranjeras, 290 eran irlandesas, 225 judías, 154 francesas, 64 alemanas, 31 italianas y 10 polacas.

Una asociación mantenía el orden dentro de la prostitución, incluso a través del asesinato de las chicas desobedientes. En aquella época, floreció toda una literatura sobre el tema. En Estados Unidos, entre 1911 y 1916, los diarios estaban repletos de relatos de vírgenes sacrificadas en el altar del vicio, mujeres seducidas, vendidas y sojuzgadas[318]: todo Nueva York se apasionaba en 1910 por la historia de una virgen vendida por un judío alemán. Existía entonces un auténtico pánico colectivo, evidentemente justificado.

---

[316] Jacques Solé, *L'Age d'or de la prostitution, de 1870 à nos jours*, Plon, 1993, p. 125, 126

[317] Albert Fried, *The Rise and fall of jewish Gangster in America*, 1980, Columbia University Press, 1993, p. 8, 18

[318] Judith Walkowitz, Ruth Rosen, *Prostitution and Victorian Society Women*, Cambridge University Press, 1980. Ruth Rosen, *The Lost Sisterhood Prostitution in America, 1900-1918*, The John Hopkins University Press, 1982.

Los ganchos y rufianes de los burdeles que hablaban yidish reclutaban sobre todo en las salas de fiesta o mediante pequeños anuncios, prometiendo empleos de entrenadoras. Las víctimas ingenuas eran destinadas principalmente a la exportación, especialmente a África del Sur[319].

Pero hacia 1910 las campañas en contra de la trata de Blancas empezaron a tener sus mayores éxitos. Más de mil proxenetas fueron detenidos entre 1910 y 1915. Los testimonios de las víctimas y de los policías, junto con las investigaciones de la prensa, confirmaban el carácter totalmente organizado del tráfico.

La hermosa película de Sergio Leone, *Érase una vez en América* (1984), narraba la historia de unos gánsteres neoyorquinos llegados de su Polonia natal al principio del siglo. En ella se les ve dedicarse al contrabando de alcohol y a todo tipo de tráfico y trapicheo. Roban un taller de joyería, liquidan a sus competidores, son propietarios de una discoteca, y no dudan en prostituir las mujeres de su tribu. Al final, el jefe de la banda (James Wood) cambia de identidad y logra ser senador.

En Nueva York, de todas las "madamas "judías, administradoras de burdeles, Polly Adler, que era de origen polaco, era la más conocida en los años 1920-1930. Unos años antes, Rosie Hertz había sido la "madame" más destacada de la ciudad. Junto a su marido Jacob, había abierto varios prostíbulos en los años 1880. Durante su juicio, el juez la llamó la "madrina de las prostitutas". Un siglo más tarde, en los años 1970, la famosa Xaviera Hollander ocuparía tal posición, como ella misma relataba en su libro vendido a más de 17 millones de ejemplares[320].

El más celebre *sex club* de Nueva York de los años 1979 y 1980 fue el *Plato's Retreat*, cuyo propietario era un tal Larry Levenson. En noviembre de 1999, era llevado a juicio Steve Kaplan, dueño del *Gold Club*, un club de striptease de Atlanta que era también un emporio de la prostitución local de lujo. Steve Kaplan estaba estrechamente vinculado a la mafia de Nueva York. Se le acusaba de proxenetismo, fraude con tarjetas de crédito, blanqueo de dinero y corrupción de funcionarios. Además, Kaplan había ordenado las palizas de más de veinte personas que no habían podido devolver los intereses de los préstamos usureros que él mismo les había concedido[321].

A partir de 1895, los proxenetas y las prostitutas de Nueva York

---

[319] I. Howe, p. 96, in Georges Valensin, *La Vie sexuelle juive*, Les Éditions philosophiques, 1981, p. 65, 66
[320] Sobre Xaviera Hollander léase *El Fanatismo judío* (2007).
[321] Jean-François Gayraud, *Le Monde des mafias*, Odile Jacob, 2005, p. 116

empezaron a ser objeto de una creciente represión policial y algunos marcharon a Buenos Aires y Johannesburgo, donde llegaron a dominar el mundo de la prostitución. En Johannesburgo, los observadores notaban efectivamente la presencia de un gran número de judías neoyorquinas originarias del imperio ruso entre las prostitutas. Junto a las "Ruso americanas", estaban también prostitutas negras y mestizas, francesas y alemanas. Los proxenetas de origen judío eran numerosos y la mayoría provenían también de Nueva York.

Joe Silver dominaba aquel mundillo "Polaco-Estadounidense". Había nacido en Polonia en 1869 y había trabajado en Londres, como reclutador de prostitutas. En 1898, tomó un barco en Southampton con destino a África del Sur. Un rabino, que lo había visto embarcar en el mes de junio, notaba que iba acompañado de su esposa - ella misma prostituta-, de catorce secuaces y veinticinco chicas. Gracias a sus talentos de organizador, se impuso rápidamente en Johannesburgo como el rey del vicio. Creó el famoso "Club Americano", asociación local de proxenetas judíos de la que era presidente. Desde esa posición, Joe Silver gestionaba los problemas derivados del aprovisionamiento de ese tráfico, especialmente de la renovación de los "stocks". Los judíos polacos no eran los únicos en hacer ese trabajo, pero eran, y de lejos, los mayores traficantes y mantenían, aquí como en otros sitios, estrechos vínculos con el mundo del crimen[322].

Joe Silver fue finalmente arrestado en Pretoria, en abril de 1899 y condenado a dos años de destierro; una pena que apenas interfirió en las costumbres de ese viajero cosmopolita. Se trasladó a Ciudad del Cabo junto a otros proxenetas y a sus prostitutas. Como en Johannesburgo diez años antes, el mundo de los negocios de la ciudad le brindó su apoyo, mientras las autoridades religiosas cristianas protestaban. Los Europeos se escandalizaban especialmente porque los proxenetas judíos relacionaban Negros con Blancas[323]. En 1902, medidas represivas les obligaron de nuevo al exilio. Se marcharon entonces hacia Bloemfontein, pero tuvieron rápidamente que abandonar la

---

[322] Charles von Onselen, *Studies in the Social and Economics History of the Witwatersrand, 1886-1914*, T.1, The New Babylon, 1982, p. 106, in Jacques Solé, *L'Age d'or de la prostitution, de 1870 à nos jours*, Plon, 1993, p. 110

[323] Promueven por todos los medios la inmigración y el mestizaje en los demás pueblos, pero defienden su propia sangre contra cualquier contaminación extranjera. En el cine y la televisión, esta obsesión por el mestizaje es recurrente. Es una de sus marcas de fábrica, pero hay otras más: la droga, los travestis, el incesto, la homosexualidad, el cine "gore", los ataques contra la Iglesia católica, la apología de la democracia de mercado y la guerra contra los "malos", etc. Léase los capítulos sobre el cine en Hervé Ryssen, *Las Esperanzas planetarianas, Psicoanálisis del judaísmo* y *El Fanatismo judío*.

ciudad una vez más. A continuación, se instalaron en Durban, pero en 1903, de nuevo, tuvieron que huir. Finalmente, Joe Silver partió hacia el Transvaal, personificando así las peregrinaciones del "judío errante", siempre inocente, siempre perseguido sin razón.

Después de Nueva York y Buenos Aires, Constantinopla era el tercer mayor centro de prostitución. En los burdeles de la capital otomana, las prostitutas griegas y armenias se mezclaban con otras provenientes de los vecinos países europeos de Turquía, así como muchas mujeres de Europa central. Allí también, los proxenetas judíos estaban en el candelero. Transportaban su "mercancía" a través de rutas que salían de Budapest y atravesaban Rumanía, aunque el puerto de Odessa en el mar Negro era también un punto importante de ese tráfico.

Desde Constantinopla, algunos proxenetas internacionales organizaban después la exportación hacia Egipto, Asia oriental o África del Sur[324]. Las autoridades de Constantinopla fueron durante mucho tiempo tolerantes con ese tráfico hasta que empezaran a desmantelarlo al principio de la Primera Guerra mundial.

En 1903 en Alejandría, los traficantes provenían mayoritariamente de Galitzia y de Rumanía. Ya en 1850 en Túnez, el historiador y viajero francés A. Vilhau evocaba los "corredores en libertinaje, casi todos judíos[325]." Un siglo después, el periódico pronazi (nacionalsocialista), *Je suis partout* constataba lo mismo: "El Judío de Túnez es proxeneta, proveedor de innumerables burdeles clandestinos y organizador de la trata de mujeres arias[326]."

En África del Norte, confirmaba Georges Valensin, "ha hecho estragos por excepción una prostitución judía muy activa hasta nuestra época." Antes de la independencia, podíamos leer en varias fuentes que proxenetas judíos estaban "siempre dispuestos a sacar la navaja para sus protegidas, lo cual provocaba el desprecio de los hombres piadosos[327]. Según André Chouraqui, en su libro *Los Judíos de África del Norte*, desde su emigración a Francia, el proxenetismo se había vuelto cada

---

[324] Edward J. Bristow: *Prostitution and Prejudice. The Jewish Fight against White Slavery, 1870-1939*, Clarendon Press, 1982, p. 181, in Jacques Solé, *L'Age d'or de la prostitution, de 1870 à nos jours*, Plon, 1993, p. 127

[325] A. Vilhau, in Georges Valensin, *La Vie sexuelle juive*, Les Éditions philosophiques, 1981. Georges Valensin era un médico judío de Argelia que publicó numerosos libros sobre la sexualidad.

[326] *Je suis partout*, 11 de diciembre de 1942. [*Je suis partout* fue un periódico de circulación semanal publicado en Francia entre 1930 y 1944. Descrito como "abiertamente profascista y antisemita", adoptó una posición colaboracionista durante la ocupación alemana. En sus páginas colaboraron destacados autores franceses. (NdT).]

[327] *Les Nouveaux cahiers*, n°42.

vez más importante[328]."

Más allá del canal de Suez, Asia y África oriental se habrían a la prostitución de origen europea a partir de 1870. Las cristianas eran aún más numerosas en Asia; en Ceilán, en Calcuta, Bombay, Singapur o Manila. En Manchuria también, judías se mezclaban con francesas o japonesas en prostíbulos, y hasta en Port Arthur y Shanghái. El poeta Guillermo de Apollinaire evocó el tema. En su antología de poemas *Alcoholes* (1898-1912), al final de su poema titulado *Marizibill*, hablaba de una prostituta de Colonia, en Alemania: "En cueros se iba quedando/Por un chulo sonrosado y pelirojo/Que judío era y olía a ajo/Y viniendo de Formosa la había/Sacado de un burdel de Shanghái[329]."

Era tal la expansión de aquella actividad, que, en el lenguaje corriente del mundo en los años 1900, un judío era comúnmente considerado en todas las latitudes como un traficante de carne humana y un potencial proxeneta.

El juicio de Lemberg

La trata de Blancas comenzó a escandalizar la opinión pública europea a partir de los años 1880. Especialmente en 1892, con el muy sonado juicio de Lemberg (hoy Lvov), en Galitzia. Veintiocho judíos habían sido acusados de proxenetismo. La red estaba compuesta de reclutadores, transportistas y de agentes locales en Turquía. Las chicas eran enviadas hacia Constantinopla, Egipto, África del Sur, la India y América.

En 1899, François Trocase, un periodista francés que había vivido 22 años en Austria-Hungría, publicó un interesante libro sobre la situación del país titulado *La Austria contemporánea tal y como es*. He aquí un pasaje de dicho libro: "En Austria, los Judíos han inculcado a la juventud femenina una moralidad disoluta, costumbres lamentables, una desmoralización inaudita. La bajeza inherente de sus sentimientos, el dinero y la falta absoluta de consciencia los predispone singularmente al papel de seductores. Así, la prostitución acecha detrás de cada puerta a las jóvenes mujeres, las cuales en las grandes ciudades se convierten en gran número en sirvientas de los Judíos. Podemos decir sin riesgo de equivocarnos que la mayoría de las desgraciadas chicas que se

---

[328]Georges Valensin, *La Vie sexuelle juive*, Les Éditions philosophiques, 1981, p. 62, 65, 66
[329]Guillaume Apollinaire, *Alcoholes/El Poeta asesinado*, Ediciones Cátedra (Anaya), Madrid, 2001, p. 221

corrompen y se prostituyen en las grandes ciudades austriacas deben su primera caída a los Judíos...Ciertamente, de todos los crímenes bajo el sol, los cristianos tienen también su parte; pero nunca hasta ahora en Austria se les reprochó practicar el comercio de exportación de vírgenes cristianas. Esta vergonzosa especialidad que deshonra nuestro siglo pertenece exclusivamente a los Judíos. Hay que dejarles esa infamia. Durante mucho tiempo se ha ignorado los detalles. Veíamos muchas jóvenes mujeres desaparecer misteriosamente, sin tener más noticias de ellas. Fue un juicio celebrado en 1892 en la capital de la Polonia austriaca, en Lemberg, el que finalmente nos desveló todo. Veintiocho Judíos eran acusados de secuestro y tráfico de jóvenes chicas. Esos miserables habían hábilmente atraído en una trampa a muchas cristianas que en su mayoría todavía iban a la escuela. Les habían prometido ventajosas condiciones de trabajo para persuadirlas de ir al extranjero. En cuanto pasaban la frontera, las trataban como esclavas y todos los intentos de escapar eran duramente castigados. Una vez llegadas a Turquía, éstas eran vendidas a casas de prostitución por un precio medio de mil marcos. Ahora bien, ¿quiénes son los propietarios de tales casas en Turquía? Únicamente los Judíos. Aquellas de esas pobres víctimas que quisieron resistir fueron encerradas en calabozos subterráneos y doblegadas a fuerza de malos tratamientos. Cuando por fin la policía se decidió a intervenir, sesenta de aquellas chicas fueron liberadas. Lograron liberarlas de las garras de los bárbaros, pero desgraciadamente estaban perdidas en cuerpo y alma. El juicio duró diez días, desvelando y esclareciendo todos los monstruosos detalles. Se estableció claramente que cientos de jóvenes mujeres habían sido llevadas por esa banda de Lemberg a la deshonra, la desesperación, la enfermedad y la muerte. Debido a las lagunas de la legislación, los culpables no fueron condenados más que a penas insignificantes. El jefe de la banda, Isaac Schafenstein, salió condenado con un año de prisión. Los demás pasaron unos pocos meses entre rejas y volvieron al siniestro comercio, aplicándose con más astucia y misterio. Lo más indignante de este triste caso fue que, al principio del juicio, el signatario de los contratos de venta y de entrega tuvo la desfachatez de proclamar claramente su inocencia: "No tienen por qué meterse en mis asuntos, espetó a los jueces; de que venda vestidos, frutas, terneros o mujeres, poco importa. Estoy en el negocio y nadie tiene nada que decir al respecto." Como bien sabemos, hablando de tal manera, el acusado se situaba en el terreno de la moral judía que permite practicar con los seres humanos cualquier negocio que no esté prohibido por el Talmud hacia los animales³³⁰."

El juicio de Lemberg fue naturalmente explotado por los antisemitas. En 1918, hubo revueltas contra los judíos en la ciudad, prueba de que el tráfico no se había interrumpido. En aquella época, en el parlamento austriaco, se debatía sobre la desaparición de criadas cristianas que eran llevadas a burdeles en el extranjero.

Según François Trocase, "dos millones de Judíos residentes en el país tenían tantas criadas como los 28 millones de austro-húngaros; las nueve décimas eran cristianas; a menudo, tenían por cometido satisfacer el hijo de la casa, "para que no estuviera enfermo antes del matrimonio"." François Trocase evocaba el papel de los empleadores israelitas. Uno de ellos, industrial obeso del textil de Silesia, se vanagloriaba de haber poseído a más de mil de sus obreras. Y Trocase concluía: "Los abusos que los Judíos cometen contra las mujeres han contribuido fuertemente a la explosión de ira y de antisemitismo austriaco...Sólo hablar del tema, el odio se volvía indescriptible³³¹."

El doctor Georges Valensin, un israelita originario de Argelia confirmaba el papel de los proxenetas judíos durante la Primera Guerra mundial. Esto escribía en 1981, en su libro titulado *La Vida sexual judía*: "Después de 1918, dentro del mundo especulador y aprovechado que pululaba en Berlín, se veía a los Judíos rondando en las discotecas donde las jóvenes mujeres de la aristocracia y de la burguesía en apuros, después de haber vendido sus últimas joyas, venían a prostituirse³³². En 1920, en las fachadas del Reichstag, un cartel inmenso advertía a las honradas alemanas: detrás del rostro de una pura y bella germana, se deslizaba en la sombra un hombre inquietante con rasgos semíticos que la acechaba." La lubricidad hebraica se encarnaba en los rasgos del famoso judío Joseph Süss Oppenheimer, que fue ahorcado en 1738 en Stuttgart. Después de esa descripción condenatoria, Georges Valensin escribía, como queriendo tomar sus distancias: "Después del hitlerismo, sus fanáticos han persistido en creer en las perversidades sexuales

---

³³⁰ François Trocase, *L'Autriche juive*, 1899, in Léon de Poncins, *Israël destructeur d'empires*, Mercure de France, 1942, p. 88-92. [Por ejemplo en el Talmud *(Yevamot 98a)*, leemos: "Aprende de esto, que el Misericordioso despoja al gentil masculino de su descendencia, como está escrito con respecto a los egipcios: "Cuya carne es la carne de los asnos, y cuyo semen es el semen de los caballos" *(Ezequiel 23:20)*, es decir, la descendencia de un gentil masculino no se considera más relacionada con él que la descendencia de los asnos y los caballos." (NdT).]

³³¹ François Trocase, *L'Autriche contemporaine telle qu'elle est*, Éd. Pierret, Paris, 1899, p. 148-157, in Georges Valensin, *La Vie sexuelle juive*, Les Éditions philosophiques, 1981, p. 142-144

³³²H. Andics, p. 215

judías[333]."

Adolf Hitler había mencionado el tema en *Mi Lucha*: "En Viena, como seguramente en ninguna otra ciudad de la Europa occidental, con excepción quizá de algún puerto del sur de Francia, podía estudiarse mejor las relaciones del judaísmo con la prostitución, y, más aún, con la trata de blancas.

Caminando de noche por el barrio de Leopoldo, a cada paso era uno, queriendo o sin querer, testigo de hechos que quedaban ocultos para la gran mayoría del pueblo alemán..." Y Hitler añadía: "Sentí escalofríos cuando por primera vez descubrí así en el judío al negociante desalmado, calculador, venal y desvergonzado de ese tráfico irritante de vicios, en la escoria de la gran urbe. No pude más, y desde entonces nunca eludí la cuestión judía[334]."

En Francia, en 1936, Léon Blum se había convertido en el jefe del gobierno del Frente popular. Había publicado en 1907 un libro titulado *Sobre el Matrimonio,* reeditado poco antes de su acceso al poder. Léon Blum hacía explícitamente la apología del vagabundeo sexual para las jóvenes mujeres cristianas: "Que se entreguen cuando les plazca", escribía (página 279). "La virginidad, rechazada alegremente y a temprana edad" era para él la solución. (página 265). "Que antes del matrimonio, la mujer desfogue todo lo que hay de ardiente en su instinto, todo lo que hay de lábil en su capricho; que se agote mediante innumerables aventuras." (página 25). Léon Blum insistía: "Es una barbaridad que, en pleno vigor de su juventud, la virgen, bajo pena de degradación y deshonra, tenga que refrenar en ella el instinto que es el movimiento mismo de la naturaleza." (página 296). Blum se dirigía directamente a las jóvenes mujeres de Francia: "El sentimiento de honor que os protegía era artificial y estúpido..." (página 265).

Había por lo tanto que acabar con esos viejos prejuicios transmitidos por el catolicismo reaccionario: "Creo que en el futuro no deberá quedar nada de esas costumbres." (página 280). "Vuestros prejuicios se quedan reducidos a la nada, en cuanto los aislamos de las costumbres salvajes o del ascetismo religioso que antaño imperaban. Corresponden, como se suele decir, a una reliquia de los tiempos pasados de la civilización." (página 292).

Del otro lado del río Rín, en la Alemania nacionalsocialista, Julius

---

[333] Georges Valensin, *La Vie sexuelle juive*, Les Éditions philosophiques, 1981, p. 142-144

[334] Edward J. Bristow: *Prostitution and Prejudice. The Jewish Fight against White Slavery, 1870-1939,* Clarendon Press, 1982, p. 84; Adolf Hitler, *Mi Lucha (Mein Kampf),* Edición electrónica Jusego Chile, 2003, p. 40

Striecher, el director del periódico antisemita *Der Stürmer*, escribía un artículo sobre el libro de Léon Blum. Su conclusión era quizá un poco brutal: "Pretende tratar ahí del problema sexual. En realidad, ese libro es un llamamiento que invita a todos los judíos a mancillar sistemática y metódicamente las mujeres y las chicas no judías."

Eros center en la Alemania vencida

Después de la Segunda Guerra mundial, los ejércitos aliados estacionados en Alemania habían constituido un fructífero mercado para todo tipo de tráficos: alimentación, alcohol, cigarrillos y prostitutas. Yossef Buchman, un "superviviente de los crematorios" como lo describía Jacques Derogy en su libro *Israel Connection*, supo sacar provecho de la posguerra. Había montado con sus cómplices una pequeña organización para eliminar la competencia. Se disfrazaban de agentes de la policía militar estadounidense, circulaban en jeeps y tendían trampas a los demás traficantes. Los detenían, incautaban sus mercancías y luego fingían descuidarse para dejarlos escapar. "Unos meses más tarde, escribía Derogy, el joven refugiado judío polaco conducía un Kaiser, vestía traje y solamente salía acompañado de guardaespaldas y de *Gretschen* tan atractivas como dóciles."

Yossef Buchman se lanzó a continuación en el tráfico de dólares, verdaderos o falsos. Había creado una red tan rentable que su tesorero tuvo un día la tentación de huir con cientos de miles de marcos en sus maletas, pero un inesperado apuñalamiento se interpuso en sus planes.

Yossef Buchman prosperaba cerca de las bases estadounidenses. Kaiserlautern se había convertido en un centro notorio de la prostitución, la droga y el contrabando. Un diario del ejército estadounidense, el *US Overseas Weekly*, había denunciado Yossef Buchman como "el rey de la ciudad del crimen", pero Buchman denunció el periódico y su redactor compareció por difamación. No se puede insultar en vano un superviviente del Holocausto.

En la revista comunitaria *L'Arche*, de noviembre de 1977, un artículo confirmaba que en las "ruinas de Berlín", en 1945, uno se encontraba, efectivamente, con "grupos de supervivientes judíos que se dedicaban a actividades lucrativas poco ortodoxas, y menos aún *"Kasher"*". El periodista Arnold Mandel precisaba que éstos "ya no creían que tuviesen obligaciones morales."

La famosa Moselstrasse, en Fráncfort, era obra de Buchman. Se había instalado allí en 1956 para abrir una casa de prostitución al lado de la estación de tren. Cuarenta prostitutas y *strippers* componían el personal del local. A principios de los años sesenta, Fráncfort del Meno, la ciudad histórica de los Rothschild se había convertido en el centro europeo del hampa.

Con su amigo y socio Israelovitch, Yossef Buchman emprendió la construcción de unas torres de catorce a veinte plantas para alojar a las chicas. Aquellas torres fueron los primeros Eros Centers. Buchman generaba tanto dinero que se convirtió en pocos años en una personalidad prominente. Era recibido en la alta sociedad alemana, merodeaba por los ministerios, así como por las sedes de los partidos políticos, sin olvidar, naturalmente, la embajada de Israel. Y es que "Yossele" Buchman seguía siendo un buen judío y sionista, y siempre aprovechaba su tiempo libre entre dos negocios para viajar a Israel. De hecho, fue un importante donador del ejército israelí, especialmente durante la guerra de los Seis días y la guerra de Yom Kipur[335].

Meir Cohen era otra figura emblemática de ese mundo mafioso en Alemania. Antiguo soldado del ejército israelí había dejado Israel para instalarse en Fráncfort en los años 1970. En dos años ya era dueño de tres discotecas y empleaba prostitutas alemanas. Fráncfort, la ciudad de los famosos banqueros Rothschild, era en aquella época el centro del tráfico de droga y del proxenetismo en Alemania.

Los proxenetas reclutaban también mujeres judías. El mensual judío *L'Arche* de febrero de 1976 había publicado un artículo sobre el crimen organizado en Fráncfort. Esto leíamos en sus páginas: "En Fráncfort, en 1975, muchas chicas de la calle habían venido de Israel con sus proxenetas; una de tres ostentaba la estrella de David. Hablaban en hebreo y permanecían en contacto con sus familias. Abandonaron la gran ciudad alemana cuando sus protectores fueron condenados y encarcelados por tráfico de heroína[336]." Efectivamente, la prostitución va casi siempre de la mano con las discotecas, el tráfico de droga, la extorsión de fondos, el asesinato y el blanqueo de dinero.

En 1980, Jacques Derogy, él mismo de origen judío, se rendía ante la evidencia con esta observación: "Curioso fenómeno, en realidad, este asentamiento de cientos de delincuentes israelíes en Fráncfort, Hamburgo y Múnich, en esa Alemania a penas salida del nazismo...Curioso fenómeno el irresistible ascenso de esos israelíes hacia las cimas germánicas de la Mafia internacional donde se puede ver por todas partes prostitución, droga, estafas y robos a mano

---

[335] Jacques Derogy, *Israël Connection*, Plon, 1980, p. 170, 171
[336] *L'Arche*, in Georges Valensin, *La Vie sexuelle juive*, Les Éditions philosophiques, 1981, p. 264

armada[337]."

En 1994, *US News and World Report* publicaba el testimonio de un policía de Fráncfort: "Todo vino de los judíos", declaraba Bernd Gayk en las inmediaciones del barrio "caliente". Sólo había un cabaré regentado por un alemán. En 1998, Marvin Wolf, un capitán judío del ejército estadounidense en servicio en Alemania, explicaba a su vez: "Después de la guerra, en 1945-46, judíos que ya percibían una pensión mensual, reclutaron en Fráncfort a mujeres solas, desesperadas y hambrientas para abrir los primeros prostibularios. Tomaron su revancha y se enriquecieron enormemente."

A principio del mes de septiembre de 1999, el fallecimiento de Ignaz Bubis, el presidente de la Comunidad judía de Alemania, había sido noticia por culpa de un incidente acaecido en Jerusalén durante su sepelio. Un judío había protestado mancillando el féretro del difunto, acusándolo de especulación inmobiliaria. El semanal *Rivarol* nos informaba de que, efectivamente, el tal Ignaz Bubis había desviado fondos recibidos del gobierno alemán para indemnizar las víctimas del "holocausto" a fin de adquirir bloques de casas en Fráncfort. Los había convertido en burdeles junto a otros Eros Centers que había mandado construir. Esas instalaciones le habían generado una inmensa fortuna.

Para algunos judíos, este negocio parecía ser una actividad normal, a juzgar por la tendencia a practicarlo de manera natural. Así, Samuel Pisar, un judío superviviente de las cámaras de gas y posteriormente multimillonario había narrado en uno de sus libros sus vivencias después de la liberación en 1945, tras cuatro años pasados en los campos nazis. Tenía entonces 16 años. Afortunadamente, él y sus camaradas siempre estuvieron rebosantes de salud y comenzaron sus negocios a penas liberados por los soldados estadounidenses: "La ocupación de Alemania, escribía, ofrecía a todo el mundo posibilidades atractivas y fructíferas. La mano izquierda adquirida en los campos, estimulada por nuestras energías nuevas y ambiciosas, buscaba un terreno para ponerla en práctica. Lo encontramos rápidamente. La mayor parte de los alemanes vivían en una pobreza abyecta frente a los americanos bonachones, sumergidos en una abundancia solitaria, acompañada de un despilfarro enorme...No podía creer lo que veían mis ojos. Podíamos hacer de intermediarios entre aquellos dos mundos. Por un cartón de cigarrillos Lucky Strike podíamos poner en contacto un GI negro borracho y una Frau alemana complaciente."

Vendiendo así a las mujeres alemanas necesitadas y atemorizadas a hombres estadounidenses de raza negra, Samuel Pisar y sus amigos se

---

[337] Jacques Derogy, *Israël Connection*, Plon, 1980, p. 169

lanzaban en el proxenetismo y saciaban también probablemente un deseo de venganza indecible en contra del pueblo alemán.

Samuel Pisar explicaba sus tráficos en la ciudad alemana de Landsberg: "A cambio de una libra de café, de segunda mano, obteníamos una botella de *schnaps* de primera categoría. Por cinco botellas de este licor, y además una rubia dócil, los chóferes americanos que conducían los enormes camiones-cisternas aceptaban trasegar una parte de su cargamento de gasolina. La nueva actividad prosperaba de manera tan espectacular que estuvimos a punto de convertir en casi no operacional a toda la división americana estacionada en la región...Nico se había convertido en un hombre desenvuelto que coleccionaba mujeres y trajes del mejor corte. Cubierto con un abrigo azul y llevando al cuello una bufanda blanca anudada con negligencia, paseaba a través de la ciudad su silueta indolente...Los años pasados en los campos de la muerte me habían convencido de que era inmortal."

Pero, sin embargo, el pequeño Samuel y sus amigos se verían de nuevo confrontados al antisemitismo y a la barbarie: "Una mañana, Nico salió para hacer su ronda y se encontró en la cárcel. Fue arrestado en casa de la hija de un antiguo general de la Wehrmacht por dos policías americanos con casco blanco que lo llevaron en un jeep de la Military Police. Me quedé escandalizado. Una víctima de la persecución nazi estaba nuevamente privada de libertad... Me pareció monstruoso. ¿Qué habíamos hecho, salvo responder con eficacia a la ley de la oferta y de la demanda?[338]" He aquí unos pensamientos que dicen mucho sobre las tendencias de fondo del judaísmo.

Antes de la guerra, los patriotas de todos los países europeos se alarmaban de la extensión de la pornografía y de la trata de Blancas. Especialmente en Berlín, la capital de un país vencido en 1918, los judíos parecían los amos absolutos. En el semanal *Je Suis partout* del 15 de abril de 1938, Lucien Rebatet escribía: "Toda la industria nocturna de los obscenos espectáculos de variedades, los antros de invertidos, las guaridas de granujas y de policías, los garitos y los estupefacientes que habían hecho del Berlín de 1930 la capital más rara y dudosa, la más viciosa del mundo, estaba en manos de Israel."

Esto era exactamente lo que relataba el Premio Nobel Elie Wiesel, en su libro *El Testamento de un poeta judío asesinado*, cuando describía el Berlín de 1928: "La Alemania vencida daba la impresión de que en su territorio todo estaba permitido excepto tomarse algo en serio, escribía Wiesel. Se rompían los ídolos, se desmontaban las estatuas, se colgaban

---

[338] Samuel Pisar, *La Sangre de la esperanza*, Editorial Planeta, 1990, Barcelona, p. 98-102. Léase en *Psicoanálisis del judaísmo*.

los hábitos de los religiosos, se hacía mofa de lo sagrado, y para más inri se sacralizaba la risa con el fin de reírse[339]...La capital, en efervescencia permanente, recordaba las ciudades pecadoras de la Biblia. El talmudista dentro de mí se sonrojaba y apartaba la mirada. Prostitución, pornografía, depravación de los sentidos y del espíritu, perversión sexual y demás; la ciudad se desvestía, se maquillaba, se humillaba sin reparo, enarbolando su degeneración como una ideología. A la vuelta de la esquina de *Chez Blum*, en un club privado, hombres y mujeres, o mujeres entre ellas, bailaban desnudas. En otras partes, la gente se drogaba, se azotaba, reptaba en el barro, se transgredía todos los límites; aquello me recordaba los hábitos y costumbres de los sabateos340. Se invertían los valores, se levantaban los tabúes. ¿Acaso la gente sentía acercarse la tormenta." Y dos páginas más adelante, Elie Wiesel escribía ingenuamente: "Berlín parecía dominada por los judíos...Periódicos y editoriales, teatros y bancos, grandes almacenes y salones literarios. Los antisemitas franceses que veían el judío por todas partes tenían razón...al menos en el caso alemán. Las ciencias, la medicina, las artes: el judío marcaba la pauta, la imponía341."

Una larga tradición

Según Jacques Solé, la trata de Blancas habría experimentado su apogeo al final del siglo XIX. Pero el fenómeno era un poco más antiguo. De hecho, Solé escribía: "Desde su aparición en Occidente en los años 1830, el termino de trata de Blancas estaba asociado a un tráfico de naturaleza judía[342]."

El historiador judío Edward Bristow, cuya obra es la fuente de dichas informaciones, pretendía sin embargo hacernos admitir que aquel tráfico se había extinguido en los años treinta, bajo los golpes de la represión: "El gran tráfico de mujeres, inaugurado entre Europa oriental y América del Sur en los años 1870 por los inmigrantes judíos, se extinguió al cabo de sesenta años." Bristow, si bien admitía que aquel tráfico había sido "ocultado por la historiografía oficial", también quería hacernos creer que no se trataba de "ninguna herencia anterior". El desarrollo de la trata en los años 1860 habría sido para el pueblo

---

[339] Elie Wiesel, *Le Testament d'un poète juif assasiné*, 1980, Points Seuil, 1995, p. 100
[340] Sobre el Sabateísmo y los sabateos léase Hervé Ryssen, *Psicoánalisis del judaísmo*. (NdT).
[341] Elie Wiesel, *Le Testament d'un poète juif assasiné*, 1980, Points Seuil, 1995, p. 124, 126
[342] Jacques Solé, *L'Age d'or de la prostitution, de 1870 à nos jours*, Plon, 1993, p. 110

judío una especia de "aberración histórica[343]". Según él, había que buscar una explicación "en los problemas económicos, sociales y culturales propios del judaísmo de Europa del Este de finales del siglo XIX." Por lo que respeta a Jacques Solé, el cual no hizo más que reproducir las observaciones de Bristow, éste no volvería a hacer ninguna mención del papel de los judíos en la trata de Blancas en su voluminoso libro de 650 páginas. Incluso se cuidaría mucho de mencionar nada en su capítulo sobre la Rusia postsoviética.

En realidad, el papel preponderante- y hasta exclusivo- de los traficantes judíos en el proxenetismo internacional se remonta a épocas mucho más lejanas. En las *Cartas Persanas*, Montesquieu escribía en 1721: "Me preguntas si hay judíos en Francia. Deberías saber que donde hay dinero, hay judíos." Y más adelante, en otra de las cartas: "Cuál no sería mi desesperación al ver que mi hermana no estaba en casa. Unos días antes de mi llegada los tártaros habían hecho una incursión en la ciudad. Viendo que mi hermana era muy bella la apresaron y la vendieron a unos judíos que se dirigían a Turquía, dejando solamente en casa a una niña que ella había dado a luz pocos meses antes. Seguí a aquellos judíos y les alcancé a unas tres leguas de allí. Mis ruegos y mis lágrimas fueron vanos y me pidieron por ella treinta tomans sin rebajarme ni uno solo[344]."

"En el siglo XVII, escribía el doctor Valensin, los Judíos del Imperio Otomano eran especialistas de la venta de esclavos, avezados en todas las depravaciones, y el comercio de mujeres les pertenecía por completo, al igual que los burdeles... Había también en Constantinopla Judíos que no tenían otra función más que de verificar la virginidad de las chicas vendidas como carne de placer[345]." Pero se puede incluso ir más atrás en el tiempo: "En 1387 en Barcelona, un Judío proxeneta ya era castigado con una multa[346]."

Ya en la Edad Media, testimonios atestiguan la actividad febril de los mercantes de esa comunidad en el comercio de esclavos: esclavos cristianos en la alta Edad Media, luego esclavos africanos enviados hacia las Américas. Las mujeres y los niños, como es sabido, tampoco

---

[343] Jacques Solé, *L'Age d'or de la prostitution, de 1870 à nos jours*, Plon, 1993, p. 116, 117. Como también vimos en la primera parte, Jacques Attali usó la misma la misma falacia respecto al gansterismo judío de los años veinte y treinta: "aberración histórica". [Ver nota 85. (NdT)].

[344] Montesquieu, *Cartas Persanas*, Consejo Nacional para la Cultura y las Artes, México, 1992, p. 112, 129-130

[345] M. Yarden, en *Les chrétiens devant le fait juif*, Éd. Beauchesne, Paris, 1929, p. 131, en Georges Valensin, *La Vie sexuelle juive*, Les Éditions philosophiques, 1981, 65, 66

[346] M. Kriegel, *Les Juifs à la fin du moyen âge*, p. 249, en Georges Valensin.

se libraron en la medida en que podían generan beneficios a los traficantes.

Recordemos la bula papal de Clemente VIII, en 1593, *Cum hebreorum malitia*: Prohibido a los judíos favorecer la prostitución, el juego, la receptación y la pederastia.

El arzobispo de Lyon, Agobardo, en el siglo IX, poco tiempo después de la época de Carlomagno, denunciaba la "cohabitación" de algunas cristianas con judíos. En una carta al obispo de Nibridiius, escribía lo siguiente: "Muchas de las mujeres de placer son oficialmente sirvientas, otras son empleadas domésticas a sueldo, algunas son corrompidas; en realidad todas se prostituyen, sea bajo el yugo y dominio de éste o bien rendidas al placer y el engaño de éstos; los hijos del diablo se sumen en esto mismo con un odio malicioso y falsos halagos..."

Pero quizá debamos simplemente remontarnos a las fuentes. El Antiguo Testamento, la Torá, presenta este pasaje elocuente que probablemente legitimó la prostitución de las mujeres judías por sus propios congéneres: "Si alguien vende a su hija como esclava, la muchacha no se podrá ir como los esclavos varones. Si el amo no toma a la muchacha como mujer por no ser ella de su agrado, deberá permitir que sea rescatada. Como la rechazó, no podrá vendérsela a ningún extranjero. Si el amo entrega la muchacha a su hijo, deberá tratarla con todos los derechos de una hija[347]."

El autor nacionalista estadounidense David Duke aportó otros elementos explicativos para la comprensión de la trata de mujeres judías por sus propios congéneres. Duke citaba particularmente el libro de Evelyn Kaye, *A Hole in the Sheet*, publicado en 1987 en Estados Unidos. Evelyne Kaye, que había crecido en un hogar judío ultraortodoxo, exponía en él la posición inferior de la mujer en la tradición judía: "Los tabúes sobre las menstruaciones son responsables de graves daños psicológicos en las mujeres judías: A menudo, me he topado con mujeres que no sabían nada de la Torá excepto que no podían tocar el libro santo durante el periodo de sus reglas[348]." Sabemos que en uno de sus rezos, los judíos piadosos agradecen cada día a Dios de no ser mujeres[349]. Creemos que este es el origen del movimiento feminista[350].

---

[347] *Éxodo, 21, 7-9,* (Biblia Nueva Versión Internacional 1999).
[348] Evelyn Kaye, *A Hole in the Sheet: a Modern Woman looks at Orthodox and Hasidic Judaism*, Secaucus, New Jersey: L. Stuart, 1987, p. 236-241, in David Duke, *Jewish Supremacism*.
[349] Talmud *Menachot, 43b*.
[350] Léase al respecto en *Psicoanálisis del judaísmo* (2006) y *El Fanatismo judío* (2007).

Pero todo esto no impidía al gran filósofo francés Bernard-Henri Lévy declarar: "El judaísmo en su totalidad es una incomparable escuela de verdadero respeto, sin engaño ni fingida devoción, de la singularidad de las mujeres[351]."

Philip Roth, el novelista estadounidense ultra-mediático, también distinguía las mujeres judías del ganado humano constituido por el resto de la humanidad. Así se expresaba a través de la boca de uno de sus personajes: "No os metáis con las chicas judías. Guardadlo para las gentiles, no molestéis a las judías[352]."

En cuanto a la violación de sirvientas cristianas o de chicas rusas por proxenetas israelíes, éstos podían encontrar una legitimidad en el Talmud. Efectivamente, la Mishná (Ley oral del Talmud) establece que cualquier persona que fuerce a otra fuera del matrimonio debe ser castigado, pero la Guemará (los comentarios de la ley) enseña que existen excepciones, especialmente para las mujeres esclavas: mientras duerme, la joven sirviente es considerada inocente. Si es consciente, el Fariseo es entonces culpable. Ahora bien, si éste la penetra por vías no naturales (analmente), o bien si se retira antes del orgasmo, el acto es considerado como un "simple contacto sexual" sin consecuencias morales. En ese caso, el Fariseo está "sin mancha, como si ella hubiese estado adormecida." Es probablemente una de las razones que explica el gran número de casos de psiquiatras o psicólogos que violaron sus pacientes después de suministrarles drogas o somníferos[353].

La dialéctica de los intelectuales judíos

En mayo de 1969, en la apacible ciudad de Orleans, un rumor se empezó a expandir: jóvenes chicas que habían entrado en tiendas de ropa regentadas por comerciantes judíos habían desaparecido misteriosamente. Habrían sido adormecida con cloroformo y luego secuestradas para ser entregadas a redes de prostitución del otro lado del mediterráneo. El rumor, que había crecido desmesuradamente, había reavivado un antisemitismo "nauseabundo" que recordaba "las horas más oscuras de nuestra historia[354]".

---

[351] Bernard-Henri Lévy, *Questions de principes*, Grasset, 1986, Livre de Poche, p. 278
[352] Philip Roth, *El Teatro de Sabbath*, Epublibre, Titivillus, 2016, p. 158. La traducción francesa difiere: "No salgáis con chicas judías. Guardad eso para las shiksa, hé. No seáis malos con la Judías, nunca." *Shiksa*: término hebreo peyorativo para designar una mujer goy.
[353] Léase al respecto *El Fanatismo judío* (Capítulo: Violaciones en psiquiatría).
[354] Las horas más oscuras (*Les heures les plus sombres*): es una expresión acuñada y usada por la esfera cultural y mediática francesa que se refiere a los años 30 y a la

El eminente historiador judío Léon Poliakov nos aclaraba lo ocurrido: "¿Qué ocurrió en la tranquila ciudad de Orleans durante el mes de mayo de 1969? Poca cosa, a fin de cuentas. Unas estudiantes de secundaria difundieron el rumor según el cual los probadores de algunas tiendas de ropa de su ciudad, regentadas por comerciantes judíos, servía de punto de partida a una red de trata de Blancas. Antes de desvanecerse, este pequeño delirio logró sin embargo enloquecer una parte de la población de Orleans, mientras que, por su parte, los Judíos locales creyeron ver de repente resurgir por un instante el espectro del pogromo[355]."

Sin embargo, Poliakov había tenido que admitirlo bajo pena de perder toda credibilidad, aunque fuera discretamente. En efecto, unas cuarenta páginas después de haber ridiculizado el rumor de Orleans, escribía simplemente: "Varias personalidades judías estuvieron comprometida en ese tráfico abyecto al principio del siglo XX[356]."

Al año siguiente, otros fenómenos análogos, si bien menos espectaculares, se produjeron en otras ciudades francesas, especialmente en Amiens, pero también en Chalon-sur-Saône, Dinan, Grenoble y Estrasburgo, alimentando así las fantasías más descabelladas, las acusaciones más "delirantes".

Manifiestamente, ese loco rumor perduró varios años: "Todavía en 1977, en un instituto de las afueras de Dijon, corría el rumor de que se producían raptos: alumnas desaparecían en la tienda de un Judío, de forma misteriosa[357]."

Un escritor sefardita como Albert Memmi denunciaba esos rumores absurdos, esa "sorprendente acusación de violaciones en serie, supuestamente organizadas por comerciantes judíos sobre sus clientas cloroformizadas[358]."

Ante el peligro del resurgimiento del antisemitismo, el muy mediático sociólogo Edgar Morin (Sefardita él también, nacido Nahoum) creyó que era su obligación escribir un libro de 250 páginas para explicar a los franceses que aquello era un rumor grotesco. En su libro, Morin daba un repaso lenificativo de todo los factores explicativos: la urbanización, la moda, la psicología femenina, las adolescentes, la burguesía y las clases sociales, etc.; todo, excepto lo esencial[359].

Segunda Guerra mundial. Es una suerte de invocación recordatoria sobre la memoria del público siempre que se pronuncia. (NdT).
[355] Léon Poliakov, *Histoire de l'antisémitisme, 1945-1993*, Seuil, 1994, p. 141
[356] Léon Poliakov, *Histoire de l'antisémitisme, 1945-1993*, Seuil, 1994, p. 181
[357] *Le Matin*, 12 de enro de 1978. Georges Valensin, *La Vie sexuelle juive*, Les Éditions philosophiques, 1981, p. 146
[358] Albert Memmi, *Le Racisme*, Gallimard, 1982, réédition de poche 1994, p. 41
[359] Edgar Morin, *La Rumeur d'Orléans*, 1969, Points Seuil, 1982.

Así pues, el lector debía comprender que aquellas acusaciones eran totalmente delirantes. Se trataba de una "inmensa superchería" (página 35). "La fantasía se ha convertido en un mito, en delirio" (página 37, 39). El rumor era "un eco de los grandes temores medievales", que resucitaban "la misma fantasía anti-judía". El judío, una vez más, era el "chivo expiatorio", el "culpable congénito arraigado en dos milenios de Occidente cristiano" sobre el que los cristianos volcaban todos sus problemas (página 52).

En realidad, lo habéis comprendido, los cristianos eran los culpables. El comerciante judío se vio asignado "la misión de fijar y de purgar la culpabilidad de una verdadera fantasía libidinosa y de un seudo-tráfico de trata de Blancas." (página 52). Así pues, el judío actuaría como "el fijador de la angustia y de la culpabilidad en el mundo occidental." (página 56). Debemos creer por lo tanto que los Europeos tienen el espíritu trastocado por dos mil años de cristianismo.

La trata de Blancas no era finalmente más que un "mito": "Es delirante atribuir la trata de Blancas a los judíos", insistía Edgar Morin (página 73). Y a los que en Orleans o Amiens osaban decir que "si el río suena, es porque agua lleva", Edgar Morin respondía: "Es una amalgama escandalosa" (página 239). "El judío está completamente ausente en las noticias, los reportajes y las ficciones de los medios de comunicación de masa en relación con la trata de Blancas, y su aparición en los rumores provinciales resulta sorprendente a la vez que absurdo[360]."

Esas fantasías eran pues del mismo orden que las acusaciones de crímenes rituales practicados por los judíos sobre niños cristianos en la Edad Media. Es igualmente ridículo acusar a los judíos de controlar el sistema financiero, la prensa, la televisión y el cine en el mundo occidental. Todo eso no tiene ningún sentido. De la misma manera, los judíos no desempeñan ningún papel en la industria pornográfica, ni en el tráfico mundial de heroína, de cocaína y de éxtasis, y tampoco tienen nada que ver en las guerras de Occidente contra los países musulmanes en estos últimos años. Los judíos son inocentes, fundamentalmente inocentes de cualquier cosa que se les pueda reprochar.

En el cine, algunos directores cosmopolitas han proyectado típicamente la culpabilidad de sus congéneres sobre los demás. En la película de Roger Hanin (Lévy), *El Protector* (1974), Natalia, una chica de dieciocho años, desaparecía en París. Para encontrarla, su padre, Samuel Malakian – un pobre judío- se las tenía que ver con una red de trata de Blancas dirigida por un aristócrata, el barón Metzger. En la

---

[360] Edgar Morin, *La Rumeur d'Orléans*, 1969, Points Seuil, p. 48

Guía de películas de Jean Tulard, Claude Bouniq-Mercier, que ensalzaba sistemáticamente las películas de sus congéneres, hacía sus comentarios habituales: después de basarse en una "meticulosa investigación", Roger Hanin pretende "denunciar sin demagogia una lacra social". Véase también la película erótica de "Jean Rougeron", *Police des moeurs* (1987): Séverine, 18 años, cae en la trampa de un proxeneta. Preocupados por su desaparición, sus familiares alertan a la policía. La investigación conduce los policías hacia una red de trata de Blancas, la red "Horsh". Esos cabrones secuestran las chicas para venderlas a riquísimos extranjeros. Son todos nazis, alemanes grandes y rubios con ojos claros[361].

La trata de Blancas de traficantes judíos era por lo visto un tema en boga al final de los años sesenta, a juzgar por lo que se podía leer en la novela de Patrick Modiano, un conocido escritor "francés". En *El Lugar de la estrella*, publicado en 1968, Patrick Modiano imaginaba un personaje completamente delirante, bufón y simpático. La acción ocurría en junio de 1942 en París; el narrador, Schlemilovitch, es un héroe alucinado y quijotesco que se imagina ser un gran escritor. Bajo una apariencia grotesca, Patrick Modiano pone en su boca unas palabras tan asombrosas y caricaturescas sobre los judíos que ningún lector cabal podría leerlas sin percatarse de la ridiculez. Y es que el antisemitismo es una alucinación. Aquello de lo que se acusa a los judíos es tan enorme para el lector medio, que las acusaciones pasan por ser un trastorno psiquiátrico de aquel que las profiere. Ese es el motivo por el que Patrick Modiano pudo permitirse escribirlas. Pero escuchemos hablar Schlemilovitch:

"Por lo demás, mis hechos y mis dichos contradecían esas virtudes que cultivan los franceses: la discreción, el ahorro y el trabajo. De mis antepasados orientales he sacado los ojos negros, el gusto por el exhibicionismo y por el lujo fastuoso y la incurable pereza. No soy hijo de este país...Yo dirigía a golpe de orgías y de millones la conspiración judía mundial... Sí, la guerra de 1939 la declararon por mi culpa. Sí, soy algo así como un Barba Azul, un antropófago que se come a las arias jovencitas después de violarlas. Sí, sueño con arruinar a todos los labriegos franceses y que se vuelva judía toda la comarca de Cantal..."

Lévy-Vendôme le respondía: "Usted, Schlemilovitch, tiene tiempo por delante. ¡Aprovéchelo! Use sus bazas personales y pervierta a las jovencitas arias. Más adelante, escribirá sus memorias. Podrían llamarse "Las Desarraigadas": la historia de siete francesas que no

---

[361] En la conocida serie de películas *Taken (2008, 2012)* de Luc Besson los cabrones son albaneses. (NdT).

pudieron resistirse a los encantos del judío Schlemilovitch y se encontraron un buen día internadas en burdeles orientales o sudamericanos. Moraleja: no deberían haberle hecho caso a ese seductor judío, sino quedarse en los lozanos prados alpestres y los verdes sotos[362]." Definitivamente, el antisemitismo nuna será creíble para el ciudadano goy medio.

El célebre historiador William Shirer, autor de una historia monumental del Tercer Reich, no se explayó demasiado sobre la cuestión del antisemitismo. De las 1500 páginas de sus dos tomos, sólo una página trataba de explicar el antisemitismo nazi, lo cual es quizá un poco insustancial. Hitler, escribía William Shirer, "descubrió la mancha moral de este "pueblo escogido" ... ¿Había alguna forma de inmundicia o libertinaje, particularmente en la vida cultural, sin un judío al menos mezclado en ella?" Shirer citaba simplemente algunos breves fragmentos extraídos de *Mein Kampf* sobre la prostitución y la trata de Blancas: "*Mein Kampf* está sembrado de alusiones espeluznantes a extraños judíos que seducían a inocentes muchachas cristianas y así adulteraban su sangre. Hay una gran parte de mórbida sexualidad en el desvarío de Hitler acerca de los judíos." Por lo tanto, para William Shirer, nada permitía explicar "este odio terrible, que contaminaría a tantos alemanes[363]". Y es que, en resumidas cuentas, resulta que eran los alemanes los que estaban enfermos, ni por asomo los judíos. Este es un análisis que no deja lugar a dudas sobre el origen de su autor[364].

Un escritor menor como Michel Herszlikowicz había escrito algunas páginas interesantes en su *Filosofía del antisemitismo*. Citaba por ejemplo un autor alemán que escribía en 1890: "La masa de judíos que se ha apoderado del campo de los burdeles persigue sistemáticamente y a gran escala la transformación de la parte femenina de los pueblos arios en prostitutas. Todos los casos de prostitución y de trata de Blancas están casi exclusivamente en manos de judíos[365]."

Y Michel Herszlikowicz hacía su comentario, en el estilo más talmúdico posible: "La dominación judía se realiza a través de las bajas pasiones, a través de la sexualidad más baja. El nazismo ha hecho de ese argumento uno de los elementos fundamentales de su sistema no

---

[362] Patrick Modiano, *El Lugar de la estrella*, Pdf, http://Lelibros.org/, p. 14, 15, 26, 42-43
[363] William L. Shirer, *Auge y caída del Tercer Reich, volumen I*, Planeta, Barcelona, 2013, p. 54, 55
[364] Léanse los capítulos sobre la inversión acusatoria en *Psicoanálisis del judaísmo, El Fanatismo judío y El Espejo del judaísmo*.
[365] A. Berg, *Juden Bordelle*, Berlín, 1890, p. 10, in Michel Herszlikowicz, *Philosophie de l'antisémitisme*, Presses Universitaires de France, 1985, p. 108

porque los judíos fuesen numerosos en la profesión, sino porque el antisemitismo debía constituir la antítesis del superhombre germánico. La prostitución, en cuanto necesidad inferior, impide la realización de la misión del pueblo alemán y la causa de ese fracaso sólo puede ser judía."

Vemos muy bien aquí hasta qué grado de ignominia habían llegado los ideólogos nazis, siempre prestos en proferir contra los pobres judíos acusaciones con el único objetivo de satisfacer su voluntad de dominio sobre el resto de la humanidad.

4. La trata de los Negros

Los comerciantes judíos no tenían manifiestamente ninguna barrera moral para limitarse únicamente al tráfico de mujeres destinadas a la prostitución. El tráfico de esclavos africanos también fue una fuente de prosperidad para algunos grandes negociantes.

La trata atlántica I: Los Portugueses

El 2 de enero de 1492, los reyes Católicos Fernando e Isabel entraban solemnemente en Granada, el último bastión musulmán de la península ibérica. Tras siglos de lucha contra el invasor musulmán, la Reconquista había acabado. Pero quedaba por solucionar el caso de la comunidad judía, que tanto había obrado en favor de los musulmanes desde el principio de la invasión[366]. El 31 de marzo de 1492, Isabel firmaba el decreto de expulsión de los judíos por el que debían abandonar el país antes del 31 de julio. "En vano ofrecen al tesoro inmensas sumas de dinero", escribía el historiador Leon Poliakov, quién añadía más adelante: "Parece ser que la gran mayoría de la población cristiana no se conmovió por la marcha de los judíos[367]". El 2 de agosto del mismo año, las tres carabelas de Cristóbal Colomb partían hacia el oeste e iban a descubrir el nuevo continente. Los tres acontecimientos más importantes de la historia española se habían producido en unos pocos meses.

Sin embargo, algunos judíos se habían convertido al catolicismo para poder quedarse en España. Eran ahora unos buenos católicos que iban a misa el domingo, comulgaban y respectaban las tradiciones cristianas...pero sólo en apariencia. Pues en realidad, la mayoría de ellos continuaba maldiciendo a Cristo y a los cristianos. Aquellos judíos falsamente convertidos eran llamados "marranos" por los españoles, y esa es la palabra todavía empleada hoy en día para designar un judío que se esconde y actúa detrás de una máscara religiosa, lo cual es muy frecuente[368].

---

[366] Sobre el papel de los judíos en España durante la conquista musulmana léase Hervé Ryssen, *Las Esperanzas planetarianas*.
[367] Léon Poliakov, *Histoire de l'antisémitisme, tome I*, Point Seuil, 1981, p. 171
[368] Sobre los Marranos, los Dönmehs y los Frankistas (falsos católicos y falsos

En España, la comunidad judía había controlado buena parte del comercio y era inmensamente rica. Los marranos que se habían quedado disponían todavía de poderosos medios financieros, suficiente dinero para armar los navíos de la expedición de Cristóbal Colomb. En su *Historia de los Marranos*, obra de referencia publicada en 1932, Cecil Roth escribía que ricos marranos habían financiado parte de la empresa. El principal era Luis de Santangel, a quién un decreto real había concedido el derecho de exportar grano y caballos hacia América[369]. Cabrero, el tesorero real, y Santangel, invirtieron 17 000 ducados. Alfonso de la Caballería y Diego de Deza aportaron también fondos; Abraham Ben Samuel Zacuto había provisto los equipamientos de astronomía y de navegación.

Leon Poliakov lo confirmaba: "Los apoyos y las contribuciones financieras le llegaron de cristianos nuevos, lo que permite admitir que más allá del espíritu de aventura o de lucro, estaban interesados en el descubrimiento de tierras nuevas en las que, llegado el caso, podrían refugiarse. El hecho es que los cristianos nuevos, sinceros o no, tuvieron un papel de máxima importancia en la colonización de América[370]."

En su expedición, Cristóbal Colomb estuvo acompañado de siete judíos bautizados. En la carabela Santa María viajaban Mastre Bernard, el médico; Luis de Torres, el intérprete; Marco Bernal, el cirujano; Alonso de la Calle, el navegante, y Gabriel Sánchez, un inspector. Estaban además Juan de Cabrera en la Pinta, y Rodrigo de Triana en la Niña. De tal forma, que algunos eruditos judíos reivindican

---

musulmanes), léase *Psicoanálisis del judaísmo*. "(...) Seguían siendo, en su fuero interno, tan judíos como lo fueron antes. Aparentemente, vivían como cristianos. Hacían bautizar a sus hijos en la iglesia, aunque se apresuraban a lavar las trazas de la ceremonia en cuanto regresaban al hogar. Iban en busca del cura para que los casara, pero no se contentaban con esa ceremonia, y en lo privado realizaban otra, que la completaba. A veces acudían al confesionario; pero sus confesiones eran tan irreales, que un sacerdote, dícese, pidió a uno de ellos una pieza de su vestimenta, como reliquia de un alma tan inmaculada. Detrás de esta ficción puramente exterior, continuaban siendo lo que fueron siempre. Su falta de fe en los dogmas de la Iglesia era notoria. Frecuentaban furtivamente las sinagogas, para cuya iluminación enviaban regularmente óbolos de aceite. Constituían también asociaciones religiosas, de aparentes finalidades católicas, bajo el patronato de algún santo cristiano, y las usaban como un biombo, que les permitía observar sus ritos ancestrales. Por su raza y su fe, continuaban siendo lo mismo que habían sido antes de su conversión. Eran judíos en todo, menos en el nombre; cristianos en nada, a no ser en la forma." En Cecil Roth, *Historia de los marranos*, Editorial Israel, Buenos Aires, 1946, Cáp I, p. 26, 27. (NdT).

[369] Cecil Roth, *Historia de los marranos*, Editorial Israel, Buenos Aires, 1946. *History of the Marranos*, Jewish Publication Society of America, 1932, p. 272-273.

[370] Léon Poliakov, *Los Samaritanos*, Grupo Anaya & Mario Muchnik, Madrid, 1992 p. 77

naturalmente Cristobal Colomb como uno de los suyos. Pero un punto importante venía a contradecir esa hipótesis. En 1498, Gabriel Sánchez y los otros marranos habían convencido Colomb de capturar 500 amerindios para venderlos como esclavos en Sevilla. Ahora bien, Colomb no recibió un solo céntimo de aquella venta. Sea como fuere, aquella operación fue el inicio de la esclavitud en el Nuevo Mundo.

Otro fenómeno muy lucrativo también vio la luz en aquella época: el comercio del tabaco. Fue Luis de Torres quien introdujo el tabaco en España. Éste instaló sus plantaciones en Cuba y exportó luego su beneficiosa producción hacia toda Europa.

Muchos de los judíos expulsados de España se habían instalado en Portugal. Pero en 1497, también fueron expulsados de aquel reino. Partieron hacia la Holanda calvinista o el imperio otomano. Algunos prefirieron seguir siendo súbditos de la corona portuguesa, pero en sus colonias afín de escapar de la Inquisición que rastreaba los cristianos sospechosos de ser judíos camuflados. Este fue el motivo por el que tantos judíos se instalaron en la isla de Madeira, y luego en Brasil, donde establecieron rápidamente emporios comerciales.

En la isla Madeira, algunos judíos se habían lanzado en la industria azucarera. A principio del siglo XVI había unos 150 molinos de caña de azúcar, según el historiador judío Morechaï Arbell. En 1516, el rey de Portugal Manuel I había decretado que las personas que querían emigrar a Brasil para lanzarse en la producción de azúcar recibirían de la corona todo el material necesario y se beneficiarían de la asistencia de expertos. Los "Nuevos Cristianos" (también llamados "marranos" o "conversos"), especializados en esa producción, empezaron a emigrar hacia Brasil. "La caña de azúcar ha sido importada en Brasil desde la isla de Madeira en 1548 por los judíos expulsados de Portugal", escribía el historiador Don Antonio de Campany de Montpalan en 1779[371]. Los Nuevos Cristianos no siempre eran identificados como judíos, pero los documentos atestiguan su participación en tres etapas: el cultivo de la caña, la producción del azúcar y su comercialización.

En sus estudios sobre Brasil, el historiador Herbert Bloom escribía en 1932: "Los judíos eran propietarios de enormes plantaciones de azúcar...Los judíos controlaban el comercio de azúcar en Brasil[372]." Otro investigador, Gilberto Freyre concordaba en ese punto: "Los

---

[371] Leon Huhner lo cita en el artículo "Brazil", en *Jewish Encyclopedia* (New York, 1902), vol. III, p. 359
[372] Dr. Herbert J. Bloom, *Study of Brazilian Jewish History*, in *Publications of the American Jewish Historical Society*, 33 (1934), p. 52 y 55. Citado por Mordechaï Arbell, *Les Juifs séfarades des Antilles et le sucre*.

Judíos eran los agentes más activos en la conquista del mercado del azúcar en Brasil durante los primeros cien años de la colonización. Los Judíos eran también los más eficaces en la técnica de los molinos de caña de azúcar[373]."

Cuando las actividades y pesquisas de la Inquisición se ampliaron, muchos de los Nuevos Cristianos eran cultivadores, comerciantes y propietarios de la industria azucarera. Las detenciones provocaron una caída de las exportaciones de azúcar, de tal forma que, para evitar el desabastecimiento, el rey de Portugal ordenó a principio de siglo XVIII que no se confiscaran más los molinos de caña de azúcar[374]. Pero el Brasil holandés ya se había convertido en el principal centro azucarero.

En la Holanda calvinista, la tolerancia religiosa y las perspectivas comerciales habían atraído a muchos judíos expulsados de España y Portugal. Algunos volvieron oficialmente al judaísmo, pero otros aún mantuvieron la máscara durante algún tiempo. Unos y otros invirtieron rápidamente sus fondos en la talla del diamante, el azúcar, la seda, el textil, el tabaco y los productos alimenticios. Las Provincias-Unidas se convirtieron en el centro del poder y de la riqueza judía en Europa. Marcus Arkin estimaba que, en el siglo XVIII, el 25% de las acciones de las compañías internacionales holandesas eran propiedad de judíos[375]. Los navíos efectuaban entonces el comercio triangular entre Europa, África y las Américas. Intercambiaban los productos manufacturados en África, contra esclavos que llevaban a Brasil, al Caribe y a Estados Unidos, y regresaban a Europa con azúcar y otras materias primas.

La ocupación holandesa de Brasil, entre 1624 y 1654, iba a favorecer considerablemente sus negocios. Los soldados holandeses, conducidos por el príncipe de Nassau, vencieron los portugueses y garantizaron la presencia holandesa en Pernambuco, en el noreste de Brasil. Dos cientos judíos que formaban parte de la expedición, atraídos por el comercio del oro, empezaron inmediatamente sus fructuosos negocios. Los Judíos habían invertido masivamente, primero en la famoso Compañía holandesa de las Indias Occidentales, fundada en 1621, que se dedicaba a toda clase de comercio, incluido la trata de Negros. Con sus siglos de experiencia mercantil y sus redes de amigos y familiares diseminados por todo el mundo, desempeñaron un papel muy

---

[373] Gilberto Freyre, *The Masters and the Slaves: Study in the Development of Brazilian Civilization*, New York, 1946, p. 12
[374] Testamento Político da Carta Escrita pelo Conde D. Luis da Cunha, p. 54, in Arnold Wiznitzer, *Jews in Colonial Brazil*, New York, 1960, p. 151
[375] Jewish Publication Society of America, 1975, p. 44, 45

importante en el capitalismo mercante de aquella época.

En Pernambuco, en 1630, la población era de 12 703 personas, de los cuales 2890 eran Blancos. Pero en realidad, la mitad de esos "Blancos" eran judíos. De hecho, éstos construyeron ese mismo año la primera sinagoga de Recife. El historiador judío brasileño Marc Raizman se basaba en la importante obra *Historia dos Israelitas no Brasil* que su padre había publicado en 1937. Como los Indios les parecían poco resistentes para cortar la caña, decidieron importar esclavos negros. La Compañía de las Indias Occidentales era propietaria de los barcos, pero una vez desembarcados a tierra, "los judíos eran responsables de la compraventa de esos esclavos negros", escribía Marc Raizman. "Los revendían a menudo cuatro o cinco veces más caro de lo que habían pagado a la Compañía."

La preponderancia de los judíos españoles y portugueses en el cultivo de la caña de azúcar al otro lado del atlántico era confirmada por otro historiador judío, Arnold Wiznitzer, que también mencionaba el comercio de esclavos: "Además de su posición dominante en la industria azucarera, también dominan el negocio de los esclavos. De 1636 a 1645, un total de 23 163 Negros habían llegado de África, siendo vendidos por 6 714 423 florines. Los compradores en las subastas eran todos judíos, y debido a esa falta de competencia en el negocio de los esclavos, éstos eran comprados a bajo precio. Asimismo, por esta misma falta de competencia en la compra de esclavos, éstos eran pagados a crédito hasta la temporada siguiente de venta de azúcar. Si las subastas coincidían con un día festivo judío, automáticamente eran aplazadas[376]."

En Ouidah y en Porto Novo, las dos ciudades portuguesas fortificadas de la costa de Dahomey, los comerciantes judíos de esclavos habían hecho tratos con los reyes de la costa para comprar a los cautivos. Éstos eran reunidos y hacinados en Aného, la ciudad fronteriza, con vistas a embarcarlos. Rápidamente, las razias de las poblaciones locales fueron insuficientes y las tribus costeras penetraron al norte para cazar esclavos en las tierras continentales. La esclavitud de los Negros fue efectivamente un asunto africano, pues desde siempre los africanos habían practicado el sometimiento de las tribus adversarias. Las leyendas tradicionales del imperio del Mali, como también las de

---

[376] En David Duke, *Jewish Supremacism* (2003). Éste precisaba las referencias: Arnold Aaron Wiznitzer, *Jews in Colonial Brazil*, 1960, p. 72, 73. Arnold Aaron Wiznitzer era profesor en la universidad de Viena en los años 1920, doctor en literatura hebraica, profesor emérito en la universidad del judaísmo de Los Ángeles, antiguo presidente del Brazilian-Jewish Institute of Historical Research.

Behanzin en Dahomey (actual Benín), se hacen eco de ello. Era una plaga que ningún administrador colonial había podido subsanar antes de la independencia de los países africanos en los años 1960. A menudo, unos padres endeudados tomaban prestado dinero y dejaban un hijo en garantía hasta que saldaran sus deudas. Los archivos judiciales coloniales y de los tribunales africanos de hoy en día están repletos de ese tipo de casos.

Los negociantes judíos de esclavos proveyeron así cientos de miles de esclavos negros a las plantaciones de América del Sur y del Caribe, y contribuyeron ampliamente a hacer de Portugal la primera nación negrera occidental.

Moshe Kahan escribía que en 1653-1658, "los negociantes judíos marranos tenían el control del comercio español y portugués." Daniel Swetschinski estimaba que los judíos dominaban el 75% del comercio de Jamaica, siendo ellos el 10% de la población blanca.

El historiador estadounidense Marc Lee Raphael, él también judío, confirmaba que los judíos habían a su vez tomado el control "de una parte muy importante del negocio esclavista holandés". En Recife y en Mauricio, una tasa ("*imposta*") de cinco "*soldos*" había sido establecida para cada esclavo negro comprado por un judío brasileño en las colonias. "En Curazao, en el siglo XVII, pero también en las colonias británicas de Barbados y de Jamaica en el siglo XVIII, los negociantes judíos jugaron un papel muy importante en el negocio esclavista." Los mercaderes judíos desempeñaron por lo tanto "un papel fundamental" en el comercio de esclavos. "De hecho, en todas las colonias americanas, sean francesas (Martinica), inglesas o holandesas, los comerciantes judíos jugaron un papel preponderante[377]."

En un libro importante de la historiografía judía, *New World Jewry, 1493-1825*, Seymour B. Liebman aportaba unas precisiones suplementarias: "El tráfico era entonces un monopolio real, y los judíos eran a menudo nombrados agentes de la corona. Fueron los principales proveedores para armar los navíos de toda la región del Caribe, donde el comercio era principalmente una empresa judía. Los navíos no sólo eran propiedad de judíos, sino que estaban bajo el mando de capitanes y tripulaciones compuestas de judíos[378]."

---

[377] Marc Lee Raphael, *Jews and Judaism in the United States, a Documentary History*, New York, Behrman House, Inc., 1983, p. 14, 23-25. http://www.blacksandjews.com. El rabino Raphael fue durante 10 años redactor jefe del *American Jewish History*, el periódico de la Sociedad histórica judía de la Universidad Brandeis de Massachussetts.
[378] Liebman S. B., *New World Jewry 1493-1825: Requiem for Forgotten*. KTAV, New York, 1982, p. 170, 183. Citado por David Duke en *Jewish Supremacism*.

Después de la derrota de los holandeses en 1654, la mayoría de los judíos fueron expulsados de Brasil por los portugueses y abandonaron la región de Pernambuco. Unas 150 familias judías (600 personas) decidieron entonces regresar a Ámsterdam con los holandeses. Otras se dirigieron hacia las otras posesiones holandesas, como Curazao- una isla al norte de la actual Venezuela- en las Bermudas y otras islas del Caribe. Veintitrés comerciantes judíos marcharon hacia la Nueva Ámsterdam, la que sería Nueva York después de la conquista inglesa de 1664. Los holandeses hicieron todo lo posible para promover esas implantaciones y promulgaron una serie de decretos en favor de los judíos.

La Compañía de las Indias Occidentales quiso desde el principio hacer de Curazao, con su gran puerto natural, el centro de su red de trata negrera en el Caribe. La vida económica de la comunidad judía giraba principalmente en torno a las plantaciones de caña de azúcar, y por lo tanto al comercio de esclavos. Los comerciantes judíos crearon allí un mercado de esclavos que creció considerablemente a partir de 1643-1648. Los mercaderes judíos de Curazao tenían una sobresaliente red de contactos y relaciones que cubría todo el Caribe y Europa, y cuyo centro era Ámsterdam. Una década después de su llegada, los judíos poseían el 80% de las plantaciones.

Otros refugiados judíos se afincaron en Londres. Los ingleses habían favorecido ellos también la instalación de emprendedores judíos en sus colonias, especialmente en la isla de Barbados donde desde 1654 les habían autorizado instalarse. Así pues, los comerciantes judíos se esparcieron por todo el Caribe.

En 1655, antes de la ocupación holandesa, los ingleses habían incitado a los judíos a instalarse en Surinam, donde fueron considerados ciudadanos ingleses de pleno derecho. La "Savana judía" era una región casi exclusivamente poblada de judíos y un gran centro azucarero. Después de la ocupación de los holandeses en 1667 – el Surinam pasó a llamarse la "Guayana holandesa"- los ingleses pensaron en llevar a los judíos a Jamaica para desarrollar la producción de azúcar, pero los holandeses se opusieron a ello. En 1694, la Savana estaba poblada por un centenar de familias judías (570 judíos en total) que hacían trabajar unos 10 000 esclavos negros en unas cuarenta plantaciones de caña de azúcar. En 1730, poseían 115 plantaciones y tenían casi el monopolio sobre las exportaciones de azúcar hacia Europa y el Nuevo Mundo.

En su libro *A History of the Jews*, otro historiador judío llamado Salomón Grayzel confirmaba lo mismo: "Los judíos fueron los

comerciantes de esclavos más importantes de la sociedad europea[379]."
El historiador judío Henry Feingold escribía por su parte lo siguiente: "Los judíos que a menudo estaban en el centro del comercio no pudieron dejar de contribuir, directa o indirectamente, en una proporción similar a la trata de Negros. En 1460, cuando los Judíos se habían vueltos expertos en la ciencia náutica en Portugal, este país ya importaba entre 700 y 800 esclavos cada año[380]."

Hoy en día, los judíos sefarditas todavía tienen un papel considerable en el comercio de productos alimenticios. El negocio internacional del azúcar, del cacao, de los cereales, de los oleaginosos y casi todas las materias primas provenientes de esas regiones, están en manos de sociedades, generalmente familiares, pertenecientes casi todas a judíos sefarditas, declaradas o no.

El célebre historiador León Poliakov también reconocía la importancia del papel de los judíos en la industria azucarera y el comercio atlántico, pero, por lo visto, prefería ser más discreto sobre el papel de sus congéneres en la trata negrera: "Lo cierto es que los marranos fueron los grandes artesanos de la economía colonial en América del Sur: y en primer lugar en Brasil, donde, al ser más numerosos que los cristianos viejos, fundaron grandes dinastías comerciales las cuales hoy en día, conscientes de sus orígenes, prefieren disimularlos [381]."

La trata atlántica II: en Estados Unidos

El comercio de esclavos introdujo algunos cientos de miles de esclavos negros en el continente norteamericano. Entre Aného (Dahomey, en la frontera con Togo) y Newport (Virginia), y más tarde Charleston (Carolina del Sur), cerca de medio millón de esclavos negros fueron comprados, transportados y vendidos en dos cientos cincuenta años (1600-1860) para abastecer de mano de obra las plantaciones de tabaco y de algodón.

Aquí también, los judíos forman parte de los mayores negociantes hasta la abolición de la esclavitud que fue proclamada en 1865, al final

---

[379] Salomon Grayzel, *A History of the Jews: From Babylonian Exile to the End of Worl War II*, Philadelphia, Jewish Publication Society of America, p. 312

[380] Henry Feingold, *Le Sionisme en Amérique: L'expérience juive du temps des colonies jusqu'à ce jour- Zion in America: The Jewish Experience from Colonial Times to the Present*, New York, Twayne Publishing Inc., 1974, p. 42, 43

[381] León Poliakov, *Los Samaritanos*, Grupo Anaya & Mario Muchnik, Madrid, 1992, p. 79

de la guerra de Secesión. En el siglo XVII, la esclavitud estaba prohibida en el norte de las colonias norteamericanas. Cuatro ricos negociantes israelitas de Filadelfia, Sandiford Lay, Woolman, Solomon y Benazet, influyeron en el legislador para modificar la ley y obtener su legalización. Newport se convirtió así en un centro importante del tráfico de esclavos y albergó la más importante comunidad judía de América de aquella época. De hecho, la sinagoga todavía existente más antigua del país se encuentra en esa ciudad.

A principio del siglo XVIII, durante el apogeo del tráfico, la trata operaba gracias a una flota de 128 navíos negreros pertenecientes casi todos a armadores judíos de Newport y Charleston, los dos grandes centros del tráfico de esclavos. El historiador judío estadounidense Marc Lee Raphael admitía que los comerciantes judíos habían sido los protagonistas de la trata de esclavos. En todas las colonias americanas, fuesen inglesas, francesas o holandesas, los mercaderes judíos dominaban el comercio triangular: "Esto también era cierto en los territorios de América del Norte durante el siglo XVIII, cuando los judíos participaban en el comercio triangular que traía esclavos de África occidental a cambio de melaza de caña de azúcar y ésta era cambiada por ron en Nueva Inglaterra. Isaac Da Costa de Charleston en los años 1750, David Franks de Filadelfia en los años 1760 y Aaron López de Newport a finales de los años 1760 y principio de los 1770, dominaron el negocio de la esclavitud en el continente norteamericano[382]."

El historiador francés Jacques Heers coincidía: "En los tiempos más álgidos de la trata, a principio del siglo XVIII, había más de ciento veinte barcos negreros, la gran mayoría propiedad de negociantes y armadores judíos de Charleston en Carolina del Sur y de Newport en la bahía de Chesapeake en Virginia (Moses Levy, Isaac Levy, Abraham All, Aaron López, San Levey), o portugueses, también judíos, establecidos en Norte América (David Gómez, Felix de Souza), los cuales tenían parientes en Brasil."

Estos traficantes de ébano (esclavos africanos), algunos de origen "portugués", estaban fuertemente implantados en la costa africana, incluso en las tierras, gestionando directamente importantes emporios de trata, almacenes y embarcaderos, cosa que no habían hecho ni los ingleses ni los franceses[383].

Esta era la lista de traficantes de esclavos de Newport en el siglo

---

[382] Marc Lee Raphael, *Jews and Judaism in the United States, a Documentary History*, New York, Behrman House, Inc., 1983. Vol. 14.

[383] Jacques Heers, *Les Négriers en terre d'Islam*, Perrin, 2003, Poche, 2007, p. 260

XVIII, recopilada por el investigador afroamericano Luis Farrakhan en su libro titulado *The Secret Relationship between Blacks and Jews*[384], en cursivas entre paréntesis los nombres de sus barcos negreros: Joseph y Samuel Frazon (el *Joseph and Rachel*), Abraham de Lucena (el *Mary and Abigail*), Modecaï Gomez (el *Young Catherine*), Rachel Marks (el *Lydia*, el *Barbadoes factor*, el *Charming Sally*, el *Hannah*, el *Polly*, el *Dolphin*, el *Prince Orange*), Nathan Levy y David Franks (el *Drake*, el *Sea Flower*, el *Myrtilla*, etc.), Isaac y Abraham Hart (el *General Well*, el *Defiance*, el *Perfect Union*, etc.), Samuel Levy (el *Deborah*), Moses y David Franks (el *Gloucester*, el *Delaware*, el *Belle*, el *Mars*).

En el siglo XIX, los propietarios de los navíos eran David G. Seixas (el *Jane*, el *Nancy*), John Bueno (el *Rebecca*), James de Wolf (el *Ann*), Isaac Levy (el *Crown Gally*, el *Postillion*), Jacob Franks (el *Duke of York*), Samuel Jacobs (el *Betsey*), Emmanuel Alvares Correa y Moses Cardozo (el *Pearl*), Moses Levy (el *Mary and Ann*), Moses López (el *Rebecca*), Naphtali Hart (el *King George*).

Aaron López, un marrano portugués, era el más poderoso de esos comerciantes de esclavos. Poseía docenas de navíos e importaba miles de esclavos negros a las costas norteamericanas. Las cuentas de uno de sus barcos, el *Cleopatra*, muestran que 250 esclavos habían perecido durante dos viajes[385]. En 1774, Aaron López controlaba él solo el 50% de la trata con destino a las colonias norteamericanas.

Jacques Heers daba además otras informaciones interesantes que ponían en evidencia el arraigo de las actividades de esos traficantes: "En Charleston, escribía, una veintena de establecimientos, en absoluto clandestinos, destilaban un alcohol de mala calidad destinado a África para la trata de esclavos Negros."

Los judíos eran además los mayores propietarios de esclavos. Uno de los numerosos estudios realizados por Ira Rosenwaike, publicado por el American Jewish Historical Society, mostraba que, en 1830, el 75% de los dos cientos mil propietarios de esclavos de la Confederación eran israelitas.

El historiador Jacob Marcus escribía por su parte que, en el Sur, menos del 10% de los colonos tenía esclavos, pero que los judíos eran mucho más propensos a tenerlos que los gentiles. En 1820, más del 75% de las familias judías de Charleston y de Richmond poseían esclavos y

---

[384] *The Secret Relationship between Blacks and Jews*. (1991). Prepared by the Historical Research Department of the Nation of Islam. Chicago, Illinois: Latimer Associates.

[385] Platt, Virginia B. (1975). *And Don't Forget the Guinea Voyage: The Slave Trade of Aaron Lopez of Newport*. William and Mary Quartely, in David Duke, *Jewish Supremacism* (2003).

empleaban criados[386]. Naturalmente, algunas mujeres negras podían también ser explotadas en las redes de prostitución.

En Martinica y en Guadalupe

En las colonias francesas, en Martinica y en Guadalupe, ocupadas en 1635 por los franceses, la trata esclavista también se desarrolló con la llegada de comerciantes judíos que invirtieron en la industria azucarera. En 1654, siete o ocho familias judías acompañadas de sus esclavos negros habían llegado en Martinica, expulsados de Brasil por los portugueses. Esos comerciantes trajeron con ellos las técnicas de fabricación y de refinado del oro blanco e instalaron una azucarera[387]. La locura del azúcar se apoderó de los colonos y todos soñaban con hacerse ricos. En 1661, había 71 molinos de caña en Guadalupe, y un poco menos en Martinica. Diez años después, 111 molinos funcionaban en Martinica, y 172 en 1675.

En 1683, había en Martinica 23 familias de esos "holandeses", que representaban unas 90 personas aproximadamente. Esta presencia de propietarios esclavistas que intervenían en el comercio triangular con navíos holandeses levantó ampollas. Los jesuitas informaron al rey de Francia, y la expulsión de los judíos fue ordenada por un decreto del 2 de mayo de 1684 registrado en el consejo soberano. Éste fue el origen del primer artículo del código negro de Colbert de marzo de 1685:

"Art. 1: ...siendo así que, instamos a todos nuestros oficiales expulsar de nuestras dichas islas a todos los Judíos que establecieron su residencia allí, a los que, como enemigos declarados de la fe cristiana, ordenamos salir dentro de tres meses desde el día de la publicación de la presente, bajo pena de confiscación de bienes y propiedades."

Algunos marcharon hacia Curuzao, pero por lo visto, el gobierno colonial ignoró aquel artículo 1, ya que numerosos judíos continuaron prosperando en las islas. La Revolución francesa, que declararía el principio de igualdad de derechos, aseguraría su hegemonía en el comercio de esclavos, en calidad de agentes (intermediarios) de compañías negreras europeas. De 1786 a 1792, el 50% de los barcos negreros franceses eran armados en Burdeos. Los principales armadores se llamaban Nairac, Cabarrus, Balguerie, Baour, Gradis.

La dinastía de los Gradis ilustraba bastante bien la historia de los judíos en las colonias francesas. La casa había sido fundada en 1685 por

---

[386] Marcus, J. (1989, *United States Jewry*). 1776-1985. Detroit: Wayne State University Press, p. 586, citado por David Duke, en *Jewish Supremacism*.
[387] Armand Nicolas, *Histoire de la Martinique*, Tome I, Éditions L'Harmattan, p. 73, 74

Diego Gradis, vástago de una vieja familia "portuguesa" instalada en Burdeos. La había transmitido a su hijo David Gradis (1665-1751), quién lanzó la empresa comercial en San Pedro de Martinica y abrió una sucursal en Santo Domingo francés en 1724. Su comercio consistía típicamente en un intercambio triangular entre Europa, el Caribe y Norteamérica. En Burdeos, el "rey David" armaba en aquellos años veintiséis navíos. Se había vuelto tan poderoso que el gobierno colonial era incapaz de desterrarlo de Martinica. Cuando David falleció en 1751, su hijo Abraham se empleó con éxito en continuar la obra de su padre y acrecentó todavía más la riqueza y poder de la familia. La influencia de aquel personaje era tan grande que en 1779 se le concedió "los derechos de los franceses", distinción nunca concedida hasta entonces a un judío. Cuando murió en 1780, su fortuna era evaluada en 8 millones de libras, es decir la mitad del valor de las exportaciones de Martinica hacia Francia. Abraham Gradis fue recordado mucho tiempo después de su muerte por los habitantes de Burdeos, al que éstos llamaban el famoso judío Gradis, "el rey de Burdeos". En 1789, la casa Gradis se vio duramente afectada por la Revolución y la abolición de la esclavitud. Sin embargo, ésta logró rehacerse con el transporte y el negocio del azúcar de Martinica.

Isaac Mendès fue otro gran comerciante de esclavos del Caribe. Sefardita de Burdeos, donde algunos judíos portugueses se habían establecido, se hizo llamar Mendès France, para diferenciarse de la rama portuguesa de su familia. Isaac Mendès France estuvo en el centro de un polémico juicio en 1776, bajo el reinado de Luis XVI. Había regresado a Francia con dos esclavos congoleños: "El Negro Gabriel Pampy de 24 años y la Negra Amynte Julienne de 18 años". Pero éstos habían dejado tirado a su amo en París, por lo que Mendès France los reclamó ante la justicia. Leon Poliakov escribía que, durante el juicio, los esclavos acusaron a Mendès "de crueldad, enumerando varios ejemplos[388]". Pero Poliakov no daba más detalles.

El tribunal falló finalmente en favor de Pampy y Julianne. El Código negro, en efecto, no tenía vigencia en la metrópoli, y cualquier esclavo que penetrara en el reino era inmediatamente liberado. Bien es cierto que otro edicto real prohibía a los "Negros" entrar en el reino, así como los matrimonios mixtos.

Mendès France continuó sin embargo con su tráfico, tal como lo demostraba un documento de la época que databa de 1785: "Cuenta de venta de 524 cabezas de negros provenientes de la costa de Angola desembarcados en el puerto de Léogane por el navío *Agamemnon*, el 19

---

[388]Léon Poliakov, *Histoire de l'antisémitisme, tome I*, Seuil, 1981, p. 448, 449

de diciembre de 1785. Han sido vendidos a Mendès France 105 negros de cola de los cuales 9 enfermos y uno del pian: 16 negros, una negra, 62 negritos, 26 negritas por una suma total de 192 000 libras. La carga total de negros del *Agamemnon* ha reportado 1 215 960 libras." El político Pierre Mendès France, primer ministro de Francia en 1954-1955, era descendiente de esa familia de esclavistas.

El Debate

Todas estas evidencias no impedían que la gran prensa defendiera que los judíos nunca habían participado en la trata de Negros. Esto podíamos leer por ejemplo en el semanal *Le Point*, del 4 de mayo del 2006: A la pregunta: "¿Fueron los judíos los artífices de la trata atlántica?" Respuesta: "Falso: Es la tesis del populista estadounidense Farakhan, que defiende en Francia Dieudonné [un humorista mulato enemistado con la comunidad judía francesa, cf *Las Esperanzas planetarianas*]. Está en contradicción con el Código negro. Dixit: "Instamos a todos nuestros oficiales expulsar de nuestras dichas islas a todos los Judíos que establecieron su residencia allí, a los que, como enemigos declarados de la fe cristiana, ordenamos salir dentro de tres meses..." Si bien algunos financieros judíos han participado en la conquista del Nuevo Mundo, apuntaba el periodista, parece ser que fueron más bien los cristianos, especialmente los protestantes, los que han organizado la Trata desde Liverpool, Nantes, Burdeos, La Rochelle, Le Havre o Ámsterdam." Evidentemente, esto era sin contar con los marranos, los cuales eran buenos católicos, por lo menos en apariencia.

Un año antes, el 3 de marzo del 2005, otro semanal de gran tirada, de izquierda esta vez - *Le Nouvel Observateur*- publicaba un gran dossier sobre el tema, titulado: "La verdad sobre la trata de Negros". Leíamos estas líneas: "¿Participaron los judíos en la trata atlántica? - Falso, respondía Olivier Pétré-Grenouilleau. Y la mejor prueba de que se trata de una elucubración sin base histórica figura en el Código negro, promulgado en 1685 por Luis XIV. El primer artículo de ese texto que regulaba la esclavitud en las Antillas, en Guayana y en Luisiana, excluía formalmente los judíos de los territorios mencionados: "Instamos a todos nuestros oficiales expulsar de nuestras dichas islas a todos los Judíos..." En cambio, en La Rochelle, Nantes y Burdeos, grandes familias protestantes prosperaron gracias al comercio triangular."

Así pues, constatamos que si bien la diversidad de opinión todavía existe en el sistema democrático, ésta es sólo aparente cuando se trata de debatir de los problemas de fondo.

En el 2004, el historiador Olivier Pétré-Grenouilleau había publicado en Francia un "libro de referencia" titulado *Las tratas negreras*. Esto escribía: "Hay que corregir de inmediato los mitos respecto al papel que los judíos habrían desempeñado en la trata negrera." Y añadía: "Seymour Drescher ha aportado sobre el tema una brillante síntesis. En ella, subrayaba el hecho de que dos mil niños judíos fueron deportados por los portugueses a Santo Tomé, después de 1492, y que sus descendientes fueron los primeros comerciantes de la isla." Efectivamente, en su libro Pétré-Grenouilleau se refería principalmente a historiadores judíos...

Respecto al papel de la comunidad marrana, Grenouilleau citaba otra vez a Seymour Drescher: "Su impacto global fue modesto en Europa, en África y en el Atlántico, incluso en los momentos de mayor influencia judía (1640-1700). Drescher apuntaba, a modo de conclusión, que "su presencia en la trata fue simplemente demasiado efímera, localizada y limitada para sobresalir de manera apreciable[389]." Así pues, si Seymour Drescher lo decía es que debía ser cierto. Esa era la única referencia que se podía encontrar sobre el papel de los comerciantes judíos en el libro de 700 páginas de Olivier Pétré-Grenouilleau.

Como sabemos, los intelectuales judíos tienen una fuerte tendencia a transferir sobre los demás aquello de lo que se sienten probablemente un poco culpables. Naturalmente, los artículos de prensa del *Time* o de *Newsweek*, del *Nouvel Observateur* o de *Le Point* han negado el papel de los judíos en la esclavitud. De la misma forma que la película de Steven Spielberg sobre la trata negrera, *Amistad* (EE. UU, 1997), no muestra el papel irrefutable de los comerciantes judíos en aquella tragedia y rechazan todo el peso de la infamia sobre los cristianos.

En el 2006, en *El Mundo moderno y la cuestión judía*, el sociólogo sefardita Edgar Morin (nacido Nahoum) admitía la participación de los esclavistas judíos, aunque zanjaba la cuestión con una sola frase: "La huida de los marranos de España y Portugal aportó a los Países Bajos e Inglaterra los fermentos de su auge económico, y de manera más general de todo el crecimiento económico de los tiempos modernos, en lo bueno (apertura intelectual y cosmopolitismo) y en lo malo (contribución al sometimiento de los indígenas de América y la práctica de la trata de Negros)[390]."

Pero esta era una honestidad intelectual excepcional, pues los

---

[389] Olivier Pétré-Grenouilleau, *Les traites négrières*, Gallimard, 2004, Folio, 2006, p. 65, 66
[390] Edgar Morin, *Le Monde moderne et la question juive*, Seuil, 2006, p. 55

intelectuales judíos prefieren normalmente culpabilizar a los demás. El propio Edgar Morin se había ensañado de buena gana en su libro del 2005, amablemente titulado *Cultura y barbarie europea*. Europa es "potencialmente criminal[391]", nos decía por ejemplo el imprescindible Bernard-Henri Lévy.

Destaquemos ahora estas palabras de otro intelectual "francés", Stéphane Zagdanski, el cual escribía en el 2006 un pequeño dialogo acerca del humorista mulato franco-camerunés Dieudonné [*"Diosdado"* en español, ndt] que había descubierto y entendido el papel de los comerciantes judíos en la trata negrera:

"Como no consigue elegir entre su padre y su madre, o más bien, puesto que el racismo de los demás lo ha hecho por él, se desquita atacando la raíz "desprovista de fraude de su apellido".
- Resultado: ¡Califica explícitamente el judaísmo de "estafa"!
- Y los judíos se convierten en los grandes responsables de su propio malestar existencial...
-¡Precisamente! No os imagináis a que quimeras ha dado crédito este pálido cretino. ¡Los judíos habrían masivamente esclavizado a los Africanos!
- He aquí una muy original inversión de la verdad, debido a un odio antisemita de lo más común y corriente. Los judíos son precisamente el único pueblo del mundo que no tiene absolutamente ninguna responsabilidad en las continuas tragedias y desgracias de África[392]."

Tenemos aquí un muy buen ejemplo de lo que son capaces de hacer los intelectuales judíos movidos por su habitual "*chutzpah*", es decir el culmen de la desfachatez que les permite defender exactamente lo contrario de la verdad. Los intelectuales judíos siempre suelen proyectar sobre los demás sus propias taras, incluso la que consiste en proyectar sus taras sobre los demás. También sabemos que tienen una lamentable tendencia a insultar sus adversarios.

Otro elemento constitutivo del espíritu judío es que son propensos a tratar sus adversarios de enfermos mentales. Por ejemplo, esto escribía Zagdanski sobre Louis Farrakhan: "El líder negro estadounidense cada vez con más seguidores, cuyo antisemitismo es sencillamente enfermizo." Se trata evidentemente aquí también de otra manifestación de ese síndrome de "proyección[393]".

---

[391] Sobre la culpabilización, léase *Las Esperanzas planetarianas, Psicoanálisis del judaísmo* y *El Fanatismo judío*.
[392] Stéphane Zagdanski, *De l'Antisémitisme*, Climats, 1995, 2006, p. 346
[393] Sobre la inversión acusatoria y la tendencia a los insultos, léase los capítulos de *Psicoanálisis del judaísmo* y *El Fanatismo judío*.

Por lo demás, Zagdanski confirmaba que los judíos alentaban la inmigración y la instauración de sociedades multirraciales en Occidente. Siempre habían apoyado la integración de los Negros en las sociedades europeas y norteamericanas, escribía. Farrakhan, según él, renegaba y anulaba "lo que la emancipación de los negros debía a la ayuda activa por parte de la comunidad judía en Estados Unidos."

Los intelectuales judíos tienen evidentemente mucha más simpatía por los Negros dóciles: "El anti-Farrakhan es el sonriente Nelson Mandela, escribía Zagdanski. A penas elegido presidente, se desplaza a la gran sinagoga de Johannesburgo para agradecer a la comunidad judía sudafricana su participación en la lucha contra el Apatrtheid[394]."

Sin embargo, no se debería olvidar que los judíos y el Estado de Israel habían sido durante mucho tiempo los apoyos internacionales más firmes del régimen del Apartheid, pues les permitía beneficiarse de la explotación de las minas de oro y de diamantes de África del Sur. La igualdad de derechos para la población negra no cambió nada. En todas las sociedades multiétnicas – con o sin Apartheid- los Negros estan siempre abajo en la escala social, mientras que los judíos están arriba. En África del Sur como en otras partes, los judíos habían favorecido la igualdad de derechos no por representar un deber moral, sino porque el objetivo era socavar la sociedad blanca, disolver las identidades y las comunidades étnicamente homogéneas a fin de evitar una posible reacción nacionalista en contra de su dominación.

La ayuda que los judíos habían aportado a los inmigrantes en Occidente no había sido en realidad una vocación desinteresada o sin fundamento, no correspondía a sentimientos humanitarios. El fondo del alma judía era muy diferente. He aquí por ejemplo un extracto del *Mishné Torá* de Maimónides, el eminente talmudista del siglo XII, fallecido en Córdoba en 1204 y que los judíos llaman también "el Moisés medieval": "Los Turcos del extremo Norte y los negros en el lejano sur y sus semejantes en nuestros climas deben considerarse como animales irracionales por debajo de los hombres y por encima de los simios."

Escuchemos también el célebre novelista estadounidense Philip Roth, en 1967, hablar de la mujer de la limpieza de sus padres: "La señora de la limpieza es, obviamente, una shiksa[395], pero ella no cuenta, porque es negra[396]"

---

[394] Stéphane Zagdanski, *De l'Antisémitisme*, Climats, 1995, 2006, p. 256, 257
[395] Shiksa: mujer no judía (peyorativo).
[396] Philip Roth, *El mal de Portnoy*, Penguin Random House Debols!llo, Barcelona, 2008. p. 92

Mordecaï Richler fue otro conocido novelista judío nacido en Montreal, Quebec. Autor de una decena de novelas y de varios guiones, era naturalmente calificado, como todos los novelistas judíos, de "genio" por toda la prensa. Había recibido numerosos premios, siendo esto una manifestación evidente de esa famosa solidaridad comunitaria. Su novela *Josué antes y ahora* (*Joshua then and now*) era "considerada por la crítica como uno de sus mejores libros". Si la crítica lo decía, pues tenía que ser cierto. No lo dudamos: Mordecaï Richler era un maravilloso genio de la literatura.

A continuación, transcribimos un fragmento de su obra: "Fíjate en los negros, por ejemplo. Los hay de todos los tonos, de negro carbón a moreno merdoso, como Sugar Ray, pasando por un leve tono bronceado[397]." El fondo del alma de un pueblo siempre se vislumbra mejor en sus novelas.

En la contraportada del libro, se podía leer la siguiente reseña: "A Joshua Shapiro, hijo de un boxeador reconvertido en contrabandista y estafador de poca monta, le ha ido bastante bien en la vida. Escritor, periodista, estrella de televisión, se apasionará por la deslumbrante Paulina, hija de un senador que se mueve en la distinguida sociedad de Montreal... Seguimos el turbulento periplo de este héroe insolente e irresistible. Mordaz, feroz, el humor de Richler nunca deja de asombrarnos."

Una lástima sin embargo que la palabra "mierda" apareciera cada dos páginas. A lo largo de 615 páginas resulta quizás demasiado.

---

[397] Mordecaï Richler, *Joshua*, Buchet/Chastel, 2004, p. 280, 443

5. Los esclavos cristianos

El comercio de esclavos negros hacia América llegó a ser realmente importante a finales del siglo XVII y se detuvo a mediados del siglo XIX. Pero desde la Antigüedad, y hasta el apogeo de la trata negrera en el siglo XVIII, la mayoría de los esclavos comprados y vendidos por los comerciantes judíos eran Blancos.

Hacia América

La verdad es que incluso en la época de la trata negrera era más fácil procurarse esclavos blancos que esclavos africanos. Los jefes de las tribus costeras tenían que ser pagadas para ir a capturar esclavos dentro de las tierras africanas y las cacerías podían durar largas semanas. En cambio, los esclavos blancos estaban al alcance de la mano de los comerciantes ingleses.

En 1615, el parlamento inglés con el apoyo del rey Carlos I había concedido la potestad a los magistrados para permitir la deportación de los súbditos más pobres para impulsar el desarrollo de las colonias inglesas y favorecer la expansión del Imperio británico. En 1618, una petición había sido llevada ante el Consejo de Londres por los representantes de la aristocracia para pedir la deportación de niños errantes a Virginia. Por su parte, los propietarios de las plantaciones reclamaban la legalización y expansión del *kidnapping*, y en febrero de 1652 los mendigos de Inglaterra partían encadenados hacia América.

La edición de 1796 del *Dictionary of vulgar Tongue* definía así el *kidnapper*: "Persona que roba niños para enviarlos a las colonias, en las plantaciones del Caribe". En 1670, según el historiador Edward Channing, en su *History of the United States*, diez mil niños fueron así secuestrados y deportados a Estados Unidos.

Irlanda también iba a sufrir tiempos difíciles con su vecino inglés. El país, que fue invadido por las tropas de Cromwell tras la caída de la monarquía inglesa, pagó duramente su apego a la fe católica. Más de 100 000 hombres, mujeres y niños fueron deportados y sólo una parte sobrevivió a las difíciles condiciones de travesía del océano atlántico que duraba entre 9 y 12 semanas. En septiembre de 1655, Cromwell exigió que otros 1500 jóvenes irlandeses de 12 a 14 años fuesen enviados a Jamaica y el Caribe inglés para paliar la alta tasa de mortalidad. En *The Curse of Cromwell: A History of the Ironside Conquest of Ireland*, Rose Esson afirmaba que los sacerdotes irlandeses eran sistemáticamente puestos en campos de internamiento y deportados a América junto a ancianos de más de 80 años.

En febrero de 1656, Cromwell dio la orden de capturar y deportar 1200 mujeres inglesas, otras 2000 siguieron al mes siguiente. Ese mismo año, Cromwell hizo deportar todos los escoceses sin hogar y más tarde todos los prisioneros políticos y también los mendigos ingleses. En cambio, el muy puritano Cromwell, tan impregnado de los valores del Antiguo Testamento, había permitido el regreso de los judíos en Inglaterra, expulsados del reino en 1290 por el rey Eduardo I.

En un libro titulado *They Were White and They Were Slaves* (*Eran blancos y fueron esclavos*), el estadounidense Michael A. Hoffman, mencionando el caso de un capitán cuyo navío iba cargado de 200 a 300 esclavos blancos con destino a Carolina, explicaba que un esclavo blanco tenía menos valor que un esclavo negro porque éste estaba más acostumbrado al clima tropical de Virginia o Florida. El tesorero del Estado de Virginia, George Sandys, intercambiaba por ejemplo siete esclavos blancos contra 150 libras de tabaco. En 1657, una esclava blanca era cambiada por un cerdo. En *Sugar and Slaves: The Rise of the Planter Class in the English West Indies*, el historiador Richard Dunn demostraba que las plantaciones de caña de azúcar en el Caribe inglés era la tumba de los esclavos blancos, pues el 80% moría durante el primer año de su llegada.

No muy lejos de la Martinica, en las Islas Barbados, las plantaciones de caña de azúcar empleaban sobre todo a esclavos blancos en el siglo XVII. En 1640, de los 25 000 esclavos, 21 700 eran blancos. Allí fueron deportados los soldados franceses, irlandeses y escoceses del ejército jacobita tras la derrota de Culloden en 1746.

La esclavitud en el Mediterráneo

La esclavitud en el Mediterráneo ha sido estudiada por el historiador estadounidense Robert C. Davies en un libro titulado *Christian Slaves, Muslim Maters* (*Esclavos Cristianos, Amos Musulmanes*), publicado en el 2004. Aquella industria floreciente de secuestro de seres humanos por los piratas berberiscos duró aproximadamente tres cientos años, de 1500 a 1800. Durante la mayor parte de ese periodo, las marinas europeas fueron demasiado débiles para oponerse eficazmente a ella. Salé en Marruecos, Túnez, Argel y Trípoli eran las grandes capitales esclavistas[398].

Hasta hace poco, excepto para algunos especialistas, se podía creer que la cautividad de los cristianos en manos de los berberiscos no era más que una anécdota. Los relatos novelados de los cautiverios, como el de Miguel de Cervantes, contribuían a esa leyenda. Además, era muy difícil hacerse una idea de la importancia del fenómeno. "El estudio de Davis aporta por primera vez un análisis cuantitativo", escribía Olivier Pétré-Grenouilleau que comentaba el libro. "Nos damos cuenta de que se trató de una esclavitud de bastante gran amplitud y que permaneció ignorada durante mucho tiempo. Para el siglo XVI, el número de esclavos cristianos secuestrados es superior al de africanos deportados a América. Aunque es cierto que la trata de Negros no se desarrolló verdaderamente hasta finales del siglo XVII, con la revolución azucarera en el Caribe."

Si ese tráfico fue ignorado durante tanto tiempo es porque no dejó muchas huellas. Los esclavos blancos eran principalmente hombres, en un 90%, y contrariamente a los africanos en América, no enraizaron ni dejaron rastro en tierra del Islam.

Al principio, los berberiscos se dedicaban a operaciones de piratería y razzia en las costas Mediterráneas. Después, los cristianos se movilizaban para rescatar a sus allegados de la esclavitud en la que habían caído. La cosa se volvió muy rentable. Esta motivación financiera agudizó las incursiones musulmanas a partir del siglo XVI. Al ser vendibles, los prisioneros eran vistos como presas más asequibles que los barcos o los cargamentos. Los berberiscos multiplicaron sus razias en las costas del Mediterráneo, especialmente en Italia del Sur. Después de unos años, los esclavos cristianos eran comprados y regresaban a su país. Los otros eran empleados como criados, obreros agrícolas, pero muchos se pudrían en los presidios, donde desaparecían rápidamente, pues la tasa de mortalidad era bastante alta: en torno a un 15%, según Davis. Los menos afortunados morían de agotamiento en las galeras. Los esclavos de la flota del sultán turco permanecían en mar durante meses, encadenados a sus remos, incluso en los puertos. Sus galeras eran prisiones de por vida.

Los piratas secuestraban la mayoría de sus esclavos interceptando barcos, pero los ataques terrestres podían ser también muy fructuosos aunque fueran más arriesgados que en alta mar. Italia era el objetivo

---

[398] Después de varios fracasos en el siglo XVIII, la monarquía española y sus aliados lograron detener esa piratería berberisca gracias al Bombardeo de Argel de 1784 comandado por el Almirante Antonio Barceló. La conquista francesa de Argelia en 1830 acabaría definitivamente con su actividad. (NdT).

más apreciado. Sicilia sólo estaba a 200 km de Túnez y no disponía de un gobierno central fuerte que pudiera organizar una resistencia a la invasión. Los argelinos secuestraron por ejemplo 7000 personas en la bahía de Nápoles en 1544. La incursión provocó tal descenso del precio de los esclavos que se decía que se podía "cambiar un cristiano por una cebolla". En 1554, los piratas saquearon Vieste, en el sur de Italia, y raptaron no menos de 6000 prisioneros. España también sufrió ataques de gran amplitud. Tras una incursión en Granada que se saldó con 4000 hombres, mujeres y niños prisioneros, se decía que "llovían cristianos sobre Argel". Por cada una de esas grandes incursiones, se produjeron probablemente decenas de menor importancia.

De paso, los piratas musulmanes nunca dejaban de profanar las iglesias y santuarios. A menudo robaban las campanas, pues el metal era de gran valor y así también silenciaban el cristianismo.

Únicamente a partir de 1700, los italianos pudieron empezar a repeler estos ataques terrestres espectaculares, aunque la piratería por mar seguía sin obstáculo. Durante todo el siglo XVII, los piratas árabes habían operado libremente, incluso en las aguas británicas. En tres años, de 1606 a1609, la marina británica dio por perdido 466 barcos mercantes ingleses y escoceses debido a ataques de corsarios argelinos. Los navíos de los corsarios árabes tenían una clara ventaja sobre sus adversarios, pues disponían de dos medios de propulsión: el viento y los remeros. Las tripulaciones y los pasajeros de los barcos constituían por lo tanto la principal fuente de esclavos blancos, y si los piratas se quedaban sin esclavos para las galeras, podían poner a trabajar inmediatamente algunos de sus prisioneros. Pero los prisioneros eran generalmente enviados a la bodega para el viaje de vuelta. Eran amontonados, sin apenas poder moverse, en medio de la mugre, la pestilencia y los parásitos. Muchos morían antes de llegar a puerto.

A su llegada a África del Norte, la tradición era hacer desfilar los cristianos por las calles para que la gente pudiera burlarse de ellos y los niños tirarles basura. En el mercado de esclavos, los hombres eran forzados a dar saltitos para demostrar que no estaban cojos. Los clientes querían verlos desnudos para comprobar si estaban en buena salud. Los compradores, que esperaban sacar una buena ganancia del posible rescate, examinaban los lóbulos de las orejas en busca de marcas de pendientes, signo de riqueza. También era costumbre comprobar los dientes del prisionero para ver si podría sobrevivir a un duro régimen de esclavo. Las mujeres blancas tenían naturalmente un gran valor. Todas esas capitales esclavistas tenían a su vez una red homosexual floreciente.

El profesor Davis notaba que, si bien muchas investigaciones habían sido llevadas a cabo para establecer de la forma más exacta posible la cantidad de Negros llevados a través del Océano Atlántico, en cambio no había ningún estudio similar sobre la amplitud de la esclavitud en el Mediterráneo. De hecho, no era nada fácil conseguir una cuenta fiable – generalmente los propios Árabes no guardan archivos- pero después de diez años de investigaciones el profesor Davis había desarrollado un método de estimación.

Los datos recabados dejaban pensar que de 1580 a 1680, había habido una media de 35 000 esclavos en los países berberiscos. La conclusión del investigador era pues que entre 1530 y 1780 hubo más de un millón de cristianos europeos blancos esclavizados por los musulmanes en el Mediterráneo.

Las potencias europeas habían sido incapaces de poner fin a ese tráfico que, si bien había remitido notablemente a finales de siglo XVIII, había vuelto a crecer durante el caos de las guerras Napoleónicas. Esta cuestión era todavía tratada en 1815 en el congreso de Viena. La aventura esclavista de los berberiscos se acabó finalmente en 1830, con la toma definitiva de Argel por los franceses ordenada por el rey de Francia Carlos X. Los soldados del general Bourmont descubrieron entonces que todavía quedaban 120 esclavos blancos cautivos en el presidiario del puerto.

Podríamos preguntarnos acerca de cuál fue el papel de los comerciantes judíos en aquel tráfico de esclavos, pero ni Robeert Davis ni Olivier Pétré-Grenouilleau respondieron a esta pregunta.

En la Edad Media y en la Antigüedad

Los judíos, efectivamente, siempre tuvieron un papel destacado en el comercio internacional. En la Edad Media, como en nuestra época, tenían relaciones, miembros de sus familias en todos los países del mundo que favorecía la confianza necesaria para los intercambios comerciales. Los pagos se hacían entonces con cartas de crédito que evitaban el transporte de grandes cantidades de oro en largos trayectos. Los judíos podían fácilmente servirse de sus lazos familiares para garantizar esos intercambios y el pago mediante esas cartas de crédito. Los lazos de sangre garantizaban la buena marcha de los negocios. Por otra parte, los judíos no tenían los escrúpulos que frenaban a los cristianos - especialmente los católicos- en sus empresas comerciales.

El gran escritor ruso Aleksandr Solzhenitsyn presentó un ejemplo del papel de los comerciantes judíos en ese tráfico. En el siglo XIII, los judíos, que habían sido invitados a instalarse en Kiev por los tártaros, se habían granjeado el odio de los demás habitantes de la capital. Solzhenitsyn citaba un tal Karamzine: "Esta gente compraba a los tártaros el derecho de cobrar el tributo y practicaban una usura desorbitada hacia los pobres, y, en caso de impago, los declaraban esclavos y los llevaban cautivos. Los habitantes de Vladimir, de Suzdal, de Rostov, perdieron la paciencia y se sublevaron unánimemente, tocando las campanas, contra esos malvados usureros: algunos fueron matados, los demás expulsados."

Los comerciantes judíos gozaban de inmensas fortunas. Solzhenitsyn citaba otra fuente: *La Pequeña Enciclopedia judía*, publicada en Jerusalén en 1976: "Los archivos del siglo XV mencionan Judíos de Kiev, recaudadores de impuestos, que disfrutaban de importantes fortunas[399]."

Unos siglos antes, en época de Carlomagno, los comerciantes judíos ya parecían tener el monopolio del comercio internacional, de manera que las palabras *"judaeus"* y *"mercator"* aparecían como términos intercambiables en los documentos carolingios[400]. Y puesto que los negocios son los negocios, no existía ninguna razón para que el comercio de esclavos escapara a la regla.

El comercio hacia Asia estaba en sus manos: "Aquí también, escribía Jacques Heers, los Judíos aseguraban una parte seguramente importante de los intercambios de productos con la lejana Asia, a través de las estepas y los desiertos de las altas mesetas. El historiador y geógrafo Ibn Khordadhbeh dedicaba un largo pasaje de su descripción del mundo a aquellos judíos Radhanitas[401]."

Existen muy pocas fuentes respecto de los Radhanitas, esos mercantes judíos de la alta Edad Media que dominaron el comercio entre el mundo cristiano y el mundo musulmán. A partir del valle del Ródano, bajaban hasta África del norte, pasando por España o Italia, progresaban hacia Oriente-Medio, y luego hasta la India y China, cruzando el continente asiático. Ibn Khordadhbeh, director del servicio postal y de la policía de la provincia de Jibal, escribía hacia 870 en su *Libro de Rutas y Reinos*: "Estos comerciantes hablan árabe, persa, griego, franco, español y eslavo. Viajan de este a oeste, por tierra y por mar.

---

[399] Aleksandr Solzhenitsyn, *Deux Siècles ensemble*, Tome I, Fayard, 2002, p. 21

[400] Marcus Arkin, *Aspects of Jewish Economic History*, Jewish Publication Society of America, 1975, p. 44-45. Y en Encyclopedia Britannica, 1973, artículo "Jews", en Arthur Koestler, *La treizième Tribu*, Calmann-Levy, 1976, Poche, p. 198, Koestler citando Cecil Roth. (Traducción del PDF Arthur Koestler, *judíos Kázaros, La Tribu número 13*, p. 185)

[401] Jacques Heers, *Les Négriers en terre d'Islam*, Perrin, 2003, Poche, 2007, p. 20

Transportan desde occidente eunucos, mujeres esclavas, niños, sedería, espadas, castores, martas y otras pieles."

Los comerciantes podían también tomar otra ruta- desde el valle del Ródano- a través de Alemania y los países bálticos, o por el norte, a través de Rusia. Durante la Alta Edad media, ellos eran los únicos en comerciar con Oriente Medio y Asia. Cecil Roth y Claude Cahen situaban el centro de operaciones radhanita en el valle del Ródano, cuyo nombre latino es Rhodanus. Pero otros expertos afirman que el nombre proviene del persa, de *rah* ("camino") y de *dan* ("él que sabe").

Los Radhanitas desempeñaron un papel esencial en el comercio de esclavos eslavos que se extendió ampliamente en el siglo X. Verdún era entonces un centro comercial importante y uno de los primeros mercados de esclavos. En su libro *Francia en la Edad Media* (1965), André Cheville escribía que los esclavos eran capturados en las tribus eslavas y paganas de los mercados orientales del Imperio carolingio y eran revendidos en todo el mundo musulmán. El tráfico era controlado por los comerciantes judíos: "El tráfico debió ser importante pues la palabra *servus* desapareció a favor de la palabra *slavus* a partir de la cual se formó "esclavo". Sabemos sin embargo que la comunidad judía de Verdún, conocida por estar a la cabeza de ese comercio, no reunía más que algunas decenas de miembros[402]."

Verdún era también una importante plaza de castración de esclavos. Los eunucos eran enviados a Andalucía para ser vendidos a los musulmanes. Roberta Strauss-Feuerlicht, una historiadora judía, lo confirmaba: "La edad de oro de la judería en España debía buena parte de su fortuna a la existencia de una red internacional de mercaderes judíos." En Europa central, "judíos de Bohemia compraban Eslavos y los revendían a los judíos españoles y éstos a su vez los revendían a los Moros[403]."

El historiador del medioevo Jacques Heers no se explayó demasiado sobre el papel de los judíos en el tráfico de esclavos, pero admitía él también que, en la España musulmana, los principales traficantes eran judíos: "Los autores, musulmanes y cristianos, insisten particularmente sobre el papel de los judíos, los cuales, en la España musulmana, constituían la mayoría de la población de las grandes ciudades, especialmente en Granada, llamada comúnmente en el siglo VIII la "ciudad de los Judíos". Negociantes en productos de lujo, metales,

---

[402] André Cheville, *La France au Moyen Âge*, Presses Universitaires de France, 1965, p. 28

[403] Roberta Strauss-Feuerlicht, *The Fate of the Jews*, New York, Time Books, 1983, p. 39

joyería, sedería y prestamistas solían agruparse en pequeñas sociedades de parientes y amigos (...) y seguramente aseguraban por su cuenta buena parte de las transacciones de los dos mundos. También se decía que como los musulmanes se negaban a ello, aquellos traficantes israelitas velaban por la buena marcha de los centros de castración de esclavos."

En el siglo X, afirmaba Jacques Heers, los mercaderes de esclavos de los países del Islam repugnaban a viajar a la Galia, "donde sólo encontraban a poblaciones hostiles. No se les veía frecuentar los mercados de esclavos, mientras que los judíos eran comúnmente designados como los amos de aquel desgraciado comercio[404]." Como vemos, los pobres judíos, a los que se les había privado cruelmente de poder trabajar la tierra, eran abocados a tener que vender ganado humano o a practicar la usura para poder sobrevivir.

El autor judío Julius Brutzkus escribía a su vez: "Ya en el siglo X, los Judíos poseen minas de sal en Nuremberg. Hacen negocio con armas y explotan los tesoros de las iglesias. Pero su gran especialidad es el esclavismo."

Israel Abrahams notaba en la *Jewish Encyclopedia* (volumen II, página 402) que, en el siglo XII, la situación apenas había cambiado: "Los judíos españoles debían su fortuna al negocio de esclavos" La Enciclopedia judía indicaba además que "los primeros Judíos con los que se toparon los Polacos debieron ser seguramente negociantes, probablemente traficantes de esclavos llamados en el siglo XII Holejei Rusyah (Viajeros hacia Rusia)."

La trata de seres humanos es por lo visto una tendencia de fondo y no una anomalía de la historia judía, y algunos historiadores judíos han reconocido el papel de sus congéneres. El libro bien documentado de David Duke mencionaba el historiador judío estadounidense Jacob Marcus, autor de un artículo sobre el tema en la *Encyclopedia britannica*, que notaba que en la Edad Media el comercio, especialmente el muy lucrativo comercio de esclavos, era "ampliamente" dominado por los judíos[405].

Las crónicas de la Antigüedad y de la Edad Media subrayan sus preferencias por las mujeres y los niños europeos. Los cristianos quedaron horrorizados cuando comprendieron que los niños podían sufrir vejaciones sexuales. El arzobispo de Lyon Agobardo, autor de *De Insolentia judaeorum*, que vivió en el siglo IX en tiempos del reinado

---

[404] Jacques Heers, *Les Négriers en terre d'Islam*, Perrin, 2003, Poche, 2007, p. 17
[405] Marcus, J. (1952). *Jews. Encyclopedia Britannica*, vol. 13. p. 57, in David Duke, *Jewish Supremacism*, 2003

del sucesor de Carlomagno, reprochaba él también a los judíos de practicar el comercio de esclavos. Agobard citaba unos hechos fehacientes, como la llegada en su diócesis de un español originario de Córdoba, que, veinticuatro años antes, había sido robado por unos judíos de Lyon y vendido como esclavo cuando era todavía un niño. El cordobés había logrado escapar junto a otra víctima, originaria de Arles, que estaba en la misma situación desde hacía seis años. Agobardo había requerido una investigación sobre ese vergonzoso tráfico que había revelado que aquellos robos y ventas de niños cristianos por judíos no eran excepcionales[406].

Diferentes papas habían advertido a los soberanos cristianos contra esos abusos. Así, en 1205, una bula del papa Inocente III, *Etsi non displaceat*, hacía una lista de acusaciones contra los judíos: usura, blasfemo, arrogancia, comercio de esclavos cristianos, etc. La bula había sido enviada al rey de Francia Felipe Augusto para que tomara medidas contra los judíos.

Más atrás en el tiempo, hallamos más testimonios interesantes. La *Jewish Encyclopedia* (volumen II, página 402), establecía por ejemplo que en el siglo VI, en tiempos del papa Gregorio el Grande (590-604), los judíos ya eran "los principales comerciantes" de esclavos[407].

Bajo el Imperio Romano, los judíos ya seguían las legiones victoriosas para procurarse soldados vencidos y civiles. La *Jewish Encyclopedia* lo establecía: "El comercio de esclavos constituía la principal fuente de ingresos de los judíos del Imperio Romano y muchos decretos fueron promulgados contra ese tráfico en 335, 336, 339, 384, etc.[408].

Quizá debamos acudir a las fuentes y abrir el Antiguo Testamento para encontrar el respaldo moral y teológico de dicha práctica. Se puede leer así explícitamente en Levítico XXV (*El año de reposo de la tierra y el año del jubileo*, 44-46):

"Los esclavos y las esclavas que puedas tener, serán de las naciones alrededor de ustedes; de ellas pueden adquirir esclavos y esclavas.

También pueden comprarlos de entre los hijos de extranjeros residentes entre ustedes, o de entre sus familias que están entre ustedes, de los que engendraron en el país de ustedes. Esos vendrán a ser

---

[406] Recordemos que 800 niños desaparecen cada año en Francia. Léase Hervé Ryssen, *Psicoanálisis del judaísmo*.
[407] Lady Magnus, *Esquisses d'Histoire juive, Outlines of Jewish History*, Philadelphie, Jewish Publication Society of America, 1890, p. 107; Jewish Encyclopedia, New York & London, 1905-1916, vol II, p. 402
[408] *Jewish Encyclopedia*, en 12 volumenes, Funk y Wagnall's, vol. 10, p. 460

propiedad de ustedes:

Ustedes pueden conservarlos como propiedad para sus hijos después de ustedes, para que los hereden como propiedad perpetua. A esos los podrán tratar como esclavos. Pero en cuanto a sus parientes israelitas, ninguno gobernará con dureza sobre el otro." (Biblia Versión Israelita Nazarena 2011).

6. El tráfico de órganos

El 23 de julio del 2009, un enorme escándalo de corrupción estallaba en Estados Unidos. Hombre de negocio sospechoso y agente inmobiliario sin escrúpulos, Solomon Dwek, vecino de la pequeña ciudad de Deal en Nueva Jersey había pagado decenas de miles de dólares a diferentes personalidades públicas con el fin de obtener licencias de obras. Según el *New York Times*, este hijo de rabino, miembro de la comunidad judía originaria de Siria, y que poseía más de dos cientos propiedades en Nueva Jersey y en Brooklyn (Nueva York), había sido obligado a colaborar con la policía y a llevar un micrófono para reducir su pena. Esta operación policial permitió revelar la existencia de un doble tráfico con ramificaciones locales e internacionales. Por un lado, los investigadores habían seguido el rastro de un sistema de corrupción que implicaba políticos locales; y por el otro, descubrieron una red de blanqueo de dinero que implicaba rabinos de Brooklyn y de Nueva Jersey.

Tras diez años de investigaciones, de escucha e infiltraciones, tres alcaldes demócratas, un consejero municipal y dos diputados de la asamblea del Estado de Nueva Jersey habían sido detenidos: esos hombres políticos, tanto Demócratas como Republicanos, eran recién electos y habían ganado las elecciones con un solo tema de campaña: ¡la lucha contra la corrupción! Entre las personas arrestadas, también figuraban personalidades notables, inspectores de trabajos públicos y responsables de planificación urbana. Varias sinagogas habían sido registradas, así como cinco rabinos.

El FBI se había empleado a fondo para realizar esa gigantesca redada, pues más de 300 agentes habían sido movilizados para detener a 44 sospechosos. El 23 de julio del 2009, el FBI tuvo que preparar unos cuantos autobuses para los interlocutores de Solomon Dwek, pues éste había demostrado gran talento para ponerlos en confianza. Transferencias de dinero, sobornos, dólares escondidos en cajas de cereales, contrabando de productos de lujo y ... tráfico de órganos, eran los ingredientes del escándalo.

Para blanquear los cientos de miles de dólares, los políticos corrompidos habían solicitado los servicios de unos rabinos de Brooklyn (un distrito de Nueva York) y de Deal, en Nueva Jersey, que cobraban una comisión del 10%. El *Jerusalem Post* del 24 de julio del 2009 precisaba que los rabinos eran acusados de haber blanqueado 10 millones de dólares a través de sus organizaciones caritativas en Estados Unidos y en Israel. Se trataba de Saul Kassin, 79 años, jefe espiritual de la comunidad judía siria de Brooklyn, Eliahu Ben-Haim, 58 años, Mordejai Fish, 56 años, y Lavel Schwartz, 57 años. Los rabinos enviaban una parte de los beneficios a unas yeshivás en Israel, vinculadas al partido religioso Shas, dirigido por el rabino extremista Ovadia Yosef[409]. El rabino Eliahu Ben-haim trabajaba en Israel en estrecha colaboración con el rabino David Yosef, el hijo del gran "sabio" Ovadia Yosef. Éste había llamado la atención varias veces comparando los palestinos a cucarachas.

La secretaria de Solomon Dwek, que trabajaba también para el FBI, había fingido que su tío estaba gravemente enfermo y que necesitaba un trasplante de riñón. Los rabinos de Nueva Jersey la pusieron entonces en contacto con Levy-Izhak Rosenbaum, 58 años, otro rabino de Brooklyn. Éste le propuso comprarle un órgano a un palestino necesitado para su tío. Según los documentos de los investigadores, el hombre se dedicaba a ese tipo de tráfico desde hacía varios años. Los policías descubrieron entonces que una parte del dinero blanqueado por los rabinos provenía del comercio de órganos humanos. Levy-Izhak Rosenbaum fue condenado junto con los otros cuatro rabinos que se dedicaban al blanqueo de dinero.

Rosenbaum confesó más tarde que compraba riñones a gente modesta en Israel por 10 000 dólares. Los compradores pagaban por su parte 160 000 dólares el trasplante, y Rosenbaum cobraba de paso su comisión. En Estados Unidos, en el 2014, más de 37 000 personas estaban en lista de espera para un trasplante. La situación era parecida en Israel donde había que esperar una media de seis años. Pero en ese país, los donantes de órganos eran escasos debido a prohibiciones religiosas.

Los cuerpos de los Palestinos

Fue durante el verano del 2009 que el tráfico de órganos salió en

---

[409] Ovadia Yosef había declarado en un acto público: "Los Goyim han nacido sólo para servirnos. A parte de eso, no tienen propósito alguno en el mundo; únicamente servir el Pueblo de Israel." En *JTA, Jewish Telegraphic Agency*, October 18, 2010: *Sephardi Leader Yosef: Non-Jews exist to serve Jews*. En el 2013, su funeral fue el más grande de la historia de Israel, reuniendo cerca de 800 000 asistentes durante la última procesión. "Figuras públicas enviaron sus condolencias, recordando un gigante del pensamiento judío", en *The Times of Israel*, October 7, 2013. (NdT)

primera plana de los grandes medios occidentales. El caso del rabino Rosenbaum prendió la mecha del escándalo que estalló en agosto tras un artículo publicado el día 17 por el primer diario sueco *Aftonbladet* que revelaba que los cuerpos de los jóvenes palestinos matados por el ejército israelí eran usados para extraer "piezas de recambio". A principio del 2009, el ejército israelí había lanzado una guerra relámpago masiva y sangrienta sobre la población de la banda de Gaza, mutilando y matando miles de civiles inocentes, de los cuales cientos eran niños. El bombardeo de las poblaciones había durado más de veinte días, y muchas de las víctimas habían sido enviadas al Instituto medicolegal de Abou Kabir para su autopsia. Después de una larga investigación in situ, el periodista sueco Donald Boström acusaba a los médicos israelíes del instituto medicolegal de Abou Kabir de haber extraído órganos (el corazón, los riñones, el hígado) de los cuerpos de jóvenes palestinos matados por el ejército israelí en Gaza y Cisjordania. Los cuerpos eran a veces devueltos a las familias, atiborrados de algodón y cosidos de arriba abajo, pero la mayoría de las veces enterrados en tumbas numeradas. Donald Boström sugirió que la Corte penal Internacional de La Haya abriese una investigación sobre el caso.

El periodista ponía por ejemplo el caso de Bilal Ahmad Ghanem, de 19 años, que fue abatido por el ejército israelí durante la invasión de su pueblo. "Según los habitantes que fueron testigos del incidente, Bilal recibió una bala en cada pierna. Dos soldados salieron corriendo del taller de carpintería y dispararon de nuevo sobre él en la barriga. Luego lo agarraron por los pies y lo arrastraron abajo por las escaleras de piedra del taller. (…) Gravemente herido, Bilal fue cargado en un jeep por militares israelíes en dirección a las afueras del pueblo donde un helicóptero del ejército los esperaba. El chico fue transportado hacia un destino desconocido de la familia. Cinco días después, Bilal regresaba muerto, su cadáver envuelto en una sábana verde de hospital." Boström relató que durante el entierro su torso se descubrió mientras bajaban su cuerpo a la tumba, y que los testigos comprobaron como estaba malamente cosido desde el estómago hasta el mentón.

Esto no era la primera vez. Khaled de Naplús, Raed de Jenina, Mahmud y Nafes de Gaza, habían desaparecido todos durante unos días antes de que sus cuerpos fueran restituidos de noche tras una autopsia. "¿Por qué guardaban los cuerpos durante al menos cinco días antes de dejarnos enterrarlos? ¿Por qué realizan una autopsia contra nuestra voluntad cuando las causas del fallecimiento son evidentes? ¿Por qué devuelven los cuerpos por la noche? ¿Por qué con una escolta militar? ¿Por qué cierran la zona durante el entierro? ¿Por qué cortan la electricidad?"

"Sabemos que el Estado de Israel necesita muchos órganos, explicaba Donald Boström, que existe un gran comercio ilegal de órganos desde hace varios años, y que las autoridades son conscientes de ello y que los médicos de los grandes hospitales participan en él, al igual que funcionarios a todos los niveles. También sabemos que jóvenes palestinos han desaparecido, que regresan muertos después de cinco días, de noche, en un secretismo absoluto, cosidos después de haber sido abiertos en canal desde el abdomen hasta el mentón. Ya es hora de que se ponga los focos sobre este siniestro comercio, que se esclarezca lo que ha pasado y está pasando en los territorios ocupados por el Estado de Israel desde el inicio de la Intifada."

Unos días después de la publicación del artículo del periodista sueco Donald Boström, una periodista palestina, Kawthar Salam, publicaba a su vez un artículo acusador titulado *The Body Snatcher of Israel*[410]. Lo resumimos a continuación:

"Quiero presentar a mis lectores lo que he visto, oído y observado durante mis 22 años de trabajo de periodista bajo la ocupación militar israelí en Cisjordania y en Gaza." Los militares israelíes habían empezado a capturar y a guardar los cuerpos de palestinos muertos a principio de los años 1970. "Desde principios de los años setenta, miles de palestinos fueron enterrados en tumbas secretas. Desde principio de los años setenta, miles de palestinos víctimas de la ocupación han sido "autopsiados", y numerosos cuerpos guardados en tumbas anónimas numeradas. La mayoría de los miembros de la resistencia asesinados han sido llevados para una "autopsia" y otros que solamente habían sido heridos fueron llevados del hospital por israelíes...Durante la primera Intifada[411]y durante el supuesto periodo de paz, he visto personalmente como el ejército israelí se llevaba los cuerpos de palestinos y de heridos graves de la sala de urgencias del hospital Princesa Alia de Hebrón (Al Khalil en árabe). Unos años después, he visto como el ejército israelí se llevaba los cuerpos de palestinos muertos del nuevo Hospital El Ahli: toda la zona había sido declarada zona militar, el hospital fue rodeado e invadido por las tropas y nadie estaba autorizado a desplazarse dentro del edificio. Todos los cuerpos de los palestinos muertos y también los heridos, fueron llevados a Abu Kabir para "autopsias[412]"."

Esta práctica había dejado de extenderse cuando la Autoridad

---

[410] Artículo del 23 de agosto del 2009, publicado en el sitio internet *Kawthar.info* y traducido al francés por la red *Tlaxcala*.
[411]La Primera Intifada (1987-1993) se concluyó con los acuerdos de Oslo.
[412] Un riñón extraído de una persona viva es más viable que uno extraído de un cadáver.

Palestina empezó a gobernar. En las zonas que controlaba, las personas fallecidas ya no fueron "autopsiadas", aunque todavía era el caso de las personas fallecidas o heridas en las zonas controladas por los israelíes. "¿Por qué transferir los cuerpos de las víctimas a Abu Kabir, cuando las causas de la muerte eran conocidas?" De hecho, todos los palestinos fallecidos habían recibido unos disparos en la cabeza o en el pecho por parte de tiradores de élite israelíes.

El periodista citaba los apellidos de los principales responsables del ejército israelí implicados en ese tráfico. Éstos contaban a las familias palestinas que hacían lo posible para "convencer el Cuartel General del ejército de liberar el cuerpo", como si de un favor se tratara. "Los comandantes militares Shammi, Goldstein, Nagar, exigían que los cuerpos fuesen enterrados en la oscuridad." Llamaban a las familias de las víctimas después de medianoche (generalmente entre la una y las tres de la mañana), y "no más de diez personas" eran autorizadas a asistir al entierro que tenía que celebrarse inmediatamente en la oscuridad de la noche por supuestos "motivos de seguridad". Además, las mujeres no estaban autorizadas a participar en el funeral, también por "motivos de seguridad". Las autoridades israelíes querían en realidad evitar que los gritos de duelo de las madres, hermanas e hijas de las víctimas se oyeran en todo el vecindario. Los funcionarios seguían la procesión funeraria en sus coches blindados grises y esperaban el final del entierro; otros vehículos militares también acompañaban la procesión.

Todas las familias de las víctimas sabían que los cuerpos estaban atiborrados de algodón. Cientos de víctimas fueron enterradas así en la oscuridad, y cientos o miles de otros cuerpos eran guardados por Israel en tumbas numeradas. Después de esto, los palestinos empezaron a evacuar ellos mismos los heridos y muertos caídos en las manifestaciones, y muchos fueron enterrados debajo de sus casas o debajo de un árbol antes que ser llevados a un hospital.

"Todos los oficiales israelíes y el personal civil en Cisjordania, desde el principio de los años setenta, han participado en la recogida de órganos extraídos de los palestinos, o eran por lo menos cómplices de aquello, afirmaba Kawthar Salam. Todos los médicos israelíes y el personal que han trabajado en Abu Kabir desde principios de los años setenta han estado implicados en la recogida y venta de órganos de palestinos. Todos los tiradores de élite de las Fuerzas de Defensa Israelíes y los soldados que han abatido palestinos durante las manifestaciones y protestas pacíficas han sido cómplices de la mafia que recoge y vende órganos de palestinos fallecidos. El centro de mando de las Fuerzas de Defensa Israelíes y la mayoría, sino todos, de los oficiales de la cadena de mando hasta la base sabían perfectamente lo que pasaba."

A finales de septiembre del 2009, el diputado árabe-israelí Mohammad Barakech acusaba él también a los Israelíes de robo de órganos. "Tenemos el derecho de conocer los motivos por los que el Estado de Israel secuestra los cuerpos de los mártires y que secreto intenta ocultar." El 21 de diciembre, Fathi Abu Mughli, ministro de Sanidad de la Autoridad Palestina, declaraba que los médicos israelíes habían "extraído partes de los cadáveres, como la córnea, los huesos y la piel sin el permiso de las familias palestinas", y pedía la apertura de una investigación. Eissa Qarape, ministro de Asuntos penitenciarios, acusaba Israel de guardar cadáveres de palestinos en cementerios secretos "para ocultar el robo de órganos de sus cuerpos."

Dos días antes, en efecto, el 19 de diciembre del 2009, la segunda cadena de televisión israelí, Channel 2 TV, había emitido una entrevista de Yehuda Hiss, el antiguo responsable del "National Forensic Institute", el famoso Instituto medicolegal de Abu Kabir. La entrevista databa de diez años atrás, de julio del 2000, y había sido concedida a una universitaria estadounidense llamada Nancy Scheper-Hughes. Profesora de antropología en la universidad de Berkeley en California, ésta había fundado el Observatorio de la donación de órganos (Organs Watch Project) y había llevado a cabo una investigación en todos los continentes. Ella era la especialista de la cuestión, si bien no se había atrevido a hacer pública la entrevista por temor. Esto era lo que explicaba en un artículo del 25 de octubre del 2010 en el mensual estadounidense *Counterpunch*.

El doctor Yehuda Hiss reconocía que se habían extraído órganos de los cuerpos de palestinos en los años 1990 sin la autorización de las familias de los difuntos. Sus confesiones databan en realidad del mes de noviembre de 1999, explicaba Nancy Scheper-Hughes. Habían sido publicadas en el diario local de Tel Aviv *Ha´ir*, que revelaba que los estudiantes de Yehuda Hiss realizaban autopsias y que los órganos eran transferidos a otras clínicas sin el permiso de las familias. En el 2000, el gran diario israelí *Yediot Aharonot* había incluso publicado una lista de precios de los órganos que Hiss vendía a universidades y a escuelas de medicina.

Chen Kugel, su asistente, había afirmado que Hiss poseía "un verdadero depósito de órganos" en Abu Kabir. Pasaron dos años antes de que la justicia israelí se interpusiera, y otros dos más para que ésta dictaminara una sanción. En el 2004, Hiss recibió una amonestación de su dirección y fue revocado de sus funciones, aunque conservó su empleo en el Instituto como médico con una antigüedad que le garantizaba un ascenso salarial. Pudo por lo tanto seguir sus actividades, que él presentaba como necesarias para la medicina y para la defensa del Estado de Israel.

En esa entrevista de julio del 2000, el doctor Yehuda Hiss explicaba que proveía el ejército israelí en piel humana para las víctimas de quemaduras, tomando unicamente la piel de la espalda y de los muslos.

He aquí como él y sus subordinados procedían para disimular la desaparición de las córneas: "Cerrábamos los párpados con pegamento." Su asistente, el doctor Chen Kugel, destituido tras haberse quejado ante el Ministerio de Sanidad, había declarado que los órganos eran vendidos a cualquiera; bastaba con pagar. Un fémur costaba 300 dólares, por ejemplo. Y los órganos eran extraídos indiferentemente de judíos o de musulmanes, de soldados o lanzadores de piedras, de terroristas o de víctimas, de inmigrantes o de turistas[413]. Los cuerpos eran rellenados con rollos de papel higiénico, sostenidos con mangos de escoba, y se colocaban ojos de vidrio en las orbitas vacías...Evidentemente, afirmaba Chen Kugel, era menos arriesgado extraer órganos de nuevos inmigrantes, o mejor aún: de palestinos. "Cuando las familias se quejaban, eran los enemigos, y naturalmente se decía que contaban mentiras, y nadie les creía[414]."

Después de la difusión de esa entrevista en *Channel 2 TV*, el ejército y el ministro de Sanidad habían admitido la extracción de órganos de Israelíes y Palestinos en los años 1990, pero aseguraban que tales prácticas se habían acabado en el año 2000: "Esas actividades se detuvieron hace diez años, eso ya no ocurre."

En una entrevista en la cadena de televisión *Al-Jazira* en el 2002, el histórico dirigente palestino Yasser Arafat había acusado el régimen israelí de asesinar bebés, niños y jóvenes palestinos para recoger sus órganos vitales para trasplantes. "Asesinan nuestros hijos y utilizan sus órganos como piezas de recambio. ¿Por qué el mundo entero permanece en silencio? El Estado de Israel se aprovecha de ese silencio para intensificar su opresión y el terror contra nuestro pueblo", se indignaba Arafat. Durante esa entrevista, que tuvo lugar el 14 de enero del 2002,

---

[413] Rachel Corrie era una joven estadounidense de 23 años. El 16 de marzo del 2003 fue aplastada bajo las orugas de un bulldozer del ejército israelí mientras protestaba junto a otros militantes en contra de la destrucción de una casa palestina en Rafah (sur de la banda de Gaza). El doctor Hiss practicó luego su autopsia a su manera.

[414] Artículo de Nancy Scheper-Hughes del 25 de octubre del 2010, publicado por la revista estadounidense de izquierda *Counterpunch*.

Arafat había mostrado fotografías de cuerpos de niños mutilados.

Dado que en el judaísmo está prohibido profanar el cuerpo humano, el judaísmo no permite el despedazamiento de los cadáveres judíos. Como los judíos no donan sus órganos, éstos deben hallarse en los goyim. El Estado de Israel fue hasta el 2008 el único país del mundo donde el cuerpo médico no condenaba el comercio de órganos y no tomaba ninguna medida en contra de los médicos que participaban en ese tráfico.

La carne fresca de Moldavia

El rabino Levy-Izhak Rosenbaum, arrestado en Nueva York en el mes e julio del 2009, también había sido acusado de haber convencido a donantes moldavos. "Se dirigía a personas en situación precaria", indicaba Mark McCarron, el substituto del fiscal federal. Rosenbaum se ocupaba luego de todas los trámites para el viaje del donante a Nueva York donde tenía lugar la operación. Los donantes eran reclutados en países pobres, donde gente desesperada estaba dispuesta a sacrificar una parte de su cuerpo por un precio módico comparado con el precio final facturado a los receptores. Evidentemente, los donantes no eran informados de los riesgos médicos.

Mike Levinski, ciudadano israelí, había sido el pionero de la red moldava. El semanal *Le Point* del 15 de febrero del 2002 aportaba algunas informaciones sobre ese tráfico. Los moldavos eran ciudadanos de un pequeño país situado entre Rumanía y Ucrania, muchos de ellos en la miseria y reducidos a tener que vender un riñón para poder sobrevivir. Ojeadores israelíes prospectaban en el país, ofreciendo a los donantes 3000 dólares. La comisión que cobraban esos ojeadores rondaba los 30 000 dólares por riñón, mientras que los honorarios del cirujano iban desde los 100 000 hasta 200 000 por operación. Donantes y pacientes se encontraban en Turquía, en la clínica del doctor Sönmez. El tráfico era manifiestamente extremadamente rentable, a juzgar por el número de anuncios publicados en la prensa israelí.

Los "donantes" no siempre estaban al corriente de lo que les iba a pasar. Después de operaciones benignas, de apendicitis u otras, jóvenes moldavos, como Serghei Thimus, se despertaban con cicatrices fuera de sitio. Se les decía entonces que había sido necesario quitarles un riñón que no funcionaba bien, o bien – como en el caso de Serghei- se enteraban luego por la radio de que el cirujano les había sencillamente robado un riñón.

En diciembre del 2001, el diario israelí *Haaretz* reportaba la noticia de que el embajador de Rumanía en Israel había solicitado ser recibido por el ministro de Asuntos sociales para entrevistarse acerca de un tema que empezaba a ser un escándalo en su país. Se le había requerido explicaciones sobre una lista de niños nacidos en Rumanía, y "con todos sus órganos dentro de sus cuerpos", que habían sido llevados a Israel para ser adoptados. Parecía pues que la adopción de niños rumanos en Israel no era únicamente una obra de caridad. Nancy Scheper-Hughes, la especialista del tráfico de órganos, había visitado pueblos de Moldavia donde, escribía ella, "el 20% de los hombres habían sido reclutados para ser vendedores de riñones."

En el mes de julio del 2009, se nos informaba esta vez de que tres individuos acusados de tráfico de óvulos eran detenidos. Los dos encargados de la clínica Sabyc, un padre y un hijo, eran israelíes. Otros dos israelíes que trabajaban en esa clínica también habían sido encarcelados. La clínica pagaba a las donantes entre 800 y 1000 lei (aproximadamente entre 190 y 238 euros) a pesar de que la ley rumana prohibía tajantemente remunerar las donaciones de órganos o células. Según los medios rumanos, las beneficiarias eran todas israelíes. Pagaban entre doce y quince mil euros para realizar una fecundación in vitro. Los óvulos provenían de jóvenes mujeres rumanas en dificultad social. Esas detenciones no impidieron que el tráfico siguiese, pues en febrero del 2013, la agencia de prensa judía *Jewish Telegraphic Agency* nos informaba de que el doctor Rapahel Ron-El, especialista del hospital Assaf Harofeh en Israel, y su asistente Daphna Komarovsky, habían sido detenidos por tráfico de óvulos.

En Israel, más de 1000 personas esperaban en una lista de donación de órganos, la mitad de ellos para un riñón. Algunos eran por lo tanto receptivos a los anuncios de los periódicos, y dispuestos a gastar más de 150 000 dólares. En efecto, no existía en Israel ninguna ley que prohibiera ese tráfico de órganos humanos, y una directriz del ministerio de Sanidad permitía incluso a los israelíes, hasta el 2008, ir al extranjero para un trasplante- legal o no- y ser reembolsados hasta 80 000 dólares por el servicio de salud israelí. El resto podía ser reembolsado por una mutua[415]. Los organismos de la sanidad israelí consideraban que un trasplante de riñón era mucho menos costoso que las diálisis y los cuidados a largo plazo de los enfermos.

En una entrevista de julio del 2009, Nancy Scheper-Hughes explicaba lo siguiente: "Había empezado a seguir las ramificaciones de toda la red, una red criminal con tufo de mafia. El cuartel general de esa estructura piramidal se encontraba en Israel, con intermediarios en

---

[415]Artículo de Larry Rother en el *New York Times* del 23 de mayo del 2004.

Turquía, en Nueva York, en Filadelfia, en Durban, en Johannesburgo, en Recife en Brasil, en Moldavia, y otras muchas partes. He usado mis conocimientos en investigación etnográfica par surcar el terreno e intentar juntar las piezas del rompecabezas. Al final, llegué a identificar Isaac Rosenbaum como intermediario principal de Illan Peri en Israel, el cerebro de la operación, un tipo muy escurridizo[416]."

A principio de octubre del 2009, nos enterábamos de que la red del rabino Rosenbaum también operaba en Marruecos. El profesor Mustapha Khiati, presidente de la Fundación nacional para la promoción de la salud y el desarrollo de la investigación médica, revelaba que las operaciones se llevaban a cabo en clínicas de Oujda. El rabino Rosenbaum se encargaba de la financiación para los equipamientos necesarios para las operaciones quirúrgicas y el transporte de órganos a Nueva York e Israel.

A finales del 2014, leíamos que Levy-Izhak Rosenbaum había sido condenado por la justicia estadounidense en el 2012 a dos años y medio de prisión, pero que finalmente no sería expulsado de Estados Unidos después de salir de la cárcel. Era hasta la fecha la única persona en ser condenada por tráfico de órganos en Estados Unidos.

De Brasil hasta África del Sur

El nombre de Illan Peri ya había sido mencionado en un artículo de enero del 2004 de la Agencia France Presse en el que se nos informaba de que un oficial jubilado del ejército israelí llamado Gedalya Tauber había sido detenido en Brasil en el 2003 junto con otro israelí llamado Eliezer Ramón y otros seis brasileños. Tauber reclutaba donantes en Recife, en el noreste de Brasil, en las favelas donde vivía gente muy pobre. A principio, los donantes eran pagados 10 000 dólares por riñón, es decir el equivalente de unos diez años de salario para ellos; luego los precios bajaron a los 3000 dólares, dado el número de donantes. Todos habían sido operados en África del Sur en el hospital "Saint Augustine" de Durban por cirujanos israelíes y para receptores israelíes. Gedalya Tauber había declarado luego ante un tribunal que el gobierno israelí financiaba la operación y que un oficial, identificado como "Illan", lo había puesto en contacto con un intermediario en Brasil.

Nancy Scheper-Hughes había oído hablar por primera vez de ladrones de órganos en 1987, cuando trabajaba en el noreste de Brasil. Un rumor

---

[416]Nancy Scheper-Hughes había informado el FBI desde el 2002 sobre las actividades del rabino Rosenbaum.

general corría por las chabolas de Alto do Cruzeiro, sobre la ciudad de Timbaúda, en la región de Pernambuco. "Se contaba que extranjeros recorrían los caminos de tierra en furgonetas amarillas buscando niños sin vigilancia que secuestraban y mataban para robar sus órganos. Los cuerpos de los niños eran hallados después en las cunetas de las carreteras o en los basureros de un hospital."

La universitaria tenía buenas razones para ser escéptica. Durante su estudio sobre la pobreza y la maternidad en las chabolas había interrogado las funerarias de la región, así como los funcionarios responsables de los registros de defunción. La tasa de mortalidad infantil era tremenda, pero no había ningún rastro de cuerpos descuartizados quirúrgicamente. "Son historias inventadas por los pobres y los analfabetos", le había respondido el director del cementerio municipal[417].

Sin embargo, a pesar de que sabía que aquellos rumores no eran totalmente ciertos, Nancy Scheper-Hughes se había negado a ignorarlos categóricamente. Los habitantes sabían perfectamente que gente rica de Brasil y del extranjero tenían acceso a mejores cuidados. "La gente del Alto do Cuzeiro se imaginaba fácilmente que sus cuerpos eran codiciados como reservas de piezas de recambio para los ricos", escribía en su libro de 1992 sobre la violencia en Brasil, *Death Without Weeping*. En 1995, ella había sido la única etnóloga invitada para expresarse durante un congreso médico sobre el tráfico de órganos en Bellagio, Italia. Si bien no existían pruebas fehacientes de que gente era asesinada por sus órganos, los mismos rumores circulaban desde América del Sur hasta Suecia, pasando por Italia, Rumanía y Albania. Los organizadores de la conferencia le habían pedido entonces que explicara la persistencia de tales mitos macabros.

Había atestiguado ante la comisión parlamentaria de Pernambuco (Noreste de Brasil) que el tráfico había comenzado a principio de los años 1990, bajo el impulso de un tal Zaki Shapira, antiguo director del hospital de Tel-Aviv. Zaki Shapira había realizado más de 300 trasplantes, llevando incluso sus pacientes a otros países, como Turquía. Los donantes eran gente muy pobre, no solamente de Brasil, sino también de Europa del Este, de Filipinas, y otros países del Tercermundo.

Un artículo del *New York Times* del 23 de mayo del 2004, escrito por Larry Rother, relataba la historia de Alberty José da Silva, 38 años, hijo de una prostituta que vivía en una favela cerca del aeropuerto. Había

---

[417] Artículo de Ethan Watters en el *Pacific Standard Magazine* del 7 de julio del 2014, citado el 20 de agosto del 2015 en *Sept-info*, un diario digital suizo.

vendido su riñón a Gedalya Tauber para una receptora que vivía en Brooklyn, "una judía de 48 años muy religiosa". Llevaba con diálisis quince años y estaba en dos listas de espera de trasplante desde hacía siete años, por lo que finalmente había aceptado la idea de un trasplante en el mercado paralelo. Formaba parte de esas 60 000 personas en Estados Unidos que esperaban un riñón. Su familia en Israel la había puesto en relación con la red de Illan Peri.

Alberty José da Silva y aquella mujer de Brooklyn habían coincidido en el "Saint Augustine Hospital" de Durban, al borde del océano Indico. "Cuando me pidieron que firmara un documento atestiguando que el receptor era mi primo me di cuenta de que algo no cuadraba, explicó José da Silva, pero ya era muy tarde."

Una entrevista con otros donantes demostraba que los brasileños no disfrutaban de la misma atención médica que los receptores israelíes. Éstos eran alojados a pie de playa en frente del mar antes de la operación y después de la operación eran mantenidos en observación, incluso después de regresar a sus casas. Los donantes, en cambio, permanecían no más de tres días vigilados antes de ser conducidos al aeropuerto. Más de cien operaciones habían sido realizadas así en St. Augustine en menos de dos años. *"They treated me Ok untill they got what they wanted"*, declaró un donante a Nancy Scheper-Hughes. *"Then I was thrown away like garbage."* (Me trataron bien hasta que consiguieron lo que querían. Luego, me tiraron como la basura)[418].

"En mi caso, las complicaciones aparecieron casi inmediatamente", declaraba José Carlos da Conceiçao da Silva, un obrero agrícola. Tres días después de la ablación del riñón, había sentido los primeros efectos. "Estoy siempre cansado y no puedo cargar cosas pesadas. Mi presión sanguínea sube y baja sin parar y mi cicatriz me duele mucho." Encima, al regresar a Brasil, sus 6000 dólares le fueron robados en el aeropuerto de Sao Paulo, a pesar de suplicar los ladrones con las lágrimas en los ojos y enseñarles su cicatriz [419].

Siete personas habían sido detenidas en Durban en mayo del 2004. Ante el tribunal, Sushan Meir había declarado que, a parte del centenar de trasplantes realizados en esa ciudad, había organizado unos treinta y cinco en Johannesburgo. Pero los investigadores estimaban el número total a cerca de 200. Los hospitales pertenecían a la sociedad privada Netcare, basada en África del Sur. En sus reclamos publicitarios del sitio internet se podía leer que África del Sur era entonces "la capital

---

[418] Actitud característica de la mentalidad comunitaria. Artículo de Ethan Watters en el *Pacific Standard Magazine* del 7 de julio del 2014.

[419] Se estima que cerca de 5000 personas venden ilegalmente un órgano cada año.

mundial de los trasplantes".

El caso de la red sudafricana tuvo un epilogo en septiembre del 2010: Richard Friedland, el presidente de Netcare, la principal empresa de salud privada de África del Sur, así como cinco cirujanos, eran inculpados por haber trasplantado a ricos israelíes riñones provenientes de donantes brasileños de la región de Recife y de rumanos que apenas habían recibido 3000 dólares por riñón. El hospital privado Saint Augustine de Durban, gestionado por Netcare, había sido también denunciado por 109 operaciones practicadas entre el 2001 y el 2003 a favor de ciudadanos israelíes. Pero Richard Friedland se mantenía firme en su defensa. En un comunicado retransmitido por la Agencia France Presse, negaba enérgicamente cualquier infracción: "Durante varios años, hemos cooperado plenamente con la policía sudafricana y facilitado numerosos documentos a los inspectores. Estamos muy sorprendidos y decepcionados de ver que el fiscal ha juzgado necesario inculparnos."

En Brasil, Gedalya Tauber había sido condenado a once años de cárcel, pero en el 2009 lograba fugarse de la prisión Henrique Dias de Recife aprovechando una salida. A los 77 años, fue de nuevo arrestado a principio del mes de junio del 2013 en Italia, en el aeropuerto Leonardo Da Vinci de Roma. El 8 de noviembre del 2015, fue extraditado a Bélgica, llegando esposado al aeropuerto de Amberes.

Los proveedores chinos

En Brasil y en África del Sur, los socios de Illan Peri estaban en prisión; él seguía en Israel. Pero algunos medios informaban que intermediarios israelíes operaban en China.

Los israelíes aprovechaban plenamente las posibilidades que ofrecía la apertura de ese país al comercio internacional. Según Amos Kanaf, presidente de la Asociación de los enfermos del riñón, interrogado por el diario *Le Monde* (24 de abril del 2006), una veintena de israelíes en espera de un trasplante viajaban cada mes a China. Los enfermos pagaban al contado y eran reembolsados por la seguridad social israelí que aceptaba esa solución debido a la fuerte escasez de donantes en su país. La versión oficial era que esos órganos eran extraídos de los cuerpos de los tres mil fallecidos en accidentes de tráfico cada semana en las carreteras chinas. En realidad, los órganos eran extraídos de los cuerpos de los condenados a muerte. Recientemente, los chinos habían empezado a descuartizar los cuerpos en el mismo lugar de ejecución. Una unidad quirúrgica móvil estacionaba a proximidad practicaba la extracción de los riñones, los ojos y los tejidos (pero el corazón no, pues éste sólo se conserva unas horas). Las piezas de recambio eran luego transportadas a hospitales donde los turistas sanitarios esperaban el trasplante.

De Ucrania a Azerbaiyán

Los prospectores israelíes también se afanaban en Ucrania y en Asia central. En el *Jerusalem Post* del 20 de agosto del 2010, leíamos que "doce personas, de las cuales varios israelíes" habían sido detenidos en Ucrania por tráfico de órganos. Las operaciones de trasplante se llevaban a cabo en Kiev, así como en Azerbaiyán y en Ecuador.

El 2 de diciembre del 2010, una noticia de la Agencia France Presse nos informaba de que tres médicos habían sido detenidos en Ucrania. La información no había sido publicada en ningún periódico francés, pero sí en el sitio internet suizo *Romandie.com* donde hallábamos los detalles del caso[420]. En una entrevista al diario *Gazeta po-Kievski*, el ministro adjunto ucraniano del Interior había declarado que otras tres personas habían sido encarceladas. Se trataba de gente que reclutaba y transportaba donantes hacia Baku, capital de Azerbaiyán, donde la mayor parte de los donantes habían sido operados. Otras intervenciones quirúrgicas tenían lugar en una conocida clínica de Kiev. "A día de hoy, hemos descubierto 25 personas que han sido inducidos a vender sus riñones. Estamos buscando a más." Los tres médicos arrestados habían extraído los riñones de ciudadanos de Ucrania, Moldavia y Uzbekistán. En cuanto a los beneficiarios de los trasplantes, eran "la mayoría israelíes" que pagaban entre 100 000 y 200 000 dólares.

El tráfico sigue en Israel

En Israel, el tráfico de órganos había sido declarado ilegal por la *knesset* (asamblea nacional) en el 2008, y desde entonces los trasplantes realizados en el extranjero ya no eran reembolsados a menos que fuesen legales - y todos lo eran, al menos en apariencia. De todas maneras y debido a las necesidades, la caza a los traficantes no parecía ser una prioridad para el gobierno.

En el mes de abril del 2010, la policía israelí había detenido medio docena de hombres en el norte del Estado de Israel. Entre los

---

[420] Hemos publicado un artículo al respecto titulado "tráfico de órganos: Israel en el centro de la red", en el semanal *Rivarol* del 10 de diciembre del 2010.

sospechosos detenidos, según el diario israelí *Haaretz* del 7 de abril, figuraba un general de brigada y dos abogados. La investigación había empezado a raíz de la denuncia de una mujer de 50 años originaria de Nazareth que había contestado a un anuncio en lengua árabe que ofrecía 10 000 dólares por donar un riñón. Había viajado en avión a un país de Europa oriental donde tuvo lugar la operación, pero a su regreso a Israel la mujer denunció que la suma de dinero acordada no le había sido entregada. La investigación permitió desvelar una red de traficantes de órganos. "La red opera en todo el país y no solamente en el norte." Los traficantes de órganos se las ingeniaban para acceder a las informaciones de los pacientes inscritos en las listas de espera para un trasplante y ofrecerles sus servicios como alternativa. Luego, la red reclutaba los donantes a través de anuncios en los periódicos y en internet, precisaba el oficial de policía.

De media, un trasplante de riñón era facturado 120 000 dólares (90 000 euros) al beneficiario. Los donantes, que eran personas en situación precaria, nunca recibían más de 10 000 dólares; a veces incluso menos, o nada. Los donantes debían firmar un contrato con los traficantes, con clausulas y declaraciones falaces, especialmente las que atestiguaban que tenían un lazo familiar con el receptor, lo cual era una exigencia legal de los países (Europa del este, Filipinas, Ecuador) donde el trasplante se iba a producir. Después eran reenviados a Israel sin ningún expediente médico, poniéndolos en peligro en caso de complicaciones pos-quirujicas, lo cual era frecuente.

Un artículo del 17 de agosto del 2014 del *New York Times* mencionaba los nombres de otros traficantes de órganos: Avigad Sandler, antiguo agente de seguros sospechoso de tráfico desde el 2008 y antiguo oficial del ejército israelí; Boris Volfman, joven emigrado ucraniano cercano a Sandler y que había montado su propia sociedad Leshem Shamaim ("*Au nom du ciel*"); y Yaacov Dayan, un hombre de negocios conocido en el mundo de los bienes raíces. Esos "corredores de órganos" israelíes facturaban las transacciones entre 100 000 y 200 000 $, pero la investigación había demostrado que en el 2012 un riquísimo texano había pagado 330 000$ a Sandler por un trasplante. Esos tres hombres fueron detenidos en junio del 2013.

Ophira Dorin había comprado en el 2012 un riñón proveniente de un barrio pobre de Costa Rica, y el trasplante había sido realizado en un lujoso hospital de Tel-Aviv. Otros clientes habían recibido órganos de Sri Lanka, de Turquía, de Egipto, de Pakistán, de India, de China, de Kosovo y de Europa del Este.

La casa amarilla de Kosovo

Kosovo es esa provincia histórica que le fue arrebatada a Serbia en 1999. Una imponente mayoría de origen albanesa reivindicaba la autonomía de la región, lo que provocaba enfrentamientos sangrientos con la población serbia. Los bombardeos estadounidenses contra los serbios permitieron a los kosovares musulmanes y a los albaneses ganar la batalla. Desde entonces, el territorio pasó a ser controlado por los antiguos del UCK, el ejército de liberación, cuyos antiguos dirigentes se convirtieron en los principales personajes políticos del país.

Para Víctor Ivanov, director del Servicio Federal ruso de control de estupefacientes, "Kosovo se ha convertido en un enclave donde los traficantes de droga se sienten absolutamente libres. Cada año, hasta 60 toneladas de heroína transitan por su territorio, lo que reporta cerca de 3 mil millones de euros a los criminales."

Carla del Ponte, la fiscal del Tribunal de la Haya para los crímenes de guerra de la antigua Yugoslavia, había publicado un libro en el 2008, titulado *La Caccia (La Caza, los criminales de guerra y yo)*, acerca de su experiencia de ocho años en el caso yugoslavo. Cuatro meses después de haber dejado sus funciones, desvelaba que cientos de jóvenes prisioneros serbios habían sido llevados en camiones al norte de Albania donde sus órganos habían sido extraídos. Carla del Ponte había visto la casa donde se había producido la carnicería y había conocidos las personas implicadas en los sucesos.

En el semanal *L'Express* del 17 de abril del 2008, leíamos estas líneas: "El presunto tráfico en el que habrían estado implicados, según ella, dirigentes del actual Kosovo independiente a finales de los años 1990, incluye al actual Primer ministro Hashim Thaçi. Los detalles que desvela son escalofriantes. En torno a unos 300 prisioneros habrían sido transportados durante el verano de 1999 desde Kosovo hasta Albania donde habrían sido encerrados en una especie de prisión. Los órganos extraídos habrían sido "enviados hacia unas clínicas en el extranjero para ser trasplantados en pacientes que pagaban por ello", mientras las víctimas permanecían "encerradas hasta que eran ejecutadas para extraer otros órganos"." Pero según Florence Hartmann, su antigua portavoz en el Tribunal penal internacional de la antigua Yugoslavia, Carla del Ponte no tenía "el menor atisbo de prueba" para demostrar sus acusaciones. En un artículo de opinión publicado en el diario suizo *Le Temps*, la señora Hartmann juzgaba "irresponsable" e "indigno" por parte de la magistrada presentar "como hechos comprobados lo que en realidad era imposible de demostrar".

Las autoridades judiciales de Serbia habían en cambio tomado esas informaciones muy en serio y habían abierto una investigación sobre el caso. El 6 de noviembre del 2008, la detención de tres personas en Pristina (Kosovo), dos de ellos médicos, sospechosos de trasplante ilegal de riñones, había tenido una gran repercusión en Serbia. En un artículo del 14 de noviembre del 2008 publicado en el *Courier international*, el semanal del muy sionista director de prensa Alexandre Adler (artículo firmado Alexandre Lévy), se nos informaba de que la prensa de Belgrado había seguido muy de cerca el viaje a Tirana (Albania) de Vladimir Vukcevic, el fiscal serbio para los crímenes de guerra. Éste había presentado a su homologo albanés "nuevas pruebas" relativas al tráfico de órganos extraídos sobre los prisioneros serbios durante la guerra de 1999. "Investigación internacional sobre el tráfico de órganos", titulaba el diario *Politika*, que reportaba la detención de los médicos Lutvi Dervishi y Tuna Pervorfraj de la clínica privada Medicus en Pristina por policías kosovares e internacionales. La policía había a su vez emitido una orden de arresto internacional contra un médico "turco", Yusuf Erçin Sönmez, sospechoso de ser el organizador de ese tráfico. Según el periódico *Oslobodjenje*, de Sarajevo, "este urólogo al que Turquía había prohibido ejercer la medicina, formaba parte de la mafia internacional de tráfico de órganos. También estaba en la diana de las autoridades búlgaras y rumanas."

En enero del 2010, un corresponsal del Consejo Europeo, el suizo Dick Marty, había viajado a Kosovo acompañado de dos investigadores y posteriormente confirmado ese tráfico sobre prisioneros serbios[421]. Finalmente, en febrero, un alto funcionario de Naciones Unidas, Philip Alston, solicitaba a Albania su plena cooperación en la investigación. Salía entonces la información de que los individuos secuestrados habían sido retenidos y operados en una casa con fachadas amarillas, de ahí el nombre de "Casa amarilla".

Según Carla del Ponte, Bernard Kouchner –antiguo ministro del presidente "socialista" François Mitterrand- que fue Alto representante de Naciones Unidas en Kosovo entre 1999 y 2001, estaba al corriente de ese tráfico pero había decidido que no se hiciera público el caso. En junio del 2009, Bernard Kouchner[422]era ahora ministro de Asuntos

---

[421] Su informe sobre el tráfico de órganos fue presentado en diciembre del 2010 ante el Consejo Europeo.

[422] Bernard Kouchner se había distinguido haciendo campaña ante los organismos internacionales en defensa del principio de injerencia humanitaria. En el 2010, *The Jerusalem Post* le otorgó el puesto número 15 entre los 50 judíos más influyentes del mundo. (NdT)

exteriores del presidente de derecha liberal Nicolas Sarkozy y recibía en París el antiguo jefe del UCK, Hashim Thaçi, que se había convertido en primer ministro de Kosovo. Bernard Kouchner se declaraba "feliz" de haber recibido su "amigo". Ahora bien, el "amigo" de Bernard Kouchner era un hombre vinculado con la mafia, "señalado por varios servicios de inteligencia como una personalidad clave del crimen organizado en los Balcanes[423]."

Durante su visita al enclave serbio de Gracanica, en el mes de marzo del 2010, Bernard Kouchner había sido preguntado por un periodista de *Voice of America*, Budimir Nicic, que le había pedido comentar el caso de la "Casa amarilla" que había servido de clínica clandestina. Kouchner había respondido: "¿Qué es eso, las casas amarillas? ¿Qué casas amarillas? ¿Por qué amarillas? Debería usted consultarlo. No ha habido casas amarillas, no ha habido ventas de órganos. ¡La gente que cuenta esas cosas son unos cabrones y unos asesinos!" Todos recordamos su risa indecente: "¡Estáis locos, os creéis cualquier chorrada[424]!"

En el sitio internet de *Mediapart*, con fecha del 13 de junio del 2013, un artículo de Silvia Cattori volvía sobre este caso. El periodista Budimir Nicic se había sentido "ofendido e insultado" por la reacción de Bernard Kouchner: "Todo el mundo se escandalizó por su comportamiento. Aquí, sólo se hablaba de aquello...Los crímenes más terribles tuvieron lugar mientras él dirigía Kosovo. No ha cumplido ninguna de sus promesas de hallar los autores de los crímenes contra los Serbios. Eran palabras vacías." Naim Miftari, antiguo jefe del UCK, que testificaba ahora a cara descubierta en varios juicios ultrasensibles, iba más lejos que Budimir Nicic: "En 1999, ningún crimen podía ser cometido en Kosovo sin que Kouchner no estuviera informado."

Cuando la "Casa amarilla" en Albania fue pintada de nuevo en blanco después de la guerra, las extracciones de órganos se llevaron a cabo en la clínica privada Medicus de Pristina, en la capital de Kosovo. El establecimiento había sido cerrado en 2008, y el doctor turco Yusuf Sönmez había sido condenado en rebeldía a ocho años de cárcel a finales del 2008. Una orden de arresto internacional había sido emitida contra él por el tribunal regional de Pristina, siendo finalmente detenido dos años más tarde, el 12 de enero del 2011, en su mansión situada en la orilla asiática de Estambul. Yusuf Erçin Sönmez era apodado "Doctor Frankenstein", o el "Doctor Buitre".

---

[423] Artículo de Silvia Cattori en el sitio internet *Mediapart* del 13 de junio del 2013.
[424] *"Mais vous êtes fous, vous croyez n'importe quelle connerie !"* El video de la escena es famoso y circula todavía en internet. (NdT)

Le Figaro del 12 de enero del 2011 publicaba un excelente artículo escrito bajo la pluma de Cyrille Louis. En él se nos informaba de que Yusuf Sönmez, que venía de ser arrestado, había sido liberado bajo fianza con prohibición de salir del territorio. Según el acta de acusación establecida por la fiscalía de Kosovo, la investigación había empezado el 4 de noviembre del 2008 por mera casualidad a raíz de un control en el aeropuerto de Pristina. Yilman Altun, un ciudadano turco, se preparaba para volar hacia Estambul cuando unos policías se fijaron en su estado de manifiesta debilidad. Un médico llamado para examinarlo descubrió entonces una reciente cicatriz todavía fresca en su espalda. Agotado, Yilman Altun reconoció que acababa de salir del quirófano de la clínica Medicus donde se le había extraído un riñón. Anteriormente, el 4 de agosto en Estambul, un tal Ismaïl le había propuesto ganar mucho dinero donando uno de sus riñones, después de que hubiera recibido una carta de la clínica Medicus junto a su billete de avión. A finales de octubre, Yilman Altun despegaba hacia Pristina. Se le había garantizado que a su regreso recibiría 20 000 euros en efectivo. Mientras tanto, su riñón había sido trasplantado en el organismo de un individuo llamado Bezalel Shafran, un ciudadano israelí que sufría una grave enfermedad. Interrogado a su vez por los investigadores, Shafran había indicado haber contactado con la red criminal a través de un compatriota basado en Turquía, Moshe Harel. A cambio de 90 000 euros, éste le había asegurado que se le podía trasplantar un riñón "nuevo". El 30 de octubre, el israelí había aterrizado en Pristina, donde le presentaron Yilman Altun en la clínica Medicus. Antes de entrar en el quirófano, los dos hombres habían sido requeridos para firmar una carta declarando el carácter benévolo y "humanitario" del trasplante. Recién desembarcado del avión, el doctor Yusuf Sönmez había sido el encargado de manejar el escalpelo.

La investigación había sido supervisada por el procurador Jonathan Ratel, un magistrado internacional dependiente de la misión civil europea Eulex que contribuía al establecimiento del Estado de derecho en Kosovo. Jonathan Ratel había logrado circunscribir las responsabilidades de todo el caso. El doctor Lufti Dervishi, jefe del servicio urológico en el hospital de Pristina, había conocido Sönmez durante un congreso de urología en el 2006. Moshe Harel, que estaba ahora bajo una orden de arresto internacional, había gestionado la puesta en relación de los donantes reclutados en Turquía, en Moldavia, en Kazajistán y en Rusia, con los receptores. Sus cuentas bancarias habían servido para todos los pagos. En total y en base a las actas de anestesia incautadas en la clínica Medicus, 27 operaciones se habían llevado a cabo en el año 2008.

Los policías se habían interesado en las complicidades de los traficantes dentro del aparato administrativo kosovar. Así, el antiguo secretario permanente del ministerio de Sanidad, Ilir Rrecaj, era acusado de haber otorgado una autorización de complacencia a la clínica Medicus.

En el mes de marzo del 2012, salía otra noticia según la cual un canadiense de Toronto, Raul Fain, un judío de 66 años, había pagado 105 000 dólares a un ciudadano israelí en el 2008 para organizar un trasplante de riñón en esa clínica. Se había decidido a buscar un donante extranjero después de que sus médicos le dijeran que podría estar esperando doce años antes de recibir un órgano en Canadá. Raul Fain había conocido al israelí Moshe Harel en Estambul. Habían viajado juntos a Kosovo acompañados de un alemán que también debía recibir un riñón y de dos mujeres rusas que iban a donar uno de sus riñones.

En el sitio internet *bloomberg.org*, con fecha del 1 de noviembre del 2011, podíamos leer un artículo titulado "Bandas de traficantes de órganos fuerzan a pobres a vender sus riñones a israelíes desesperados". En Bielorrusia, Sasha, 29 años, y endeudado hasta el cuello, había él también aceptado vender uno de sus riñones, viajando a Pristina después de contestar un anuncio en internet que prometía 10 000 dólares. Había sido recibido en Estambul por Yuri Katzman, un israelí de origen bielorruso. Katzman le había presentado a su vez Moshe Harel antes de aterrizar en Pristina el 26 de octubre del 2008. Su riñón había sido vendido a un viejo judío de Nueva York. Después de eso, Moshe Harel había huido.

Otras intervenciones quirúrgicas tuvieron lugar en Turquía. Dorin Razlog, un pastor de 30 años de Ghincauti, en Moldavia, decía haber sido operado en Istanbul en el mes de agosto del 2002. Le habían pagado 7000 dólares en vez de los 10 000 ofrecidos, aunque 2500 dólares eran falsos billetes. "Dijeron que si denunciaba ante la policía destruirían mi casa y matarían a mi familia."

Moshe Harel, una de las nueve personas inculpadas en el caso de los trasplantes de órganos en Kosovo, fue detenido en el mes de mayo del 2012 en Israel. Jonathan Ratel, el fiscal especial de la misión Eulex encargada de investigar el tráfico de órganos, había confirmado que Moshe Harel y otros sospechosos habían sido arrestados.

El 26 de abril del 2013, por fin, los cinco médicos de la clínica Medicus fueron condenados en Pristina, Kosovo. Un centenar de testigos habían comparecido ante el tribunal. La pena más dura, ocho años de cárcel, recayó sobre el urólogo Lutfi Dervishi, el propietario de la clínica. Su hijo, también médico, Arban Dervishi, fue condenado a una pena de siete años y tres meses. Otros tres acusados en el caso, también médicos, fueron condenados a penas de entre uno y tres años de cárcel. Los culpables tenían además que pagar 15 000 euros de indemnización a siete de las víctimas. El diario *Le Monde* subtitulaba así: "Un mercado lucrativo para la mafia", pero no precisaba de que mafia se trataba. Veinticuatro víctimas habían sido identificadas: israelíes (probablemente palestinos), turcas, kazajas, bielorrusas, rusas, ucranianas y moldavas. Todas eran personas vulnerables y necesitadas que habían sido operadas entre marzo y noviembre del 2008 en la clínica Medicus. Todas habían sido contactadas primero en Estambul, donde se les había prometido sumas importantes, "aunque nunca fueran pagadas" según el diario *Le Monde* del 29 de abril del 2013. Seis donantes habían testificado ante el tribunal, bien en persona en la sala de audiencia o por videoconferencia. Por su parte los clientes habían desembolsado entre 80 000 y 100 000 euros. "Originarios de Israel, Canadá, Polonia, Estados Unidos y Alemania, se trataba en general de personas acaudaladas, deseosas de acortar los plazos de espera de su país." También eran todos judíos, habría podido precisar el periodista de *Le Monde*. Yusuf Sönmez y Moshe Harel estuvieron ausentes durante el juicio, ya que las solicitudes de extradición remitidas a Turquía e Israel de esos dos hombres no fueron atendidas. Efectivamente, esos países no entregan a sus ciudadanos a la justicia foránea.

El 13 de mayo del 2015, siete israelíes habían sido inculpados en Tel-Aviv por pertenecer a una red internacional de tráfico de órganos y de trasplantes ilegales en Kosovo, en Azerbaiyán, en Sri Lanka y en Turquía, según indicaba el ministerio israelí de Justicia. Unos de los acusados, Avigad Sandler y Boris Wolfman localizaban enfermos israelíes para proponerles los órganos de personas de Kosovo, Azerbaiyán y Sri Lanka. El tercer acusado, Moshe Harel, operaba también en Kosovo con el médico turco Yusuf Erçin Sönmez.

Otro inculpado, el doctor Zaki Shapiro, era considerado un experto de los trasplantes de órganos. Había sido el jefe de servicio para ese tipo de intervenciones en el hospital Beilinson cerca de Tel-Aviv hasta que se jubiló en el 2003. A principio del 2007, este israelí había sido detenido en Turquía con otros tres conciudadanos. El *Jerusalem Post* lo describía entonces como uno de los más importantes especialistas de trasplante de órganos. Las extracciones de órganos y los trasplantes se llevaban a cabo en clínicas privadas de Estambul, en una de las cuales el doctor Shapiro había sido detenido en circunstancias extraordinarias.

En efecto, cuatro hombres armados habían irrumpido en el centro médico para exigir el reembolso de su dinero. Según la prensa turca, los cuatro hombres habían disparado sobre el personal médico. Las fuerzas del orden habían sido alertadas inmediatamente y un policía había sido herido en el tiroteo. La investigación policial desveló que, tras múltiples amonestaciones, la justicia había ordenado desde hacía meses el cierre de la clínica por causa de los trasplantes ilegales. Además del doctor Shapiro (o Shapira), otras dieciséis personas habían sido detenidas, de las cuales dos médicos turcos.

En el 2002, la universitaria Nancy Scheper-Hughes ya había mencionado el nombre de ese Zaki Shapiro ante la cámara de representantes de Estados Unidos: "El doctor Zaki Shapiro, jefe de servicio de trasplantes del Beilison Medical Center, cerca de Tel-Aviv, se ha puesto fuera de la ley a principio de los años 90 cuando recurrió a intermediarios árabes para encontrar vendedores de órganos entre los trabajadores pobres de Gaza y Cisjordania." Zaki Shapiro y Yusuf Sönmez eran también socios del escurridizo Illan Peri.

El 9 de diciembre del 2015, *sputniknews*, la agencia de prensa rusa, reportaba que según la cadena alemana *Deutsche Welle* el ciudadano israelí de origen ucraniano Boris Walker (cuyo verdadero apellido era Wolfman) había sido interceptado en el aeropuerto Atatürk, situado en las afueras de Estambul. Se había desplazado hasta Turquía con el objetivo de recuperar los órganos de refugiados sirios que huían del Estado islámico. Cuarenta días después de su arresto, la justicia turca había ordenado la extradición del presunto traficante hacia Israel, si bien las autoridades turcas e israelíes se abstuvieron de hacer cualquier comentario. En el 2015, la justicia del Estado hebreo todavía no había condenado a ningún traficante de órganos.

La inversión acusatoria

La típica inversión acusatoria se verificaba una vez más en el cine con la película *Dirty Pretty Things* (Reino Unido, 2002): Okwe es un pobre negro de origen nigeriano que vive en Inglaterra, en Londres. Es un clandestino, en situación ilegal, y su vida no es nada fácil. Pero trabaja duro para salir adelante. Es conductor de taxi de día y recepcionista de noche en un palacio hotel londinense. Pero manifiestamente ocurren cosas extrañas en ese hotel, y Okwe descubre que el palacio hotel alberga un tráfico de órganos dirigido por el responsable de turno que se aprovecha de las dificultades de los inmigrantes. A cambio de uno de sus riñones, los pobres inmigrantes del tercer-mundo pueden así obtener un pasaporte o un visado: un riñón a cambio de un pasaporte. Las operaciones se hacen en una suite del hotel por médicos poco experimentados. Perseguidos por los servicios de inmigración (dos ingleses blancos muy malos), Okwe no se atreve a denunciar lo que acaba de descubrir. Procederá por lo tanto por vías alternativas para intentar desmantelar ese tráfico, ayudado por una mujer de limpieza turca, una prostituta negra y un chino empleado en un depósito de cadáveres. Los pobres inmigrantes clandestinos (se decía entonces "sin-papeles") son víctimas de chantajes, presiones, violaciones y crímenes, mientras que los Blancos, una vez más, interpretan el papel de cabrones. La película es del director Stephen Frears, el cual no es un "Blanco", como comprenderéis.

Sabemos también que la sangre de los niños cristianos pudo ser objeto de un tráfico muy antiguo, por motivos religiosos. En febrero del 2007 estallaba en Italia un caso muy desagradable que causó un gran escándalo. El profesor Ariel Toaff acababa de publicar un libro de 400 páginas titulado *Pasque di sangue (Pascua de sangre, los judíos de Europa y los libelos de sangre)*. El profesor Toaff, de la universidad Bar-Ilan de Jerusalén e hijo del antiguo gran rabino de Roma, provocaba un revuelo mediático reconociendo que los asesinatos rituales fueron practicados por algunos judíos asquenazíes en el norte de Italia y que la sangre de esos niños cristianos era una mercancía con la que se traficaba en ambos lados de los Alpes. Las acusaciones de asesinatos rituales habían estallado en todas partes en Europa y Oriente Medio desde el siglo XI[425].

Naturalmente, aquí también algunos cineastas judíos tuvieron que realizar películas relacionadas con el tema. Por ejemplo, *Los Embrujados* (EE. UU. 1987): En Nueva York, unos chicos jóvenes son secuestrados y víctimas de asesinatos rituales. El psicólogo Jamison descubre la existencia de la Santería, una secta que practica una variante cubana del vudú. La película es de John Schlesinger, y éste no es miembro de una secta vudú.

En la película de Peter Webber, *Hannibal Lecter, los Orígenes del mal* (2007), que desvela la infancia del célebre Hannibal Lecter, el psicópata caníbal del *Silencio de los corderos*, vemos en una escena como un asesino de niños puede ser también un buen católico que lleva a sus hijos a la iglesia.

A contracorriente del implacable rodillo de la propaganda hollywoodiense, una producción turca del 2006 sobresalía: *El valle de*

---

[425]Sobre los asesinatos rituales, léase *El Fanatismo Judío* (2007) y nuestra *Historia del antisemitismo* (2010).

los lobos, una película que mostraba los crímenes cometidos en Irak por las tropas estadounidenses, así como las vejaciones sufridas por los resistentes en la prisión de Abu Ghraib. La película denunciaba también el tráfico de órganos del que fueron responsables médicos israelíes en aquella prisión iraquí. Veíamos un médico judío estadounidense extraer con delicadeza un riñón de un prisionero árabe vivo y depositarlo con precaución en un recipiente etiquetado *"To Tel-Aviv"*. Como la película había sido retomada en una serie de televisión, cuyos episodios se repetían en la televisión turca, el Estado de Israel había manifestado su descontento. En enero del 2010, el embajador turco Oguz Celikkol había sido convocado por el ministerio israelí de Asuntos Exteriores, donde el número dos de la diplomacia israelí, Danny Ayalon, tras haberlo hecho esperar largamente en el pasillo, le había recibido sin darle la mano e invitándole a sentarse en un sillón en un escalón inferior al de los sillones ocupados por los diplomáticos israelíes. Después de aquello, el embajador turco había declarado que en 30 años de carrera nunca había sido tan humillado.

En el mes de agosto del 2009, tras la publicación del artículo del periodista sueco Donald Boström, los dirigentes israelíes decidieron responder inmediatamente con un ataque a riesgo de provocar una crisis diplomática. El gobierno sueco debía condenar inmediatamente ese artículo antisemita. "No estamos pidiendo unas disculpas del gobierno sueco, queremos una condena por su parte del artículo", declaraba el Primer ministro Benjamín Netanyahu durante el consejo de ministros. El ministro de Finanzas Yuval Steinitz declaró ante la prensa: "La crisis perdurará mientras el gobierno sueco no haya cambiado de actitud respecto a ese artículo antisemita. Aquel que no lo condena no es bienvenido en Israel", añadiendo, además: "El gobierno sueco ya no puede callarse. En la Edad Media se vertían difamaciones acusando a los judíos de preparar el pan ácimo de Pascua con sangre de niños cristianos, y hoy día se acusa a los soldados de Tsahal (el ejército israelí) de matar palestinos para extraer sus órganos."

En cuanto al jefe de la diplomacia israelí, Avigdor Lieberman, éste reprochó a su homólogo en Estocolmo su silencio: "Es vergonzoso que el ministro sueco de Asuntos Exteriores se niegue a intervenir en un caso de incitación al asesinato de judíos. Esta actitud recuerda la de Suecia durante la Segunda Guerra mundial. En aquella época, también se negaba a intervenir en contra del genocidio nazi." La embajadora de Suecia en Tel-Aviv, miembro de la rica e influyente familia de los Bonnier, que poseía la mayoría de los diarios, cadenas de televisión y de salas de cine de Suecia, expresó su profundo "estado de shock[426]".

Cierto malestar se propagó por las redacciones de los grandes medios occidentales. La gran prensa hablaba entonces de las "tensiones" entre Israel y Suecia. El semanal francés *Le Point* titulaba, por ejemplo: "Israel alza la voz contra Suecia después de un artículo juzgado antisemita". Lo cual evitaba hablar de la cuestión de fondo del tráfico de órganos.

El 11 de diciembre del 2009, un increíble artículo titulado *"Mengele stole my Kidney"* (Mengele me robó mi riñón) aparecía en el diario digital inglés *Dailymail*, el segundo diario inglés. Leíamos que un israelí de 85 años, Yitzchak Ganon, venía de ser operado por un cardiólogo de Tel-Aviv. Al despertar en su cama de hospital, el cirujano que acababa de salvarle la vida se mostraba muy sorprendido. En efecto, había constatado que le faltaba un riñón a su paciente. "Lo sé, había respondido éste. La última vez que lo vi, palpitaba en las manos de un hombre cuyo nombre era Josef Mengele." Yitzchak Ganon empezó entonces a contar su increíble historia.

Josef Mengele era "el terrible doctor nazi que trabajaba en Auschwitz". Yitzchak Ganon, que era un superviviente de Auschwitz, había sido elegido por aquel "médico diabólico, que se presentaba en el andén de llegada de los convoyes de trenes para escoger cobayos humanos para sus experimentos atroces."

A continuación, reproducimos íntegramente el texto de ese diario inglés: "Una vez tatuado el número 182558 en su brazo izquierdo, Mengele –que sus víctimas llamaban "el ángel de la muerte"- ató Y. Ganon en una mesa de operación: "Introdujo su cuchillo dentro de mi sin anestesia. El dolor era indescriptible. Sentía cada corte del cuchillo. Y entonces vi mi riñón palpitando en su mano. Grité como un poseso, grité esta suplica: "Escucha, ¡O Israel!: el Señor es nuestro Dios, el Señor es Uno." Y recé para que viniese la muerte, para no tener que soportar más ese sufrimiento." Pero Mengele, que quería descubrir como clonar los superhombres SS perfectos para su Führer, no había acabado con él. "Tras la operación no me dieron ningún anti-dolor y me pusieron a trabajar. Tenía que limpiar la sala detrás de las operaciones sangrientas practicadas por Mengele.""

Seis meses más tarde, Mengele lo puso a prueba otra vez. En esa ocasión, lo sumergieron en un baño de agua helada, mientras Mengele lo observaba por intervalos: quería ver como funcionaban sus

---

[426] Un antepasado judío alemán, Hirschel, había cambiado su apellido por "Bonnier". La familia Bonnier de Suecia poseía también numerosos medios de comunicación en Finlandia.

pulmones. "Luego fui seleccionado para la cámara de gas porque mi cuerpo ya no valía nada." La mañana de la sesión de gas, Y. Ganon tuvo una suerte increíble (como Elie Wiesel, como Samuel Pisar y otros más supervivientes[427].) Fui "el 201 en ser enviado a la cámara de gas –pero después de 200 personas la sala estaba llena": "Aquello me salvó la vida. Y me enviaron de vuelta al campo."

Cuando Auschwitz fue liberado, Ganon pudo regresar a Grecia, donde se reencontró con su hermano y su hermana que también habían sobrevivido, emigrando posteriormente a Israel en 1949.

Comprendíamos entonces por qué después de 64 años, este israelí se negaba a ver un médico. Durante todo ese tiempo, el hombre había guardado ese terrible secreto que explicaba su desconfianza para con la profesión médica. Los miembros de su familia siempre se habían sorprendido de su negativa a consultar un doctor. "Cada vez que tenía un catarro, un resfriado, una infección, una equimosis, un corte o cualquier enfermedad, se las apañaba solo", decía su esposa. "Cuando estaba enfermo decía que no lo estaba, decía que sólo estaba cansado." Cuando Yitzchak Ganon tuvo un ataque al corazón, su secreto fue desvelado. En el sitio internet del periódico que publicaba esta historia increíble, los comentarios estaban afortunadamente abiertos a los lectores y la ironía de algunos internautas nos demostraba que había que mantener la esperanza en la humanidad.

La cirugía estética

La cirugía estética se desarrolló considerablemente en los años 90. Esta disciplina médica contaba con un gran número de practicantes comunitarios. Un artículo de la revista *Le Point* del 27 de julio del 2001, titulado *La cara oculta de la cirugía estética,* nos hacía entender que las operaciones conllevaban a pesar de todo ciertos riesgos. Una mujer traumatizada, había tenido el valor de expresarse públicamente. "Fue mi peluquera la que me aconsejó ese cirujano. Parecía muy seguro de sí mismo, me decía que era el mejor. Así que le dije que sí." El 19 de julio del 2000, Chantal L., 55 años, se operaba en una clínica de cirugía estética de las Yvelines. Chantal era una pequeña morena, contable en la región parisina, que había ahorrado 37 000 francos para ofrecerse unos senos más generosos y un arreglo de sus parpados.

"Al día siguiente, el cirujano vino a verme para decirme que había

---

[427] Léase el relato de esos "supervivientes" en Hervé Ryseen, *Le Miroir du judaísme (El Espejo del judaísmo),* Baskerville 2009.

tenido un hematoma en los parpados, pero tenía los ojos vendados y no veía nada. Unos días después, tras regresar a casa, me di cuenta de la masacre: el ojo derecho estropeado, el parpado inferior caído, y una cicatriz muy visible hasta la sien. Mi seno derecho está desmirriado y abollado, con un pezón sin salir y además colocado mucho más arriba que el izquierdo. Más adelante descubrí que el cirujano había colocado la prótesis del seno derecho delante del músculo y la del seno izquierdo detrás..."

Chantal L. formaba parte de los "malogrados" de la cirugía estética. ¿Cuántos eran? "nadie lo sabe", admitía el doctor François Perrogon, presidente de la Asociación para la información médica en estética. Misma conclusión en la Asociación de los éxitos y fracasos de la cirugía estética, que reúne a 1500 víctimas. Cuando se pregunta a las aseguradoras, éstas contestan que existe un 20% de litigios contra un 2% en las otras disciplinas médicas. "En diez años, los litigios han aumentado un 117%, de los cuales un tercio estaría relacionado con las intervenciones mamarias", precisaba Nicolas Gombault, director jurídico de Sou Médical que aseguraba 160 cirujanos estéticos. Éste reconocía: "A veces nos vemos obligados a prescindir de algunos de nuestros societarios que acumulan demasiados accidentes."

En realidad, el número de litigios que llegaban a las aseguradoras era infravalorado, ya que raramente las pacientes se atrevían a pedir cuentas a su cirujano tras un fallo. "Sufrir un fallo de operación estética es como una violación, una no quiere hablar de ello", explicaba Valeria F, que vivía desde hacía más de veinte años con los pechos mutilados después de una operación de cirugía estética. Al cabo de una larga psicoterapia, apenas podía empezar a contar su calvario. "Tenía por aquel entonces 51 años y quería reducir el tamaño de mis pechos. Fui a ver un cirujano de París que tenía su propio consultorio. Después de la operación, cuando levanté el vendaje, vi que mi seno izquierdo ya no existía. Me puse a gritar. Las enfermeras vinieron y me dijeron: "ya se arreglará". Una semana después, cuando volví a ver el cirujano para la visita posoperatoria, pensé que me explicaría lo que había sucedido. Sólo me dijo: "Os queda muy bien, de todas maneras, usted ya se parecía a un hombre." No protesté, pues formo parte de esas mujeres que no son precisamente bonitas, pero aquello me dejó hecha polvo. Nunca más quise que un hombre me tocara, me encerré sobre mí misma teniendo depresión tras depresión, incluso acabé por vender mi restaurante. Debe haber muchas víctimas como yo que no se atreven a hablar..."

Algunos cirujanos proponían "arreglarlas" a precio barato, o más raramente devolverles el dinero a condición de que firmasen un papel en el que se comprometían a no divulgar el asunto. Esta cláusula de confidencialidad no tenía ningún valor jurídico, pero permitía silenciar las víctimas de los fallos. Una denuncia ante la justicia no era factible. Pocas daban el paso. "Es un procedimiento largo y costoso, y el resultado es muy aleatorio", explicaba Martina L. que llevaba siete años peleando con el cirujano que le había practicado una liposucción. "Voy de peritaje en peritaje, y cada vez es un sufrimiento. Me veo obligada a exhibir mi vientre atrozmente suturado y abollado. Encima de que los gastos corren a mi cargo, no tengo derecho a que me reparen antes del final del procedimiento." Y esta mujer añadía: "He descubierto que en este tipo de casos los cirujanos nombrados para el peritaje raramente se atreven a criticar el trabajo de sus colegas. Es un mundillo en el que todo el mundo se cubre las espaldas, a costa de las víctimas."

Estaba claro que algunas clínicas se cuidaban más de elegir sus abogados que sus cirujanos y se escudaban fácilmente detrás de la excusa de los "riesgos terapéuticos" o de la ausencia de obligación de resultados. "En realidad, afirmaba el doctor François Perrogon, entre el 10 y el 30% de las intervenciones en cirugía estética necesitan al menos unos retoques. Pero los profesionales no lo gritan a los cuatro vientos." Durante la consulta, el cirujano debía en teoría informar de los riesgos operatorios y de las eventuales complicaciones, pero lo decían de los labios para afuera. En cambio, todo valía para "embriagar" el futuro cliente:

Lidia, 60 años, recordaba su experiencia: "Me invitaron a un vaso de champán y a canapés, me mostraron las fotos de pacientes "exitosas" e incluso cintas de video. No hice más preguntas, estaba seducida. Además, el ambiente en la sala de espera estaba electrizado, el cirujano acababa de salir en la televisión. Su libro de citas estaba lleno." Lidia había abonado sin pestañear 75 000 francos, la mitad en efectivo, por un estiramiento facial y una esteatomería. Cuando la paciente resistía a los cantos de sirena, entonces acudía la asistenta que precisamente venía de ser operada y cuya silueta impecable era la prueba viviente del saber hacer del cirujano.

Los responsables de la clínica del Rond-Point de los Campos Elíseos, un lujoso establecimiento de 3000 metros cuadrados que empleaba más de 70 personas y que acababa de salir en bolsa, se habían ampliamente beneficiado de sus relaciones en los medios de comunicación. Esto leíamos en el semanal *L'Événement du jeudi* del 14 de mayo de 1998: "Miles de mujeres han confiado sus senos, sus rostros, sus michelines a los cirujanos de esta clínica chic parisina con el aval y la autorización del ministerio de Sanidad. ¿Como podrían haber sospechado? Durante años, los medios de comunicación ofrecieron una tribuna publicitaria a los doctores Guy Haddad, Bernard Sillam y Martial Benhamou, propietarios del establecimiento, junto al doctor Michel Cohen. Artículos en *France-Soir, Femme actuelle, Télé 7 Jours*, alabando los méritos de las prácticas de la clínica del Rond-Point; participaciones a programas de televisión, publicación de un libro, *Jeunesse pour tous (Juventud para todos)*. - En cada una de sus intervenciones, un número de teléfono era comunicado al público: el de la Sociedad francesa para el desarrollo estético que reenviaba la llamada a la clínica."

La publicidad estaba terminantemente prohibida por el código de deontología de los médicos, pero esta prohibición no se aplicaba a esas clínicas que gozaban de un estatus de establecimiento comercial. La clínica del Rond-Point de los Campos Elíseos se aprovechaba ampliamente de ello pues su presupuesto publicitario se elevaba hasta los diez millones de francos por año. En mayo del 2000, su gerente fue condenado a 400 000 francos de multa por una publicidad engañosa. Efectivamente, la clínica indicaba en sus anuncios publicitarios que estaba "autorizada por el ministerio de Sanidad", lo cual era falso ya que ningún acuerdo de ese tipo existía para esa clase de establecimiento. Los jueces se habían percatado de otras fórmulas engañosas: los cuatro médicos, supuestamente "los mejores especialistas" de "cirugía plástica reconstructiva y estética" sólo eran en realidad médicos generalistas. Sus eslóganes publicitarios tenían todas las de tener éxito: "depilación definitiva"; "deshacerse de la celulitis de forma duradera"; "suprimir la grasa de las caderas"; "quitar la papada"; "la calvicie vencida".

En cuanto a las sociedades de prestigio que aportaban una especie de aval profesional al establecimiento ("Sociedad francesa de desarrollo estético", "Federación internacional de estética médica"), los investigadores habían descubierto que se trataban de asociaciones fantasmas creadas por los dirigentes de la clínica con fines estrictamente comerciales y que tenían como objetivo conducir a su consulta todas las personas que llamaban para informarse sobre la cirugía estética[428].

La clínica había sido duramente señalada durante una inspección del Control de fraudes y por la Dirección provincial de asuntos sanitarios y

---

[428] Antes de la Revolución francesa, las corporaciones de artesanos y oficios prohibían y echaban pestes contra la publicidad. Esta era únicamente utilizada por los comerciantes judíos, que la popularizaron más tarde. Sobre este tema léase el estudio muy documentado del sociólogo y economista alemán Werner Sombart, *Les Juifs et la vie économique (1911)*, publicado de nuevo en francés en el 2012. (También traducido por la Universidad Complutense en el 2008, *Los Judíos y la vida económica*.)

sociales. Los investigadores habían notado varias infracciones de las normas más elementales de higiene y, todavía más grave, anestesias practicadas por médicos generalistas no cualificados para ello. "Las operaciones se llevaban a cabo en condiciones que daban escalofríos", escribía la periodista. Una denuncia había sido elevada al consejo de la Orden, y más de 70 testimonios de colegas de profesión habían afluido a la instancia nacional para denunciar prácticas dudosas. Sin embargo, una sola paciente había decidido ir ante los tribunales, lo cual demostraba que el sistema estaba realmente bien atado. Uno de los cirujanos de la clínica, consejero médico del establecimiento, era también un experto jurídico ante la Corte de Casación de Francia.

Contactado por teléfono, el Dr. Benhamou negaba los hechos que se le reprochaban. Los cuatro doctores habían sin embargo sido suspendidos de forma provisional durante seis meses, una sanción poco común y "especialmente dura". La clínica permaneció cerrada oficialmente "por obras", pero continuaba de funcionar como ambulatorio, principalmente para las liposucciones que representaban la mayor parte de su actividad. Para las operaciones de cirugía (senos, parpados, nariz), las clientas eran llevadas en limusina desde los Campos Elíseos hasta la clínica Hartmann de Neuilly que aseguraba la interinidad. "Durante las obras, los negocios seguían igual", terminaba con ironía la periodista Marie-Françoise Lantieri.

El 2 de mayo del 2001, el gerente de la clínica del Rond-Point de los Campos Elíseos fue de nuevo condenado a 20 000 francos de multa por el Juzgado correccional de París, esta vez por discriminación laboral. En un periódico médico, había publicado una oferta de empleo reservada a "cirujanos extranjeros". El tribunal había subrayado que contratar cirujanos extranjeros, cuyos títulos no tenían validez en el territorio francés, permitía a este establecimiento beneficiarse de una mano de obra barata muy cualificada, incomparable con los salarios que hubiese tenido que pagar a un médico o cirujano francés.

Algunos ases del escalpelo no habían dudado en comisionar médicos generalistas, esteticistas o peluqueras. "Cuando en 1991 cree la Asociación para la información médica en estética, varios colegas de profesión vinieron a verme para proponerme una comisión del 10 al 15% sobre cada paciente que dirigiría hacia sus clínicas", revelaba François Perrogon.

Otra astucia para inflar el volumen de negocio consistía en "aconsejar" al cliente intervenciones que éste no había requerido. Irene, 52 años, había pedido un estiramiento facial: "Vi el doctor S. por televisión, parecía estupendo." La cita fue acordada en una clínica parisina, un suntuoso palacete con nombre de un poeta humanista del siglo XIV. En mayo de 1999, después de tres consultas, Irene fue operada. Este era su testimonio: "Unos minutos antes de la operación, justo después de que me administraran un ansiolítico, el doctor S. vino para proponerme unas prótesis mamarias además del estiramiento facial. Las rechacé, pero insistió hablándome de un crédito de tres meses, luego de seis, y acabó diciéndome: "Os lo dejo en 30 000". Estaba descolocada por culpa del medicamento y acepté. Me hizo entonces firmar un documento titulado "consentimiento operatorio informado". Pensaba que íbamos a discutir de la operación, del tamaño de las prótesis, pero el anestesista apareció para hacerme una inyección y me dormí." Al día siguiente, después de la visita del "doctor S." a su habitación para hacerle firmar un pagaré, Irene descubría sus nuevos senos: "Eran demasiado grandes, me había puesto un 95 C, cuando antes tenía un 85B. Desde entonces todo se estropeo. Una de las prótesis se deshinchó y el estiramiento facial se echó a perder. Tengo flacidez en la parte baja del rostro."

Las sanciones del Consejo del orden, al igual que las investigaciones de las autoridades sanitarias pocas veces se hacían públicas. Tampoco era posible para los candidatos a la cirugía estética detectar los médicos condenados por la justicia, pues las condenas por lo civil no eran publicadas y aquellas en apelación o en Casación no eran mencionadas más que en revistas jurídicas especializadas y confidenciales.

Tráfico de órganos y moral judía

En su célebre obra de teatro, *El Mercader de Venecia*, William Shakespeare había imaginado un personaje horrible, un judío llamado Shylock que reclamaba su libra de carne de un deudor insolvente. Cuatro siglos más tarde, gracias a los progresos de la cirugía y las posibilidades de trasplante, la imaginación de Shakespeare parece haberse realizado a gran escala.

El tráfico de órganos tenía en todo caso cierta legitimidad en el discurso de los jefes religiosos. Yitzhak Ginzburg, un célebre cabalista responsable de la yeshivá Od Yosef Hai en Israel, había así declarado en el *Jewsih Week*, la más importante publicación judía en Estados Unidos: "Un judío está autorizado a extraer el hígado de un goy si lo necesita, ya que la vida de un judío tiene más valor que la vida de un goy, de la misma manera que la vida de un goy es más valiosa que la de un animal... La vida judía tiene un valor infinito. Hay algo infinitamente más sagrado y único en una vida judía que en una vida no judía[429]."

El goy era incluso a veces igual que un animal, tal como lo hemos podido leer en algunas obras bajo la pluma de algunos intelectuales judíos. En *El Último justo,* el novelista André Schwarz-Bart contaba la historia del pobre Mardoqueo, el cual atacado por unos campesinos polacos llegaba a defenderse -cosa increíble para un pobre judío- y a derrotar a sus agresores: "Mardoqueo, aturdido y casi ebrio de sangre, descubre de golpe el mundo cristiano de la violencia...Esa misma noche, de vuelta a casa, supo que en adelante, aventajaría a sus semejantes, ¡cuán irrisorios e insignificantes!, de un cuerpo estrechamente vinculado a la tierra, a las plantas y los árboles, sobre todos los animales inofensivos o peligrosos -incluidos aquellos que llevan el nombre de hombres[430]."

Martin Gray, el famoso autor del best-seller *En nombre de todos los míos,* tendía a sentir el mismo desprecio. Tenía diecisiete años en 1941 y vivía en el gueto de Varsovia. Cuando un policía alemán de la Gestapo comenzó a interrogarlo acerca del tráfico de mercancías que había montado y que le permitía enriquecerse considerablemente ("Mis beneficios son enormes..."), Martin guardó silencio. Martin Gray escribía a continuación respecto de ese policía: "Pertenecía al mundo de las bestias rabiosas que hay que matar porque son nocivas...Yo y los míos éramos los hombres con rostro de hombres. Y las bestias rabiosas no podían vencernos aunque nos mataban." En otros pasajes, hablaba de "bestias con rostro de hombres[431]."

Los lectores de nuestros anteriores libros saben hasta qué punto el desprecio hacia los goyim se vislumbra en cierta literatura judía. Así pues, es para ellos natural pensar que el cadáver de un judío no debe ser tocado, y menos aún profanado por los goyim. Comprendemos mejor por qué los intelectuales judíos, en conjunto, están firmemente opuestos a la pena de muerte en los países donde se han instalado432.

---

[429]Israel Adam Shamir, *Notre-Dames des douleurs,* BookSurge, 2006, p. 241. Léase también declaraciones de Yitzhak Ginzburg en *Psicoanálisis del judaísmo.*
[430]André Schwarz-Bart, *El último justo,* Editorial Seix Barral, Barcelona, 1959, p. 41, 42
[431]Martin Gray, *Au nom de tous les miens,* Robert Laffont, 1971, Poche, 1984, p. 125, 220, 286
[432]"Nunca, que yo sepa, ningún filósofo en cuanto tal, en su discurso propio y sistemáticamente filosófico, nunca ninguna filosofía en cuanto tal impugnó la legitimidad de la pena de muerte. De Platón a Hegel, de Rousseau a Kant (sin duda, el más riguroso de todos), expresamente, cada uno a su manera, tomó partido a favor de la pena de muerte." Jacques Derrida y Élisabeth Roudinesco, *Y mañana, qué...* Fondo de cultura económica, Buenos Aires, 2002, p. 159. (NdT)

TERCERA PARTE

ESTAFADORES Y TRAFICANTES

Los delincuentes y gánsteres judíos no estaban todos organizados en redes mafiosas o delictivas. Algunos actuaban solos por su cuenta y se habían especializado en estafas de todo tipo. En el número de junio de 1989 de la revista mensual judía *Passages*, dedicada a *"La verdad sobre los truhanes judíos"*, un abogado llamado Bernard Cahen afirmaba lo siguiente: "Los magistrados que dejan los juzgados especializados en delincuencia financiera, como los juzgados penales número 11 o 31 de París, reconocen que al final están cerca de albergar sentimientos antisemitas. El número de judíos que tuvieron que juzgar sobrepasa ampliamente el porcentaje de éstos en la población. Esto es un hecho."

Al final de su entrevista en la misma revista, el letrado Thierry Levy se desahogaba: "Pertenezco a una familia originaria del Este muy asimilada. En mi familia, muchos se sentían avergonzados cada vez que un judío estaba implicado en un escándalo. Hoy en día, yo ya no siento esa vergüenza. Y si existen reacciones como las de esos jueces, eso me agrada. ¡Que se jodan!"

1. Las grandes estafas

Todos los judíos no son estafadores, y todos los estafadores no son judíos. Pero a juzgar por la crónica judicial, las grandes estafas financieras son exclusivamente realizadas por judíos "muy asimilados".

Claude Lipsky, "el estafador del siglo"

Claude Lipsky fue uno de esos grandes estafadores que sólo la comunidad judía parece capaz de engendrar. El hombre se había hecho famoso en los años 1970 con el caso del *Patrimonio territorial* y de la *Garantía inmobiliaria*, una estafa de 43 millones de francos (6,56 millones de euros) que había acabado con los ahorros de más de 8000 pequeños ahorradores. Apodado en Francia el "estafador del siglo" desde aquella estafa, había sido condenado a ocho años de cárcel en 1976. Pero once años después de aquella condena judicial, Lipsky decidía volver a la acción.

A partir de 1987, y durante una década, Lipsky propuso inversiones increíbles a militares franceses jubilados o en activo en el continente africano. Oficiales o suboficiales, algunos de esos soldados habían amasado cómodos ahorros gracias a sus pagas de militares en misión en el extranjero. En África, por poco que fuese padre de familia, un sargento ganaba 25 000 francos mensuales, y un coronel 80 000 francos. Esos ahorros habían despertado el interés de Claude Lipsky, de los que esperaba sacar gran provecho.

Para entrar en contacto con sus clientes, Lipsky encontró a dos buenos bobalicones que iban a prospectar para él en los círculos militares: Pierre Haubois, 66 años, un antiguo general que había comandado la base de Yibuti, y Claude Derusco, antiguo piloto y teniente-coronel de la misma edad, también jubilado. Su pertenencia al ejército eliminaba todas las dudas y se les recibía con alfombra roja en sus visitas a las guarniciones. El nombre de Lipsky figuraba en el correo como director o administrador, pero él nunca viajaba a África, dejando que fuesen sus socios los que se acercaran a los militares.

Durante el periodo 1987-1999, Claude Lipsky había así lanzado suscripciones para los militares franceses destinados en el extranjero, principalmente en Dakar, Yibuti y Libreville, a los que prometía retornos de inversiones inmobiliarias muy atractivos gracias a un programa informático capaz, según él, de analizar los flujos bursátiles a largo plazo. El trío aseguraba a sus interlocutores que si les entregaban sus ahorros, sus inversiones podrían generarles un rendimiento anual del 10% neto de impuestos con un capital de entrada de 50 000 francos. En esas condiciones, cientos de militares aprovecharon esa oferta de oro.

Pero en 1998, los militares se desengañaron. En vez de percibir las sumas acordadas, recibieron correos con explicaciones evasivas pidiéndoles paciencia. Presintiendo la estafa, presentaron denuncias ante la justicia y una investigación judicial se abrió por "abuso de confianza agravado y estafa" (*Le Figaro*, 23 de septiembre y 31 de octubre del 2000). Algunos no recibían los intereses. Otros no podían recuperar su capital de entrada.

Los militares descubrieron rápidamente con estupor que Claude Lipsky era un antiguo estafador. Descubrieron además que su sociedad había cambiado de sede entre Ginebra, Mónaco, Chipre y las islas Vírgenes británicas bajo distintos nombres como Neiman Trust, Neiman Corporation y Moneywise Investissement Limited. Algunos de los militares fueron a Chipre para indagar más a fondo el asunto: "En realidad sólo era una dirección postal con un solo empleado que nunca había visto Claude Lipsky", contaba uno de ellos. Decenas de millones de francos habían transitado por sociedades instaladas en Ginebra, Mónaco o Chipre antes de evaporarse.

Para muchos, aquello representó pérdidas millonarias: "Todos mis ahorros se han esfumado de golpe", relataba Thierry Pineau, antiguo oficial piloto en Dakar. Los militares estafados por Claude Lipsky se habían constituido como parte civil en una asociación, *Ardiplent*, a fin de recuperar su dinero. "Nos hemos reunido 342 en una asociación, pero hoy en día hay cerca de 500 víctimas censadas", declaraba el presidente Jean-Francis Comet, antiguo oficial de Yibuti. Explicaba que los dos militares jubilados que trabajaban para Claude Lipsky les habían inspirado confianza: "Su pasado imponía respeto. Venían a visitarnos dos veces al año, en octubre y en marzo. Era suficiente. Las bases militares son como pequeñas ciudades: el boca a boca funciona muy bien. Y nos pasamos el soplo de esas inversiones jugosas los unos a los otros. Al principio, los clientes recuperaban sus inversiones. Todo el mundo estaba satisfecho... Todo cambió radicalmente en 1998, cuando algunos no pudieron recuperar su capital de entrada. A pesar de las cartas que nos llegaron en las que se nos hablaba de la mala coyuntura transitoria, las sospechas crecieron. Los correos contenían demasiadas contradicciones. Entonces fue cuando las direcciones de las sociedades – Mónaco, Ginebra, Chipre- empezaron a preocuparnos. Comprendimos que nos habían tomado por bobos...Muchas familias habían hecho inversiones importantes. Lo perdieron todo." Esta gran estafa había limpiado los ahorros de cerca de 500 militares. El perjuicio global de este caso se elevaba a 175 millones de francos (es decir 26,7 millones de euros).

El 11 de mayo del 2000, la máquina judicial se puso por fin en marcha. Los dos oficiales prospectores fueron detenidos en Yibuti y puestos bajo control judicial. Clamaron que ellos también habían sido víctimas de las mismas suscripciones, denunciando a su vez su antiguo jefe por abuso de confianza y estafa. Percibían una comisión del 3% pero juraron nunca haber sabido nada del pasado escandaloso de Claude Lipsky.

Éste fue arrestado en su casa en septiembre, en Chesnay, en las Yvelines, encarcelado e imputado por abuso de confianza agravado y estafa. Aseguraba sin embargo a los investigadores que nunca había tenido la intención de estafar a sus clientes, pero que había sido víctima de la mala coyuntura económica y de malas inversiones. Oído por el juez instructor, Claude Lipsky negaba cualquier tipo de malversación. Al igual que lo había declarado a varios "clientes" que se habían presentado en su domicilio para pedirle cuentas, sus negocios habían periclitado en la tormenta de la crisis bursátil asiática. Más allá de aquellas primeras explicaciones, los militares engañados habían recobrado algunas esperanzas después de ver a Lipsky inculpado.

El ministerio de Defensa se había empleado a fondo para que el escándalo no saliera a la luz públicamente. La DPSD (antigua Seguridad militar) había tomado cartas en el asunto. En la asamblea general de la asociación de defensa creada por los militares, el representante de la DPSD, solemnemente acompañado por el ministro, había calificado la estafa de asunto "confidencial-defensa". Los militares habían tenido que firmar un documento donde se comprometían a no divulgar nada de aquella mala jugada. Se les pedía sufrir en silencio.

Al margen de esa faceta militar, nos enterábamos de que otras personas también habían sido víctimas del estafador. Claude Lipsky también había propuesto sus "jugosas" inversiones en la metrópoli a comerciantes y jubilados. En este caso, el intermediario era el director-adjunto de una agencia del Crédit Agricole. Lipsky se desplazaba luego personalmente para negociar los contratos.

Este era el testimonio de Suzette, restauradora de 54 años en el Loir-et-Cher: "Nos fue presentado por nuestro banquero. Por eso, y aunque tuve algunas dudas, le entregué 750 000 francos. Cuando más tarde presentí que había sido engañada fui a ver Lipsky en el Var, donde tiene una suntuosa propiedad. La entrevista fue infructuosa y le denuncié."

El caso de Pierrette y Louis, 73 y 77 años, había sido idéntico: "Hemos entregado 900 000 francos, el resultado de la venta de nuestro negocio de congelados cuando nos jubilamos. No nos queda nada", declaraban, destrozados.

El 26 de mayo del 2001, la prensa informaba el público de que el "estafador del siglo" había sido "milagrosamente liberado". Debido a un simple error en el plazo de convocación del abogado por culpa de un fax defectuoso, Claude Lipsky, 69 años, había sido liberado de la prisión de Bois-d'Arcy. Era un duro golpe para cientos de partes civiles de este caso que seguían con la esperanza de recuperar su dinero.

Por otra parte, unos cien militares habían puesto una denuncia en el Principado de Mónaco. En efecto, Lipsky había trasladado sus actividades de Ginebra a Mónaco a partir de 1997. En el mes de abril, la justicia del principado había entonces emitido una orden de arresto en contra del estafador, ausente de la audiencia "por motivos médicos". Lipsky había recurrido la sentencia y en septiembre del 2001 la corte de apelación de Mónaco había confirmado la condena de 5 años de prisión y 20 000 euros de multa dictaminada en primera instancia.

La corte de apelación había a su vez confirmado la condena a 2 años de cárcel y 20 000 euros de multa infligidos al teniente-coronel Claude Derusco, considerado como cómplice de Claude Lipsky. En cambio, el general Pierre Haubois fue puesto en libertad tras la apelación a pesar de haber sido condenado a la misma pena que Derusco en primera instancia. La condena había sido pronunciada por defecto. En efecto, Claude Lipsky no había podido comparecer "por motivos de salud", una vez más.

La parte monegasca del caso había sido juzgada, pero el 21 de mayo del 2007, "el estafador del siglo", ahora de 75 años, comparecía ante el tribunal de Versalles. "El hombre de negocios franco-israelí" instalado en el Chesnay, en las Yvelines (*Le Parisien*, 21 de mayo), todavía clamaba su inocencia. No había desviado fondos: "Se perdieron. Como en todas las sociedades financieras, a veces funciona muy bien, y otras veces hay problemas", había declarado a los periodistas antes de entrar en la sala de audiencia.

Claude Lipsky declaró además que vivía "muy mal, muy muy mal" ese nuevo juicio "porque no es agradable estar en medio de toda esa gente, porque me van a hacer muchas, muchas preguntas a las que voy a tener que responder."

El 15 de junio, sin embargo, el último día de su juicio, Lipsky admitía finalmente la gigantesca estafa (*Le Parisien*, 16 de junio del 2007). Ausente de la audiencia "por razones médicas", Claude Lipsky había por fin confesado a través de su abogado, el letrado Rafael Pacouret, que declaró en su alegato: "Mi cliente se da cuenta tardíamente, pero ha comprendido el dolor infligido a las partes civiles." De paso, la presidenta del tribunal leyó una breve carta escrita por el acusado: "Con otro sentido de los valores, dada mi edad avanzada, mi estado de salud y mis preocupaciones más humanas, solo puedo decir que lamento las consecuencias de mis acciones."

Su abogado explicaba que la mentalidad de su cliente había realmente cambiado: "Está cansado de esta existencia tumultuosa. Sólo aspira a terminar su vida en paz junto a su esposa." El periodista añadía aquí:

"El septuagenario quisiera que se le percibiera como "alguien humano". Hospitalizado, ha querido hacer un gesto hacia sus víctimas cediéndoles 1,5 millones de euros de la venta de una propiedad en el sur de Francia."

Las confesiones de Claude Lipsky habían provocado la ira de los abogados de sus presuntos cómplices, Claude Derusco y Pierre Haubois, que habían pedido la liberación de sus clientes. La sentencia fue pronunciada el 26 de julio del 2007: Claude Lipsky era condenado a cinco años de prisión y a una multa de 375 000 euros por ese caso de falsas inversiones en perjuicio de los militares. Con sus coacusados, debía también abonar a los militares 17 millones de euros de indemnizaciones. El coronel Claude Derusco y el general Pierre Haubois eran condenados respectivamente a tres años y a treinta meses de prisión. Los dos debían también pagar una multa de 150 000 euros. El banco Sofipriv, que había abierto una cuenta a nombre de Claude Lipsky, era condenada por blanqueo agravado y complicidad de estafa a una multa de 700 000 euros.

En Inglaterra, Lipsky era un apellido que había permanecido mucho tiempo en la memoria popular. Un siglo antes, en 1887, un tal Israel Lipsky había sido reconocido culpable del envenenamiento de una joven inglesa en Londres, y "Lipski" era desde entonces un término utilizado para insultar a los judíos.

Jacques Crozemarie y el escándalo del ARC

El escándalo del ARC fue bastante sonado en Francia a finales de los años 1990. Jacques Crozemarie, el presidente de la Asociación para la investigación contra el cáncer (ARC), salía regularmente en televisión en anuncios publicitarios para convencer a los telespectadores de enviarle su dinero. La gente ignoraba sin embargo que cientos de millones de francos eran desviados por el estafador para financiar su lujoso tren de vida.

El escándalo había estallado en el mes de enero de 1996. El informe del Tribunal de Cuentas había revelado entonces que sólo el 26% de las donaciones recibidas por el ARC llegaban efectivamente a los científicos. El resto era malversado a través de sociedades pantalla y un sistema de sobrefacturación. Crozemarie había subcontratado sus campañas de comunicación a la sociedad International Developpement, dirigida por dos hombres de negocio, Michel Simón y Pascal Sarda. La sociedad sobrefacturaba sus servicios y revertía inmediatamente salarios indebidos al estafador. 327 millones de francos habían sido así desviados entre 1990 y 1995, tal como lo revelaba el juicio que había tenido lugar en el mes de mayo de 1999, esto era el equivalente a 8000 euros semanales en efectivo.

En su libro *La Banda del cáncer*, el periodista Jean Montaldo aportaba algunas informaciones sobre esos dos personajes: "Son los dos protegidos de Crozemarie, escribía. Iletrados e incultos, los dos rufianes se andaban con toda la palabrería y monserga de los negocios con el mismo talante con que extorsionaban las donaciones recaudadas por el ARC para los enfermos de cáncer." (p. 45). Michel Simon era "un verdadero líder de hombres". Era el hijo de una familia acaudalada que se había hecho una reputación en los productos de belleza. "Su padre tuvo la suerte de regresar vivo del campo de deportación y exterminio de Mauthausen, donde la llegada de las tropas estadounidenses lo había salvado in extremis, al borde de la muerte." Pascal Sarda, era "el mal genio de Michel Simón, el alquimista maléfico que le enseñaría a convertir el plomo en oro, y en hacer de sus chanchullos, hasta entonces rudimentarios, unas grandes industrias del robo, el fraude y la estafa. Estamos a principio de los años Mitterrand, la época de los *golden boys*, del dinero fácil, del dinero sucio...Sin esa cuadrilla Simón-Sarda, los fervientes contribuyentes del ARC, asociación caritativa reconocida de utilidad pública, jamás hubieran sido tan sistemáticamente robados y a tan gran escala[433]."

El *Nouvel Observateur* del 14 de agosto de 1996 nos informaba de que el director financiero de International Developpement era otro israelita llamado Ronald Lifschutz. A principio del mes de junio, la brigada financiera se había presentado por la mañana en su edificio, una vivienda de protección oficial del ayuntamiento de París. Desafortunadamente, el precavido inquilino había volado a Israel un par de semanas antes.

Desde 1988, el poder de Jacques Crozemarie sobre el ARC era calificado de "casi teocrático" por la Inspección General de Asuntos Sociales (Igas). Autócrata y orgulloso, Jacques Crozemarie ahuyentaba las críticas persiguiendo a la prensa y alentando a los afiliados a que escribieran denunciando los ataques contra la asociación. Había tenido que dimitir de la dirección de la asociación, pero seguía clamando su inocencia, y, seguro de tener justa razón, se presentó en 1999 ante el tribunal correccional "echando una bronca" monumental a la presidenta, echándole en cara de "no hacer nada contra el cáncer", y hasta poniendo en tela de juicio la competencia de los magistrados del Tribunal de Cuentas: "¿No saben contar!" Con un descaro fenomenal, declaraba después delante de las cámaras de televisión: "Sería un

---

[433]Jean Montaldo, *Le Gang du cancer*, Albin Michel, 1997, p. 120-127

criminal si hubiese embolsado algo, pero miren mis honorarios de representación, ¡son nulos! ¡Ni tan siquiera me reembolsan las cuentas del restaurante!" Un reportaje de Emmanuel Cohen, emitido en el programa de televisión *Secrets d'actualité* del 26 de marzo del 2006, lo presentaba debilitado, entrando en el tribunal apoyándose en un bastón para andar. Pero unas horas antes, unas fotos tomadas a sus espaldas lo mostraban andando normalmente en una gasolinera sin ningún bastón. En ese programa también se podía escuchar el testimonio de la contable de la asociación. Ésta contaba que un día le había llamado la atención sobre unas facturas pagadas por duplicado. Crozemarie enfureció y la expulsó de la oficina, empuñándola tan fuertemente que se había visto literalmente "levantada", sintiéndo como sus "pies no tocaban el suelo".

Jacques Crozemarie fue condenado en junio del 2000 a cuatro años de prisión, 380 000 euros de multa y 30,5 millones de euros (200 millones de francos) de indemnización por daños y perjuicios a pagar al ARC. Fue detenido en su villa de Bandol (Var), pocas horas después de su condena, y encarcelado en la prisión de la Santé. Michel Simón fue condenado a tres años de prisión, 380 000 euros de multa y 15,2 millones de euros de indemnización por daños y perjuicios. Pero de los 300 millones de euros volatilizados, sólo 12 habían podido ser recuperados.

En octubre del 2002, tras 33 meses de detención pasados en la prisión de la Santé, Jacques Crozemarie había sido liberado, beneficiándose de las remisiones de pena. Continuaba clamando su inocencia y declaraba en una entrevista al diario *Le Parisien*: "No soy un ladrón. Nunca entendí por qué fui condenado, y nunca lo entenderé. No quiero ser condenado para toda mi vida. Me indigna. ¡He pagado por nada! Todavía estoy esperando las pruebas contra mí."

Su lujosa villa de Bandol, con piscina climatizada, sus dos apartamentos parisinos, el mobiliario, el barco y la cuenta en Suiza habían sido incautados y puestos a la venta por el ARC. No le quedaba a Crozemarie más que su pensión del CNRS[434]. Pero ni la cárcel, ni los meses de instrucción, ni las pullas y escupitajos que había recibido durante su detención, habían mermado el personaje. El taxi que había venido a buscarlo a la Santé, el 11 de octubre del 2002, había llevado Jacques Crozemarie a Audierne, un pequeño pueblo de pescadores de Bretaña cerca de Douarnenez, donde le esperaba Claude Legall, un antiguo médico anestesista del hospital de Villejuif que le conocía desde hacía tiempo y que había aceptado ayudarle a encontrar una vivienda.

---

[434] El Centro nacional de la investigación científica, más conocido por sus siglas CNRS, es el mayor organismo público francés de investigación científica. (NdT)

Trece días más tarde, los esposos Legall aseguraban que ya "no podían más" (*Le Parisien*, 28 de octubre del 2002): "No era cuestión de darle alojamiento ya que le había encontrado un estudio con vistas al mar. Pero en cuanto lo vio, me dijo que 182 € (1200 F) por semana era demasiado caro para él. Se quedó a vivir en nuestra casa, contaba Claude Legall. Es horripilante, todo se le debe, trataba a mi mujer como su criada y había que cuidar de él. La vida con él se volvió rápidamente un infierno...Le prestamos algo de dinero, le alojamos, alimentamos y lavamos sus cosas, pero se fue sin decirnos una palabra, sin un agradecimiento."

Contactado por teléfono en una residencia de ancianos de las afueras de París, en febrero del 2006 (*Secret d'actualité*), Crozemarie seguía negándolo todo: "¡Estáis de broma!" También se supo que su bata blanca era un disfraz de circunstancia: el jefe del ARC nunca había sido médico. Titular de un diploma de ingeniero en radioelectricidad, había entrado en 1954 como "subjefe de servicio" en el CNRS con 29 años gracias a una recomendación "de un amigo de su madre". Nunca había estudiado medicina, lo cual no le había impedido, siempre que se presentaba la ocasión, posar con su bata blanca junto a otras autoridades científicas. Gracias a su descaro – la *chutzpah*[435]- había conseguido controlar poco a poco los engranajes de la principal asociación que solicitaba la generosidad de los franceses y estafar 3,5 millones a los donantes.

Algunos periodistas recordaban que era un "antiguo combatiente de Indochina", quizá para hacer creer a los goyim que ese despreciable personaje era militarista, incluso de extrema-derecha. Pero ningún periodista de la prensa del sistema había indicado que Jacques Crozemarie era también doctor honoris causa de la Universidad de Tel-Aviv y miembro de la logia masónica del Gran Oriente de Francia, tal como lo revelaba el periodista Emmanuel Ratier. Jacques Crozemarie falleció el 24 de diciembre del 2006 con 81 años. El ayuntamiento de Bandol no quiso desvelar las causas de su muerte.

Los clamores de inocencia de Jacques Crozemarie se asemejaban a los de otro hombre de negocios llamado Marcel Frydman. Marcel Frydman fue el fundador y dueño de las perfumerías Marionnaud que habían adquirido la mayoría de las perfumerías independientes de Francia. El grupo fue a su vez adquirido en el 2004 por una compañía china, pero la gestión de Frydman había sido puesta en entredicho por un informe contable de la Autoridad de los mercados financieros (AMF), que le acusaba de haber falsificado los balances de la empresa. En diciembre

---

[435]Palabra judía yiddish: desfachatez, impudencia, sinvergonzonería extrema. (NdT).

del 2004, Marionnaud anunciaba 93 millones de pérdidas debido a correcciones de errores, cuando el año anterior la sociedad había declarado beneficios por 13 millones de euros. La AMF evocaba un "fraude probado". Pero Frydman daba sus propias explicaciones: "Metí la pata, pero no he robado a nadie. No he tratado de enriquecerme. Sólo tengo una casa en la que vivo. Es mi único bien." El informe mencionaba además "falsos documentos para engañar a los auditores de cuentas" y "falsos resúmenes de cuenta elaborados por la dirección contable" (*Libération*, 17 de octubre del 2005). Frydman respondía así a esas acusaciones sin fundamento: "Es falso. No le he pedido nada a la dirección contable. Y en cuanto a los auditores de cuentas, si estos han sido engañados, es preocupante."

En *Psicoanálisis del judaísmo*, contamos también en detalle la estafa extraordinaria de "Gilbert C". Después de los atentados sangrientos de Londres, en julio del 2005, el hombre se había hecho pasar por un agente de los servicios secretos franceses. Con su formidable descaro, había logrado manipular por teléfono una directora de agencia bancaria, convenciéndola de entregarle millones de euros en billetes en una maleta. El perjuicio se elevaba a unos 23 millones de euros. En el mes de agosto, la policía había hecho fracasar otros intentos de ese tipo alertando a tiempo a los banqueros. Pero en el mes de septiembre, "Gilbert C" (la prensa no divulgaba su nombre) había intentado una variante que le había reportado mucho más, consiguiendo de los banqueros transferencias internacionales a cuentas de supuestos terroristas para supuestamente poder rastrearlos. Con su labia fenomenal, los persuadía de que servían al país en la lucha contra Al-Qaeda. El estafador había logrado así que se le trasfiriera millones en cuentas de sociedades pantalla constituidas por sus testaferros en Hongkong y Estonia. Gilbert C, 40 años, y su hermano Simón, 38 años, los dos nacidos en París, se habían refugiado en Israel, desde donde seguían desafiando a la justicia francesa. En enero del 2008, la prensa desvelaba por fin su nombre: Gilbert Chikli. Por primera vez, Israel había aceptado extraditar a uno de sus ciudadanos.

El caso del Sentier

El Sentier, en el centro de París, era el barrio de la confección. 5000 fabricantes y mayoristas trabajaban cada día con sus empleados. Éstos eran inmigrantes, a menudo clandestinos explotados "a la vieja usanza", a veces más de quince horas por día. Trabajaban con las máquinas de coser o bien en la calle, descargando los camiones y cargando los rollos de tejido. Esos innumerables esclavos de países pobres que aceptaban un trabajo arrasador por un salario de miseria hacían felices a los empresarios cosmopolitas. En 1997, el Sentier fue noticia debido a una gigantesca estafa de *"cavalerie"*. Esta consistía en un sistema de emisión de letras de cambio sin fondos al vencimiento[436]: una letra de cambio permite a un proveedor ser pagado inmediatamente, en vez de tres meses más tarde. El banco, que paga en lugar del cliente, cobra simplemente una comisión, digamos del 10%. El cliente pagará al banco dentro de tres meses. Todas las partes ganan así. Ahora bien, si el cliente revende inmediatamente la mercancía con un beneficio, también podrá hacerse pagar por otro banco con el mismo sistema. Entre lo que pagará dentro de tres meses al primer banco, y lo que le paga inmediatamente el segundo, genera un beneficio revendiendo el producto más caro. El segundo cliente sólo tiene que volver a hacer lo mismo con un tercero, y el tercero con un cuarto, etc. Y dado que nadie va a ir verificar si las entregas son reales, no es necesario que la mercancía sea efectivamente entregada. Al vencimiento de la letra de cambio, el cliente no paga su deuda al banco, y éste se dirige entonces al proveedor...que ha desaparecido declarándose en quiebra. El cliente alega entonces que no puede pagar porque el proveedor no le ha entregado la mercancía, que en realidad nunca existió. Y ya está, este es el engaño, la *"cavalerie"*.

Entre abril y junio de 1997, 2700 letras de cambio habían sido emitidas en el Sentier, preludio de numerosas quiebras en cadena. 93 sociedades dejaron plantados a banqueros y proveedores por un importe de 540 millones de francos, "pero si la investigación hubiese abarcado las 768 empresas potencialmente implicadas, la barrera de los mil millones hubiera sido superada." (*Libération*, 20 de febrero del 2001). Las sociedades eran constituidas para tal propósito, gestionadas por individuos desempleados reclutados para la estafa.

A la *"cavalerie"* se añadía la *"carambouille"*. La *carambouille* es un procedimiento un poco más primitivo que consiste en comprar mercancías sin pagarlas, venderlas con descuento y desaparecer en el momento oportuno. También se habían producido fraudes a los seguros.

---

[436] En este sistema, se suele utilizar un escaparate ficticio para simular las transacciones comerciales a los ojos del banco u otro prestamista con el fin de hacer pasar el importe del nuevo préstamo como beneficio. A través de esta fachada, el prestatario alimenta su apariencia de respetabilidad y solvencia, y con ello la confianza del prestamista, y por tanto su propensión a obtener nuevos fondos de él. La técnica se presta fácilmente a una multiplicación en forma de "bola de nieve": el estafador puede utilizar el dinero para presentarse como cliente solvente de un cómplice, que a su vez obtendrá un préstamo mayor, y así sucesivamente. (NdT)

Unos incendios habían destruido almacenes en Aubervilliers. Depósitos de mercancías ficticias habían supuestamente ardido y los aseguradores tuvieron que desembolsar 16 millones de francos. Todo esto hacía decir a un policía: "Nunca vi tantos *Rmistas* [beneficiarios de la Renta Mínima de Inserción, ndt] circular en BMW". Cuando los bancos decidieron alertar la fiscalía en el mes de julio de 1997, ya era tarde.

En noviembre de 1997 y en marzo de 1998, dos espectaculares redadas de policía se habían saldado con 188 detenciones. Los investigadores habían descubierto nueve redes de *cavalerie,* entrelazadas entre sí. Eran dirigidas por Ekrem Sanioglu, Samy Bramy, Thierry Luksemberg, Jacky Benghozy, Gary Meghnagi, Philippe Gabay, Denis Gourgand y Gerard Atechian.

El cerebro de la operación apodada "dejar plantado el banco" se llamaba Haïm Weizman, que tenía por costumbre deambular por el barrio vestido con el traje de faena de Tsahal, en recuerdo de su rango de sargento-jefe en el ejército israelí. Su propia red había movilizado 23 sociedades de las 54 "activas" en torno a las cuales se organizaba la estafa. 31 personas de su equipo fueron inculpados, pero él había preferido huir a Israel con otros cómplices.

Samuel Brami, apodado *"petit Sam"*, o Samy la Comadreja, estaba a punto de huir cuando los investigadores lo atraparon en un hotel de Roissy cerca del aeropuerto. Declaró entonces que se había aislado para reflexionar y "hacer un balance de la situación". "He huido de mi domicilio, pero no de mi país", decía a los policías, asegurándoles que había decidido en el último momento no tomar el avión y regresar a su casa. Su mano derecha, Samson Simeoni, apodado *"grand Sam"* había logrado huir a Israel. Pero uno de los tenientes de Samy, Rafael Elalouf, lo había contado todo en sus primeros interrogatorios: "A la cabeza estaba Samy, solo para organizar[437]..."

Otra red de *cavalerie* era dirigida por un tal Thierry Luksemberg. Un comerciante llamado Gérard Cohen había tenido la desgracia de hacer negocios con él. El letrado Hervé Témine, abogado de Gérard Cohen, explicaba así: "Su responsabilidad es abrumadora, no solamente a nivel penal, sino porque con su huida a Estados Unidos, después de haber intentado negociar su comparecencia, ha privado sus coacusados de un careo que hubiese exculpado a mi cliente[438]." Y es que Gérard Cohen era inocente, o eso había que creer.

Le Parisien del 23 de abril de 1999 publicaba en dos páginas "las

---

[437] *Libération*, 20 de febrero del 2001, p. 17; 31 de marzo del 2001, p. 18; *Le Parisien*, 29 de enero del 2002, p. 12.
[438] *Libération*, 19 de mayo del 2001. "Témine" forma parte de la onomástica hebrea.

confesiones de los estafadores del Sentier". Monsieur Albert y sus tenientes habían aceptado hablar: "Albert, Éric, Philippe, Denis. Media de edad, 34 años". Philippe, 27 años, había encontrado una perla: el director de una agencia del Crédit Mutuel de las afueras de Metz. "Su mayor cliente antes que nosotros era el pastelero de la zona, contaba Philippe. Venía a verle en Porsche, lo invitaba a grandes restaurantes, le enseñaba las órdenes de compra de Carrefour o de Monoprix, lo dejaba con la boca abierta." Una vez en confianza, el banquero lorenés decía sí a todo. "No estaba al corriente de nada, aseguraba Philippe. Nunca supo que los pagarés eran ficticios y que había *cavalerie* detrás." El ingenuo banquero había sido arrestado y dormía entre rejas desde hacía dieciocho meses, mientras que "Philippe, Albert, Eric y Denis", como escribía el periodista, descansaban en el extranjero con 150 millones de francos.

La casi totalidad de los acusados habían finalmente admitido su participación en la gigantesca estafa después de muchas contorsiones verbales. Los investigadores recordaban algunos comportamientos bastante pintorescos: los desvanecimientos improvisados de una mujer "cada vez que las preguntas eran molestas"; las confesiones consentidas después de "grandes circunvoluciones"; o aquel jefe de red que ya no reconocía su primo; o bien aquel careo que casi acabó en pugilato en los locales del palacio de justicia.

El caso del Sentier había necesitado dieciocho meses de instrucción judicial. Quince personas seguían todavía a la fuga, y treinta y tres bancos se habían constituido como parte civil. El juicio tuvo lugar en París a partir del 20 de febrero del 2001 y había durado unas diez semanas, dado la magnitud del procedimiento. 124 imputados habían pasado por el estrado, todos acusados de estafa en banda organizada.

El letrado Gilles-William Goldnapel[439], abogado de Samy Brami, echaba pestes contra un juicio-espectáculo, que no era, según él, más que el fruto de un "montaje heterogéneo de pequeñas y medianas estafas" que no merecían tanto escándalo: "Me cuesta entender como el Sentier puede ser vencido en el terreno de la farsa y la provocación." La presidenta del tribunal, Anny Dauvillaire, tomaba las cosas con flema. Sólo una cosa le irritaba: las salidas incesantes de la sala de los acusados para hacer llamadas por teléfono.

---

[439] Gilles-William Goldnadel es un abogado franco-israelí muy presente en la escena política y mediática francesa. También es ensayista y activista asociativo y político. De derecha y conservador, es conocido por su compromiso político proisraelí y ferviente defensor del estado de Israel. Gilles-William Goldnadel fue el fundador y presidente de Abogados sin fronteras, en 1993. (NdT)

Hubo además un "grave incidente", según la revista *Actualité juive* del 24 de mayo del 2001: El letrado Gilles William Goldnapel había decidido no dejar pasar sin respuesta la salida de tono verbal del fiscal de la República, François Franchi, el cuál, en la apertura del juicio, había estigmatizado la huida a Israel de algunos "congéneres" de los acusados presentes en la audiencia. Éste había estimado además que Israel "se situaba al margen de las naciones" al negarse a extraditarlos.

"Es lamentable que se dé una connotación étnica a este caso", tronó entonces el letrado Goldnapel, que precisaba haber consultado la definición de "congénere", y añadía fulminante: "¡Israel al margen de las naciones! ¿Como no ser consciente de la manera en que esta frase, venida desde las profundidades del tiempo, puede ser sentida? Y no solamente por mis congéneres... Pido al señor fiscal Franchi, representante de la fiscalía de París, que sea más humilde." El abogado había entonces exhortado al fiscal a "retractarse públicamente de sus palabras". Hecho excepcional, el fiscal se levantó y solicitó un plazo de veinticuatro horas para poder responder al abogado. Al día siguiente, en un ambiente tenso, el representante de la fiscalía leyó su respuesta: "Su desafío a la fiscalía es inaceptable e indigna de un abogado. No necesito sus consejos y sus lecciones de moral", declaró en sustancia. "Señor letrado Goldnapel, no sois, que yo sepa, el representante del Estado de Israel. Por mi parte, mantengo mis palabras y el vocabulario empleado. Pues yo soy de cultura latina...Y me atengo a la etimología[440]."

El 28 de enero del 2002, el tribunal correccional de París había condenado a 88 de los 124 acusados a penas de prisión. La pena más dura – 7 años de prisión incondicional – había sido pronunciada contra Haïm Weizman. Pero éste, al igual que otros doce acusados, seguían en Israel. Samy la Comadreja fue condenado a cinco años de cárcel con treinta meses en suspenso.

Más allá de las penas de prisión, la acusación de estafa en banda organizada que había sido retenida obligaba a los acusados a reembolsar solidariamente los bancos y los proveedores. La suma que tenían que abonar era de 280 millones de francos: "Nos quieren muertos", se lamentaba tras la audiencia Samy Brami. "¡Quieren matarnos con el dinero[441]!", gritaba finalmente.

El 10 de mayo del 2004, la cámara de instrucción del tribunal de París

---

[440]*Actualité juive*, 24 de mayo del 2001. Archivos de Emmanuel Ratier.
[441] En 1986 ya se había producido un caso en el Sentier, en el que 21 personas habían sido inculpadas. Tres sociedades ficticias hacían de intermediarias y facilitaban falsas facturas y dinero en efectivo para pagar a los inmigrantes clandestinos. El cerebro del tráfico era un tal Seymon Blankenberg.

examinaba el expediente Sentier II, que se centraba en las redes de blanqueo de dinero entre Francia e Israel. 142 personas eran imputadas por blanqueo de capital: 138 personas físicas y cuatro bancos. A diferencia de Sentier I, los comerciantes (del textil, del cuero, del transporte) y las empresas de trabajo temporal no eran las únicas implicadas. Los bancos eran perseguidos como personas morales (como la Société Générale, la Bred y American Express), y 33 banqueros (como Daniel Bouton, presidente de la Société Générale) eran inculpados como personas físicas[442]. El juicio de Sentier II había comenzado en febrero del 2008, y debía durar hasta el mes de julio.

El tráfico consistía en "endosar" los cheques, es decir modificar el nombre del beneficiario con una simple mención en el reverso con un sello bancario. El endoso está prohibido en Francia desde los años 70, como en casi todas partes en el mundo excepto en Israel. El cheque era entregado a un "cambista" a cambio de efectivo (menos la comisión). El cambista depositaba luego el cheque en su banco israelí y éste se hacía abonar la cuenta por el banco francés. El dinero en efectivo permitía defraudar el fisco francés o pagar los salarios en negro. La Brigada de Investigación Financiera (Brif) había examinado meticulosamente todos los cheques de más de 20 000 francos que circulaban entre Francia e Israel, y resultó que el tráfico de cheques reciclados en dinero en efectivo se elevaba a más de 1000 millones de francos.

Los bancos no podían ciertamente verificar todo, teniendo en cuenta el número de cheques en circulación – varias decenas de miles por día. Pero los investigadores tuvieron sospechas fundadas al comprobar que un banco aceptaba transferir un cheque a la orden del Tesoro público o de la Urssaf[443] a favor de un tercero con una simple mención en hebreo en el reverso. Con ese sistema, se podía efectivamente reciclar cualquier cheque robado, lo cual explicaba la desaparición de numerosos sacos postales en los centros de clasificación postal. A veces, los beneficiarios de los cheques robados eran sencillamente llamados "Señor Urssaffi" o "Tesoro publicidad". Los dos protagonistas de ese tráfico, "Philippe B." y "George T." estaban en fuga en Israel. "George T." era Georges Tuil. Éste había montado la primera red en 1997 desde Mulhouse.

---

[442] *Libération* del 10 de mayo del 2004 y 19 de junio del 2004, artículo de Renaud Lecadre. *Le Parisien*, 12 de mayo del 2004, p. 15. "Bouton" forma parte de la onomástica hebrea.

[443] En Francia, las Uniones de Recaudación de Cotizaciones de la Seguridad Social y de Asignaciones Familiares (URSSAF) son organismos privados con una misión de servicio público que dependen de la rama "Recaudación" del régimen general de la Seguridad Social. (NdT).

"Philippe B." era Philippe Besadoux. En noviembre del 2005, fue detenido en Praga bajo la identidad de Harry Mervyn. En sus bolsillos, los policías checos encontraron un billete de avión para Tel-Aviv.

Los cientos de cheques del Sentier eran recolectados y luego enviados a Israel en vez de ser cobrados en los bancos franceses. Judíos jasídicos Jabad-Lubavitch, con vestidos tradicionales y poco susceptibles de ser registrados en el aeropuerto, se encargaban de pasar la frontera, las maletas repletas de cheques a la ida en Roissy y de dinero en efectivo a su regreso de Israel. Seis rabinos del movimiento Jabad-Lubavitch y más de una veintena de responsables asociativos estaban implicados. Ellos aprovisionaban los comerciantes del Sentier con maletas de dinero en efectivo. De hecho, existía una nebulosa de asociaciones confesionales judías ampliamente implicada. Los rabinos y sus equipos de recaudadores de fondos proponían a los donadores una rentabilidad en efectivo de hasta el 50%. Entre 1997 y el 2001, transitaron así 70 millones de euros.

Dos de los rabinos, Joseph Rotnemer y Jacques Schwarcz estaban entre los principales acusados. Los Rotnemer eran una familia importante de la comunidad judía. Estaban a la cabeza de una de las redes escolares judías más importante de Francia. El rabino Elie Rotnemer fue el fundador del *Refuge*, un organismo recaudador del 1% para vivienda social. El *Refuge* y sus 92 sociedades civiles inmobiliarias controlaban cerca de 4000 viviendas sociales. A principio de los años 90, una investigación había revelado que los fondos del *Refuge* no iban a parar a las viviendas sociales sino a inversiones en negocios comerciales.

A la muerte de Elie Rotnemer en 1994, su hijo Joseph Rotnemer se había convertido en el nuevo patriarca familiar. Había ampliado y diversificado los métodos de recaudación de fondos a favor de una nebulosa de 150 asociaciones (escuelas privadas, residencias de ancianos...), todas domiciliadas en Seine-et-Marne y en el distrito XIX de París – los dos centros neurálgicos de los judíos jasídicos Jabad-Lubavitch[444]: en cinco años (de 1997 al 2001), los Rotnemer habían absorbido así 450 millones de francos. Joseph Rotnemer y el rabino Jacques Schwarcz estaban los dos en fuga en Israel.

---

[444] Según la doctrina jasídica de los Jabad-Lubavitch, los judíos deben permanecer en el exilio en medio del reino material del Mal y de la Impureza -la *Qelipa* (*cáscara*) de los Gentiles- para elevar las chispas divinas retenidas allí prisioneras y precipitar así su destrucción y el advenimiento de la Redención. Sobre los judíos jasídicos Jabad-Lubavitch y sus doctrinas, léase *Psicoanálisis del judaísmo* y *El Fanatismo judío*. (NdT).

El rabino Haïm Chalom Israel, 57 años, había fundado en Francia escuelas privadas bajo contrato y recaudaba fondos de esta manera entre los miembros de su comunidad. Los cheques de los donantes eran entregados contra dinero en efectivo en "Change Point", una oficina de cambio situada en el barrio ortodoxo de Jerusalén. Como lo reconocía un responsable jabad-lubavitch, había que distinguir entre "las donaciones kasher[445]", que eran verdaderas donaciones, y las donaciones "no kasher", que eran transacciones de cheques a cambio de dinero en efectivo. En noviembre del 2000, la juez de instrucción Isabelle Prévost-Desprez había ordenado la detención provisional de Haïm Chalom Israel, estimando que la cantidad de donaciones a organismos caritativos judíos era excesiva y que constituían un abuso de bienes sociales. Pero cinco semanas más tarde, en diciembre, la cámara de acusaciones había ordenado su puesta en libertad tras el pago de una fianza de 300 000 francos. "Va a huir, ¡eso es seguro!", se exclamó Isabell Prévost-Desprez al teléfono. La juez de instrucción ordenó entonces a los policías que detuvieran de nuevo el rabino a su salida de la prisión de Fresnes para que fuera imputado esta vez por blanqueo agravado y encarcelado de nuevo. Tres días más tarde, la cámara de acusaciones volvía a ordenar su liberación. Precisemos aquí que la cámara de acusaciones estaba dirigida por un tal Gilbert Azibert[446].

Myriam Sitbon, una de las 142 personas inculpadas en el caso de Sentier II, era una comerciante que trabajaba en la confección del cuero. Tuvo que abandonar el barrio después de recibir amenazas, pero había decidido testificar: "En este mundo, decía, se clavan las tijeras unos a otros por la espalda y al día siguiente se dan espaldarazos. En cuanto ven una debilidad en alguien, ésta es explotada: una falla, tanto en la vida privada, un divorcio por ejemplo, como en los negocios. La presa es rodeada y los rapaces entran en la plaza y la víctima es despojada, incluso por sus propios amigos... Hay una mezcla entre la vida privada

---

[445] Ver nota 223. (NdT).

[446] Judíos religiosos habían sido también inculpados en Estados Unidos. A finales de diciembre del 2007, Naftali Tzi Weisz, 59 años, dirigente espiritual de Spinka, un grupo judío ultraortodoxo jasídico de Los Ángeles comparecía con cinco cómplices ante un tribunal acusado de defraudar a hacienda unos 33 millones de dólares. La fiscalía federal acusaba al rabino y a sus coacusados de haber reembolsado bajo mano personas que habían donado sumas de dinero a las actividades caritativas de Spinka. El dinero era blanqueado vía un banco en Israel, no sin haberse aplicado antes una exoneración fiscal en Estados Unidos. El rabino Tzi Weisz había quedado libre después de haber ingresado una fianza de 2 millones de dólares. En cambio, un responsable del banco israelí domiciliado en Tel-Aviv llamado Mizrahi había quedado detenido.

y la vida profesional...El terror se ejerce incluso los días de boda y de fiesta...Salí de ahí agotada y arruinada." En este artículo de *Le Parisien* (22 de enero del 2003), la comerciante revelaba también la existencia de una mafia organizada dentro del barrio del Sentier: "La vendedora de mi tienda de ropa ha sido violada y yo misma he sido agredida. He sido despojada de mis bienes, extorsionada, amenazada. Me han aterrorizado tanto que hoy en día ya no quiero tener miedo, por eso he decidido hablar. El Sentier está sometido a la ley del silencio."

El artículo de Renaud Lecadre del diario *Libération* del 20 de febrero del 2001 había apuntado el problema: el 10 de julio de 1997, Emile Zuili había sido secuestrado por cuatro hombres encapuchados y posteriormente liberado a cambio de su promesa de pagar 3 millones de francos. Su amigo, Denis Ouabah, explicó a la policía: "Hay en el Sentier equipos de extorsionistas que se presentan ante autores de quiebras fraudulentas, sea para cobrarles impagos, sea para sonsacar una parte de los beneficios." En este caso, el Sentier sabía que Zuili representaba un gran golpe. Pero sus secuestradores no se habían atrevido a atacar a su jefe, Haïm Weizman, el cerebro de la estafa del Sentier. Unas escuchas telefónicas habían permitido grabar algunas conversaciones elocuentes: "El tipo de abajo no quiere pagar. Rafy va a ir allí con Alex que ha recuperado su pipa en Alfortville." Al día siguiente de su detención preventiva, tras su liberación, Emile Zuili abandonaba definitivamente Francia con su mujer y sus hijos.

Caballos de carreras y mecánicos

En el 2004, otra gran estafa había sido desvelada. Sebastián Szwarc, alias M. Guerin, y su amigo de infancia Samy Souied, habían montado un negocio jugoso. La estafa, que había empezado en agosto del 2003, consistía en vender anuncios publicitarios en publicaciones especializadas editadas por asociaciones de policías, gendarmes, bomberos y del ministerio de finanza. Se trataba de seducir los pequeños comerciantes haciéndoles creer que una publicidad insertada en una revista de la policía o en un anuario de Hacienda ayudaría a quitarles una multa o evitarles un ajuste fiscal. Los espacios publicitarios no existían, pero los cheques eran cambiados en Israel. En dieciocho meses, los estafadores habían amasado un botín de 55 millones de euros.

El banco israelí Hapoalim se encargaba del lavado de dinero. Unas escuchas telefónicas habían permitido rastrear el cerebro de la operación: Samy Souied, el cual mantenía una relación empresarial con el responsable del banco en Israel. En Francia, el banco Hapoalim había sido registrado en junio del 2004 y la directora de la agencia parisina, su adjunto y dos empleados quedaron en detención preventiva. En Israel, 180 cuentas bancarias y 375 millones de dólares habían sido bloqueados. 200 clientes eran sospechosos, entre los que estaban el embajador de Israel en Londres, Zvi Hefetz, Vladimir Goussinski (propietario del 27% del diario israelí *Maariv*), y Arcadi Gaydamak. Una veintena de cómplices eran perseguidos por la justicia francesa por "blanqueo agravado de capital" y "estafa en banda organizada".

Una parte de ese dinero sucio había sido invertido en las carreras hípicas. Alain Szwarc era el propietario de una docena de caballos, de los cuales varios eran campeones, que habían sido comprados según los investigadores con fondos dudosos. Evidentemente, la adquisición de esos purasangres dio pie a desembolsos por debajo de la mesa, pues el valor de la compra era mucho más elevado que el precio que había sido declarado. En enero del 2005, y a pocos días del Gran premio de América, el arresto de Alain Szwarc y de su hijo Sebastián por los policías de la Brigada de Investigación Financiera (Brif) sacudió el mundo hípico. El padre y el hijo habían sido inculpados por un juez parisino por blanqueo de capital y estafa.

Detenido el 16 de enero del 2005 al bajar del avión, Sebastian Szwarc, 31 años, había quedado en detención preventiva. El joven hombre, que circulaba en Porsche y en Ferrari, admitía no percibir ningunos ingresos en Francia, pero que sus padres le entregaban regularmente dinero en efectivo, una suma total que se elevaba a 600 000 euros. "Soy un apostador, un derrochador", declaró a los policías. "Mi padre me sostiene. Incluso me financia para que pueda jugar[447]."

Le Parisien del 4 de septiembre del 2004 también había revelado el caso de los mecánicos, aunque en esta ocasión la televisión tampoco hablo de ello. "Inmensa estafa a los seguros franceses", leíamos en las páginas de la prensa. Era "una de las más importantes estafas a los seguros jamás destapadas en Francia." Las bases del timo eran muy simples: unos mecánicos captaban víctimas de accidentes de tráfico y establecían falsos expedientes en base a la declaración de daños. Luego, con la complicidad de expertos, los daños eran exageradamente sobrevalorados. Finalmente, sólo había que fabricar falsas facturas a nombre de talleres reales o no. Todo ello – falsas declaraciones de daños, falsos peritajes y falsas facturas– era enviado a los aseguradores. El beneficio realizado por ese grupo muy organizado entre el 2000 y el 2003 había sido valorado en 8 millones de euros en detrimento de los

---

[447] *Le Parisien*, 22 de junio del 2004 y 28 de enero del 2005

principales aseguradores franceses. La totalidad de los beneficios granjeados por los jefes del grupo habían sido transferidos a Israel. En total, 1200 expedientes de estafa habían sido abiertos y una veintena de personas habían sido inculpadas en París. Varias órdenes de arresto internacional habían sido emitidas, especialmente uno en contra de Bruce Chen-Lee, un "franco-israelí" de 48 años huido en Israel[448]. Según los investigadores, el presunto cerebro de la banda, Chen-Lee, poseía un helicóptero estacionado en Grecia, un bimotor en un aeropuerto de la región parisina, así como varias villas en Francia y en Israel. Ante una audiencia en Israel, había negado ser el instigador de la estafa y se había presentado como un eremita, un guía espiritual que dedicaba su vida a la escritura de libros religiosos.

El fraude del IVA

En el mes de marzo del 2008, estalló un nuevo escándalo. Una gigantesca red de fraude del IVA había sido desmantelada. Una quincena de individuos era inculpada por haber sustraído 100 millones de euros al Estado. Un récord en Francia para este tipo de estafa. Tras dos años de investigación, el cerebro, Avi Rebibo, un franco-israelí de 38 años y su banda, habían sido acusados de estafa en banda organizada. Avi Rebibo se hacía reembolsar en Francia un IVA que nunca había pagado. El cerebro del negocio gestionaba Eurocanyon, una sociedad luxemburguesa especializada en telefonía móvil. La estafa consistía en comprar teléfonos antes de impuestos en Inglaterra, una práctica legal ya que se podían exportar. La empresa revendía luego esos teléfonos sin margen a unas cincuenta empresas pantallas incluyendo esta vez el IVA, finalmente embolsado por los estafadores. Las sociedades pantalla proponían finalmente esos lotes de teléfonos al proveedor británico. El dinero salía después del sistema mediante un juego de transferencias entre cuentas abiertas en el extranjero. Avi Rebibo era acusado de tener el control de la sociedad de taxis, apodada "revienta IVA". El abogado de Avi Rebibo, Sylvain Maier, rechazaba sin embargo formalmente esas acusaciones. Para él, su cliente había sido víctima de sus clientes que no habían declarado el IVA. Nunca había infringido la ley, pero "como estaba en Israel, los gerentes de las sociedades inculpadas le habían acusado a él", declaraba el abogado. Sin embargo, Avi Rebibo se había presentado a su convocatoria a principios de año y permanecía en

---

[448] Los apellidos son a veces engañosos. Aquí, falta evidentemente una letra a "Chen": ¿quizá una "O"?

detención preventiva desde el 21 de enero.

Estafar la comunidad

Los delincuentes judíos tampoco dudan en estafar a sus propios correligionarios. Así, tenemos por ejemplo el caso de Israel Perry, un abogado israelí domiciliado en Londres que había desviado las pensiones de los supervivientes de los campos de concentración acordadas por el Estado alemán. En 1983, el Estado hebreo y la República federal alemana habían efectivamente ratificado un acuerdo según el cual cualquier antiguo deportado con ciudadanía israelí desde 1953 podía beneficiarse de una indemnización de hasta 100 000 marcos, así como de una pensión alemana y ventajas sociales.

El abogado poco conocido, pero ambicioso y espabilado, se había especializado en la representación de los antiguos deportados que reclamaban su merecido a Alemania. El abogado recibía sus clientes en un hotel cinco estrellas de Tel-Aviv, donde les proponía sus servicios de representación haciéndoles firmar unos poderes de los que los antiguos deportados no comprendían claramente todo el alcance. En realidad, dándole su confianza a Israel Perry, los supervivientes de los campos cedían una parte – o la totalidad- de sus subsidios mensuales a una compañía de seguros creada por el abogado en un paraíso fiscal. En veinte años, el intermediario había así tramitado miles de expedientes y desviado 320 millones de marcos (¡cerca de 150 millones de euros!), depositados en tres bancos de Zúrich. El ministerio israelí de Justicia había sin embargo logrado hacer valer los acuerdos de ayuda mutua con la justicia suiza para bloquear aquellos depósitos.

Un artículo de septiembre del 2000, recogido en el sitio internet *www.sefarad.org*, nos informada de esta estafa tan poco mediatizada como las anteriores: "Más de 1000 supervivientes del Holocausto en Israel han denunciado un abogado israelí." La información era confirmada por el ministerio israelí de Justicia. El caso era mencionado en cierta prensa, como el semanal alemán *Der Spiegel*, el diario del domingo suizo *Sonntags Zeitung*, así como en *La Tribune de Genève*. Cuando sus clientes se quejaban de no ver progresar sus demandas, Israel Perry invocaba la "mala voluntad alemana" y las lentitudes de la diplomacia internacional. La "estafa de las pensiones alemanas" había sido un escándalo enorme en Israel. En febrero del 2008, Israel Perry comparecía por fin ante el tribunal. Su abogado había desmentido cualquier implicación por su parte, pero el estafador fue condenado a 12 años de prisión. Un presentador de radio en Israel se había dirigido a él en estos términos: "Tiene usted una mentalidad de rata y merece pudrirse ahí donde estáis[449]."

Hemos visto anteriormente en estas páginas el caso de Semion Mogilevitch que se había enriquecido en los años 80 proponiendo a judíos deseosos de salir de la URSS comprarles sus bienes, encargarse de la venta y enviarles luego el dinero en Israel. También hemos visto el caso de Ignaz Bubis, el presidente de la Comunidad judía alemana que había desviado fondos recibidos del gobierno alemán para invertir en los Eros-Centers, así como el de Mickey Cohen que organizaba en Los Ángeles galas de caridad para el ejército israelí y luego perder el dinero en partidas de póker.

Dos dirigentes de la Televisión francesa judía (TFJ), Ghislain Alloun y Michaëla Heine, habían sido condenados a principio de febrero del 2008 a dos años de cárcel, seis meses incondicionales, por abuso de bienes sociales. Los dos responsables habían sido declarados culpables de haber organizado un sistema fraudulento basado en acuerdos ficticios entra la cadena de televisión, de la que M. Alloun era presidente, y la sociedad de producción Charisma Films, gestionada por M. Heine, su concubina. TFJ, en liquidación judicial desde el 2005, no emitía desde el otoño del 2006. Las primeras denuncias habían sido presentadas por una abogada, Elisabeth Belicha, accionista fundadora de TFJ. Ésta había denunciado el "pillaje metódico de TFJ" y acusaba la pareja de haber tomado el control total de la cadena "sin sacar nada de efectivo", gracias a "un sistema de facturación triangular y de compensación de deudas en dos tiempos".

He aquí el caso de otro estafador de altos vuelos llamado Didier Meimoun. Este judío tunecino de París había llegado a Bruselas a mitad de los años 1990 y se dedicaba a invertir el dinero de sus "clientes" garantizándoles tasas de interés del 12 al 17,5%. Meimoun había invertido en Radio Judaïca, y donaba dinero a las buenas obras de la comunidad. Con su 1, 87 metros y sus 120 kilos, era a sus 47 años un hombre respetado de la comunidad judía de Bruselas. Había invertido en numerosas sociedades y poseía villas en Knokke y en París. Fumaba puros, tenía relaciones en el mundo del espectáculo, circulaba en su cupé Jaguar XJ 8 por la ciudad y guardaba el Ranger Rover para las

---

[449] En 1955, Salomon Margulies, originario de Rumanía, pretendía haber tenido que exiliarse y abandonar todos sus bienes detrás del telón de acero para huir de las persecuciones raciales. Las personas solicitadas no resistían a sus solicitudes y le donaban importantes sumas. El 16 de diciembre, era arrestado en una discoteca de París después de varias denuncias. Los visados de su pasaporte daban testimonio de sus numerosos viajes por toda Europa (*Le Soir*, 17 de diciembre de 1955, archivos de Emmanuel Ratier.)

salidas al campo; sin contar el Rav 4 de su mujer. Pero a principio del año 2001, la duda se había instalado en su entorno. Por ejemplo, ya sólo utilizaba tarjetas de prepago para su teléfono móvil que cambiaba regularmente. El 18 de mayo del 2001, los que confiaban en él desde hacía años se enteraron de su repentina desaparición. Había que rendirse a la evidencia: el estafador se había eclipsado con 50 millones robados a decenas, incluso centenares de miembros de la comunidad. Con sus falsos apellidos – Meimoun Daida alias Meimoun Jerri alias Didier Lescure alias Didier Santerre, etc.- Didier Meimoun había multiplicado las pistas y estaba en paradero desconocido. Fue condenado en ausencia: 3 años incondicionales. Allí donde estuviera, aquello probablemente no le quitaba el sueño ...

Buscando un poco más atrás en el tiempo, hallamos por ejemplo el singular caso del rabino Menachem Porush, de la comunidad ultraortodoxa Agudat Israel Party. Éste no había vacilado en timar un mafioso neoyorquino, Joseph "Doc" Stacher, el cual había sido detenido por violencia agravada, allanamiento, asesinato, etc. en 1965. Doc Stacher no salía de su asombro. Durante el procedimiento en contra del rabino que le había estafado, Stacher seguía estupefacto: "No me lo puedo creer. ¡Un rabino me ha robado el dinero! ¡Un rabino me ha limpiado toda mi pasta[450]!"

Samuel Flatto-Sharon

Samuel Szyjewicz, apodado Flatto-Sharon, había nacido el 18 de enero de 1930 en Lodz, en Polonia, de la unión de Josef Flatto y Esther Szyjevicz. Instalado en Francia, había adoptado el apellido Flatto-Sharon para empezar su carrera. Rápidamente, se lanzó en toda clase de chanchullos y después de algunos meses pasados en detención preventiva por estafa decidió huir primero a Brasil y luego a Dahomey, donde conocía el presidente, un antiguo compañero del instituto Charlemagne de París. Convertido en consejero personal del presidente, negoció un empréstito de 10 millones de dólares con el Banco Mundial. Pero el dinero recibido fue inmediatamente repartido entre el presidente y sus ministros, recibiendo Flatto de paso medio millón de dólares "a título de gastos". Eso sin contar con las concesiones forestales con las que le premio su amigo presidente[451].

---

[450] Robert Rockaway, *But he was good to his mother: The lives and the crimes of jewish gangsters*, Gefen publishing, 1993, p. 116-117
[451] La fortuna familiar del famoso filosofo mediático Bernard-Henri Lévy también se hizo en el comercio de madera africana.

Cinco años después, regresaba a París y se lanzaba en el sector inmobiliario con un socio de talla: Jacques Engelhard, un hombre de negocios estrasburgués poseedor de una ficha especial en la Oficina del gran bandidaje de la policía: proxenetismo, sospechas de asesinatos por encargo. "Jacky de Estrasburgo" era su negociador inmobiliario y su esbirro cuando se trataba de obligar los inquilinos recalcitrantes a evacuar un edificio en instancia de demolición. Flatto daba la impresión de ignorarlo todo de Engelhard: "Mi amigo Jacques, solía repetir, ¡es el hombre más calumniado de Francia!".

Flatto-Sharon había realizado veintinueve operaciones inmobiliarias, bien fueran sobre terrenos por construir, inmuebles que renovar o que reconstruir tras demolición. Los revendía a sociedades ficticias creadas por sus cómplices. También se había beneficiado de la complicidad de hombres políticos que agilizaban los permisos de construcción. El gran financiero del grupo Flatto era Tibor Hajdu, un refugiado judío de Hungría, genio financiero y eminencia gris de Flatto-Sharon. Era el organizador del sistema de préstamos y de sociedades pantalla creadas en cadena a nombre de cualquiera mandado; chóferes, secretarios, e incluso recaderos. Una vez los prestamos conseguidos y el terreno del edifico pagado, el resto de los fondos disponibles tomaba misteriosamente el camino de Ginebra, a menudo en maletas rellenadas el mismo día en las ventanillas de las agencias bancarias acreedoras.

Samuel Flatto-Sharon había embolsado de esta forma 324 millones de francos (unos 50 millones de euros). Pero aquello no era suficiente para él: inventó entonces los trabajos de reforma ficticios, endeudándose también para financiarlos. Gracias a hombres de paja, los préstamos eran retirados e inmediatamente ingresados en otros establecimientos financieros. Sus problemas empezaron cuando una investigación fiscal le obligó a hacerse a la mar hacia un país donde no existía ninguna convención de extradición con Francia, ni, de hecho, con ningún país del mundo: Israel. Pidió la nacionalidad del país bajo el nombre de Flatto-Sharon y la consiguió sin problemas tras contestar a la habitual pregunta relativa a un eventual pasado penal "contra el pueblo judío y el Estado de Israel". Cuando en 1975 la estafa fue por fin descubierta en Francia, 550 millones de francos se habían evaporado. Detenido en Italia donde iba a reunirse con su abogado Klarsfeld, lograba escapar milagrosamente antes de que Francia llegara a solicitar su extradición[452].

En 1974, Flatto-Sharon se había comprado en Savyon, en las afueras

---

[452] Se puede consultar en *Le Crapouillot* de marzo de 1989 el resto del caso y las oscuras relaciones políticas de Flatto-Sharon con Jacques Chirac.

chic de Tel-Aviv, una suntuosa propiedad de 3000 m². Pronto conoció Betsalel Mizrahi, uno de los jefes del hampa israelí. Patriota declarado, creó una sociedad de exportación de armas y financió milicias encargadas de proteger las sinagogas de Francia, así como un equipo de asesinos para matar el canciller Kurt Waldheim en Austria. También financiaba un centro comunitario para niños desfavorecidos. Su generosidad hizo de él el ídolo de la alta sociedad israelí.

Cuando su caso se destapó en Francia en el otoño de 1975, se declaró voluntario para viajar y ser juzgado. Pero con una condición: exigía que París entregara el palestino Abu Daoud a Israel. Abu Daoud había sido el jefe del comando palestino responsable de la muerte de once atletas israelíes en los juegos olímpicos de Múnich en 1972.

En Israel, un comité fue inmediatamente creado para oponerse a la extradición de Flatto-Sharon y se recogieron decenas de miles de firmas de apoyo. Flatto era ahora un héroe nacional. A fin de evitar una eventual extradición, se presentó a las elecciones del Parlamento israelí en las filas del partido Likoud de Menahem Begin, financiado por otro gran "patriota", amigo de siempre de Begin, el multimillonario judío ginebrés Nessim Gaon[453]. Flatto fue elegido diputado en mayo de 1977 e hizo una entrada triunfal en la Knesset. Entrevistado en RTL, el periodista francés le preguntó:
- Entonces, ¿cuántos mandatos habéis conseguido?
- Dos, respondió con orgullo Flatto.
- ¡Bah, con eso son solo treinta y cuatro!

Alusión hecha a las treinta y dos órdenes de arresto internacional lanzados por el gobierno francés después de la estafa[454].

Perseguido por corrupción electoral y varios fraudes, Flatto tuvo que renunciar a su escaño de diputado en las elecciones de 1984. Encarcelado y condenado en Israel, conseguiría sin embargo reunir la fianza para recobrar la libertad y nunca sería extraditado.

En 1990, aparecía de nuevo Samuel Flatto-Sharon implicado detrás de una estafa de 20 millones de francos en detrimento de una carnicería industrial de la región de Vichy: la Sobovidé. En octubre de 1989, la empresa en dificultad había sido cedida a dos ricos compradores. Éstos habían garantizado el mantenimiento de la plantilla de 196 empleados, e incluso un aumento de salarios. El tribunal de comercio dio entonces su visto bueno. Bernard Gliksberg se había presentado como el hijo de

---

[453] Sobre Nessim Gaon, véase la nota 139
[454] Jacques Derogy, Israël Connection, Plon, 1980, p. 130-136. Juego de palabra del periodista con *mandat d'arrêt* y *mandat de député* (Orden de arresto y mandato de diputado).

un gran industrial belga del textil. Simón Abramowitz era por su parte un rico financiero estadounidense de cincuenta años. Se instaló en el mejor hotel de Vichy donde se hizo instalar inmediatamente dos líneas telefónicas. A partir de ahí, la Sobovidé ya no conoció las fronteras. Seis millones de francos de falsos pedidos en tomates a una empresa parisina; 3,5 millones de francos transferidos en una cuenta en Dusseldorf a nombre de una empresa falsa para pagar unos becerros provenientes de Polonia que nunca llegarían; 1,4 millones de francos depositados en un banco egipcio en garantía de una entrega de 4000 toneladas de carne a una sociedad libanesa, etc. Al cabo de tres meses, los estafadores huyeron dejando en el debe de la empresa 125 millones de francos. Además, se habían cuidado de retener tres cheques de 500 000 francos a cuenta de la Sobovidé antes de marcharse, probablemente para los gastos de viaje. Gliksberg había sido detenido el 9 de febrero de 1990 bajo su verdadera identidad, pues su verdadero nombre era Samy Prince. Abramowitz fue detenido unos días después en Austria, en un palacio de Viena. Los investigadores habían apuntado 556 llamadas de teléfono a Israel desde el hotel de Vichy, principalmente a Flatto-Sharon. En abril de 1993, el tribunal de Cusset, en el departamento de l'Allier, condenaba los dos hombres a 5 años de prisión. Flatto-Sharon prefirió no presentarse[455].

En abril del 2003, *Israel Magazine* publicaba una entrevista de Samy Flatto-Sharon. En su residencia de Tel-Aviv, los muros estaban "cubiertos de cuadros de maestros, de Marc Chagall a Modigliani."

---

[455] En 1980, tres tunecinos, François Abitbol y sus dos hijos, David y Mardoqueo, habían logrado en poco más de un mes llevarse un botín de cuatro millones de francos haciendo pedidos masivos de carne a proveedores del Creusot, de Orléans y de Rennes, para su carnicería del distrito XX de París. Después de venderlo todo, se instalaron en Israel, sin pagar a los proveedores.
Otro caso sonado de "*carambouille*": en 1993, David Cherbit, un ruanés de 28 años, propietario de un supermercado "*Cash Menuiserie*" (ventanas, puertas, escaleras, revestimientos...) decidió resolver radicalmente sus dificultades financieras. A la cabeza de S.A. Davidson, con un capital de 250 000 francos, David Cherbit no dudaba en desplazarse en helicóptero a París para atender su negocio. Era un hombre en el que se podía confiar. A pesar de que sabía que su sociedad estaba a punto de entrar en un procedimiento de liquidación judicial – la audiencia estaba fijada para el 24 de abril de 1993- decidió hacer pedidos tras pedidos a sus proveedores. Los semirremolques llenos hasta arriba hacían cola delante de "*Cash Menuiserie*". Las mercancías iban a ser vendidas a saldistas poco escrupulosos contra pago en efectivo. Los proveedores nunca serían pagados. En pocos días, David Cherbit había emitido más de dos cientos cheques sin fondos. Una pequeña empresa especializada en sistemas de alarma había visto su cheque de 200 000 francos regresar del banco con la mención "sin provisión", y tuvo que declararse en quiebra. David Cherbit se había marchado con su esposa y su hermana a Israel. Sus flamantes muebles le fueron enviados por contenedores vía Marruecos.

Flatto-Sharon se reivindicaba como un patriota israelí intransigente. Respecto a los judíos que robaban armas para revenderlas a los palestinos, declaraba: "Esa gente hay que condenarla a duras penas de prisión. No necesitamos esos judíos. Son unos criminales, unos traidores que hay que eliminar."

En Inglaterra y en Estados Unidos

Robert "Maxwell" era el hijo de judíos jasídicos de Eslovaquia que habían tomado el apellido Maxwell, pero cuyo verdadero nombre era Abraham Hoch. Había conseguido la nacionalidad británica en 1945. Oficial de enlace del Ejército rojo en Berlín, había sido encargado del interrogatorio de varios dignatarios nacionalsocialistas. Posteriormente, hizo fortuna en la prensa y la edición, llegando a controlar varios periódicos. Se había hecho multimillonario gracias a varias estafas, como por ejemplo desviando el equivalente de 4,3 mil millones de francos de los fondos de las cajas de jubilación gestionadas por una de sus sociedades de inversiones. Una buena parte de su dinero había sido invertida en Israel. En 1992, Robert Maxwell falleció en circunstancias poco claras. Se dijo que había caído de su yate en las costas de las islas Canarias, donde su cuerpo fue hallado en el mar.

Su muerte era sin embargo sospechosa. Loic Le Ribault, experto internacional en criminología, se extrañaba de que nunca se llevara acabo ningún examen del yate. Para él, la muerte de Robert Maxwell era de origen criminal. Antes de caer al agua o ser tirado por la borda, el hombre de negocios había sido brutalmente apaleado. El hecho es que Robert Maxwell dejaba detrás de él una montaña de deudas: no menos de 34 mil millones de francos, esencialmente irrecuperables[456].

Otro escándalo, esta vez en Reino Unido, había puesto los focos sobre Lady Shirley Porter. Ésta era la hija del hombre de negocios Jack Cohen, propietario de una cadena de supermercados y alcalde durante unos años de Westminster. Había desviado 50 millones de dólares e inundado la universidad de Tel-Aviv (construida sobre las ruinas del pueblo palestino Cheikh Munis) con sus generosas donaciones. La Corte Suprema lo había juzgado culpable y condenado a pagar una multa de 27 millones de libras. Pero como todo su patrimonio había sido

---

[456] Robert Maxwell era el padre de Ghislaine Maxwell, relacionada ésta con el famoso magnate financiero estadounidense de origen judío Jeffrey Epstein, implicados ambos en asuntos de tráfico y prostitución de menores para el mundo de la élite política y económica de Estados Unidos. (NdT).

transferido a Israel, la multa jamás fue pagada[457].

El semanal *Le Point* del 20 de julio del 2006 publicaba un artículo sobre Michael Levy, un amigo del Primer ministro Tony Blair que había conocido en 1994 en una cena organizada por un diplomático israelí. Levy había empezado a recaudar fondos entre las grandes fortunas del Labour Party, hasta entonces principalmente financiado por los sindicatos. Ese trabajo le había valido el título de Lord tras la victoria de Tony Blair en 1997. En el verano del 2006, Levy había sido acusado de captar millones de libras esterlinas en préstamos por parte de ricos industriales a cambio de títulos honoríficos y de escaños en la Cámara de los Lores. Los ingleses lo apodaban desde entonces "Lord Cashpoint".

En Estados Unidos, los casos de fraudes eran evidentemente moneda corriente. En febrero del 2006, por ejemplo, siete miembros de las fuerzas de ocupación estadounidense en Irak habían sido arrestados por haberse apropiado fraudulentamente de más de diez millones de dólares de los fondos para la reconstrucción del país. Su jefe, Robert Stein, 50 años, antiguo oficial estadounidense, trabajaba en el gobierno provisional de la coalición en Irak y gestionaba un presupuesto de 82 millones de dólares destinados a la creación de una escuela de policía y a proyectos de reconstrucción en una región del sur de Bagdad. Stein era acusado de haber robado al menos dos millones de dólares provenientes del gobierno iraquí y de cientos de miles de dólares a la autoridad provisional, tal como lo reportaba el *New York Times* del 2 de febrero del 2006. Stein había dedicado buena parte de ese dinero a la compra de armas, destinadas a una sociedad privada de seguridad que había creado con el objetivo de proteger los intereses de un oficial reservista estadounidense que se había pasado a los negocios en Bagdad, un tal Philip Bloom. A cambio, éste transfería dinero a las cuentas bancarias de la esposa de Stein. Robert Stein y su esposa, que vivían suntuosamente a costa del contribuyente estadounidense, habían comprado una gran propiedad y varios coches de lujo. Stein era además recompensado por sus servicios con billetes de avión y disfrutaba de la villa que poseía Bloom en Bagdad. En 1996, Robert Stein había sido condenado a ocho meses de prisión en Estados Unidos por haber estafado una institución financiera.

En enero del 2006, el escándalo Abramoff hizo tambalear el mundo político estadounidense. En *Le Point* del 12 de enero, leíamos que Jack Abramoff era un "brillante lobista" de 46 años cercano a los republicanos. Acababa de declararse culpable de estafa, fraude fiscal y

---

[457] Israel Shamir, *L'autre visage d'Israël*, Éditions Al Qalam, 2004, p. 171

corrupción activa. Había sobornado parlamentarios a cambio de favores para sus clientes. Se hablaba de 12 a 60 congresistas comprometidos, "uno de los mayores escándalos de la historia del Congreso." Abramoff y sus clientes habían contribuido desde 1999 con unos 4,4 millones de dólares a las campañas electorales de más de 250 congresistas[458].

Unos años antes, la justicia estadounidense había puesto al descubierto la desfachatez de un estafador de gran envergadura: el rabino Sholam Weiss. Sholam Weiss, judío jasídico nacido en 1954, había dejado casi en la quiebra un gigante estadounidense de los seguros de vida: la National Heritage Life Insurance Company. En el mes de octubre de 1999, Weiss había sido llamado a comparecer. Su abogado evocaría más tarde en la prensa las vociferaciones de Weiss, "echando la bronca" a sus cómplices por teléfono móvil en el hall del palacio de justicia y hasta dentro de la sala del tribunal, comportándose de manera odiosa con la corte. De hecho, éste recordaba que "tenía que recordar continuamente al tribunal que no se juzgaba su cliente por su arrogancia y grosería, sino por su estafa". En contra de la opinión de todos los observadores judiciales, Weiss había obtenido el derecho de permanecer en libertad mediante el pago de una ridícula fianza de quinientos mil dólares, es decir la milésima parte del enorme botín de 450 millones de dólares. Como era de esperar, Weiss desapareció, mofándose bien de la pena infligida en contumacia el 15 de febrero del 2000: cadena perpetua, más de 845 años de prisión. Pero en Israel, Weiss era libre de disfrutar de los ahorros de 25 000 estadounidenses, la mayoría jubilados que habían invertido sus pensiones en esa compañía de seguros.

Los estadounidenses probablemente no recordaran el caso de Martin Frankel, que había extorsionado más de 200 millones de dólares a compañías de seguros en más de cinco Estados y que había huido de Estados Unidos en 1999; ni tampoco del caso de los "Cuatro de New Square", aquellos cuatro judíos ortodoxos de la ciudad de New Square, en las afueras de Nueva York, que habían fundado una yeshivá (universidad judía) ficticia afín de recaudar más de 40 millones de dólares en préstamos del Estado. Unas horas antes de dejar sus funciones, el presidente Bill Clinton había conmutado las penas de los cuatro delincuentes, Chaim Berger, Kalmen Stern, David Goldstein y Jacob Elbaum. El tribunal los condenó simplemente a devolver los 40 millones de dólares...lo cual era un motivo suficiente para poner los pies en polvorosa...

Y es que debemos comprender la moral muy particular del pueblo

---

[458] Sobre Abramoff, léase *Psicoanálisis del judaísmo*.

judío. En el periódico israelí *Haaretz* del 24 de marzo de 1995, Rabbi Avner nos ilustraba al respecto con sus interesantes enseñanzas: "Un delito contra un judío siempre es más grave que el mismo delito cometido contra un no judío conformemente a las enseñanzas de la Torá." Por otra parte, también había que saber que "quien roba a un ladrón no comete pecado[459]." Basta por lo tanto considerar a los demás pueblos como ladrones y asesinos, responsables de las desgracias del pueblo judío.

Bajo la III República francesa (1870-1940)

En la época de la Tercera República, los escándalos financieros que salpicaban los hombres políticos provocaban la ira popular. En 1892, Eduardo Drumont, célebre autor de *La Francia judía* y director del periódico *La Libre Parole*, acusó importantes hombres políticos de haber usado su influencia y sus votos para conceder fraudulentamente a la Compañía del Canal de Panamá el derecho de emisión de un empréstito público de 700 millones de francos-oro. En 1892, *La Libre Parole* de Eduardo Drumont denunciaba la corrupción de los parlamentarios, haciendo estallar el escándalo de Panamá. El barón y banquero Jacques de Reinach era directamente imputado. Era el distribuidor de fondos que la Compañía de Suez prodigaba a los periodistas, diputados y ministros. Los cheques confiscados por la justicia revelaban que el barón había distribuido cuatro millones de francos-oro. La mayoría de los grandes periódicos republicanos habían sido sobornados. Cuando supo que lo iban a inculpar, el barón se quitó la vida. Pero el fallecimiento del financiero no puso fin al caso.

Los intermediarios encargados de contactar con los hombres políticos cuya cooperación deseaba conseguir la Compañía eran otros dos israelitas, Emile Arton y Cornelius Herz. Aaron, llamado Arton se había encargado particularmente del Palacio Borbón (la sede de la Cámara). Tan pronto como fue descubierto, huyó a Inglaterra llevándose su lista de *"panamistas"*. Su correligionario, Cornelius Herz era de un nivel superior. Procedente de una familia judía de Besanzón y de origen bávaro, era Gran Oficial de la Legión de Honor, próximo de los presidentes Grévy y Sadi Carnot, amigo de Freycinet y de Clemenceau, del que financiaba el periódico. Cuando el escándalo salió a la luz, también huyó a Inglaterra. Arton fue detenido en Londres en 1897 y

---

[459] Isaac Bashevis Singer, *El Esclavo*, 1962, Epublibre, editor digital German25 (2014), p. 496

extraditado. Compareció delante de los jueces, pero fue absuelto. Cornelius Herz fue condenado en ausencia, pues su extradición nunca fue autorizada por Inglaterra.

Esto era lo que escribía el historiador judío León Poliakov sobre este asunto: "En el centro del escándalo estaba un anciano testarudo y megalómano, el "héroe de Suez" Fernando de Lesseps, asistido por su hijo; a continuación, aparecían en círculos concéntricos un puñado de corruptores, decenas de parlamentarios y cientos de periodistas corrompidos, y finalmente decenas de miles, sino más, de pequeños ahorradores arruinados. Ahora bien, los principales corruptores eran judíos (Lévy-Crémieux, Jacques de Reinach, Cornelius Herz, Emile Arton), por lo que, por una vez, uno tenía la tentación de decir que la propaganda antisemita no era gratuita." Pero Poliakov no podía dejar ahí esa constatación y pretendía llevar el lector a relativizar la supuesta importancia de la influencia de los judíos en la Francia de aquella época, sin darse cuenta de que, al hacerlo, no hacía más que confortar la idea de la gran nocividad de la comunidad judía: "Su número total no pasaba de ochenta mil (0,02 por 100 de la población francesa) de los cuales la mitad estaban instalados en París[460]."

En el mes de mayo de 1925 había aparecido en los diarios franceses una noticia que anunciaba que la Torre Eiffel, construida para la exposición universal de 1889, necesitaba una seria restauración, hasta tal punto que se pensaba incluso en desmontarla. Al anunciarse esa noticia, el "conde" Lustig, un judío de origen checoslovaco recientemente desembarcado en Francia se puso manos a la obra. Mandó hacer unos documentos con membretes del Ministerio de Correos y Telégrafos, responsable de la torre, y se puso a buscar las más importantes compañías recicladoras de metales ferrosos. Con su secuaz Dan Collins ("Dapper Dan"), que había conocido en Nueva York, se instaló en el lujoso hotel Crillon de la plaza de la Concordia y convocó los cincos principales representantes de esas sociedades a una "reunión confidencial", teniendo mucho cuidado en señalar que sólo el presidente de la República, el Ministro, el Viceministro (el propio Lustig) y su jefe de gabinete estaban al corriente del proyecto y de que bajo ninguna circunstancia había que hacer públicas esas informaciones.

El "Viceministro" les anunció la noticia en el tono más solemne: "Señores, ¡el gobierno tendrá que demoler la Torre Eiffel! ¡Y ustedes están aquí para licitar!" Unos días más tarde, el "Viceministro" se presentaba en casa del señor Poisson para anunciarle que había sido

---

[460] Léon Poliakov, *Histoire de l'antisémitisme, tome II*, Point Seuil, 1981, p. 296.

elegido. Éste último tenía que presentarse dentro de dos días con un cheque certificado con la mitad de la suma. Lustig había tenido la audacia de exigirle un soborno: "Nada más normal", asentó el goy, que entregó al estafador una sustancial propina además del cheque. Los dos estafadores ingresaron inmediatamente el cheque y tomaron el tren a Austria donde permanecieron un tiempo antes de marcharse a Nueva York.

Marthe Hanau provenía de una familia de comerciantes judíos de Alsacia. Tras la primera guerra mundial, abrió una fábrica de perfumería, y luego, en 1925, se lanzó en el mundo de las finanzas. Publicó un diario llamado *La Gazette du Franc*, que se convirtió en una selección de consejos bursátiles tan reputado que algunos valores cambiaban en función de sus recomendaciones de compra y venta. Gracias a la reputación alcanzada por el periódico, Marthe Hanau iba a proponer a todos los ahorradores invertir su dinero a unos tipos de intereses nunca vistos hasta entonces. Pero en diciembre de 1928, era arrestada por estafa y abuso de confianza, aunque fue rápidamente liberada en 1930. Fundó entonces un nuevo diario, *Forces*. Martha Hanau fue de nuevo detenida en abril de 1932 y se suicidó en su celda de la prisión de Fresnes, el 14 de julio de 1935, después de haber sido condenada a tres años de prisión incondicional.

El escritor costumbrista borgoñón Henri Vincenot expresó muy bien el viejo resentimiento de algunos pequeños ahorradores franceses en su maravilloso libro de recuerdos de infancia, *La Billebaude* (1978). Así lo narraba Henri Vincenot:

"El caso Hanau-Stavisky, del que todos mis contemporáneos se acuerdan, se terminó con un enorme escándalo y con un caso criminal sin resolver. No se comprendió bien en aquella época lo que había ocurrido, pues, en nuestra región, aquellas tretas parecían muy turbias y perfectamente ridículas, aunque, ciertamente, supe que aquella pareja había estafado mucha buena gente, como ganaderos y artesanos de nuestros cantones, pero también capitanes de industria que bien se lo merecían, e incluso financieros. Fue uno de los mayores cracs de todos los tiempos. El señor Tremblot tuvo por fin la revelación de su imprudencia y enfureció. Yo estaba ahí, precisamente, porque era agosto. Lo vi agarrar todos los ejemplares del periódico *Forces* que había sido su biblia, y hacer una gran fogata sobre el compost del huerto.

- ¡Servirá para el abono!, gritó, increpando todos los dioses del Olimpo, furioso de haber perdido sus dos mejores campos para comprar un legajo de acciones ficticias que echó en la hoguera.

Por la tarde, cogí el diccionario compuesto por mi compatriota Pierre Larousse y, no sé porque, busqué la palabra Forces, que era, como dije, el título del diario de Marta Hanau, y leí: "Forces: del latín *forces*, grandes tijeras usadas para esquilmar las ovejas. "¡Esquilmar ovejas!

Me pareció tan gracioso que se lo hice leer al viejo Tremblot, el cual, al ponerse sus quevedos de acero, se puso a reír él también, pero con una risa a no poder aventar más. ¡*Forces*! ¡Jajaja! ¡Y nosotros besugos, nos hemos dejado bien esquilmar!

Se había levantado y con su carcajada de bonachón, entró en la bodega diciendo:

- Esquilmados que nos dejaron mi pequeño Blaise, esquilmados y cornudos. ¡Jajaja!

Regresó con dos botellas del copón que abrió gritando:

- ¡Está merecido, caguën diola! ¡Está merecido! ¡Así escarmentarán los Galos!

Dos clientes llegaron entonces para guarnecer un yugo de caballería; sacó cuatro grandes vasos. Al llenarlos la botella se vació:

- ¡Bebed, caguén diola! ¡No dejéis pasar tan buena ocasión de mofaros de los labradores! ¡Me acaban de curtir hasta sangrar!

Pero resultó que aquellos dos clientes también habían sido estafados por el Etiopiano. Entonces el viejo estalló:

- ¡Vamos chicos, vamos a despertar el Etiopiano! ¡Venid conmigo! ¡Va a pasar un mal rato!

Los otros dos le dijeron tranquilamente:

- Pero ¡si no te ha esperado, Tremblot! Hace tiempo que dejó el país. Ya había vendido su casa el pasado mes de enero, ¡ y nadie se había enterado!

Y así pimplamos una segunda botella, y una tercera, y con ellas un queso de cabeza. Bebí con gallardía mi medio litro de aquel *échézeau 1909* que nos regalara el primo Petit, uno de los mejores años de las *Côtes-de-nuits*. El Viejo no me dio tregua.

-¡Agárrate una buena cogorza, rapaz! Para que recuerdes siempre la mala pasada que nos jugó la Marta Hanau, para que, mientras vivas, desconfíes de la gente que tiene una hermosa cartuchera y caga en la porcelana...

Como se ve, aquella historia no supuso para él más que una buena explosión de humor sarcástico, pero reforzó tremendamente el antisemitismo que ya era endémico en nuestras regiones, hay que decirlo, la verdad[461]."

---

[461] Henri Vincenot, *La Billebaude*, Denoël, 1978, Folio 1982, p. 319-321. La vida de Marthe Hanau fue llevada a la gran pantalla por el cineasta Francis Girod, en la película

Entre los mayores escándalos de aquella época, no se puede dejar de mencionar el caso Oustric de 1930, cuyas empresas fraudulentas habían costado al ahorro francés la bagatela de dos mil millones de francos Poincaré. Albert Oustric era un banquero muy solicitado que se interesaba especialmente en las sociedades en dificultad, prestándoles importantes sumas a cambio de acciones. Tomaba así el control de esas sociedades y colocaba en sus consejos de administración hombres de su confianza. Llevó a cabo ampliaciones de capital emitiendo acciones y creando sociedades más o menos ficticias que se financiaban las unas a las otras. Su omnipotencia fue radiante hasta el colapso de su banco. El banco se había declarado en quiebra y otros bancos satélites le siguieron en cadena. Albert Oustric había corrompido el ministro de Justicia, Raoul Perret, que obstruía la acción de la justicia. Fue la revelación de las relaciones entre Albert Oustric y Raoul Perret lo que provocó la caída del gobierno de Tardieu el 4 de diciembre de 1930. El 5 de enero de 1932, Oustric fue condenado a 18 meses de prisión y 3000 francos de multa por unas irregularidades en las operaciones realizadas con los títulos de las empresas de calzado. Dejaba detrás de él un agujero de 1500 millones de francos. Treinta años más tarde, Oustric era un respetable jubilado condecorado por hechos de resistencia.

Estafador con un carisma formidable, Serge Alexandre Stavisky, apodado "Monsieur Alexandre", fue quién originó varios escándalos nunca completamente dilucidados que marcaron la historia de la Tercera República. Serge Alexandre Stavisky había nacido en 1886 en Slobodka, en Ucrania. Había llegado a Francia con doce años, con su padre, un dentista, y había sido naturalizado francés en 1910. El joven Sacha se apartó rápidamente del buen camino, pues ya se le conocían varias estafas en 1909. Al principio de los años veinte, firmaba en cadena más y más cheques sin fondos. Fue inculpado varias veces, pero a cada vez el elemento de prueba desaparecía oportunamente. El estafador tenía evidentemente conexiones hasta en las filas de la policía. El misterio Stavinsky había comenzado.

El 22 de julio de 1926, Stavisky era arrestado por primera vez. El comisario Pachot había logrado acorralarlo en la villa de Marly-le-Roi, donde el estafador, que había sido avisado, se preparaba para escapar. Sin embargo, el 28 de diciembre de 1927, se beneficiaba de una dispensa médica y era liberado provisionalmente. A su salida de prisión,

---

La Banquière (1980). El personaje, interpretado por Romy Schneider, y el guion, han borrado cualquier rastro de judaísmo en aquella historia. La banquera es presentada como una víctima de maquinaciones político-financieras.

Stavisky era otro, haciéndose llamar a partir de entonces Serge Alexandre. A continuación fundó la sociedad Alex: joyas y orfebrería. Esmeraldas empeñadas en el Crédito Municipal de Orléans le permitieron obtener cuarenta millones de francos. Las esmeraldas eran falsas, pero "Monsieur Alexandre" había debidamente conseguido un certificado de autenticidad. También creó varias sociedades, en cuyos consejos de administración sesionaban un inspector de finanzas, un general, un embajador o un antiguo prefecto de policía.

Monsieur Alexandre, siempre inculpado, pero nunca juzgado, se había convertido en la estrella de la flor y nata de París. Se había casado con una modelo de Channel, Arlette Simón, y vivía con ella en un palacete. Manejaba millones, recibía ministros a su mesa y conseguía que su abogado fuese elegido diputado de París. Stavisky tenía muchos amigos en la política, la prensa y las finanzas y llevaba una vida de príncipe entre París, Deauville y Chamonix.

Sin embargo, antes del gran escándalo, tuvo que reembolsar el monte de piedad de Orléans. A continuación, tuvo la idea de fundar su propia institución. De tal manera que en 1931 fundó en Bayona un Crédito Municipal cuyo director, Tissier, era uno de sus amigos. Él no aparecía oficialmente en el organigrama. Además, disfrutaba de la complicidad del alcalde republicano radical de la ciudad.

Los créditos municipales eran autorizados a endeudarse colocando bonos a interés en el público o en instituciones financieras en los límites fijados por la ley. Cuando un prestatario se presentaba para solicitar un préstamo, el Crédito Municipal, si no disponía de los fondos suficientes para adelantar el dinero solicitado, tenía la posibilidad legal de emitir bonos denominados "bonos de caja". Esos bonos, sacados de un talonario, constaban de tres partes. La matriz, que quedaba en manos del director de la caja como comprobante o documento justificativo, el volante, el título de deuda entregado al que aportaba los fondos al Crédito Municipal, y el talón que permanecía en manos del controlador del Crédito Municipal. Tanto en Orléans como en Bayona, Stavisky, a través de dos directores de Créditos Municipales, había inducido la emisión de falsos bonos. El controlador, confiado en su jerarquía, aceptaba firmar por adelantado bonos en blanco al director de caja. En la matriz y el talón, el director inscribía, digamos 100 francos, que eran apuntados como ingreso en la contabilidad. Pero en los volantes, apuntaba una suma más grande, según las posibilidades del prestamista, el cual no sospechaba nada. Stavisky, que descontaba los bonos del Crédito Municipal, guardaba la totalidad de la suma mientras sólo devolvía al Crédito Municipal la suma correspondiente a la cantidad que había sido apuntada en la matriz y el talón.

Durante tres años la estafa funcionó de maravilla, hasta diciembre de 1933, cuando una verificación corriente de un controlador de finanzas descubrió el fraude. El 24 de diciembre, Tissier era arrestado, y el día 28 el juez de instrucción emitía una orden de arresto contra Stavisky.

Cuando estalló este escándalo, que hizo tambalearse el régimen republicano, ya se habían constituido 80 expedientes sobre el caso. En aquella época, antes de la guerra, la prensa nacionalista era fuerte y denunciaba sin descanso la corrupción del régimen parlamentario. Los periódicos revelaban así que Dalimier, el ministro de Trabajo que había firmado una circular recomendando a todos los bancos la compra de aquellos títulos seguros -los bonos de Bayona- era un amigo de Stavisky. Francia descubría estupefacta la magnitud del fraude: 250 millones de francos de bonos falsificados habían sido puestos en circulación.

Pero otros cómplices habían intervenido para conseguir sucesivas prórrogas del juicio. El Ministerio fiscal era dirigido por Pressard, el cual era cuñado del presidente del Consejo, Camille Chautemps. Además, Stavisky se había garantizado el control de la gran prensa republicana a base de untar la mano de los periodistas y de los directores de periódicos.

Stavisky había huido para esconderse en un chalé de Chamonix en los Alpes, alquilado con un nombre falso. Cuando la policía lo localizó y rodeó la casa, se oyó un disparo en el interior: el estafador se había disparado en la cabeza y yacía a los pies de la cama. Se necesitaron dos horas para transportarlo al hospital más cercano donde falleció por la noche. Esa era la versión oficial, pero la Acción Francesa de Charles Maurras[462] acusaba a Camille Chautemps de haberlo hecho asesinar para cubrir su cuñado, el fiscal Pressard. Chautemps, que se había opuesto a una comisión de investigación reclamada por el Parlamento, hizo saltar el polvorín. El 9 de enero, el día siguiente del "suicidio" de Stavisky, miles de manifestantes desfilaron en el Bulevar Saint-Germain al grito de "¡Abajo los ladrones! Los días que siguieron, las derechas, los *Camelots du Roi* (Militantes del Rey) y las ligas patrióticas ocuparon las calles. Se arrancaban las rejas de los árboles, los bancos y los adoquines para hacer barricadas. Hubo numerosos heridos, cientos de detenciones. El 27, Chautemps dimitió y fue sustituido por Daladier. La mañana del 6 de febrero de 1934, la Acción Francesa y las ligas

---

[462] Charles Maurras (1868-1952): Importante intelectual del siglo XX. Fue el ideólogo de *L'Action Française* de cuño nacionalista, monárquico, antiparlamentario y antisemita. (NdT).

patrióticas se dieron cita ante la Asamblea donde se habían "encerrado los ladrones". Los comunistas también se presentaron. Hacia las 16h, la manifestación comenzó su recorrido en frente del puente de la Concordia. Cordones de policía cerraban el paso al Palacio-Borbón. A las 18h, al caer la noche, ya no se veía nada, las farolas habían volado en pedazos. La multitud se envalentonó pero fue repelida por una carga de la guardia a caballo. Los caballos patinaban sobre las canicas que los manifestantes habían traído por cientos de kilos. A las 19h30, un disparo estalló y los guardas móviles dispararon sobre los manifestantes. Fue una matanza: 15 muertos en los manifestantes y 655 heridos. Las fuerzas del orden deploraron un muerto y 1660 heridos, pero la República estaba a salvo. Los preparativos para la guerra contra Alemania podrían comenzar.

Jacob-Leib Talmon, un filósofo e historiador de la comunidad, expresó bastante bien en sus obras el auge del poderío de los judíos llegados de Europa central y de Rusia durante el siglo XIX: "La movilidad social de los Judíos sobrepasaba la de todos los demás grupos, escribía. Un padre podía haber sido un sacristán en una sinagoga perdida en un pueblo y su hijo gobernar todo un imperio de empresas capitalistas. Si bien nada mantenía el Judío arraigado a su pueblo o a su aldea, todo le atraía en la ciudad. Todos los escritores antisemitas insistían sobre la afluencia alarmante de los Judíos en las grandes ciudades y capitales. Los judíos llegaron en masa a esas aglomeraciones que son los centros de cualquier país, donde brillan las luces deslumbrantes de la publicidad y atraen las miradas de todo el mundo."

Ya en 1870, parecía que los financieros judíos tenían un sus manos el destino de las naciones europeas: "Europa no podía ignorar que un banquero judío – Bleichröder – representaba Alemania en las negociaciones sobre las indemnizaciones por daños de guerra, mientras que un Rothschild representaba a Francia. La emancipación había liberado fuerzas volcánicas que habían permanecido dormidas durante siglos[463]."

Y Jacob-Leib Talmon añadía: "La influencia ejercida sobre la prensa por los judíos se hizo de dominio público, y no solamente entre los antisemitas...Los apellidos judíos implicados en los escándalos públicos que sacudieron algunos países, desde el caso de Panamá hasta el de Goldfine (Sherman Adams) o el de Gruenwald, atrajeron especialmente la atención debido a que sonaban de forma más chocante para el oído que apellidos como Dupont, Smith o Schmidt, y porque el mundo

---

[463] Léase *Psicoanálisis del judaísmo y El Fanatismo judío*.

occidental seguía considerando el Judío como el heredero de Judas Iscariote. En Francia, cuando el escándalo de Panamá salpicó nombres como los del barón de Reinach (nacido en Francfort), del doctor Cornelius Herz (ciudadano estadounidense) y Arton (Judío italiano), los gritos de "muerte a los Judíos" se mezclaron a los que reclamaban un hombre fuerte y puro para limpiar las cuadras parlamentarias y expulsar los diputados corrompidos, al igual que Jesus había expulsado los mercaderes del Templo[464]."

El 20 de abril de 1892, Eduardo Drumont había lanzado su diario, *La Libre Parole*. Escribía así en el primer número: "Puedo aceptar perfectamente, y también la mayoría de los obreros conmigo, que haya millonarios. Sólo que la cosa cambia cuando nos topamos con gente como los Camondo, los Cahen de Amberes, los Bamberger, los Ephrusi, los Heine, los Mallet, los Bichoffsheim, que tienen 200, 300, 600 millones ganados con la especulación, que sólo se sirven de esos millones para conseguir otros tantos, que se dedican sin parar al agiotaje, que desestabilizan perpetuamente el país con sus golpes en la bolsa." Y Drumont afirmaba con vehemencia: "La liquidación de los millones judíos puede ser igual de fácil, y en cualquier caso infinitamente menos inicuo, que la confiscación, hace cien años, de los bienes de mano muerta de la Iglesia y del patrimonio de los emigrados[465]."

En 1931, George Bernanos, en *El Gran Temor de los biempensantes*, evocaba la situación al final del siglo XIX y la "conquista judía", algo que Drumont había hecho "evidente para todos". Bernanos escribía: "Un pequeño número de extranjeros, convulsivamente activos, mantenidos durante siglos apartados de la vida nacional, arrojados de repente en una sociedad sin referencias, empobrecida por la guerra, toman como de improviso las fuentes mismas del dinero, organizan de inmediato su conquista, pacientemente, silenciosamente, con una comprensión maravillosa del hombre moderno, de sus prejuicios, de sus taras, de sus inmensas y estúpidas esperanzas. Convertidos en amos del oro, al poco se aseguran de que, en plena democracia igualitaria, puedan ser al mismo tiempo los amos de la opinión, es decir de las costumbres y de la moral. Dan a la burguesía liberal [...] sus jefes, se imponen mediante esos mismos vicios que antaño tantas veces los arruinó, el frenesí de las apariencias, la impudencia, la crueldad del sátrapa. Desde

---

[464] J.-L. Talmon, *Destin d'Israël*, 1965, Calmann-Lévy, 1967, p. 51, 52
[465] Georges Bernanos, *La Grande Peur des bien-pensants*, 1931, Grasset, Poche, 1969, p. 186, 187. [Los emigrados fueron los adversarios de la Revolución francesa que salieron del país entre 1789 y 1800. Es decir, los aristócratas. (NdT).]

la mitad del siglo XIX, en las primeras plazas de la Administración, de la Banca, de la Magistratura, de los Ferrocarriles o de las Minas, en todas partes, por fin el heredero del gran burgués, el politécnico[466] con gafas, se acostumbra a toparse con esos tipos extraños que hablan con sus manos como simios [...] como venidos de otro planeta, con su pelaje negro, los rasgos cincelados por la angustia milenaria[467]." Bernanos denunciaba también "la invasión de los judíos de los mejores puestos, de las mejores plazas." Y añadía un poco más adelante: "Los pacíficos invasores" se habían "primero sólidamente instalados en las salas de redacción" donde se apretaban "lo mejor que podían los unos contra los otros". Había que estar ciego para no ver "ese fulgurante éxito cuya simple lectura de los anuarios bastaría hoy en día para convencer a los menos avisados[468]."

El 12 de mayo 1921, Charles Maurras, el director del periódico *L'Action française*, lanzaba solemnemente "una llamada a todas las fuerzas antijudías del Universo" con el fin de "una política antijudía universal." Las artimañas de algunos de los hijos de Israel habían manifiestamente suscitado la ira de numerosos franceses.

En Thouars, en septiembre de 1920, el comandante retirado Lécureuil no había dudado en abatir de un disparo de revólver a un comerciante que le había estafado, un tal Lévy. El comandante Lécureuil se había luego quitado la vida para evitar la justicia, pero su honor estaba a salvo.

Unos años antes, el 11 de abril de 1907, el banquero M. Benoist-Lévy había visto entrar en sus oficinas del 132 de la calle Rivoli uno de sus clientes, un tal M. Caroit. Éste había solicitado unos minutos de entrevista con el banquero, el cual lo recibió en su despacho. Caroit sacó entonces de sus bolsillos dos revólveres, y, con las dos manos, abrió fuego sobre el banquero que cayó fulminado el pecho acribillado. Los empleados se precipitaron en ayuda de su jefe y escucharon decir al hombre: "Me ha arruinado, me he vengado." Durante su juicio, su abogado, el letrado Henri Robert, había declarado: "Si creéis que hay que proteger a los franceses honestos, ¡exculpen sin ningún género de duda! Su riqueza está hecha de nuestra miseria; ¡sus esperanzas, de nuestras penas! El veredicto que vais a rendir tendrá un gran impacto social. Si la riqueza bien ganada es respetable, la casa de Benoist-Lévy

---

[466] Diplomados de l'*École Polytechnique* (Escuela Politécnica), la gran escuela de ingenieros franceses. (NdT).
[467] Georges Bernanos, *La Grande Peur des bien-pensants*, 1931, Grasset, Poche, 1969, p. 380, 381
[468] Georges Bernanos, *La Grande Peur des bien-pensants*, 1931, Grasset, Poche, 1969, p. 182

es una fábrica de miseria, y el jurado debe considerar que la venganza de las víctimas es el riesgo profesional del banquero desaprensivo." Su alegato recibió grandes aplausos, y Caroit fue absuelto. La Corte acordó veinte duros de indemnización por daños y perjuicios a la viuda de Benoist-Lévy[469].

---

[469] *Gazette des Tribunaux,* 10 y 11 de marzo de 1908; Archivos de Emmanuel Ratier.

2. Los Traficantes

Monsieur Michel y Monsieur Joseph

Dos traficantes habían acumulado inmensas fortunas durante la ocupación alemana: Mandel Szkolnikoff, apodado Monsieur Michel, y Joseph Joanovici, apodado Monsieur Joseph. Monsieur Michel era de origen ruso y se había especializado en el textil y los productos alimenticios. No había dudado en denunciar ante sus amigos de la SS, a través de su esposa alemana (una Aria), a otros competidores judíos y a apropiarse de sus locales comerciales y depósitos de mercancías. Fue Monsieur Michel quién guió a la policía alemana hacia los almacenes del Sentier. La zona ocupada era su coto de caza. Sus beneficios eran tan fabulosos que había adquirido los más grandes hoteles de la Costa de Azur. Había comprado en París cadenas hoteleras, sociedades inmobiliarias y comerciales, restaurantes, cafés y cervecerías. Esa fortuna en bienes raíces había sido evaluada en 1945 en dos mil millones de francos de 1985.

Monsieur Joseph, por su parte, era un judío de Besarabia. Había nacido en 1905 en Chisináu. Era un hombrecillo regordete aparentemente inofensivo. A los veinte años, había ahorrado suficiente dinero para viajar a París donde fundó una sociedad de recuperación de chatarra. Pronto instaló filiales en Bélgica y en Holanda. Viajaba sin parar. En 1939, Joseph Joanovici se había convertido en uno de los mayores chatarreros de París y se enorgullecía de ayudar el gobierno de Paul Reynaud a forjar el acero de la victoria. Tras la debacle de junio de 1940, el prudente traficante se había convertido a la religión ortodoxa y puesto a trabajar para Alemania. Se dedicaba a descubrir stocks de viejos metales útiles para la máquina de guerra alemana, comprándolos al curso legal para revenderlos a los alemanes a precio de estraperlo. En los seis primeros meses, ya había hecho un beneficio de dos mil millones de la época[470].

Joanovici también se había adueñado del mercado del cuero, una

---

[470] En Canadá, el millonario Morris Lax había sido condenado en febrero de 1977 por el robo de varias toneladas de cobre. Morris Lax frecuentaba los círculos políticos israelíes y era amigo de Menahem Begin, el antiguo primer ministro del Estado hebreo. Fue hallado asesinado en su propiedad en 1993.

mercancía crucial y altamente cotizada por los alemanes que acababan de invadir la Unión Soviética. En aquella época, el volumen de negocio mensual de Monsieur Joseph rondaba los 200 millones de francos de 1989. Obtuvo otras ganancias fabulosas en la zona ocupada con el textil y los productos alimenticios.

Se codeaba con la flor y nata del París alemán, SS, oficiales de la Wehrmacht, colaboradores[471], y se había puesto en contacto con el jefe de la Gestapo francesa de la calle Lauriston (*"La Carlingue*[472]*"*), Henri Lafont. El tristemente famoso doctor Petiot formaba parte de la banda. Monsieur Joseph se dirigía a él para hacer desaparecer los cadáveres de sus competidores, a menudo judíos, traperos y chatarreros. La judía rumana Eryan Kahane, una espía al servicio de la Gestapo, servía de agente de enlace entre la banda de Lafont-Joanovici y el doctor Petiot. Ella enviaba sus correligionarios que buscaban huir del país hacia el doctor. Petiot los asesinaba y recuperaba para la banda el dinero y las joyas que querían llevar consigo. El 9 de marzo de 1944, los bomberos fueron alertados por los vecinos incomodados desde hacía varios días por el olor que salía de una chimenea del palacete del doctor Petiot, en el número 21 de la calle La Sueur. Después de llamar a la puerta de la casa y esperar en vano la llegada del doctor, los bomberos decidieron entrar rompiendo una ventana. El zumbido de una caldera y el olor los atrajo directamente al sótano. Allí descubrieron cuerpos humanos despedazados listos para ser incinerados. El fugitivo Petiot logró huir y alistarse en las Fuerzas Francesas del Interior (FFI), llegando incluso al rango de capitán bajo el nombre de "Valéry". Arrestado en octubre de 1944, reivindicó 63 asesinatos durante su juicio, proclamando que se trataba de cadáveres de colaboradores y de alemanes. Fue condenado a muerte y guillotinado en la prisión de la Santé en mayo de 1946.

Cuando los nazis decidieron arruinar la economía británica deshaciéndose de millones de falsas libras esterlinas en los países neutrales, Monsieur Michel y Monsieur Joseph, que habían demostrado

---

[471] Maurice Rajsfus publicó un estudio sobre la colaboración de los judíos franceses con el régimen de Vichy y las autoridades alemanas: *Des Juifs dans la collaboration, L'UGIF (1941-1944)*, Éditions Études et Documentation Internationales, 1980. Trata del papel institucional de la UGIF (Unión General de Israelitas en Francia), antecesor del CRIF actual, y cómo esta organización colaboró con las autoridades para deportar los judíos huidos de Europa del Este (es decir judíos del este no franceses). Este es un tema tabú muy poco conocido, altamente problemático y explosivo, que ha desgarrado por dentro la comunidad judía en Francia. (NdT).

[472] *La Carlingue* se constituyó en base a la connivencia entre el hampa francés y las autoridades alemanas durante la Ocupación, tanto para la represión y tortura de los resistentes comunistas, como para el saqueo de las riquezas, la persecución y el expolio de los judíos. (NdT).

su valía, fueron reclutados para poner sus habilidades al servicio de esa operación clandestina. Provistos de pasaportes arios, anduvieron por Suiza, España y Portugal, abriendo cuentas bancarias para el futuro, cobrando de paso comisiones leoninas.

Pero al final de 1943, la suerte cambió, y Monsieur Michel huyó a España con su musa alemana y sus agentes franceses y judíos. Pero en el equipaje de su esposa, la policía francesa descubrió joyas y piedras preciosas por un valor de 1400 millones de francos de 1989. Monsieur Michel acabó extorsionado en España por antiguos agentes de las Gestapo que habían huido de los pelotones de ejecución. Su cadáver fue hallado el 17 de junio de 1945 en un campo, entre Burgos y Madrid.

Monsieur Joseph fue más previsor, pues había compartido con un grupo de la resistencia una parte de los fabulosos beneficios que ganaba con los alemanes. Había comprado a Lafont las armas lanzadas en paracaídas por los aliados y que los franceses de la Gestapo habían requisado, para luego suministrar una red de resistentes dentro de la prefectura de policía. Paralelamente, equipaba y vestía la Guardia Franca de la Milicia y la Brigada Norteafricana que combatía el maquis comunista. Monsieur Joseph había logrado salir del paso jugando en ambos bandos desde 1943. Antes del desembarco, entregaba a la Resistencia stocks de armas y de municiones sustraídos a los alemanes. "¡Joano es un buen tipo! ¡Es de los nuestros!", se decía en los FFI. Por cierto, ¿no había dado la mejor prueba de ello dando el soplo del paradero de sus antiguos amigos Bony y Laffont, escondidos en la granja de Baslin en Seine-et-Marne. "Fue Bony quien me dio la dirección. Quería que fuese con ellos a España. El pobre, ¡no se había enterado de nada!". Al día siguiente, asaltaban la granja de Baslin.

Durante la Liberación, el poder de Joseph Joanovici sobrepasaba el del prefecto. En cuanto a los negocios, un nuevo mercado se abría a él: el de los excedentes estadounidenses. Consiguió el monopolio sobre el territorio francés gracias a sus relaciones con el gobierno. Además, había hecho desaparecer los testigos de su pasado. En París y en otras partes de Francia, sus antiguos colaboradores eran misteriosamente asesinados. En cuanto a Petiot, éste había sido guillotinado.

Monsieur Joseph sabía ante todo ser generoso: "No hay ningún secreto, revelaría más tarde. Cuando ganaba diez, distribuía cinco y, ¡todo el mundo estaba contento!" Sólo que la distribución trataba sobre cantidades descomunales, por encima de los dos millones por dia (*Passages*, 18 de junio de 1989). En septiembre de 1944, un magistrado que le exigía rendir cuentas fue inmediatamente llamado al orden y reconducido. Dado que éste insistía, Joano prefirió no causar más revuelo y aconsejó a sus amigos que no hicieran nada. Estuvo sólo un mes en la cárcel y salió limpió de toda sospecha. Retomó sus actividades traficando con todo, los metales, las divisas, etc. Fue un caso bastante feo el que provocó su caída dos años después. Antes de la liberación, había denunciado a los nazis unos monjes que ocultaban armas para el maquis y un joven resistente, testigo de aquel crimen, había sido asesinado por sus hombres. Un juez de instrucción íntegro logró condenarlo, pero la pena fue increíblemente ligera, lo cual reflejaba la influencia del traficante: cinco años de prisión, una multa insignificante y la degradación e indignidad nacional, lo cual traía sin cuidado este apátrida. A su salida de prisión, fue puesto bajo arresto domiciliario en Mende, aunque eso no le impidió ir regularmente a Suiza de excursión. Al final de su vida, Monsieur Joseph intentó instalarse en Israel, pero la muerte se le adelantó. Murió en 1965 en una clínica de Clichy, llevándose a la tumba sus pesados y comprometedores secretos.

Chanchullos y compañía

La imagen de los judíos siempre ha sido bastante negativa entre la gente del pueblo, tanto en Europa como en el mundo musulmán. Los judíos siempre han sido considerados colectivamente como gente que conseguía los mejores puestos usando procedimientos dudosos. El filósofo judío Jacob-Leib Talmon escribía: "En los diccionarios de todas las lenguas europeas, el término "judío" es definido como sinónimo de ladrón, embustero y usurero[473]."

Philip Roth, un novelista estadounidense bastante mediocre pero muy famoso y traducido en todos los idiomas, hacía decir a uno de sus personajes de novela lo siguiente: "Todas las industrias con judíos dentro están llenas de sobornos y corrupción, y redes de contactos...los tíos acaban metiendo las narices en todos los asuntos, y los joden[474]."

Vimos cómo eran los más grandes traficantes internacionales de alcohol y de drogas. Pero desde tiempos inmemoriales, traficaban con toda clase de mercancías. He aquí otro testimonio, falsamente ingenuo, de otro célebre escritor judío, Joseph Roth, el cual era de cultura alemana y escribía a principios de siglo XX en la época de Sigmund Freud y Stefan Zweig. Al escucharlo, pareciera que la condición de los

---

[473] J.-L. Talmon, *Destin d'Israël*, 1965, Calmann-Lévy, 1967, p. 44. [Léase la definición de la RAE de "judiada". NdT).]

[474] Philip Roth, *Operación Shylock*, Debolsillo Penguin Random House, Barcelona, 2005, p. 298

judíos en el Imperio Austrohúngaro era miserable: "Se dedicaban al contrabando. Traían harina, carne y huevos de Hungría. En Hungría los metían en la cárcel porque acaparaban los productos alimenticios. Y en Austria los encerraban porque introducían en el país productos alimenticios no racionados. Facilitaban la vida de los vieneses y los metían en la cárcel."

En sus *Memorias*, Elie Wiesel, originario de la pequeña ciudad de Sighetu Marmatiei, en el norte de Rumanía, presentaba un testimonio convergente en sus recuerdos de infancia: "Ignoraba que miembros respetados de la comunidad practicaban el contrabando y el tráfico de divisas; también ignoraba que había en nuestro barrio...un prostíbulo[475]."

Joseph Roth escribía sobre los judíos alemanes: "También hay delincuentes judeo-orientales en Berlín. Carteristas, estafadores de novias, timadores, falsificadores de billetes de banco, traficantes con la inflación." Pero ojo: "Casi no hay un solo atracador. Y ningún asesino o ladrón que asesine[476]."

En el número de junio de 1869 de la *Revista de los Dos-Mundos (La Revue des Deux-Mondes)* publicaba un artículo titulado *El Clan del hurto en París (Le clan du vol à Paris)*, que describía todas las categorías imaginables de ladrones. Sobre esas treinta y cinco páginas, diecisiete líneas, es decir, un poco más de un tercio de página, o la centésima parte del artículo aproximadamente, formaba la parte dedicada a los judíos:

"El ladrón que junta y atesora es una anomalía que se encuentra solo en muy pocos Judíos avaros."(…) Hay familias que parecen destinadas al robo de generación en generación; "son los Judíos, principalmente, quienes, dedicándose a humildes travesuras, pero incesantes, cumplen estas clases de funciones hereditarias. Son de temer, no por su atrevimiento, pues rara vez asesinan, sino por su persistencia en el mal, por el inviolable secreto guardado entre ellos, por la paciencia que demuestran y las facilidades que tienen para esconderse en casa de sus correligionarios. Los ladrones judíos rara vez se ponen en pie de guerra contra la sociedad; más están siempre en estado de sorda lucha; se diría que toman revancha, que están en su derecho, y que después de todo lo único que hacen es recuperar, cuando la ocasión se presenta, un bien que a sus ancestros fuera arrebatado por otros de manera violenta. A veces se reúnen en bandas y roban a lo grande, como cuando se hace un negocio; tienen sus corresponsales, sus intermediarios, sus

---

[475] Elie Wiesel, *Mémoires, tome I*, Le Seuil, 1994, p. 47
[476] Joseph Roth, *Judíos errantes*, Acantilado 164, Barcelona, 2008, p. 81, 83

compradores, sus libros de contabilidad...Todo les viene bien: desde el plomo de las cañerías hasta un pañuelo en un bolsillo. El jefe toma el título generalmente de comisionado de mercaderías, y hace expediciones hacia América del Sur, Alemania y Rusia. El argot hebraico-germano que hablan entre ellos es incomprensible y sirve para despistar las investigaciones[477]. Son los primeros receptadores del mundo y disimulan sus acciones tras un oficio ostentosamente ejercitado[478].""

En un libro publicado en París en 1847, Cerfberr de Medelsheim reconocía que el número de judíos condenados era fácilmente el doble del de los demás ciudadanos: "Esos crímenes son la estafa, el plagio, la usura, la trata, la bancarrota fraudulenta, el contrabando, la falsificación de monedas, los engaños en las colectas, el estelionato, el soborno, el fraude, el dolo bajo todas sus formas y con todos los agravantes.""

El publicista Roger Gougenot des Mousseaux, que reportaba esas líneas en 1869, escribía además: "Casi todas las semanas se desarrolla en los tribunales civiles de Viena algún proceso monstruo contra los delincuentes de la peor especie. Judíos la mayoría, los robos escandalosos, vergonzosas estafas, se elevan a enormes sumas. El botín ilícito ya se encuentra hace tiempo a buen resguardo cuando los malhechores son arrestados; y después de haber pasado algunos años a la sombra, les queda ya disfrutar a su gusto[479]." Y Gougenot añadía: "Para desgracia y ruina moral y material de Austria, la prensa es casi enteramente manejada por Judíos."

En 1847 también, en su *Carta sobre Kiev (Lettre sur Kiev)*, publicada por los Cuadernos balzacianos en 1927, el gran novelista francés Honoré de Balzac relataba lo que había visto en Europa central y oriental: "Los he visto en pequeñas ciudades, pululando como moscas, yendo a sus sinagogas en trajes pontificales cuya rareza me hacía sonreír." Y proseguía: "Los Judíos son extremadamente ladrones, son primo hermanos de los Chinos, en ese aspecto. No se puede imaginar la cantidad de caballos robados, sobre todo en las fronteras. Un Judío no

---

[477] Véase nota 84. (NdT)

[478] Roger Gougenot des Mousseaux, *Los Judíos y la judeización de los pueblos cristianos*, Versión pdf. Traducido al español por la profesora Noemí Coronel y la inestimable colaboración del equipo de Nacionalismo Católico. Argentina, 2013, Introducción, p. XLV-XLVI.

[479] A. Cerfberr de Medelsheim, *Les Juifs, leur histoire, leurs moeurs, etc.* pág. 2, 3, 29, París 1847. En Roger Gougenot des Mousseaux, *Los Judíos y la judeización de los pueblos cristianos*, Versión pdf. Traducido al español por la profesora Noemí Coronel y la inestimable colaboración del equipo de Nacionalismo Católico. Argentina, 2013, p. 145, 146

recula ante un asesinato en cuanto se trata de una suma importante. Esta raza tiene costumbres y supersticiones singulares, ha conservado tradiciones salvajes. Así, cuando en una familia aparece un Judío carente de espíritu de rapiña, incapaz de lavar los ducados en el ácido, cercenar los rublos, engañar a los cristianos, y que vive en la ociosidad, la familia lo alimenta, le da dinero, se le considera un genio; es lo contrario de los países civilizados, donde el hombre de genio pasa por un imbécil a los ojos de los burgueses; pero entonces el santo de la familia judía debe leer continuamente la Biblia, ayunar y rezar, como un faquir."

El célebre historiador judío Léon Poliakov nos enseñaba también en su monumental *Historia del antisemitismo* que la criminalidad judía era una vieja historia. Esto era lo que observaba en Alemania: "Curioso fenómeno, y cuan característico ese bandidaje judío del que se detecta los primeros rastros a principio del siglo XVI, y del que no se halla ningún equivalente en la historia milenaria de la dispersión." Según Poliakov, se trataba probablemente de una "gran novedad histórica".

"En los siglos siguientes, proseguía Poliakov, hay constancia de la existencia de bandas organizadas, unas puramente judías, otras mixtas, judeocristianas, sobre las que los oficiales de policía hacen constataciones dignas de ser resaltadas. Los bandidos judíos, nos informan, son buenos maridos y padres de familia, y llevan una vida familiar ordenada; y, más aún, son de una piedad ejemplar y nunca roban los días festivos y los sábados...Si bien dentro del hampa alemana no constituyen más que una pequeña minoría, ellos marcan la pauta[480]."

Recordemos aquí las palabras de Jacques Attali, en el semanal *L'Express* del 10 de enero del 2002, cuando presentaba su libro *Los judíos, el mundo y el dinero*. A propósito de los gánsteres judíos de los años treinta en Estados Unidos, Attali declaraba sin reír: "Gran novedad histórica. Hasta entonces, los judíos tenían una fobia de la delincuencia y de la criminalidad."

La fiebre del oro

Es innegable que los judíos habían tenido desde hacía siglos aptitudes para amasar grandes fortunas. Hemos visto algunos ejemplos en nuestros anteriores libros de como esos multimillonarios cosmopolitas que trabajan sin descanso para el establecimiento de un mundo sin fronteras se valen de su influencia sobre los gobiernos de las naciones

---

[480] Léon Poliakov, *Histoire de l'antisémitisme, Tome II*, Point Seuil, 1981, p. 379

todavía independientes para que éstas se abran a más "democracia", a más "tolerancia". En el 2007, un estudio publicado por un gran periódico estadounidense, la revista estadounidense *Vanity Fair*, mostraba que sobre las cien personalidades más ricas, más de la mitad pertenecían a la comunidad judía. Existía ciertamente judíos pobres, pero el hecho era que los judíos estaban muy ampliamente sobrerrepresentados entre los multimillonarios del planeta. Un artículo del 26 de febrero del 2008 del *Jerusalem Post* nos informaba también de que los judíos eran el grupo religioso más rico de Estados Unidos (*wealthiest religious group in USA*), con un 46% con "ingresos de séis cifras" por año, es decir al menos 100 000 dólares. Los hindúes alcanzaban el 43%, pero ningún otro grupo llegaba al 30% y la media estadounidense era del 18%. Todas esas evidencias no impedían que los intelectuales judíos se airasen regularmente contra esos "odiosos prejuicios de otra época".

La novelista Irene Némirovsky había nacido en Kiev en 1903. Hija de ricos banqueros judíos, su familia había dejado Ucrania en el momento de la revolución bolchevique para instalarse en París. Su novela, *Los perros y los lobos*, narra la historia de una familia de banqueros judíos instalados en Francia tras la Primera Guerra mundial. Harry Sinner, el hijo del banquero, se casa con una francesa llamada Laurence Delarcher, de la antigua banca Delarcher. Los tíos de Harry, que dirigían el banco, habían adquirido en pocos años suficiente poder para influenciar el gobierno francés: "Hemos absorbido entidades enormemente importantes. Los gobiernos a los que hemos sostenido nos han proporcionado a cambio riquezas sólidas, apreciables..." (p. 169)

Irene Némirovsky explicaba por qué los judíos anhelaban tanto amasar dinero: "El dinero era bueno para cualquiera, pero para el judío era como el agua que bebía y el aire que respiraba. ¿Cómo vivir sin dinero? ¿Cómo pagar sobornos? ¿Cómo meter a los hijos en la escuela cuando se había cubierto el cupo? ¿Cómo conseguir la autorización para ir aquí o allá, para vender esto o aquello? ¿Cómo librarse del servicio militar? ¡Ay, Dios mío! ¿Cómo vivir sin dinero? [...] para un judío no había más salvación que la riqueza[481]."

Pero el banco de los Sinner cayó en quiebra estrepitosamente tras un escándalo financiero. Toda la familia se reunió para la ocasión, antes de la expulsión que había sido ordenada: "Por la tarde, llegaban una tras otra todas las amigas de la tía Rhaissa, todas las emigradas a quienes

---

[481] Irène Némirovsky, *Los perros y los lobos*, Ediciones Salamandra, 2016, Barcelona, p. 24, 25, 75

había conocido en París. Era una extraordinaria reunión de rostros marchitos, gruesos talles, miradas apagadas...había judías de Odesa y Kiev; [...] esposas o viudas de financieros bajo sospecha, muertos, en fuga o en la cárcel...para todas aquellas mujeres, el anuncio de la expulsión de una de ellas poseía un significado preciso y siniestro. Quería decir que, tarde o temprano, también podían ser víctimas de la misma medida[482]."

En otra novela de Irene Némirovsky titulada *El Vino de soledad*, vemos de nuevo "la imagen de "la raza judía" [...] siempre consumida por una especie de fiebre, por la fiebre del oro." Y a propósito de David Golder, el personaje de su primera novela epónima, leíamos también: "Es sobre todo el "orgullo, el inmenso orgullo de su raza" lo que caracteriza a los ojos de Irène a David Golder[483]." Una periodista de *L'Univers israélite*, Nina Gourfinkel, había realizado una entrevista antes de la guerra a Irene Némirovsky. Irene intentaba entonces defenderse contra algunas acusaciones: "Es así como los había visto" repetía varias veces sin parecer convencer a la periodista. "Eran judíos rusos, respondía otra vez. Evidentemente, los judíos aman el dinero."

Tras el triunfo del Frente Popular, el resurgimiento del antisemitismo en Francia le había llevado a replantearse su forma de ver las cosas. En *Les Nouvelles littéraires* del 4 de junio de 1939, expresaba su pesar: "¿Cómo pude escribir algo así? Si tuviera que escribir *David Golder* ahora, lo haría de forma muy diferente... ¡El ambiente ha cambiado mucho[484]!". Después de la Segunda Guerra mundial, tanto en el cine como en la literatura, ya sólo se mostraría a judíos pobres y perseguidos.

En Prusia, antes de la revolución francesa, los judíos habían tomado el control de grandes riquezas y la aristocracia Berlínesa, los artistas y los filósofos parecían rendirse a sus pies. En los salones de Berlín, escribía el historiador Léon Poliakov, "superaban a los empresarios cristianos tanto en iniciativa como en riqueza: en palabras de Mirabeau, los únicos millonarios de Berlín eran judíos." Los más ricos "se hacían construir fastuosas mansiones y entablaban relaciones con la alta sociedad: los altos funcionarios y los miembros de la nobleza prusiana se apresuraban a sus recepciones." Pero el trato con las altas esferas hacía que esos judíos advenedizos desatendieran la ley de Moisés y "algunos se desprendían de ella totalmente[485]", aseguraba Poliakov, que

---

[482] Irène Némirovsky, *Los perros y los lobos*, Ediciones Salamandra, 2016, Barcelona, p. 210, 211
[483] Jonathan Weiss, *Irène Némirovsky*, Éditions de Félin. 2005, p. 105, 106
[484] Jonathan Weiss, *Irène Némirovsky*, Éditions de Félin. 2005, p. 59, 71
[485] Léon Poliakov, *Histoire de l'antisémitisme, Tome II*, Point Seuil, 1981, p. 89, 93

proseguía: "En Berlín, esta dominación de los Judíos desjudaízados era la de las camarillas mundanas: para hacerse un nombre, nada valía como el patrocinio de un salón judío. Incluso el intransigente Fichte buscó tal protección." Su primera conferencia Berlínesa se produjo efectivamente en 1800, en el salón de Mme Samuel-Salomón Lévy. Había sido presentado a los círculos judíos por Dorotea Mendelssohn, la hija mayor del filósofo judío de la Ilustración que encarnaba la *Aufklärung* judía (La Haskalá).

León Poliakov explicaba como los comerciantes judíos suplantaban los cristianos: "Entre las estratagemas comerciales utilizadas por los Judíos para la furia y la desesperación de sus competidores cristianos, algunas acabaron por entrar en las costumbres desde hace mucho tiempo, mientras que otras siguen reprobadas; pero todas les valían el favor de la clientela, al mismo tiempo que una poca halagüeña reputación; aunque por este último lado, poco tenían que perder. He aquí algunas de ellas: La publicidad y la solicitud de la clientela, es decir "promoción de las ventas", prácticas estrictamente prohibidas por los reglamentos corporativos, pero armas económicas favoritas de los Judíos bajo forma de captación de clientes en las plazas públicas, en las salas de las tabernas y posadas, y en las calles de los guetos. Y la salida de mercancías de origen dudoso, ya fuesen de botín de guerra, contrabando, pillaje de soldados, o de robos." Y Poliakov escribía un poco más adelante: "La capacidad de los Judíos en cubrir con su condición de Judíos toda clase de operaciones desleales o contrarias al código del honor ha facilitado seguramente numerosas ascensiones espectaculares[486]."

En la Rusia de los zares, la situación era la misma de creerle a Kalinine, economista y hombre de Estado soviético que reconocía él también la superioridad de los judíos en la materia: "Los Judíos daban muestras de tener capacidades especiales para enriquecerse a través del aprovechamiento honesto o deshonesto de las condiciones del ambiente. Es evidente que esos Judíos estaban una cabeza por encima de los comerciantes rusos[487]."

El dinero era un medio para corromper los príncipes o los diputados. A cambio, éstos cubrían los judíos de honores. Roger Gougenot des Mousseaux, que observaba la situación en la Francia del final del Segundo Imperio, escribía por ejemplo: "Los Judíos, que forman un

---

[486] Léon Poliakov, *Histoire de l'antisémitisme, Tome I*, Point Seuil, 1981, p. 430, 442. [Werner Sombart en su obra de referencia, *Los Judíos y la vida económica (1911)* analizó estas cuestiones y otras más. (NdT).]

[487] Léon Poliakov, *Histoire de l'antisémitisme, Tome II*, Point Seuil, 1981, p. 220

cuerpo compacto, una asociación nacional, una familia cuyos miembros se sostienen uno al otro...Los Judíos que poseen oro, prensa, talento, carácter...poseen para esto el más alto grado del don de hacerse tener en cuenta, de hacerse temer, de hacerse adular y colmar por los poderosos de la tierra, y los vemos siempre abusando de este don. Puestos, funciones públicas, privilegios, honores, caen de todos lados sobre la cabeza de Israel[488]."

En la Polonia del siglo XVII, un erudito como Simón Starowolski se rebelaba contra la dominación extranjera: "En los dominios de numerosos Señores poderosos, los Judíos se convierten en una nación amada y protegida [...] habiendo pervertido el corazón de sus amos. ¿Quién arrenda las propiedades polacas? - ¡el Judío! ¿Quién es el médico apreciado? - ¡el Judío! ¿Quién es el comerciante célebre? - ¡el Judío! ¿Quién percibe los derechos de aduana? - ¡el Judío! ¿Quién es el servidor más fiel? - ¡el Judío! ¿Quién goza de la mayor protección por parte de las autoridades civiles y de las instituciones autónomas nobiliarias? - ¡el Judío! ¿Quién tiene un acceso más fácil al señor? - ¡el Judío! ¿Quién tiene la mayor gracia y confianza en la corte? - ¡el Judío! ¿Quién gana más a menudo los juicios injustamente e ilegítimamente? - ¡el Judío! ¿Quién tiene más probabilidad de salirse sin sufrir las consecuencias de las más grandes imposturas, subterfugios, traiciones, pillajes, robos y otros crímenes inéditos? - ¡el Judío[489]!"

He aquí ahora el testimonio de Isaac Bashevis Singer, un novelista famoso de la comunidad judía que logró el premio Nobel de literatura en 1978. En su novela *El Esclavo*, narraba las tribulaciones de Jacob, un pobre judío en la Polonia del siglo XVII:

"El comercio de Polonia seguía en manos de los judíos, quienes hasta traficaban en ornamentos eclesiásticos, a pesar de que la ley se los prohibía. Los mercaderes judíos iban a Prusia, a Bohemia, a Austria y a Italia; importaban sedas, terciopelos, vino, café, especias, joyas y armas, y exportaban sal, aceite, lino, mantequilla, huevos, centeno, maíz, cebada, miel y pieles. Ni la aristocracia ni los campesinos entendían de negocios[490]."

Naturalmente, algunos judíos prosperaban gracias a la usura, una

---

[488] Roger Gougenot des Mousseaux, *Los Judíos y la judeización de los pueblos cristianos,* Versión pdf. Traducido al español por la profesora Noemí Coronel y la inestimable colaboración del equipo de Nacionalismo Católico. Argentina, 2013, p. 327

[489] Simon Starowolski, *La Vermine de la mauvaise conscience,* en Daniel Tollet, *Les Textes judéophobes et judéophiles dans l'Europe chrétienne à l'époque moderne,* Presses Universitaires de France, 2000, p. 208

[490] Isaac Bashevis Singer, *El Esclavo,* 1962, Epublibre, editor digital German25 (2014), p. 352

actividad que les había acarreado sin embargo muchos problemas durante siglos: "Los prestamistas ahogaban a sus clientes con sus exigencias —burlando la ley contra la usura [...] La envidia y la avaricia se escondían bajo un manto de piedad. Los judíos no habían sacado ninguna enseñanza de su desgracia; al contrario, el sufrimiento los había envilecido[491]."

A continuación, Jacob conocía al señor Pilitzki en una aldea polaca. Y éste no le ocultaba sus sentimientos respecto de sus congéneres: "Ya lo sabemos, ya. Vuestro maldito Talmud os enseña a engañar a los cristianos. Os han echado de todas partes, pero el rey Casimiro os abrió nuestras puertas de par en par. ¿Y cómo nos lo pagáis? Habéis establecido aquí una nueva Palestina. Nos ridiculizáis y nos maldecís en hebreo, escupís en nuestras reliquias y blasfemáis contra nuestro Dios diez veces al día. Jmelnitski[492] os dio una lección, pero no tuvisteis bastante. Y el señor polaco apuntaba aquí un problema que sigue siendo de actualidad a través de los siglos: "Amáis a todos los enemigos de Polonia, sean suecos, moscovitas o prusianos[493]."

El señor le propuso entonces un vaso de vino, que Jacob rechazó cortésmente: "Perdonadme, excelencia, pero mi religión me lo prohíbe. Pilitzki se puso tenso. —Ah, vaya, de modo que te lo prohíbe tu religión. Así que se puede estafar a los cristianos, pero no beber con ellos[494]. ¿Y quién lo prohíbe? El Talmud, naturalmente, que también os enseña a engañar a los cristianos.

—En el Talmud no se menciona ni una vez a los cristianos; sólo se habla de idólatras.

—El Talmud considera idólatras a los cristianos...Siéntate, judío. No voy a hacerte daño. Siéntate aquí. ¡Muy bien! La condesa y yo creemos que la fe no debe imponerse a nadie. Aquí no tenemos Inquisición, como en España. Polonia es un país libre, demasiado libre para su desgracia. Por eso camina hacia la ruina. Deja que te haga una pregunta.

---

[491] Isaac Bashevis Singer, *El Esclavo*, 1962, Epublibre, editor digital German25 (2014), p. 328, 330
[492] Jmelnitski había levantado los campesinos ucranianos en 1648 contra los señores polacos y los judíos.
[493] Isaac Bashevis Singer, *El Esclavo*, 1962, Epublibre, editor digital German25 (2014), p. 462, 463. Los judíos no paran de alentar la inmigración allí donde se instalan.
[494] Talmud, *Avodah Zarah* (72a y b): "[...] Cuando sirvas vino, no dejes que un gentil se acerque para ayudarte, no sea que bajes la guardia y apoyes la vasija en las manos del gentil, y el vino salga debido a su fuerza y quede prohibido..." *Yoreh De'ah* (120, 1): "Quien adquiere de un adorador de ídolos una vasija de comida de metal o vidrio o vasijas o cubiertas de plomo por dentro -aunque sean nuevas- debe sumergirlas en una *mikve* [baño de purificación] o en un arroyo que tenga cuarenta *se'ot*." (www.sefaria.org).

Hace mil años que esperáis al Mesías. ¡Qué digo mil! Más de mil quinientos, y el Mesías no llega. La razón es clara. Ya ha venido y ha revelado la verdad de Dios. Pero sois un pueblo testarudo y os mantenéis aparte. Consideráis que nuestra carne es impura y nuestro vino una abominación. No se os permite que os caséis con nuestras hijas. Os creéis el pueblo elegido por Dios. Bien, ¿qué ha elegido Él para vosotros? Que tengáis que vivir en juderías oscuras y llevar emblemas de tela amarilla. Yo he viajado y he visto cómo viven en el extranjero los judíos. Son ricos y sólo piensan en el dinero. En todas partes los tratan como a las arañas. ¿Por qué no lo piensas bien y abandonas el Talmud?...

—No puedo convencer a nadie, excelencia—dijo Jacob, que empezaba a tartamudear—. He heredado la fe de mis padres, y la sigo lo mejor que sé[495]."

El pillaje de los países vencidos

Martín Gray fue uno de los cientos de miles de supervivientes de aquello que se llamaba paradójicamente, todavía a principio del siglo XXI, los "campos de la muerte". En *En Nombre de todos los míos*, un *best-seller* internacional publicado en 1971, narraba su calvario en Treblinka. De forma milagrosa logró sobrevivir y salir adelante enrolándose inmediatamente después de la liberación en un grupo de partisanos polaco en el que pudo dar rienda suelta a su "venganza"- un término que aparece de forma recurrente en su texto y en la literatura judía en general. Después de la guerra, partió a Estados Unidos, Nueva York, donde encontraría a su familia, la cual, también de forma milagrosa, no había sido exterminada[496]. "Multipliqué mis actividades, el juego, las ventas, los servicios, los espectáculos. Acumulaba dólares. La noche, me tiraba rendido en la cama." (página 365).

Más tarde se lanzaría en el comercio de antigüedades, especialmente las porcelanas, comprando febrilmente todo lo que encontraba. Viajó a Europa que acababa de salir de la guerra: "Mi principio era comprar y vender pronto. Un beneficio pequeño multiplicado produce una gran ganancia. La mercancía llegaba. Berlín se convirtió para mí en un

---

[495] Isaac Bashevis Singer, *El Esclavo*, 1962, Epublibre, editor digital German25 (2014), p. 500-505
[496] El libro de Martin Gray había sido escrito en colaboración con Max Gallo. Éste escribía, en *Le Monde* del 28 de noviembre de 1983, en el momento del estreno de la película de Robert Enrico: "He escrito con él *Au Nom de tous les miens*, utilizando a la vez mi profesión de historiador y mi vocación de novelista."

arrabal lejano de Nueva York. Durante meses anduve así, de un continente a otro... No tardé en añadir Londres a mi itinerario. Compraba, telefoneaba, saltaba de un taxi a un avión." Una mujer le dijo un día: "—Goza de la vida, Martín —me dijo...Aprende a ser feliz, Martín, siempre estás huyendo." Y Martín explicaba: "Yo prefería el trabajo a la paz que ella me ofrecía. Tal vez algún día una mujer consiguiese refrenar mi carrera, tal vez algún día me aficionase al reposo." (página 381)

"En Berlín el mercado se iba poniendo difícil...Todos los anticuarios de los Estados Unidos habían caído sobre Berlín, vaciando a la ciudad y a Alemania entera de sus porcelanas...- Compra, cómpralo todo, Tolek", decía a su socio. "Veía amontonarse los tinteros desportillados, los platillos deslavazados...Tolek decía: -Estás loco, Martín." Habían realmente arramblando con todo. "Ya no queda nada, repetía Tolek"

Pero Martín-Mendle-Miétek sabía lo que hacía: "Al cabo de dos días de búsqueda dimos con un viejo pintor artesano dispuesto a reparar nuestras porcelanas." Su afán de lucro no estaba colmado: "Pero yo no había alcanzado mi meta... todavía no. Y no quería renunciar. Jamás. Me enteré de que había fábricas en Baviera. Alquilé un coche y me dirigí al sur. Me detuve en Moshendorf. Allí me hallaba en el manantial. Visité una fábrica, vi a los obreros con sus blusas blancas inclinados sobre las porcelanas, vigilando los hornos. Hallé la KPM, la Manufactura Real de Porcelanas, una mina de oro." Tolek reía: "Estás loco, Miétek, loco, la KPM es oficial, sólo para reyes y presidentes." Pero Miétek era un príncipe: "Yo bien valía su fundador, el rey de Sajonia, nosotros lo valíamos bien, todos nosotros, mi pueblo, esos emperadores, esos reyes, esos príncipes alemanes para los que la KPM había trabajado exclusivamente desde el siglo XVIII. Yo, Miétek, un pequeño Judío del gueto, decidí que la KPM trabajaría para mí. Fue largo y difícil. Pedí ver al director, y me recibió. -Tienen ustedes una gran tradición - dije-. Sin duda serán capaces de hacer esto. - Puse sobre la mesa del despacho los modelos y fotografías que había traído conmigo. Él se defendió palmo a palmo, pero yo le interrumpí - Tengo dinero, y lo compro todo. Por último, cerramos el trato. ¡Ahora ya no era solamente importador de antigüedades auténticas, sino también imitador! Los grandes hornos cilíndrico de la KPM se pusieron a calentar para mis porcelanas, para mí, un superviviente de Treblinka. ¡Esto también era una revancha! Y una genialidad." Como veis, Miétek fabricaba auténticas antigüedades del siglo XVIII en pleno siglo XX: "Las antigüedades que fabricaba la KPM eran auténticas. Y los dólares que acumulaba por miles levantaban los muros de mi fortaleza[497]."

Pero aquello no acabaría ahí: "Mi trabajo se ha vuelto aún más acelerado: Nueva York, Londres, París, Fráncfort, Berlín, Nueva York, las calles de esas ciudades, los rostros de esas ciudades. Los anticuarios que hablaban ruso o polaco en los Mercadillos, los alemanes de Berlín, los decoradores que desfilaban en la tienda de la 3a Avenida..." Las cajas se amontonaban en la tienda. "Arrancaba otra vez: Nueva York, Londres, París, Fráncfort, Berlín, Nueva York[498]." (página 382). "Acumulaba dólares, invertía, vendía...Ahora era rico, ciudadano de los Estados Unidos, importador, fabricante, había abierto una sucursal en el Canadá y otra en La Habana. Era propietario de casas; colocaba mi dinero en la Bolsa. Iba de capital en capital, para mí París y Berlín era suburbios en las afueras... Iba de una mujer a otra: ninguna conseguía hacer callar en mí las voces, los rostros, los lugares que me obsesionaban." (página 387)

Su amigo Tolek le decía un día: "-Te dediques a la caza de nazis o de tinteros, eres siempre el mismo, Martín. Nunca cambiarás. Te entra la fiebre. -Estoy siempre retrasado, contestaba. Estaba retrasado de una infancia, de la felicidad, corría tras ellas. No podía detenerme." (página 378).

"En Moshendorf, la fábrica trabajaba para mí; en París, Londres y Berlín continuaban mis compras. Añadí otras importaciones a mis cajas de objetos de arte; compré y revendí coches europeos a centenares; hice fabricar arañas antiguas en París, y desde la Costa Oeste, del Sur y del Medio Oeste, los anticuarios me suplicaban para que se las reservara. Era rico y me veía obligado a trabajar cada vez más para tratar de colmar el abismo, de reprimir las pesadillas. Mis viajes eran aún más rápidos. Tolek repetía: "Eres un caballo desbocado, Miétek. Un día, echarás espuma por la boca." Yo iba en línea recta, y así seguiría hasta el fin." (página 388). Y otra vez: "Nunca marcharon mejor mis negocios: cobraba, invertía, compraba, volvía a cobrar." (página 393). Y todo eso, naturalmente, "En nombre de todos los míos". Así fue como Alemania, país vencido, fue saqueada de arriba abajo.

Tras la caída de la Unión Soviética, Rusia, como vimos en estas páginas, también había sido la presa de grandes predadores internacionales. *L'Express* del 16 de julio de 1998 evocaba el caso de

---

[497] Martin Gray, *Au nom de tous les miens*, Robert Laffont, 1971, Poche, 1984, p. 383, 384 y *En Nombre de todos los míos*, edición digital en https://es.scribd.com
[498] El característico frenesí es reconocible aquí; véase también Marek Halter, en *Las Esperanzas planetarianas*; Samuel Pisar, en *Psicoanálisis del judaísmo*; "Hannah"y "las moscas", en *El Fanatismo judío*.

Andreï Kozlenok. Este moscovita había sido detenido en Atenas en enero de 1998 y extraditado hacia Rusia el 17 de junio. La estafa en la que había participado con el beneplácito de las más altas autoridades de su país tenía que ver con unos 187 millones de dólares. Gracias a sus contactos y apoyos –era próximo a Víktor Chernomyrdine, el antiguo primer ministro ruso- había conseguido todas las facilidades para sortear ilegalmente el monopolio de la De Beers que poseía los derechos exclusivos de comercialización del 95% de los diamantes brutos rusos en el mercado internacional. Un amigo de Boris Yeltsin, Yevgueni Bytchkov, jefe del antiguo Comité de piedras preciosas de Rusia, le había encargado en 1994 de vender directamente en el extranjero. En el marco de ese dudoso comercio, se le autorizó además sacar del Gokhran (La reserva federal) 5 toneladas de objetos de oro, joyería, orfebrería, etc., de la época de los zares. Tesoros que en teoría debían servir de garantía para unos préstamos de Bank of America.

En octubre de 1917, tras la caída del zar y la victoria de los Bolcheviques, Rusia ya había sido sometida al mismo trato. Los hijos de Israel, tan numerosos en todos los escalafones del poder, aprovecharon al máximo la situación. El gran escritor ruso Aleksandr Solzhenitsyn había abordado el tema en su libro sobre las relaciones entre los rusos y los judíos, *Doscientos años juntos*, publicado en el 2003, mencionando el caso del hombre de negocios estadounidense Armand Hammer, el favorito de Lenin. Armand Hammer "exportara sin un ápice de vergüenza a Estados Unidos los tesoros de las colecciones imperiales. Regresó con frecuencia a Moscú, bajo Stalin y Jrushchov, para seguir importando cargueros repletos de iconos, cuadros, porcelanas y orfebrerías de Fabergé."

Estas palabras eran confirmadas por Jacques Attali en *Los judíos, el mundo y el dinero*: Armand Hammer (…) se convierte en uno de los jefes del comercio Este-Oeste, conciliando su amistad con Lenin y su plena adhesión al sistema capitalista. Explota minas de amianto en la URSS, importa autos, tractores, y adquiere obras de arte rusas ante el Estado a cambio de productos industriales[499]."

Honoré de Balzac había puesto en escena algunos personajes judíos en su *Comedia humana*. En *El Primo Pons* (1847), hacía aparecer un judío llamado Elie Magnus, el cual recorría Europa en busca de obras de arte que vender: "Élie Magus, a fuerza de comprar diamantes y de revenderlos, a chamarilear con cuadros y encajes, con antigüedades de gran valor y esmaltes, con esculturas preciosas y antiguas obras de

---

[499] Jacques Attali, *Los Judíos, el mundo y el dinero*, Fondo de cultura económica, Buenos Aires, 2005, p.403

orfebrería, había amasado una inmensa fortuna sin que nadie lo supiera..." Balzac había precisado previamente: "En la Edad Media, las persecuciones obligaban a los judíos a llevar andrajos para alejar las sospechas, a quejarse siempre, a lloriquear, a aparentar la mayor miseria."

3. El antisemitismo

En todas las épocas desde la Antigüedad, tanto en el mundo cristiano como en el mundo musulmán, han sido muchos los hombres ilustres en alarmarse por las ideas subversivas vehiculadas por los judíos, así como por las maniobras de algunos de ellos. Y es que le judaísmo, en su esencia misma, entraba fatalmente en conflicto con el resto de la humanidad.

Desde siempre, los judíos estaban obsesionados por la "paz" sobre la faz de la tierra (*shalom*). Soñaban con un mundo en el que los conflictos habrían desaparecidos, y ese mundo de paz habría de ser, según ellos, el preludio de la llegada de su Mesías tan esperado. Para por fin acabar con los conflictos sobre la tierra, no había más remedio que hacer desaparecer todas las diferencias entre los hombres, suprimir las naciones, las fronteras y todos los particularismos, y alentar por todos los medios el mestizaje universal y la disolución de las viejas tradiciones. Las clases sociales también debían desaparecer. Era "ineluctable". Nada debía subsistir del antiguo mundo. Así, cuando todo haya sido destruido, cuando ya no quede nada de las antiguas civilizaciones, cuando los hombres se vean reducidos al papel de simples consumidores, el pueblo judío estará todavía ahí, intacto y triunfante. Y por fin será reconocido por todos como el pueblo "elegido de Dios".

El antisemitismo a través de los tiempos

En estas condiciones, comprendemos por qué los judíos habían podido suscitar acérrimas oposiciones a su proyecto político-religioso, máxime considerando que muchos de ellos habían adquirido grandes riquezas con métodos que no siempre eran considerados honestos por los autóctonos. El antisemitismo era por lo tanto tan antiguo como el propio judaísmo. Al final del siglo VI de nuestra era, el cristiano Gregorio de Tours hablaba de una "nación malvada y pérfida", aunque quinientos años antes que él, el romano Tácito ya escribía sobre ellos: "Ningún pueblo ha odiado tanto a los otros que el pueblo judío, ninguno a su vez les repugnó tanto, y ninguno se ha ganado merecidamente unos odios tan implacables[500]." (*Beatus Rhenanus*). E incluso cuatro cientos años antes que Tácito, Hecateo de Abdera, un historiador griego que vivía en Egipto, se había percatado de la oposición irreductible entre los judíos y el resto de la humanidad. Esto decía de Moisés: "Los sacrificios y las costumbres que estableció eran completamente diferentes de los de las otras naciones; en memoria del exilio de su pueblo, instituyó una forma de vida contraria a la humanidad y a la hospitalidad[501]"." Pero no recapitularemos aquí todas las opiniones expresadas por hombres ilustres en contra de los judíos, pues sería imposible.

Las recriminaciones contra el "engaño" y la "perfidia" de los judíos han quedado registradas en innumerables escritos a través de la historia. Los comerciantes judíos eran acusados de acaparar las riquezas mediante métodos desleales, y a veces más o menos fraudulentos. Las dolencias reales de mercaderes cristianos llevados a la miseria se repetían de año en año, de provincia en provincia. Así, por ejemplo, en 1734, las corporaciones de comerciantes de la ciudad de Stendal, en Prusia, se quejaban ante las autoridades: "El Judío es un lucio en un estanco de carpas...Lo penetra todo, le quita el pan de la boca al comerciante, chupa la sangre de los pobres, y, sórdidamente, no paga las tasas[502]."

Los diputados de la Cámara de comercio de Tolosa habían a su vez denunciado en 1744: "Esta nación judía parece arrastrase para elevarse mejor y enriquecerse..." El mismo año, las corporaciones de Montpellier se manifestaban: "Le imploramos que detenga los progresos de esta nación." Pero la administración real ya parecía estar rendida a las ideas en boga del "Siglo de las Luces".

También podemos citar el famoso Requerimiento de 1765 de los comerciantes y negociantes de París contra la admisión de los Judíos: "Se puede comparar los Judíos a los avispones que se introducen en las colmenas para matar a las abejas, abrirles el vientre y sacar la miel de sus entrañas..."

En vísperas de la revolución francesa, Malesherbes, el ministro de Estado de Luis XVI, hablaba en estos términos: "Todavía existe en el corazón de la mayoría de los Cristianos un odio muy fuerte contra la nación judía, un odio basado en el recuerdo del crimen de sus antepasados y corroborado por la costumbre que tienen los Judíos de todos los países de dedicarse a negocios que los Cristianos ven como la

---

[500] Léon Poliakov, *Histoire de l'antisémitisme, Tome I*, Point Seuil, 1981, p. 232, 361
[501] Georges Nataf, *Les Sources païennes de l'antisémitisme*, Berg Int., 2001
[502] Léon Poliakov, *Histoire de l'antisémitisme, Tome I*, Point Seuil, 1981, p. 433

causa de su ruina[503]."

En 1753, también la muy liberal Inglaterra había experimentado una explosión antijudía después de que el gobierno presentara para su aprobación a las Cámaras un proyecto de ley de naturalización de los judíos. La agitación popular fue "de una violencia raramente igualada en los anales de la historia inglesa", escribía Léon Poliakov dos siglos después. Naturalmente, Poliakov daba al fenómeno una explicación muy personal. El historiador denunciaba así unos "oscuros temores ancestrales que habían subido a la superficie al mero hecho de pensar que los miembros de la secta deicida fuera admitida a ejercer la plenitud de los derechos humanos y del cristiano[504]."

Léon Poliakov citaba el filósofo alemán de la Ilustración por excelencia, Emmanuel Kant, el cual, en su *Antropología*, preconizaba "la eutanasia" para el judaísmo. Kant escribía: "Los palestinos que viven entre nosotros han incurrido por su espíritu usurero desde el destierro, también en lo que concierne a la gran masa, en la no infundada fama de defraudar a los demás. Parece, es cierto, extravagante imaginarse una nación de defraudadores; pero no resulta menos extravagante imaginarse una nación de meros mercaderes, de los cuales, con mucho la mayor parte, unidos por una vieja superstición, reconocida por el listado en que viven, no buscan honores civiles, sino que quieren resarcirse de esta pérdida con las ganancias obtenidas defraudando al pueblo bajo cuya protección se encuentran, e incluso defraudándose entre sí. Ahora bien, esto no puede ser de otro modo en una nación entera de meros mercaderes o miembros no productores de la sociedad (por ejemplo, los judíos de Polonia); por consiguiente, su constitución, sancionada por antiguas leyes, incluso reconocida por nosotros, entre quienes viven (y que tenemos comunes con ellos ciertos libros santos), aunque ellos hagan del dicho "comprador, abre los ojos", el principio supremo de su moral en el trato con nosotros, no puede ser abolida sin inconsecuencia.- En lugar de trazar inútiles planes para moralizar a este pueblo respecto de este punto del fraude y de la honradez, prefiero indicar mi presunción acerca del origen de esta singular constitución (es decir, la de un pueblo de meros mercaderes[505])." Kant era sin embargo optimista y estimaba que una vez liberados de su "espíritu judaico", los judíos sabrían enmendarse. "Su concepción era por lo tanto más cristiana que racista", escribía

---

[503] Léon Poliakov, *Histoire de l'antisémitisme*, Tome I, Point Seuil, 1981, p. 444, 446, 447
[504] Léon Poliakov, *Histoire de l'antisémitisme*, Tome I, Point Seuil, 1981, p. 452
[505] Emmanuel Kant, *Antropología*, Alianza Editorial, 1991, Madrid, nota 1 p. 123

Poliakov.

En la misma época, en Alemania, el pensador humanista Herder usaba el mismo lenguaje mientras preconizaba la asimilación: "Desde hace miles de años, desde su mismo inicio, el pueblo de Dios, teniendo su patria instaurada por el Cielo, erra vegetando como una planta parásita sobre el tronco de las naciones extranjeras; raza astuta y sórdida..." Para Fichte, en cambio, el problema de los Judíos sólo podía ser solucionado con su expulsión de las tierras alemanas. "Para protegernos contra ellos, sólo veo una manera: conquistar para ellos su tierra prometida y enviarlos todos", escribía en su primera obra importante sobre la revolución francesa en 1793.

En un concurso organizado por la academia de Metz en 1785 sobre el tema: *¿Hay formas de hacer que los judíos sean más felices y útiles en Francia?*, el abad Gregorio, sacerdote de la diócesis de Metz, había sido premiado por su ensayo titulado *Ensayo sobre la regeneración física, moral y política de los Judíos*. El abad Gregorio, que quería llevarlos por medio de la dulzura a la religión cristiana, no tenía más remedio, él también, que constatar: "Son plantas parásitas que carcomen la substancia del árbol que atacan."

La Lorena y sobre todo Alsacia, regiones donde residían numerosos judíos habían manifestado su descontento. El libro de reclamaciones del clero de Colmar, en 1789, contenía algunos pasajes explícitos: "Los Judíos, por sus vejaciones, sus rapiñas, la codiciosa duplicidad de las que ofrecen a diario ejemplos tan perniciosos, [son] la principal y primera causa de la miseria del pueblo, de la pérdida de energía y depravación moral de una clase de gente antaño famosa por aquella fe germánica tan alabada." La reacción popular fue tal que, en 1789, miles de judíos tuvieron que refugiarse en Suiza.

El convencional[506] Baudot, comisario de los ejércitos del Rín y de Mosela, propuso un nuevo tipo de regeneración para los Judíos: "En todas partes anteponen la codicia al amor de la patria, y sus ridículas supersticiones por encima de la razón. Sé que algunos de ellos sirven en nuestros ejércitos, pero- excluyéndolos de la discusión que debemos tener acerca de su conducta-, ¿no sería conveniente considerar una regeneración *guillotinera* con respecto a ellos?" El II termidor, se reprochaba a los judíos su continuo agiotaje, por lo que se ordenaba a las municipalidades de distrito "no quitar los ojos de encima a esos seres peligrosos, que son sanguijuelas devoradoras de ciudadanos[507]."

---

[506] Convencionales: Asamblearios de la Convención Nacional de la Primera República francesa (1792-1795). Fue la asamblea constituyente. (NdT).
[507] Léon Poliakov, *Histoire de l'antisémitisme*, Tome II, Point Seuil, 1981, p. 106, 111

En esas condiciones, la emancipación de los judíos planteada por la Revolución y el estatuto de igualdad de derechos equivalía a dejar entrar el zorro en el gallinero. Para Gougenot des Mousseaux había por lo tanto que proteger a los cristianos en contra de la agresividad de los Hebreos. En 1869, escribía en ese sentido: ""Un gran diario vienés (*La Presse*) redactado y dirigido por Judíos tiene por lema: El mismo derecho para todos. Pero acordar el mismo derecho a gente que no conoce ni moral ni deber cristiano, es hacer de esa gente vampiros de los que están retenidos por principios cristianos y que no pueden imitar los errantes abusos de la competencia desmedida.""(página 146).

Napoleón también había buscado la manera de regenerar los judíos desjudaízándolos: "Los Judíos, escribía, son un pueblo vil, cobarde y cruel. Son orugas, langostas que asolan los campos...El mal viene sobre todo de esa recopilación indigerible llamada Talmud, donde está expuesta, al lado de sus verdaderas tradiciones bíblicas, la moral más corrompida cuando se trata de sus relaciones con los Cristianos." Y a propósito de esa "raza", decía: "Quisiera evitar que propagara el mal508." Propuso a los judíos enrolarse en sus ejércitos para reconquistar la Tierra prometida, pero éstos hicieron oídos sordos a su llamamiento y el proyecto fue apartado junto a otros espejismos orientales. No existía en aquella época ninguna autoridad organizada, ningún gobierno central de los judíos en Francia. Napoleón decidió entonces crear un Gran Sanedrín de 71 miembros, que, tras dieciocho siglos, restableciera la tradición de un gobierno de Israel. El Gran Sanedrín se reunió por primera vez en febrero de 1807. Napoleón fue visto entonces por todos los príncipes europeos como el mismísimo Antecristo. Un mes después de su solemne inauguración, el Sanedrín era disuelto.

Las recriminaciones contra los judíos eran recurrentes, en todas partes y en todas las épocas. Hemos visto lo que pensaba en 1550 el zar Iván el Terrible, el cual reprochaba a su aliado polaco de querer hacerle admitir los judíos en Rusia: "Introducen en nuestro Estado drogas envenenadas y causan muchos daños a nuestra gente." Los sucesores de Iván el Terrible desconfiaron igualmente. Un siglo y medio después, Pedro el Grande, que, si bien había invitado extranjeros valiosos a venir a Rusia, había sin embargo emitido en su *Manifiesto* grandes reservas respecto de los judíos: "Prefiero ver en mis dominios a mahometanos y paganos que Judíos. Son unos ladrones y unos embaucadores. Yo extirpo el mal, no lo propago; no habrá para ellos en Rusia ni alojamiento ni comercio, a pesar de todos sus esfuerzos e intentos de

---

[508] Léon Poliakov, *Histoire de l'antisémitisme, Tome II*, Point Seuil, 1981, p.

sobornar mi entorno[509]."

En los territorios conquistados por Pedro el Grande en Ucrania, Caterina I, que le sucedió, había publicado el edicto siguiente: "Los Judíos de sexo masculino y de sexo femenino que estén en Ucrania, y en otras ciudades rusas, deben ser todos expulsados inmediatamente fuera de las fronteras de Rusia. De ahora en adelante, no se les admitirá en Rusia bajo ningún pretexto, y se aplicará estrictamente en todas partes." Tales fueron los orígenes de la famosa "zona de residencia", que confinó los judíos del Imperio en la periferia occidental hasta la revolución de febrero de 1917[510].

En el Santo-Imperio, los judíos habían sido expulsados de Viena en 1670 por Leopoldo I, pero habían logrado "persuadir" el rey, y quince años después regresaban de nuevo en la plaza. En Prusia, el Gran Elector Federico-Guillermo, el "rey sargento", los había acogido tras su expulsión de Viena. Únicamente la nobleza podía tener alguna simpatía hacia los judíos, debido a algunos servicios que los judíos podían prestarles (préstamos de dinero, especulaciones). Entre los consejos de buen gobierno que el rey daba a su hijo, el futuro Federico el Grande, figuraban estas lineas: "En cuanto a los Judíos, hay demasiados en nuestro país que no han recibido por mi parte las cartas de protección. Debéis expulsarlos, ya que los Judíos son las langostas de un país y la ruina de los Cristianos. Os ruego que no les otorguéis nuevas cartas de protección, aunque os ofrezcan dinero...pues el judío más honesto es un estafador y un canalla. Puede estar seguro de ello[511]."

En Inglaterra, William Prynne, un publicista muy popular de mediados de siglo XVII, se había rebelado contra la admisión de los judíos en el país por Cromwell. Era "una raza de malhechores, una generación de víboras, que hacían el mal con avidez con las dos manos según todas las naciones que los rodeaban, tan malos o peor que Sodoma y Gomorra[512]."

En el siglo siguiente, su compatriota Alexander Pope, elevaba una plegaria en una de sus sátiras: "Te imploramos Señor, aleja de nosotros las manos de los judíos bárbaros y crueles que, si bien tienen horror de la sangre de los patés de cerdo, no son menos vehementemente sanguinarios[513]."

---

[509] Aleksandr Solzhenitsyn, *Deux siècles ensemble*, Tome I, Fayard, 2002, p. 29
[510] Léon Poliakov, *Histoire de l'antisémitisme*, Tome I, Point Seuil, 1981, p. 420. Sobre la "zona de residencia" léase en la introducción de *El Fanatismo judío*.
[511] Léon Poliakov, *Histoire de l'antisémitisme*, Tome I, Point Seuil, 1981, p. 435
[512] Daniel Tollet, *Les Textes judéophobes et judéophiles dans l'Europe chrétienne à l'époque moderne*, Presses Universitaires de France, 2000, p. 172
[513] Léon Poliakov, *Histoire de l'antisémitisme*, Tome I, Point Seuil, 1981, p. 451

Pierre de Lancre había nacido en Burdeos en 1553, en una ciudad que había acogido algunos Marranos españoles. Había estudiado derecho y teología en Francia y en Turín, antes de convertirse en concejal en el Parlamento de Burdeos en 1582, antes de casarse en 1588 con la sobrina nieta de Montaigne. Así calificaba a los judíos: "Más pérfidos e infieles que los demonios...los Judíos son dignos de toda execración, y como verdaderos criminales de toda majestad divina y humana, merecen ser castigados con los mayores suplicios: el brasero, el plomo fundido, el aceite hirviente, la brea, la cera y el azufre incorporados todos juntos no generarían tormentos lo suficientemente exactos, sensibles y crueles para el castigo de tan grandes y horribles crímenes que esa gente comete ordinariamente[514]..."

En Alemania, Martín Lutero había publicado en 1542 su famoso panfleto *Sobre los judíos y sus mentiras*: "Poseen nuestro dinero y nuestros bienes y son nuestros señores en nuestro propio país y en su exilio. Un ladrón es condenado a la horca por robar diez florines, si roba en el camino, pierde la cabeza. Pero cuando un judío hurta y roba diez toneladas de oro a través de la usura, es estimado aún más que Dios mismo. Como prueba de esto citamos la insolente fanfarronería con la cual fortalecen su fe y dan rienda suelta a su venenoso odio hacia nosotros, así se dicen entre ellos: "Sed pacientes y observad cómo es Dios con nosotros, y no abandona a su gente aún en el exilio. No trabajamos, y sin embargo gozamos de la prosperidad y el ocio. Los malditos goyim tienen que trabajar para nosotros, pero nosotros nos llevamos su dinero." Unos meses más tarde, publicaba otro panfleto titulado *Vom Schem Hamephoras*: "Son mucho más fuertes en escarnio que yo, y tienen un Dios que se ha convertido en un maestro en el arte del escarnio, se llama el Diablo y el espíritu del Mal[515]."

Lutero, que había observado como el vocabulario de los criminales estaba lleno de palabras de argot proveniente del hebreo[516], escribía: "Además no sabemos a día de hoy que demonio los trajo a nuestro país. Con seguridad, no fuimos nosotros quienes los trajimos de Jerusalén. Además, ahora nadie los está reteniendo aquí. El país y las carreteras están abiertas para que vuelvan a su tierra cuando lo deseen. Si lo hicieran, con mucho gusto les haríamos regalos por la ocasión, sería un festejo, porque para nuestro país son una pesada carga, una plaga, una pestilencia y un verdadero infortunio."

Los judíos eran frecuentemente representados bajo la apariencia de

---

[514]Léon Poliakov, *Histoire de l'antisémitisme, Tome I*, Point Seuil, 1981, p. 318
[515]Léon Poliakov, *Histoire de l'antisémitisme, Tome I*, Point Seuil, 1981, p. 365, 367
[516]Ver nota 85. (NdT)

una cerda. La cerda "que los amamantaba y que fornicaba con ellos en innumerables monumentos de piedra", escribía Poliakov. "Uno de eso altos relieves (la mayor parte desaparecidos) es descrito por Martín Lutero en su celebre panfleto *Vom Schem Hamephoras*, en los términos siguientes: "Aquí en Wittenberg, en nuestra iglesia, una cerda fue labrada en la piedra: unos cochinillos y unos Judíos la maman, mientras que detrás de ella está un rabino levantándole la pierna derecha y con la mano izquierda tirando de su cola, inclinándose y contemplando diligentemente detrás de la cola el Talmud, como si quisiera aprender algo muy sutil y muy especial[517]."" Lutero había escrito muchas cartas para que los expulsaran o les quitaran sus privilegios. Lo había conseguido en Sajonia, en Brandeburgo y en Silesia. Al final del siglo XIV, en Italia, los artistas los asimilaban a los escorpiones. En las pinturas y en los frescos, ese animal pérfido por excelencia estaba a menudo presente sobre los estandartes de los Judíos, en sus escudos y en sus túnicas.

En la Edad Media, descubrimos a mediados del siglo XII la gran figura de Pedro el Venerable, el célebre abate de Cluny. En aquella época de cruzadas, éste se había sublevado contra la dominación de los usureros y había enviado al respecto un requerimiento al rey Luis VII en el que denunciaba fuertemente los judíos y se elevaba "vigorosamente contra las inimaginables invasiones de esta raza que concentra en sus manos todos los tesoros de Francia." Juzgaba que "era urgente reprimir el atrevimiento". Preguntaba al rey por qué se iba al otro lado del mundo a combatir los Sarracenos, siendo que dejaba entre sus súbditos, "infieles infinitamente más culpables hacia Cristo que los mahometanos". "Es tiempo que se haga justicia, y lejos de mí, sin embargo, el pensamiento "que se les debe dar muerte; pero lo que pido, es que se los castigue en medida proporcional a su perfidia. Y ¿qué género de castigo más conveniente que es a la vez una condena a la iniquidad y una satisfacción dada a la caridad? ¿Qué más justo que despojarlos de lo que han acumulado con el fraude? Han engañado y despojado como ladrones; y, lo que es peor, ¡como ladrones asegurados hasta hoy con la impunidad! Lo que digo es amplia y pública notoriedad". "No es ni por los simples trabajos de agricultura, ni por el servicio regular en los ejércitos, ni por el ejercicio de funciones honestas y útiles, que llenan de cereales sus comercios, de vinos en sus tabernas, de oro y plata sus cofres. ¡Qué no han amasado con todo lo que la astucia les permitió arrancar a los cristianos y comprar furtivamente y a precio vil a los ladrones!"

---

[517]León Poliakov, *Histoire de l'antisémitisme*, Tome I, Point Seuil, 1981, p. 311

En 1180, en cuanto Felipe Augusto se sentó en el trono, las recriminaciones contra los judíos de nuevo habían afluido. Se les acusaba, escribía Gougenot des Mousseaux, "de haber arruinado al pueblo con sus usuras, de hacerse dueños, por esta vía injusta de una infinidad de tierras y de casi la mitad de las casas de París; de haber recibido como pago los copones sagrados, los tesoros de las iglesias y de haberlos profanado. Se agrega además que redujeron a muchos cristianos pobres a la esclavitud y que los crucifican todos los años en viernes santo". Felipe Augusto, "por fin persuadido de la malignidad de los Judíos, los expulsó de sus Estados en el año 1182; confiscó sus bienes a excepción de sus muebles; ...restableció a sus súbditos en la posesión de las herencias que habían usurpado y los alivió de todas las deudas que tenían pagándole solamente un quinto[518]."

En realidad, las expulsiones de los judíos fueron continuas a lo largo de la historia. Los judíos fueron expulsados, antes o después, de todos los países europeos, de todos los principados europeos, de Maguncia en 1012 hasta Moscú en 1891, de Nápoles en 1496, de Hungría en 1360 y 1582, de Praga en 1557, etc. Pero los financieros judíos, usando de su poder de corrupción con los príncipes, siempre encontraban la manera de reintroducir sus congéneres en la plaza. Los Estados centralizados como Inglaterra, Francia y España, supieron defenderse mejor que el Santo Imperio germánico, fragmentado en estados casi independientes.

En París, al final de una gran controversia entre doctores judíos y cristianos, el Talmud había sido condenado. El rey San-Luis había ordenado el embargo de todos los ejemplares hallados en el país, y el 6 de junio de 1242, carros enteros de libros fueron quemados solemnemente en la plaza de Grève. Pero ni Felipe Augusto, ni San Luis habían usado métodos radicales. Fue Felipe el Hermoso quién expulsó los judíos en 1306. Los judíos se reintrodujeron poco después, bajo el reinado de su hijo, y de nuevo fueron expulsados antes de regresar otra vez bajo ciertas condiciones. El 17 de septiembre de 1394, el día de Yom Kippur, el rey Carlos VI los expulsaba radicalmente, durante varios siglos.

El Rey de Inglaterra Eduardo I ya los había expulsado en 1290, pero los judíos habían regresado 350 años después, tras una guerra civil y la instauración de una efímera república por parte de Cromwell a mediados del siglo XVII. España se había librado de ellos en 1492. En

---

[518] Roger Gougenot des Mousseaux, *Los Judíos y la judeización de los pueblos cristianos,* Versión pdf. Traducido al español por la profesora Noemí Coronel y la inestimable colaboración del equipo de Nacionalismo Católico. Argentina, 2013, p. 168, 170

Alemania, dividida entonces en cientos de principados, las expulsiones eran frecuentes. En 1388 había sido declarada la última expulsión general de Estrasburgo; en 1394, eran expulsados del Palatinado; en 1420, eran expulsados de Austria; en 1424, Friburgo y Zúrich hacían lo propio; en 1426, tuvieron que salir por la puerta de Colonia; en 1432, Sajonia no quiso saber más de ellos; la ciudad de Augsburgo los rechazó en 1439; Wurzburgo los expulsó en 1453; Breslau en 1454, etc, etc, etc. A finales de siglo, la lista de expulsiones se convirtió en una bola de nieve[519]. Esas expulsiones podían ser seguidas de readmisiones, por lo que los judíos de Maguncia, por ejemplo, habían sido expulsados cuatro veces a lo largo de la historia.

Roma era finalmente la única gran ciudad de Europa donde los judíos nunca fueron expulsados[520]. En el siglo XIV, Italia era el principal país de acogida de los judíos expulsados de Francia y de los países alemanes. Sin embargo, un día se produjo la reacción. En 1555, tras su elección al trono de San Pedro, el papa Pablo VI proclamó en su bula *Cum nimis absurdum* que era absurdo permitir a los judíos vivir en los mejores barrios de la ciudad, contratar criados cristianos y dejarles de forma general abusar de la bondad cristiana. Pablo VI tomó medidas implacables, y ordenó primero la concentración de los judíos detrás de los muros de un gueto, al borde del Tíber, y les prohibió el comercio, excepto el de ropa usada. Básicamente, esas disposiciones eran un resumen de la legislación canónica de los siglos pasados, pero contrariamente a todos sus predecesores, el inflexible Pablo VI la había aplicado a rajatabla.

El final de la Edad Media fue la época en que los antiguos barrios judíos se transformaron en guetos. Los judíos no podían frecuentar los barrios cristianos más que de día, y al anochecer debían entrar en el gueto, cuyas puertas eran cerradas con llave. Detrás de ese recinto, la comunidad judía se encerraba en sí misma, lo que correspondía a los deseos de los rabinos que temían por encima de todo la asimilación de los judíos en la sociedad cristiana. Pero en realidad, los judíos ya se habían aislado desde hacía mucho tiempo del resto de la humanidad.

Nahum Goldmann, el fundador del Congreso judío mundial escribía en 1976, en *La Paradoja judía*: "Los Judíos son el pueblo más separatista del mundo. Su fe en la noción de pueblo elegido es la base de toda su religión. A lo largo de los siglos, los Judíos han intensificado

---

[519]Léon Poliakov, *Histoire de l'antisémitisme, Tome I*, Point Seuil, 1981, p. 300
[520]Sin embargo, el 18 de enero del 2008, nos enterábamos de que once vendedores de *souvenirs* judíos habían manifestado en contra de su expulsión de la plaza San Pedro, en el Vaticano.

su separación del mundo no-judío; han rechazado, y siguen rechazando, los matrimonios mixtos; han levantado un muro tras otro para proteger su existencia "a parte", y han construido ellos mismo su gueto: sus *shtetl* [pueblos judíos] de Europa del Este, los *mellah* en Marruecos." Y Nahum Goldmann insistía más adelante en su texto: "El gueto es históricamente una invención judía. Es falso decir que los goyim han forzado los judíos a separase de las otras sociedades. Cuando los cristianos confirmaron los guetos, los judíos ya vivían en ellos[521]."

El muy famoso Elie Wiesel dijo lo mismo en sus *Memorias*: "En la Antigüedad, los barrios judíos fueron creados por los propios judíos que temían las influencias extranjeras. Fue el caso de las comunidades de Roma, Antioquia y Alejandría. Sólo más tarde se les impuso el gueto bajo nombres diferentes[522]."

En el 2008, Théo Klein, antiguo presidente del Consejo representativo de las instituciones judías de Francia (Crif)[523], lo afirmaba sin ambages: "Nos hemos aislados antes de haber sido encerrados: las puertas del gueto han sido instaladas alrededor de los lugares donde nos habíamos reagrupado con anterioridad[524]." Efectivamente, el primer gueto, el de Venecia en 1516, fue "en su origen una iniciativa judía[525]." Una locución era por lo visto muy corriente en el gueto, según Poliakov: "¡Por Dios, te cortaré el cuello, e iré hacerme cristiano!" El bautismo, en efecto, era considerado como un medio para librarse de persecuciones penales.

La singularidad judía

En su libro de 1894 titulado *El Antisemitismo, su historia y sus causas*, Bernard Lazare – un intelectual de la comunidad- aportaba varias explicaciones sobre el origen de la singularidad judía. El pueblo judío, explicaba, era demasiado débil, numéricamente hablando, para poder rivalizar militarmente con los cristianos y los musulmanes: "No podía soñar en atacar de frente estas dos potencias. Por ello el judío trató de triunfar de ellas por la astucia, y ambas desarrollaron en él el espíritu de cautela. Adquirió una extraña ingeniosidad y una sutileza fuera de lo

---

[521] Nahum Goldmann, *Le Paradoxe juif*, Stock, 1976, p. 16, 83, 84
[522] Elie Wiesel, *Mémoires, Tome I*, Éditions du Seuil, 1994, p. 83
[523] Homólogo francés de la AIPAC (American Israel Public Affairs Committee) de EEUU. (NdT).
[524] Théo Klein, *Sortir du ghetto*, Liana Levi, 2008, en *Philosophie Magazine*, mars 2008.
[525] Michel Herszlikowicz, *Philosophie de l'antisémitisme*, Presses Universitaires de France, 1985, p. 76

común." El dinero le permitió triunfar de sus enemigos: pero tenía un inconveniente: "La búsqueda del oro, proseguida sin descanso, lo degradó. Debilitó en él la conciencia. Lo rebajó y le dio hábitos de embustero." Y Bernard Lazare añadía: "En la guerra que, para vivir, tuvo que llevar contra el mundo y su ley civil y religiosa, no pudo salir vencedor sino por la intriga y este miserable, destinado a las humillaciones y los insultos y obligado de agacharse bajo los golpes, los agravios y las invectivas, sólo por la astucia pudo vengarse de sus enemigos, sus torturadores y sus verdugos. Para él, el robo y la mala fe se convirtieron en armas: en las únicas armas que pudiera emplear. Por ello se ingenió en agudizarlas, complicarlas y disimularlas[526]."

Los historiadores judíos también tenían por costumbre argumentar que la práctica de la usura por parte de los judíos (el préstamo a interés) era a causa de que todos los demás oficios les estaban prohibidos. En resumidas cuentas, se habían hecho ricos porque se les había oprimido. En realidad, desde tiempos inmemoriales, y mucho antes de la era cristiana, la usura había sido una actividad muy popular entre los judíos y también muy lucrativa. La usura permitía a los judíos dedicarse al estudio del Talmud, la actividad más respetada en el mundo judío. Esto lo confirmaba León Poliakov: "Por lo demás, usura y estudio no son considerados incompatibles, muy al contrario: un texto especifica incluso que la usura presenta la ventaja de dejar todo el tiempo libre necesario para el estudio[527]."

Gougenot des Mousseaux recordaba también que de los seis cientos trece preceptos (mitzvot) que los judíos deben respetar, el centésimo nonagésimo octavo ordenaba de practicar la usura con los no-judíos[528].

Zalkind-Hourwitz nos dió una idea de lo que era el espíritu talmúdico. Éste fue un talmudista polaco que había ejercido en París el oficio de ropavejero antes de convertirse en conservador del departamento oriental de la Biblioteca del Rey. Aislado en Francia, el hombre se había desligado progresivamente de su comunidad. En 1789, Hourwitz había publicado una *Apología de los Judíos*, en respuesta al concurso abierto en 1785 por la academia de Metz sobre el tema: *¿Hay formas de hacer que los judíos sean más felices y útiles en Francia?* En ella combatía los polemistas anti-judíos: "Dicen que los Judíos merecen ser oprimidos

---

[526]Bernard Lazare, *El Antisemitismo, su historia y sus causas*, Ediciones La Bastilla, Edición digital, 2011, p. 156
[527]Léon Poliakov, *Histoire de l'antisémitisme, Tome I*, Point Seuil, 1981, p. 330
[528] Roger Gougenot des Mousseaux, *Los Judíos y la judeización de los pueblos cristianos,* Versión pdf. Traducido al español por la profesora Noemí Coronel y la inestimable colaboración del equipo de Nacionalismo Católico. Argentina, 2013, p. 193

porque son usureros y ladrones; en vez de decir que son usureros y ladrones porque son oprimidos y porque todas las profesiones legítimas les están prohibidas[529]." Dos siglos después de la emancipación de los judíos por la Revolución francesa, podemos darnos cuenta de que la frase en su primera versión era la correcta. Hourwitz, un judío "desjudaízado", como lo definía Poliakov, había indudablemente conservado algunos rasgos del espíritu talmúdico muy característicos.

La imagen del pobre judío, oprimido y perseguido sin ninguna razón era la que los judíos se complacían en mantener viva a lo largo de los siglos. El muy famoso Elie Wiesel contaba por ejemplo en sus *Memorias* las desdichas que le habían ocurrido antes de la Segunda Guerra mundial, a él y su familia. Originario de un pueblo del norte de Rumanía, había tenido que soportar las vejaciones de las autoridades y las manifestaciones de antisemitismo. "Unidades especiales del ejército y de la gendarmería irrumpen en las casas judías. Inspección, registro, amenazas: hay que entregarles joyas, servicio de plata, divisas extranjeras, piedras preciosas, objetos de valor. Mi padre intenta hacernos sonreír: "Se van a sentir decepcionados...En la mayoría de las casas judías, sólo hallaran la miseria...Ojalá se la lleven también". "En aquella época, los judíos de Rumanía eran pobres, muy pobres, y perseguidos sin razón.

Sin embargo, una docena de páginas más adelante, Elie Wiesel escribía incidentemente que, ante el peligro, la familia había ocultado todas sus riquezas, enterrándolas cuidadosamente: "Ayer por la noche, hasta muy tarde, nos hemos improvisado enterradores y hemos cavado una decena de agujeros bajo los árboles para depositar lo que quedaba de nuestras joyas, objetos de valor y dinero. Por mi parte, enterré el reloj de oro que había recibido como regalo de Bar-mitzvá[530]."

El afán de lucro en los judíos podía también explicarse por las enseñanzas de la Torá. En la revista *L'Express* del 10 de enero del 2002, Jacques Attali presentaba su último libro, *Los Judíos, el Mundo y el dinero*: "En la Biblia, la riqueza es un medio para servir a Dios, ser digno de él. Uno de los textos fundadores dice: "Amarás a Dios con todas tus fuerzas" y uno de los comentarios precisa: "Eso quiere decir con todas tus riquezas." Por lo tanto: "Cuanto más rico seas, más medios tendrás para servir a Dios." La riqueza es un medio, no un fin.

---

[529]Léon Poliakov, *Histoire de l'antisémitisme*, Tome II, Point Seuil, 1981, p. 65
[530] Elie Wiesel, *Mémoires*, tome I, Le Seuil, 1994, p. 82, 94. Los lectores de nuestros anteriores libros saben que los intelectuales judíos dicen a menudo en sus libros una cosa y su contraria, a veces incluso en la misma página. La palabra "paradoja" es de hecho recurrente bajo su pluma.

A condición que sea una riqueza creada, un aumento de la riqueza del mundo y no una riqueza arrebatada a otro. Por ello, las propiedades fértiles (la tierra, el ganado) son especialmente cotizadas. De hecho, Abraham se enriqueció con sus rebaños." Indudablemente, aquel comentario era muy esclarecedor del amor a Dios.

Y Jacques Attali añadía otro comentario: "Para el pueblo judío, en la medida en que la fertilidad de los bienes es sana, no hay ninguna razón de prohibir el préstamo a interés a un no-judío, puesto que el interés no es más que la marca de la fertilidad del dinero. En cambio, entre judíos, se debe prestar sin interés, en nombre de la caridad. Está incluso prescrito dar préstamos con un interés negativo a los muy pobres."

En su libro, Attali presentaba otro ejemplo: "Isaac y Jacob confirman la necesidad de enriquecerse para complacer a Dios. Isaac acumula animales. "Fue enriqueciéndose más hasta que se volvió extremadamente rico. Tuvo grandes rebaños de ovejas, grandes rebaños de vacas y muchos esclavos" (*Génesis XXVI, 13-14*). A continuación, Jacob "se volvió muy rico, tuvo muchos rebaños, siervas y siervos, camellos y asnos" (*Génesis XXX, 43*). Dios bendice su fortuna y le permite comprar su derecho de mayorazgo a su hermano Esaú, prueba de que todo se monetiza, hasta por un plato de lentejas[531]..."

Los judíos se reconocen como los descendientes de Jacob, que era representado en Génesis como un ser dulce y delicado, mientras que los Gentiles eran, según ellos, descendientes de Esaú, el hermano mayor, el cual era de una naturaleza brutal, cazadora y guerrera. Jacob, como es sabido, era también muy astuto y carente de escrúpulos: había engañado a su padre y había conseguido apropiarse la herencia que normalmente le correspondía a su hermano mayor.

Attali aportaba el ejemplo de la salida de Egipto del pueblo judío. Según la tradición, en 1212 antes de Cristo, se produjo la partida de los judíos hacia la tierra de Canaán: "Los textos egipcios de la época mencionan además la expulsión de un pueblo enfermo, o de un pueblo con un rey leproso, y una sublevación de esclavos extranjeros." Los hebreos habían abandonado el país cargados de riquezas. En efecto, la víspera se realizó "la predicción hecha largo tiempo atrás a Abraham: "Saldréis de ese país con grandes riquezas" (*Génesis 15, 13-14*); luego, la orden dada a Moisés ante el arbusto en llamas: "Cada mujer pedirá a su vecina y a su anfitriona vasos de oro y de plata; vestidos con los que cubriréis a vuestros hijos, y despojaréis a Egipto" (*Éxodo 3, 21-22*); luego, la orden transmitida por Moisés a los jefes de las tribus justo

---

[531] Jacques Attali, *Los judíos, el mundo y el dinero*, Fondo de cultura económica, 2005, Buenos Aires, p. 23

antes de la partida: "Que cada uno pida oro y plata" (*Éxodo 11, 1-2-3*); por último, el brutal resumen de la situación, un poco más adelante: "Pidieron y despojaron"(*Éxodo 12, 35-36*)". "Decenas de miles de mujeres, hombres y niños parten, entonces, algunos ricos en oro, plata y toda suerte de bienes, hasta con esclavos" a través del desierto del Sinaí. Los Hebreos iban entonces a fabricar su Becerro de oro. En cuanto a los soldados egipcios que les perseguían y que acabaron, al parecer, sumergidos en las aguas del mar Rojo, quizás pretendían simplemente recuperar lo que les pertenecía...

En resumen, los israelitas habían abusado de la confianza de los egipcios. Y "a quienes se sorprenden de ver que los esclavos huyen ricos, los comentaristas responderán, al cabo de los siglos, que esas riquezas se les deben a modo de compensación por el trabajo suministrado gratuitamente durante los años de esclavitud, o de regalo de despedida, o incluso de tributo pagado a los vencedores por un ejército vencido[532]."

Efectivamente, los judíos sentían la necesidad de corregir la injusticia de la que se creían víctimas, mediante algún tipo de acción auto compensatoria extralegal. En cierto modo, como lo escribía el publicista israelí Israel Shamir (convertido en Israel Adam Shamir desde su conversión a la ortodoxia cristiana), los museos del Holocausto representan "un factor explicativo no desdeñable del aumento de la criminalidad judía", pues refuerza en los judíos el sentimiento de su victimización.

En el número de junio de 1989 del mensual judío *Passages*, titulado *"La verdad sobre los truhanes judíos"*, el abogado Francis Terqem confirmaba esa idea: la delincuencia judía, decía, "podría estar sostenida por una idea un poco paranoica, por el sentimiento de que, finalmente, se actúa contra los otros porque éstos han sido previamente hostiles a los judíos. Tendríamos pues una especie de venganza colectiva."

El afán de lucro y el amor de las riquezas representaban seguramente uno de los rasgos característicos de la comunidad judía, y de hecho así han sido caricaturizados la mayoría de las veces. Está claro que los judíos, que no creían ni en el infierno, ni en una vida en el más allá, ni en ninguna reencarnación, estaban menos sujetos a las obligaciones morales que los demás pueblos de la tierra y eran más proclives a invertir en su estancia en la tierra.

Elie Wiesel, que había pasado una temporada en la India, había

---

[532]Jacques Attali, *Los judíos, el mundo y el dinero*, Fondo de cultura económica, 2005, Buenos Aires, p. 28, 29

compartido con sus lectores sus reflexiones acerca de la religión hinduista. Esa religión no podía satisfacerlo: "No tengo derecho a posponer mi salvación a una próxima reencarnación, escribía: lo que no hago hoy, no tendré nunca más la posibilidad de hacerlo. La realización de uno mismo sólo es posible en el momento que trascurre. Regreso de India siendo más judío que antes." En efecto, "en el judaísmo, es en la vida terrenal donde el hombre debe realizarse[533]."

En el Antiguo Testamento, como lo observaba Otto Weininger, no se encuentra ningún rastro de una creencia en la inmortalidad[534]. Un filósofo mediático francés como Michel Onfray –un ateo que se vanagloriaba sin embargo de ser un especialista de las religiones- no parecía saber que los judíos no creían en una vida después de la muerte. Durante un programa de televisión, *Culture et dépendance*, en el 2005, la periodista Elisabeth Lévy y el ensayista Jacques Attali tuvieron que confirmárselo para que éste lo admitiera.

"La mayoría de los Judíos que conozco no creen ni en el cielo ni en el infierno", escribía Rich Cohen[535]. Otro intelectual judío, Pierre Paraf, escribía igualmente: "No creo en la vida futura tal como la mayoría de las religiones nos lo enseñan[536]." Y también sabemos que todos los intelectuales marxistas de todas las obediencias, los cuales eran en su gran mayoría de origen judío, eran completamente ateos. No es por lo tanto imposible, después de todo, que el temor al castigo en el más allá haya sido un factor importante para forzar a los seres humanos a ese mínimo de moralidad y decencia del que algunos judíos parecen estar totalmente desprovistos.

Tal como pudimos estudiarlo en nuestros anteriores libros, en realidad la religión judía es sobre todo la expresión de un proyecto político cuya finalidad es preparar la llegada del Mesías tan aguardado, trabajando incansablemente para la "paz" sobre la faz de la tierra, una paz que debería ser, según ellos, "absoluta y definitiva". Es por eso que los intelectuales judíos de todas las tendencias abogan continuamente por el cosmopolitismo, la "tolerancia", la desaparición de las fronteras, la inmigración y el mestizaje universal. Cuando todas las civilizaciones, culturas y tradiciones y todos los pueblos hayan desaparecido, entonces sólo quedará el pequeño pueblo judío que podrá por fin guiar lo que quede de humanidad. Desde esa perspectiva, la desaparición de los Estados y de las naciones es efectivamente "ineluctable".

---

[533] Elie Wiesel, *Mémoires, tome I*, Le Seuil, 1994, p. 288, 283
[534] Sobre Otto Weininger, léase *Psicoanálisis del judaísmo*.
[535] Rich Cohen, *Yiddish Connection*, 1998, Denoël, 2000, Folio, p. 242
[536] Pierre Paraf, *Quand Israël aima*, 1929, Les belles lettres, 2000, p. 9

Por cierto, Bernard-Henri Lévy, un filósofo bien conocido, incluso fuera de Francia, había explicado muy bien el problema en uno de sus libros en 1994: "Creo que Estados enteros caerán bajo los golpes de las mafias planetarias; y que si no es bajo sus golpes, será en sus manos. Creo que el mundo está en camino de convertirse en un gueto y el planeta en una mafia...Y no creo que salgamos de esto limitándonos a murmurar, como hacen ya algunos astutos, que el mundo siempre ha sido un conglomerado de guetos; los Estados, una mafias disfrazadas, y las sociedades civiles, unas asociaciones contractuales de malhechores, y que, por lo tanto, es mejor que las cosas se digan tal y como son, que la humanidad pase a las confesiones, y que no finjamos sorpresa cuando caen las máscaras del mundo. Creo en una futura fragmentación del mundo, en una pulverización de los Estados y en una disolución de las antiguas y pacíficas naciones." Y Lévy compartía finalmente su opinión con nosotros: "¿No es esto mejor[537]?"

En definitiva, Bernard-Henri Lévy nos declaraba lo más simplemente del mundo que justificaba las mafias, juzgadas finalmente menos perversas que los Estados y las naciones sedentarias. A fin de cuentas, quizá sólo sea eso el ideal de los filósofos *planetarianos*: la destrucción de las naciones y, en su lugar, el control del planeta por las mafias transnacionales.

París, junio del 2008
Enero del 2016 para esta segunda edición.

---

[537] Bernard-Henri Lévy, *La Pureté dangereuse*, Grasset, 1994, p. 184. *La pureza peligrosa*, Espasa Calpe, Madrid, 1996, p. 167

Epílogo

Después de la publicación de *La Mafia judía*, en junio del 2008, nuestro trabajo de investigación sobre el judaísmo continuó, siendo que algunas informaciones recabadas concernían la criminalidad judía.

Así pues, nuestro *Espejo del judaísmo*, publicado en febrero del 2009, contiene un pequeño capítulo de tres páginas sobre los estafadores y traficantes antes y después de la Segunda Guerra mundial.

En nuestra *Historia del antisemitismo*, publicado en abril del 2010, incluimos un capítulo muy instructivo de una docena de páginas sobre la criminalidad judía en Alemania a principios del siglo XIX. Las informaciones eran sacadas de un libro alemán publicado en Berlín en 1841, escrito por un alto funcionario prusiano llamado A.F. Thiele: *Die jüdischen Gauner in Deutschland, ihre Taktik, ihre Eigenthümlichkeit, ihre Sprache* (*Los estafadores judíos en Alemania, sus tácticas, su idiosincrasia, su lengua*). En el ejercicio de sus funciones, Thiele había podido comprobar como la comunidad judía generaba los mayores delincuentes y los criminales más peligrosos. A través de los expedientes policiales y las actas, describía el "mundo", la mentalidad de los delincuentes, el nomadismo de los judíos, su usurpación de identidad y el alcance general de sus actividades delictivas. Su objetivo era facilitar la tarea de los policías alemanes, mostrar como funcionaban las bandas organizadas y proporcionar a los investigadores una herramienta de trabajo. Negaba ser antijudío: su trabajo era simplemente el de un criminólogo. La primera edición del libro ("*auf Kosten des Verfassers*", publicado por cuenta del autor), se agotó en dos meses.

También hay que señalar aquí la publicación de un libro que se nos había escapado. En el 2004, un universitario israelí, Mordejai Zalkin, había publicado un libro sobre los delincuentes que asolaban Europa del Este antes de la Segunda Guerra mundial. En un artículo del diario *Haaretz* del 21 de octubre del 2004, disponible en internet, leíamos que el autor había pasado trece años examinando los archivos de Europa oriental: "Cuando abro los archivos de policía, me encuentro con informes detallados sobre los criminales judíos. Los archivos contienen suficiente material para que un centenar de historiadores trabajen durante cien años, y aun así no habrían terminado."

Mordejai Zalkin concluyó que antes de la Segunda Guerra mundial, el mundo criminal en Varsovia, Vilnius, Odesa y otras grandes ciudades de Europa del Este, estaban ampliamente controladas por la mafia judía. (*"controlled largely by Jewish syndicates"*).

Zalkin presentaba la novela *En el Valle de lágrimas*, de un escritor yiddish llamado Mendel Mocher Sforim (seudónimo de Shalom Jacob Abramovitsch, 1835-1917). Éste, al parecer, hacía una "descripción excepcional de una oscura organización criminal judía". En el libro, los gánsteres judíos usaban tácticas rastreras para secuestrar jóvenes chicas judías de las ciudades y forzarlas a trabajar como prostitutas.

El autor evocaba también los secuestradores de niños. Una banda de criminales judíos llamada "Bandera de oro" había secuestrado un niño de una familia adinerada para obtener un rescate. Según la policía, el hombre que había organizado ese crimen, Berl Kravitz, había pertenecido a la banda de Al Capone unos años antes. Zelig Levingson, el jefe de Bandera de oro, había dado luz verde para esa operación a pesar de las reticencias de algunos miembros. El niño secuestrado era un judío llamado Yossele Leibovitch, un estudiante de la escuela judía de Vilnius cuyo padre era un prestamista. La operación fue llevada a cabo por Abba Vitkin y Reuven Kantor a la salida del colegio del muchacho. El mensaje enviado a la familia era breve: "El dinero o la muerte". Los delincuentes pedían 15 000 rublos, así como el oro, los diamantes y las perlas de la familia. La policía había hecho una gran oleada de arrestos, de modo que la banda había soltado el chico en su barrio.

En Vilnius, Odesa, Varsovia, Bialystok o Leópolis, los criminales judíos daban de qué hablar. Sus organizaciones, como "Bandera de oro" o la "Hermandad" trabajaban en toda esa parte de Europa – el famoso Yiddishland. El más famoso de los gánsteres de Odesa era un tal Benya Krik – el mismo que figura en el título del libro de Isaac Babel, un conocido autor soviético: *Benya Krik, The gangster, and Other Stories*.

También existían bandoleros y salteadores. En el siglo XIX, en Rusia, el mejor sitio para desvalijar a la gente era en el campo o en los caminos. No había suficientes policías para vigilar todos los bosques que cubrían el territorio, por lo que los viajantes y comerciantes eran presas fáciles. Saul Ginzburg, uno de los principales historiadores del mundo judío en Rusia, describía esas bandas de ladrones judíos en su capítulo "maleantes y depredadores". Una banda de quince ladrones desvalijaban un convoy y se refugiaban en el bosque con su botín. Uno de los salteadores más famoso era Dan Barzilai, que dirigía una banda de treinta hombres en la región de Varsovia, de los cuales la mitad eran judíos. Armados de pistolas y enmascarados, robaban abrigos de piel, joyas, caballos. Barzilai fue capturado en 1874.

Nos enterabamos de paso que algunas figuras de la resistencia del gueto de Varsovia, en 1943, provenían del hampa criminal: "El 8 de mayo, los alemanes descubrieron el búnker central de la Organización de lucha judía, en el número 18 de la calle Mila. Lo que es menos conocido, es que ese símbolo de la resistencia, el cuartel general de los combatientes donde el comandante de la insurrección Mordejai Anielewicz lucho hasta la muerte, pertenecía al criminal judío Shmuel Isser."

Mordejai Zalkin citaba además el profesor Israel Gutman, una eminencia del Instituto Yad Vashem para el Holocausto, en Jerusalén, que había tomado parte en la insurrección del gueto de Varsovia con 15 años: "En el gueto, los delincuentes se habían enriquecido rápidamente, convirtiéndose en la élite social gracias al contrabando." En su libro sobre los judíos de Varsovia durante la guerra, Gutman citaba otro testimonio: "Los contrabandistas obtenían grandes beneficios...La mayoría habían amasado millones. Eran la clase más rica del gueto. Pasaban todo su tiempo libre bebiendo y en las discotecas."

Según Havi Ben Sasson, 32 años y estudiante doctorando que había trabajado en la Escuela internacional del Holocausto en Yad Vashem, las organizaciones criminales judías formaban parte del panorama de Varsovia de aquellos años. "En el número 18 de la calle Mila, símbolo de la resistencia del gueto, había claramente una colaboración entre los miembros de la Organización de lucha judía y los mafiosos. De hecho, el búnker pertenecía a la mafia. Enormes cantidades de alimentos estaban almacenadas en él, y sólo los gánsteres podían distribuirlos." Numerosos testimonios relataban como los delincuentes eran "recibidos como príncipes" por los combatientes. Todo esto era por cierto confirmado por el testimonio de Martín Gray, en *En nombre de todos los míos*[538].

Después de la guerra, en Unión Soviética, nada había realmente cambiado en el comportamiento de algunos miembros de ese "pueblo de élite". El famoso militante anti-sionista de origen venezolano, Ilich Ramírez Sánchez, más conocido como Carlos, dejó un testimonio sobre este tema. El 13 de enero de 1975, Carlos disparaba desde la azotea del aeropuerto de Orly con un lanzacohetes contra un avión de la compañía israelí El Al; el disparó había fallado, pero entre sus hazañas figuraba en diciembre de ese mismo año el secuestro de once ministros de la OPEP (Organización de países productores de petróleo) en Viena. En el 2016, Carlos seguía prisionero en una cárcel francesa. Esto relataba de

---

[538]Agradecemos al historiador y editor Jean Plantin (ediciones Akribeia) habernos transmitido ese artículo.

su estancia en una universidad moscovita: "El KGB no fue la única tentación que me encontré en Moscú. Al final de su doctorado, justo antes de volver a su país, un estudiante bastante mayor quiso pasarme el contacto del jefe de la mafia del oro de Moscú. Evidentemente, no se fiaba de nadie, pero quería que yo conservara el contacto de un viejo judío que era una figura eminente del hampa moscovita. El oro en barra en Moscú, en el mercado negro, valía en aquella época más o menos doce veces en rublos el precio en dólares en Ginebra y su valor era incluso el doble en Taskent. Mis contactos con ese mundo no fueron más allá y no tuvieron, claro está, ninguna connotación política, aunque descubriría un poco por casualidad que la mayoría de los miembros de esa red eran sionistas[539]."

Podemos también señalar la publicación en enero del 2010, en Nueva York, del libro del historiador judío estadounidense, Ron Arons, que relata la historia de los gánsteres judíos que estuvieron encarcelados en la famosa prisión de Sing-Sing, situada a unos cincuenta kilómetros al norte de la ciudad de Nueva York en la orilla del río Hudson. Ese libro de 350 páginas ofrece biografías de gánsteres famosos y de criminales menos conocidos, pintando un vasto panorama de la criminalidad judía de Nueva York. En la página internet de Amazon, leíamos esta breve reseña en inglés: "La prisión de Sing-Sing fue construida en 1828, y desde entonces más de 7000 judíos fueron encarcelados en ella...Al lado de gánsteres famosos como Lepke Buchalter, miles de judíos que cometieron todo tipo de crímenes – del incesto al incendio criminal, pasando por la venta de derechos sobre el aire de Manhattan- pasaron por allí."

Respecto a las estafas y a las malversaciones financieras, los casos que se acumularon desde la publicación de *La Mafia judía* en junio del 2008 han sido tan numerosos e importantes que tuvimos que escribir un libro de 336 páginas, publicado en septiembre del 2014: *Los Miles de Millones de Israel*, subtitulado, *Estafadores judíos y financieros internacionales*[540].

La primera parte está dedicada al fraude del IVA, especialmente el gran fraude del IVA en los derechos de emisión de carbono que se destapó en la primavera del 2009 y que costó varios miles de millones de euros a las haciendas de los países europeos[541]. Las anteriores estafas

---

[539] Jean-Michel Vernochet, *L'Islam révolutionnaire*, Ed. du Rocher, 2003, p. 21
[540] "*Les Milliards d'Israël*". La portada del libro nos valió tres meses de prisión incondicional (juicio del 26 de mayo del 2015 del juzgado número 17 de París).
[541] Entre 1600 y 1800 millones de euros en Francia y entre 5000 y 10 000 millones de euros en la UE según Europol. Fuente wikipedia:

casi parecen ridículas en comparación.

Pasemos de largo sobre el fraude de los anuncios publicitarios, las estafas inmobiliarias, el dinero de las asociaciones caritativas, el tráfico de tarjetas de crédito, los cameladores de mercado, los falsificadores y timadores de la memoria, y detengámonos sobre esta nueva modalidad: las "estafas del presidente", que son noticia desde hace varios años. En febrero del 2015, se hablaba de 700 casos conocidos, 360 empresas víctimas, y al menos 300 millones de euros de perjuicio. El timo consiste en hacerse pasar por el presidente de la compañía por teléfono y exigir una transferencia "ultra secreta" de urgencia en una cuenta bancaria en el extranjero. Los estafadores eran exclusivamente originarios de la comunidad sefardita francesa refugiada en Israel. Sólo las empresas francesas sufrieron esas estafas.

La segunda parte del libro está dedicada a los tiburones financieros. Con el caso Madoff, que estalló en diciembre del 2008, se pensó que se trataba de la mayor estafa de la historia de la humanidad. Bernard Madoff, que prometía un tipo de interés razonable a los que le entregaban su dinero, remuneraba en realidad los antiguos clientes con el dinero de los nuevos. De los veinte mil millones de dólares que le habían entregado durante veinte años, no quedaba nada...O eso contaba la prensa desde el principio del caso. Al echar la vista atrás después de unos años, está claro que el dinero no se había perdido para todos.

Pero el caso Madoff era finalmente poca cosa si se compara con la crisis financiera internacional del 2008. El 15 de septiembre, el cuarto banco de inversión del mundo, Lehman Brothers, con sus 25 000 empleados, se declaraba en bancarrota. En el origen de esa quiebra había que apuntar la práctica del "préstamo depredador", que consistía para los bancos en prestar dinero a personas más o menos insolventes para proyectos inmobiliarios, a la vez que se revendía los créditos a fondos de pensiones o a bancos extranjeros en los mercados secundarios, todo ello con el visto bueno de las agencias de notación y de la Reserva Federal de Estados Unidos[542]. Aquí también, el dinero no se había perdido para todo el mundo.

En comparación con estas gigantescas estafas, Jordan Belfort, el estafador financiero de los años 90 transformado en héroe gracias a la película de Martín Scorsese *El Lobo de Wall Street* (estrenada en noviembre del 2013), no era más que un mindundi.

---

https://fr.wikipedia.org/wiki/Fraude_%C3%A0_la_TVA_sur_les_quotas_de_carbone. (NdT).

[542] De 1987 al 2018 los Presidentes del Consejo de Gobierno del Sistema de la Reserva Federal estadounidense fueron Alan Greenspan, Ben Bernanke y Janet Yellen. (NdT).

De hecho, en este inicio de milenario, los récords en materia de estafas han sido pulverizados. No simplemente superados, sino definitivamente "pulverizados", hasta tal punto que los casos relatados anteriormente parecen de otra época.

Por lo demás (tráfico de armas, tráfico de drogas, proxenetismo internacional, tráfico de diamantes, etc.), a medida que las informaciones se acumulen, éstas quizás serán objeto de una actualización. Pero sólo será una "actualización"; pues lo importante es entender la mentalidad muy particular de estos criminales.

Hervé Ryssen,
Enero del 2016[543]

---

[543] El 18 de septiembre de 2020, en ejecución de una serie de sentencias dictadas entre 2017 y 2020, Hervé Ryssen fue encarcelado durante diecisiete meses. (NdT)

Otros títulos

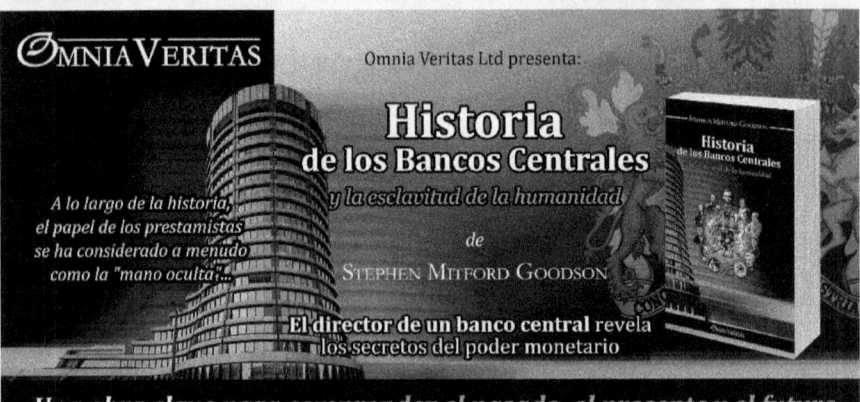

LA MAFIA JUDÍA

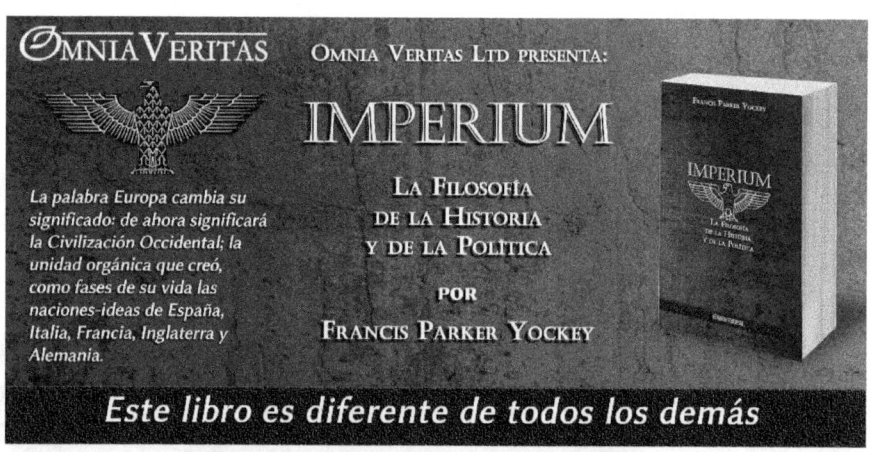

www.ingramcontent.com/pod-product-compliance
Lightning Source LLC
Chambersburg PA
CBHW071311150426
43191CB00007B/578